Betriebs-Berater Schriftenreihe

Die Verdoppelbarkeit der Mitunternehmerstellung

Zugleich eine Untersuchung des Nießbrauchs an Personengesellschaftsanteilen

von

Dario Wind

Fachmedien Recht und Wirtschaft | dfv Mediengruppe | Frankfurt am Main

Zugleich: Heidelberg, Univ., Diss. iur., 2025

Bibliografische Information Der Deutschen Nationalbibliothek

Die Deutsche Nationalbibliothek verzeichnet diese Publikation in der Deutschen Nationalbibliografie; detaillierte bibliografische Daten sind im Internet über http://dnb.de abrufbar.

ISBN 978-3-8005-1999-6

dfv Mediengruppe

www.ruw.de

Druck: Beltz Grafische Betriebe GmbH, 99947 Bad Langensalza

Printed in Germany

Vorwort

Erst Anfang dieses Jahres hat *Fischer* auf dem 15. Hamburger Forum für Unternehmenssteuerrecht hervorgehoben, dass eine vertiefte Auseinandersetzung des Schrifttums mit den grundsätzlichen dogmatischen Problemen einer möglichen Aufgabe der diagonalen Spaltung der Mitunternehmerstellung wünschenswert wäre.[1] Mit dieser Arbeit möchte ich einen Beitrag dazu leisten und den juristischen Diskurs mit Anregungen sowie Gedanken bereichern. Gerne können diese Gedankengänge kritisch aufgegriffen werden.

Mein Dank gilt zunächst Herrn Prof. Dr. Stefan J. Geibel, Maître en droit (Université Aix-Marseille III) unter dessen Betreuung die vorliegende Arbeit angefertigt wurde. Die Arbeit wurde am 12.06.2023 bei der Juristischen Fakultät der Universität Heidelberg zur Erlangung des akademischen Grades Dr. iur. eingereicht. Das Erstvotum wurde am 15.03.2025 ausgestellt und die Disputation fand am 23.07.2025 statt. Rechtsprechung und Literatur konnten bis August 2025 berücksichtigt werden.

Herzlich danken möchte ich zudem Herrn Prof. Dr. Ekkehart Reimer für die wertschätzenden und sehr hilfreichen Anmerkungen im Rahmen und nachfolgend zur Disputation. Zudem danke ich Herrn Dr. Johannes Frey LL.M. (Georgetown), der den Anstoß zum Thema dieser Arbeit gegeben hat. Mein besonderer Dank gilt meinen Eltern und meinen Schwestern, die mich während sämtlicher Phasen der Promotion sehr unterstützt haben. Ganz besonders möchte ich auch Christian M. Bürcky, Joshua Kühl und Dr. Tim Robers für den wertvollen wissenschaftlichen Austausch danken.

New York, im September 2025 Dario Wind

1 Siehe dazu *Fischer*, DStR 2025, 1392, 1403.

Inhaltsverzeichnis

Kapitel 4
Implikationen des § 39 AO für die Zurechnung mitunternehmerschaftlicher Einkünfte und Wertungsinkongruenzen zwischen Steuergesetzen

Kapitel 5
Verfassungskonforme Auslegung gebietet Verdoppelbarkeit der Mitunternehmerstellung

Einleitung

A. Forschungsgegenstand

Die Identifizierung von Besteuerungssubjekten ist grundlegend für die rechtmäßige Umsetzung des Leistungsfähigkeitsprinzips.[2] Zielgenau ist diejenige Person zu identifizieren, welche leistungsfähig ist. Besteuerungssubjekt der Einkommensteuer ist, wer eine der sieben Einkunftsarten erzielt.[3] Bei der Bestimmung des erzielenden Besteuerungssubjekts ist das einfache Steuerrecht restriktiveren verfassungsrechtlichen Grenzsetzungen unterworfen, als es in vielen anderen Teilrechtsordnungen der Fall ist. Fortwährend sind die verfassungsrechtlichen Vorgaben und im Besonderen das Leistungsfähigkeitsprinzip zu berücksichtigen. Nur so kann Steuergerechtigkeit auch im Hinblick auf neue rechtliche Entwicklungen in anderen Teilrechtsordnungen hergestellt werden. Einmal vom Gesetzgeber getroffene Wertentscheidungen sind folgerichtig fortzuführen.[4]

Die zielgenaue Bestimmung der einkommenserzielenden Person wird durch eine fortschreitende Entwicklung zivilrechtlicher Institute und Gestaltungsmöglichkeiten vor immer wieder neue Herausforderungen gestellt. Ein neu anerkanntes zivilrechtliches Institut ist, sofern Leistungsfähigkeit generiert wird, auch steuerrechtlich einzuordnen. Der Gesetzgeber konnte solche neu geformten Institute im Rahmen der vorherigen Entwicklung steuerrechtlicher Tatbestände allerdings nicht konkret berücksichtigen. Die Einordnung der neu entwickelten Institute in die bereits existenten steuerrechtlichen Tatbestände ist deshalb mit höchster Sorgfalt vorzunehmen. Zugleich ist durch die verfassungskonforme Auslegung der geltenden Steuernormen die Gleichmäßigkeit der Besteuerung zu gewährleisten.

Eine steuerrechtlich neu einzuordnende Entwicklung ergab sich im Recht des Nießbrauchs, als von Rechtsprechung und Literatur anerkannt wurde, dass ein Nießbrauchsrecht an der Mitgliedschaft eines Gesellschafters einer Personengesellschaft bestellt werden kann.[5]

---

2 Siehe zum Leistungsfähigkeitsprinzip ausführlich unten S. 86 ff.

3 Vgl. beispielhaft Tipke/Lang/*Hey*, Steuerrecht, 25. Aufl. 2024, Rn. 8.53.

4 Siehe zum Prinzip der Folgerichtigkeit unten S. 87.

5 Siehe beispielhaft BGH, Urt. v. 20.04.1972 – II ZR 143/69, BGHZ 58, 316; BFH, Urt. v. 01.03.1994 – VIII R 35/92, BStBl. II 1995, 241; *Kreifels*, FG Hengeler,

Steuerrechtlich ergab sich dadurch die Schwierigkeit zu beurteilen, welche der beteiligten Personen, also Nießbraucher und/oder Gesellschafter, die Gewinne und den Wertzuwachs der Mitgliedschaft erzielen und als Besteuerungssubjekt heranzuziehen sind.[6] Diese Beurteilung ist besonders diffizil, weil zivilrechtlich sowohl dem Nießbraucher als auch dem Gesellschafter jeweils gewisse Wertzuwächse bzw. Gewinne zustehen, welche auf die Mitgliedschaft entfallen.[7]

Im Grundsatz sind Gewinne, die auf eine Mitgliedschaft entfallen, von dem Inhaber der Mitgliedschaft, also dem Gesellschafter zu versteuern. Voraussetzung dafür ist, dass der Gesellschafter steuerrechtlich als Mitunternehmer gemäß § 15 Abs. 1 Satz 1 Nr. 2 EStG qualifizieren wird.[8] Ist der Gesellschafter Mitunternehmer, erzielt er Einkünfte aus Gewerbebetrieb. Dementsprechend ist er Besteuerungssubjekt hinsichtlich dieser Gewinne, die anteilig seinem Gesellschaftsanteil zugerechnet werden.[9] Ob die Mitunternehmerstellung des Gesellschafters aber verdoppelbar ist, sodass der nießbrauchsbelastete Gesellschaftsanteil neben dem Gesellschafter auch dem Nießbraucher eine Mitunternehmerposition verleihen kann, wirft tiefgreifende dogmatische Fragestellungen auf.[10] Nur wenn sowohl Nießbraucher als auch Gesellschafter als Mitunternehmer anerkannt würden, würden die Gewinne der Mitgliedschaft jeweils auch bei dieser Person besteuert, welcher die Gewinne zivilrechtlich zustehen.[11] Könnte hingegen ausschließlich eine Person die Mitunternehmerstellung aus einer Mitgliedschaft innehaben, würde – vorbehaltlich einer anderweitig be-

---

1972, 158, 158 ff.; *Teichmann*, ZGR 1972, 1, 3 ff.; *Petzold*, DStR 1992, 1171, 1171; Staudinger/*Heinze*, 2021, Anhang zu §§ 1068, 1069 Rn. 57.

6 Siehe zu dieser Problematik beispielsweise bei *Stein*, ZEV 2019, 131, 135 f.; *Götz*, FR 2019, 605, 605 ff.; *Hermes*, FR 2019, 852, 855; *Levedag*, jM 2020, 75, 79; *Bossmann*, DStR 2021, 2217, 2218; *Akram*, ErbStB 2021, 310, 312; *Grosse*, GmbH-StB 2021, 192, 192; Korn/*Bodden*, EStG, 161. EL. 2025, § 15 Rn. 418; Tipke/Kruse/*Brandis*, AO/FGO, 186. EL. 2025, § 180 AO Rn. 40; Kirchhof/Seer/*Krumm*, EStG, 24. Aufl. 2025, § 15 Rn. 202; Brandis/Heuermann/*Bode*, EStG, 176. EL. 2025, § 15 Rn. 364.

7 Siehe näher zu den zivilrechtlichen Folgen der Bestellung eines Nießbrauchs an einem Personengesellschaftsanteil unten S. 191 ff.

8 Vgl. Brandis/Heuermann/*Bode*, EStG, 176. EL. 2025, § 15 Rn. 343 ff.

9 Vgl. Herrmann/Heuer/Raupach/*Haep*, EStG/KStG, 333. EL. 2025, § 15 EStG Rn. 300.

10 Siehe dazu die Verweise in Fn. 6.

11 Vgl. *Götz*, FR 2019, 605, 606.

gründeten Mitunternehmerstellung – nur entweder der Gesellschafter oder der Nießbraucher zu versteuernde Einkünfte erzielen. Die Beantwortung der Frage, ob ein Personengesellschaftsanteil sowohl dem zivilrechtlichen Gesellschafter als auch dem Nießbraucher die Mitunternehmerstellung verleihen kann, ist Gegenstand dieser Arbeit.

Die Untersuchung des Forschungsgegenstands führt entlang einer Vielzahl tiefgreifender dogmatischer Aspekte. Zudem sind von der Beantwortung der Forschungsfrage weitreichende praxisrelevante Folgen für die Besteuerung abhängig.

In dogmatischer Hinsicht ist das Wesen der Mitunternehmerschaft zu beleuchten. Ist die Mitunternehmerstellung verdoppelbar oder spaltbar, sodass nicht nur ein Rechtssubjekt die Mitunternehmerstellung aus einem Gesellschaftsanteil erlangen kann? Kommt sowohl § 15 EStG als auch § 39 AO bei der Bestimmung der Mitunternehmerstellung eine Bedeutung zu? Gebietet die folgerichtige Umsetzung des Leistungsfähigkeitsprinzips mitsamt der getroffenen Konkretisierungen ein bestimmtes Verständnis von der Mitunternehmerschaft? In welcher Beziehung steht der autonom steuerrechtliche Begriff der Mitunternehmerschaft zu zivilrechtlichen Wertungen wie beispielsweise der zivilrechtlichen Gesellschafterstellung?

Die praxisrelevanten steuerlichen Folgewirkungen belaufen sich insbesondere auf die Einkünftezurechnung und die Gewährung von spezialgesetzlichen Vergünstigungen. Nur einem Mitunternehmer gemäß § 15 Abs. 1 Satz 1 Nr. 2 EStG werden die gewerblichen Gewinne aus der gemeinschaftlichen Betätigung des Personenverbundes als zu versteuernde Einkünfte zugerechnet.[12] Wäre die Mitunternehmerstellung verdoppelbar, könnten sowohl der Gesellschafter als auch der Nießbraucher jeweils als Mitunternehmer Besteuerungssubjekt im Hinblick auf gewisse auf den Gesellschaftsanteil entfallende Gewinne sein.[13] Daraus würden sich einerseits Progressionsvorteile ergeben. Andererseits wären Gewinne auch von dieser Person zu besteuern, der sie zivilrechtlich zustehen. Nießbrauchsgestaltungen müssten dann nicht vertraglich dahingehend modifiziert werden, dass die Person, die nicht Mitunternehmer ist, dem Mitunternehmer Ausgleichszahlungen

---

12 Vgl. *Hochheim/Wagenmann*, ZEV 2010, 109, 111 ff.

13 Vgl. *Hochheim/Wagenmann*, ZEV 2010, 109, 111; *Götz*, FR 2019, 605, 606.

für Steuerzahlungen zu leisten hat, die der Mitunternehmer bezüglich sämtlicher auf die Mitgliedschaft entfallenden Gewinne zahlen muss. Die Erlangung einer Mitunternehmerstellung kann darüber hinaus zu der Gewährung von Betriebsvermögensvergünstigungen gemäß §§ 13a Abs. 1 Satz 1, 13b Abs. 2, 1 Nr. 2 ErbStG führen.[14] Diese Folgen wurden insbesondere im Rahmen der vorweggenommenen Erbfolge an Personengesellschaftsanteilen kombiniert.[15]

In Grundzügen lässt sich diese Fallkonstellation folgendermaßen skizzieren.[16] Der Inhaber eines Personengesellschaftsanteils verschenkt den Personengesellschaftsanteil unter Bestellung eines Vorbehaltsnießbrauchs zu seinen Gunsten. Daraus resultiert bei Anerkennung der Mitunternehmerverdoppelbarkeit und entsprechender Gestaltung die Mitunternehmerstellung beider Beteiligten, d. h. sowohl des Beschenkten als neuem Gesellschafter als auch des Schenkers als Nießbraucher. Steuerlich hat diese Form der vorweggenommenen Erbfolge unter anderem zur Folge, dass die dem Nießbraucher gebührenden Gewinnanteile von diesem als eigene Einkünfte erzielt und somit nach seinem persönlichen Steuersatz besteuert werden. Weitere Wertzuwächse der Mitgliedschaft sind Einkünfte des Gesellschafters und werden folglich nach dem persönlichen Einkommensteuersatz des Gesellschafters besteuert. Der Wert des Schenkungsgegenstandes wird zudem um den Kapitalwert des Nießbrauchs verringert und unter weiteren Voraussetzungen gilt die Steuerbefreiung für Betriebsvermögen.[17] Die von der Rechtsprechung gebilligte Mitunternehmerstellung

---

14 Vgl. *Hochheim/Wagenmann*, ZEV 2010, 109, 111 ff.; *Götz/Hülsmann*, Der Nießbrauch im Zivil- und Steuerrecht, 12. Aufl. 2019, Rn. 1558 f.; *Stein*, BB 2021, 28, 29.

15 Vgl. *Altendorf*, GmbH-StB 2018, 256, 256; *Hermes*, Ubg 2018, 566, 566; *Stein*, BB 2021, 28, 29.

16 Für diese Fallskizzierung wird die Verdoppelbarkeit der Mitunternehmerstellung zugrunde gelegt, so wie es die Rechtsprechung zumindest unzweifelhaft bis in das Jahr 2015 annahm, siehe dazu die Rechtsprechungsanalyse unten ab S. 10 ff. Vgl. dazu auch *Altendorf*, GmbH-StB 2018, 256, 256 ff.; *Hermes*, Ubg 2018, 566, 566 ff.; *Schomaker*, Die Verdoppelung der Mitunternehmerstellung in Nießbrauchsfällen, 2023, S. 1 ff.; *Fischer*, DStR 2025, 1392, 1393.

17 Es handelt sich lediglich um eine sehr vereinfachte Darstellung, welche die Schenkung eines Personengesellschaftsanteils unter Nießbrauchsvorbehalt nur in ihren Grundzügen abbildet, ohne umfassend auf die sich stellenden steuerrechtlichen Aspekte einzugehen.

beider Beteiligten, also sowohl des Gesellschafters als auch des Nießbrauchers, ebnete den Weg für diese Art der vorweggenommenen Erbfolge.[18] Beginnend im Jahr 2015 ergingen allerdings BFH-Urteile, die zumindest Zweifel daran aufwerfen, ob die Rechtsprechung an dem dogmatischen Verständnis festhält, dass zugleich Nießbraucher sowie Gesellschafter die Mitunternehmerstellung aus einem Gesellschaftsanteil innehaben können.[19] Inwiefern die Mitunternehmerschaft aus einem Gesellschaftsanteil mehreren Personen zustehen kann, diese also verdoppelbar ist, ist somit auch aus aktuellem Anlass zu untersuchen.

B. Erkenntnisziele

Das übergeordnete Erkenntnisziel dieser Arbeit ist folglich, eine Antwort auf die Frage geben zu können, ob ein Gesellschaftsanteil mehr als nur einer Person eine Mitunternehmerstellung verleihen kann. Zunächst ist dafür zu verstehen, welches die maßgeblichen Schlüsselkriterien für eine Verdoppelbarkeit der Mitunternehmerschaft sind. Um den Weg zur Analyse dieser Schlüsselkriterien zu ebnen, ist in den Blick zu nehmen, wie Rechtsprechung und Literatur diese Kriterien verstehen und handhaben. Im Wege einer Rechtsprechungsanalyse sollen nicht nur Erkenntnisse über den aktuellen Standpunkt der Rechtsprechung erlangt werden. Vielmehr soll Aufschluss über die gesamte Bandbreite des Verständnisses der Rechtsprechung von den Schlüsselkriterien seit Einführung des Reichseinkommensteuergesetzes in der Fassung aus dem Jahre 1920 (im Folgenden „REStG 1920“) erlangt werden. Dem Verständnis der Rechtsprechung werden sodann die im Schrifttum vertretenen Ansichten gegenübergestellt. Die so gelegten Grundlagen ermöglichen eine umfängliche Untersuchung der Mitunternehmerdoktrin. Es soll ein fundiertes Verständnis davon eta-

---

18 Siehe zu dieser Rechtsprechung unten S. 10 ff.

19 Siehe dazu BFH, Urt. v. 03.12.2015 – IV R 43/13, BFH/NV 2016, 742; BFH, Urt. v. 22.06.2017 – IV R 42/13, BFH/NV 2018, 265; BFH, Urt. v. 01.03.2018 – IV R 15/15, BStBl. II 2018, 539; BFH, Urt. v. 19.07.2018 – IV R 10/17, BFH/NV 2018, 1268; BFH, Urt. v. 06.11.2019 – II R 34/16, BStBl. II 2020, 465, die unten auf S. 24 ff. analysiert werden.

bliert werden, wie § 15 Abs. 1 Satz 1 Nr. 2 EStG im Hinblick auf die Frage der Verdoppelbarkeit der Mitunternehmerschaft auszulegen ist. Außerdem soll ein Bewusstsein dafür geschaffen werden, an welcher Stelle das entwickelte Auslegungsergebnis im juristischen Diskurs zu verorten ist.

C. Gang der Untersuchung

Die Arbeit widmet sich in einem ersten Kapitel der Analyse der Rechtsprechung, welche in Bezug auf die Verdoppelbarkeit der Mitunternehmerstellung ergangen ist. Es wird herausgestellt, wie sich die Auffassung der Rechtsprechung über die Beurteilung des Vorliegens einer Mitunternehmerstellung und ihrer Verdoppelbarkeit entwickelte und welche rechtssystematischen Folgen daraus erwachsen. Zuvor werden in Kürze die maßgeblichen Begriffe bei der Auslegung der Legaldefinition der Mitunternehmerdoktrin gemäß § 15 Abs. 1 Satz 1 Nr. 2 EStG umrissen. Ebenfalls wird erörtert, welche rechtlichen Anforderungen erfüllt sein müssen, damit im Ansatz von einer Verdoppelbarkeit der Mitunternehmerstellung ausgegangen werden kann. Die zu analysierende Rechtsprechung zur Bestimmung der Mitunternehmerstellung kann dann in den normativen Rahmen eingeordnet werden. Im Anschluss an die Rechtsprechungsanalyse werden die Positionen des Schrifttums hinsichtlich der Möglichkeit der Mitunternehmerverdoppelung aufgezeigt und die Reaktionen des Schrifttums auf das Verständnis der Rechtsprechung von der Mitunternehmerverdoppelbarkeit untersucht.

Die sich anschließenden Kapitel befassen sich allesamt mit der Untersuchung, wie die Mitunternehmerdoktrin zu verstehen ist. Unter Anwendung der Auslegungsmethoden wird analysiert, welche Sachverhalte § 15 Abs. 1 Satz 1 Nr. 2 EStG zu besteuern bezweckt. Insbesondere teleologische und systematische Aspekte formen das Institut der Mitunternehmerschaft in bedeutendem Umfang. Untersucht wird, ob sich nur eine Person je Gesellschaftsanteil so betätigen kann, dass diese in den Anwendungsbereich des § 15 Abs. 1 Satz 1 Nr. 2 EStG fällt, oder ob dies auch mehrere Personen zugleich können.

Kapitel 1
Der Wandel des Verständnisses von der Verdoppelbarkeit der Mitunternehmerstellung

A. Einbettung in einfaches Recht

I. Die maßgeblichen Begriffe bei der Auslegung der Legaldefinition der Mitunternehmerschaft

Mitunternehmer gemäß § 15 Abs. 1 Satz 1 Nr. 2 EStG ist, wer Gesellschafter einer der aufgeführten Gesellschaftsformen ist und sowohl Mitunternehmerrisiko trägt als auch Mitunternehmerinitiative entfalten kann.[20] Bei dem Mitunternehmerbegriff handelt es sich um einen Typusbegriff.[21] Ein Typusbegriff zeichnet sich dadurch aus, dass er nicht abschließend definiert ist.[22] Er setzt sich aus unterschiedlichen Merkmalen zusammen, welche lediglich insgesamt in einer Gesamtschau in hinreichendem Maß erfüllt sein müssen, damit ein Sachverhalt unter den entsprechenden Typus fällt.[23] Im Einzelfall kann so beispielsweise ein weniger ausgeprägtes oder sogar nicht vorhandenes Merkmal durch ein anderes stärker ausgeprägtes Merkmal kompensiert werden.[24] Wird im Verlauf dieser Arbeit vom „Mitunternehmerbegriff" oder der „Mitunternehmerdoktrin" gesprochen, ist damit die Konzeption gemeint, dass eine Person, unter den drei Voraussetzungen des § 15 Abs. 1 Satz 1 Nr. 2 EStG, als Mitunternehmer zu qualifizieren ist.

---

20 Vgl. statt vieler Schmidt/*Wacker*, EStG, 44. Aufl. 2025, § 15 Rn. 250 ff.

21 Vgl. BFH, Beschl. v. 25.06.1984 – GrS 4/82, BStBl. II 1984, 751; Brandis/Heuermann/*Bode*, EStG, 176. EL. 2025, § 15 Rn. 345.

22 Tipke/Lang/*Englisch*, Steuerrecht, 25. Aufl. 2024, Rn. 5.53. Siehe näher zum Typusbegriff bei *Wennrich*, Die typisierende Betrachtungsweise im Steuerrecht, 1963; *Hassemer*, Tatbestand und Typus, 1968; *Leenen*, Typus und Rechtsfindung, 1971; *Larenz*, Methodenlehre der Rechtswissenschaft, 6. Aufl. 1991, S. 461 ff.

23 Vgl. *Larenz*, Methodenlehre der Rechtswissenschaft, 6. Aufl. 1991, S. 465.

24 BFH, Urt. v. 28.10.2008 – VII R 32/07, BFH/NV 2009, 355; *Larenz*, Methodenlehre der Rechtswissenschaft, 6. Aufl. 1991, S. 467 ff.; Tipke/Lang/*Englisch*, Steuerrecht, 25. Aufl. 2024, Rn. 5.53.

Mitunternehmerrisiko ist die Teilhabe am wirtschaftlichen Erfolg oder Misserfolg des gewerblichen Unternehmens.[25] Vermittelt wird das Mitunternehmerrisiko maßgeblich durch eine Gewinn- und Verlustbeteiligung und die Beteiligung an den stillen Reserven einschließlich des Geschäftswerts.[26] Auch der Begriff Mitunternehmerrisiko ist ein Typusbegriff, weshalb für die Annahme hinreichenden Mitunternehmerrisikos stets auf das Gesamtbild der Verhältnisse abzustellen ist.[27]

Mitunternehmerinitiative bedeutet die Möglichkeit zur Teilnahme an unternehmerischen Entscheidungen.[28] An unternehmerischen Entscheidungen kann aufgrund der Ausübung von Gesellschafterrechten wie beispielsweise des Stimmrechts teilgenommen werden. Die für eine Mitunternehmerstellung erforderliche Mitunternehmerinitiative ist bereits anzunehmen, wenn eine Person Gesellschafterrechte ausüben kann, die den Gesellschafterrechten eines Kommanditisten nach dem HGB äquivalent sind.[29]

II. Normatives Schlüsselkriterium für eine Verdoppelbarkeit der Mitunternehmerstellung

Die Mitunternehmerstellung setzt nach dem Wortlaut des § 15 Abs. 1 Satz 1 Nr. 2 EStG zudem eine Stellung als Gesellschafter voraus. Die Position als Gesellschafter als eine der Voraussetzungen für eine Mitunternehmerstellung ist ein maßgeblicher Ansatzpunkt für die Annah-

---

25 BFH, Urt. v. 09.10.1969 – IV 294/64, BStBl. II 1970, 320; BFH, Beschl. v. 25.06.1984 – GrS 4/82, BStBl. II 1984, 751. Vgl. Brandis/Heuermann/*Bode*, EStG, 176. EL. 2025, § 15 Rn. 349.

26 BFH, Urt. v. 19.02.1981 – IV R 152/76, BStBl. II 1981, 602; BFH, Beschl. v. 25.06.1984 – GrS 4/82, BStBl. II 1984, 751. Näher dazu bei Brandis/Heuermann/*Bode*, EStG, 176. EL. 2025, § 15 Rn. 350.

27 BFH, Urt. v. 09.10.1969 – IV 294/64, BStBl. II 1970, 320; BFH, Urt. v. 11.04.1973 – IV R 67/69, BStBl. II 1973, 528.

28 BFH, Urt. v. 23.01.1974 – I R 206/69, BStBl. II 1974, 480; BFH, Urt. v. 28.01.1982 – IV R 197/79, BStBl. II 1982, 389; BFH, Beschl. v. 25.06.1984 – GrS 4/82, BStBl. II 1984, 751. Siehe auch Herrmann/Heuer/Raupach/*Haep*, EStG/KStG, 333. EL. 2025, § 15 EStG Rn. 309.

29 BFH, Urt. v. 08.02.1979 – IV R 163/76, BStBl. II 1979, 405; BFH, Urt. v. 06.04.1979 – I R 116/77, BStBl. II 1979, 620; BFH, Urt. v. 05.07.1979 – IV R 27/76, BStBl. II 1979, 670; BFH, Urt. v. 29.04.1981 – IV R 131/78, BStBl. II 1981, 663; BFH, Beschl. v. 25.06.1984 – GrS 4/82, BStBl. II 1984, 751.

me oder Ablehnung der Verdoppelbarkeit der Mitunternehmerstellung. Nur wenn hinsichtlich eines Gesellschaftsanteils nicht nur eine Person Gesellschafter i. S. d. § 15 Abs. 1 Satz 1 Nr. 2 EStG sein kann, kommt eine Verdoppelbarkeit der Mitunternehmerstellung überhaupt in Frage.[30] Über die Art und Weise der Bestimmung einer solchen Gesellschafterposition und, noch grundlegender, über die Frage, ob der Gesellschafterstellung ein eigener Bedeutungsgehalt zukommt, herrscht ein facettenreicher Meinungsstreit.[31] Wesentlich ist auf der einen Seite, wie die Rechtsprechung das Kriterium des Gesellschafters i. S. d. § 15 Abs. 1 Satz 1 Nr. 2 EStG versteht.[32] Auf der anderen Seite sind die mitunter abweichenden Auffassungen zur Bedeutung und Bestimmung der Gesellschafterposition relevant, die im Schrifttum vertreten werden. Solche Auffassungen der Literatur werden nach der Rechtsprechungsanalyse unten unter C.II. aufgezeigt und dem Verständnis der Rechtsprechung gegenübergestellt.

Neben dem Gesellschafterkriterium als ein maßgebliches Schlüsselkriterium hängt die Verdoppelbarkeit von den beiden weiteren Kriterien der Mitunternehmerstellung ab, dem Risiko und der Initiative. Der Weg hin zu einer Verdoppelbarkeit der Mitunternehmerstellung sei folgendermaßen erklärt. Einerseits müssten zugleich mehrere Personen eine Gesellschafterstellung innehaben können. Solche Personen müssten dann aber auch jeweils über hinreichend Risiko und Initiative verfügen. Erst wenn also mehrere Personen Gesellschafter i. S. d. § 15 Abs. 1 Satz 1 Nr. 2 EStG sein können und solche Personen zudem jeweils hinreichend Initiative und Risiko innehaben können, könnten mehrere Personen die aus einem Gesellschaftsanteil abgeleitete Mitunternehmerstellung innehaben. Nur dann wäre die Mitunternehmerstellung verdoppelbar. Der Schwerpunkt der Frage nach der Verdoppelbarkeit der Mitunternehmerstellung liegt auf der Art und Weise der Bestimmung der Gesellschafterposition. Dass ein Gesellschaftsanteil zugleich mehreren Personen hinreichend Risiko und Initiative für eine

---

30 Vgl. auch Leingärtner/*Schigulski*, Besteuerung der Landwirte, 48. EL. 2025, Kap. 41 Rn. 81.

31 Siehe dazu S. 40 ff.

32 Siehe dazu S. 40 ff.

Mitunternehmerstellung verleihen kann, ist in Rechtsprechung und Literatur anerkannt.[33]

Wenngleich der Schwerpunkt auf der Art und Weise der Bestimmung der Gesellschafterstellung liegt, kann der Bedeutungsgehalt des Gesellschafterbegriffes nicht ohne die Betrachtung der Mitunternehmerschaft als solcher bestimmt werden. Die Gesellschafterstellung als nur eines der Kriterien der Mitunternehmerstellung ist wesentlich von ihrer Eingliederung in die Mitunternehmerdoktrin charakterisiert und untrennbar mit ihr verbunden. Im Verlauf dieser Arbeit wird deshalb einerseits, soweit dies möglich ist, speziell das Gesellschafterkriterium untersucht. Andererseits wird aber auch die Mitunternehmerdoktrin als solche beleuchtet, um Rückschlüsse auf den Bedeutungsgehalt des Gesellschafterkriteriums ziehen zu können.

So liegt das Augenmerk der nachstehenden Rechtsprechungsanalyse maßgeblich darauf, wie die Gesellschafterstellung – als Voraussetzung der Mitunternehmerstellung und Schlüsselpunkt für eine etwaige Mitunternehmerverdoppelbarkeit – von der Rechtsprechung verstanden wird. Naturgemäß sind solche Ausführungen jedoch übergeordnet in die Untersuchung eingegliedert, wie sich die Stellung als Mitunternehmer nach der Rechtsprechung bestimmt.

B. Rechtsprechungsanalyse: Mehrere Mitunternehmerstellungen aus einem Gesellschaftsanteil?

Die Bestimmung der Personen, die Mitunternehmer gemäß § 15 Abs. 1 Satz 1 Nr. 2 EStG sind, ist von vielfältiger Kasuistik geprägt. Seit Einführung des Mitunternehmerbegriffs unterliegen die von der Rechtsprechung an das Erlangen einer Mitunternehmerposition gestellten

33 Siehe zu der entsprechenden Rechtsprechung die untenstehende Rechtsprechungsanalyse. Das Verständnis, ein Gesellschaftsanteil könne mehreren Personen hinreichend Mitunternehmerinitiative und -risiko verleihen, hat die Rechtsprechung in den analysierten Urteilen nicht revidiert. Siehe zu Vertretern im Schrifttum beispielsweise *Götz*, ZEV 2014, 241, 241 und *Hermes*, Das Nießbrauchsrecht an Mitgliedschaften im Gesellschafts-, Bilanz- und Steuerrecht, 2018, S. 249.

Voraussetzungen einem steten Wandel. Schwerpunkt der nachstehenden Untersuchung ist deshalb, ob nach Auffassung der Rechtsprechung ein Gesellschafter im Sinne des § 15 Abs. 1 Satz 1 Nr. 2 EStG nur der zivilrechtliche Gesellschafter sein kann oder ob die Gesellschafterstellung autonom steuerrechtlich zu bestimmen ist. Darüber hinaus rückt ins Zentrum der Betrachtung, ob die Rechtsprechung davon ausgeht, dass es pro Gesellschaftsanteil nur einen Gesellschafter i. S. d. § 15 Abs. 1 Satz 1 Nr. 2 EStG geben kann. Untersucht wird der Zeitraum ab Übernahme des Mitunternehmerbegriffs in das REStG 1920.

I. Seit REStG 1920 – Mitunternehmerstellung ist verdoppelbar

Beginnend mit der Übernahme des Mitunternehmerbegriffs in das REStG 1920 wurde die Mitunternehmerstellung von der Rechtsprechung maßgeblich nach dem Vorhandensein von Mitunternehmerinitiative und -risiko gemäß § 15 Abs. 1 Satz 1 Nr. 2 EStG bestimmt.[34] Ob jemand eine Mitunternehmerstellung innehabe, sei im Einzelfall unter Würdigung aller Umstände nach wirtschaftlichen Kriterien zu beurteilen.[35] Unabhängig von einer – wie auch immer zu bestimmenden – Gesellschafterposition sei die Mitunternehmerstellung zu bejahen, wenn die Person hinreichend Mitunternehmerinitiative und -risiko habe.[36]

34 RFH, Urt. v. 21.06.1933 – VI A 588/30, RStBl. 1933, 1014; RFH, Urt. v. 09.03.1938 – VI 81/38, RStBl. 1938, 643; BFH, Urt. v. 17.11.1964 – VI 319/63 U, BStBl. III 1965, 260; BFH, Urt. v. 09.10.1969 – IV 294/64, BStBl. II 1970, 320; BFH, Urt. v. 11.04.1973 – IV R 67/69, BStBl. II 1973, 528; BFH, Urt. v. 28.11.1974 – I R 232/72, BStBl. II 1975, 498; BFH, Urt. v. 08.02.1979 – IV R 163/76, BStBl. II 1979, 405; BFH, Urt. v. 14.11.1979 – I R 123/76, BStBl. II 1980, 432; BFH, Beschl. v. 11.12.1980 – IV R 91/76, BStBl. II 1981, 310. Siehe umfassend zu der Bestimmung des Mitunternehmerbegriffs in der steuerrechtlichen Rechtsprechung von 1926–1960 bei *Schacht*, Der Mitunternehmer in der steuerrechtlichen Rechtsprechung, 1962.

35 BFH, Urt. v. 17.11.1964 – VI 319/63 U, BStBl. III 1965, 260; BFH, Urt. v. 28.11.1974 – I R 232/72, BStBl. II 1975, 498.

36 BFH, Urt. v. 11.04.1973 – IV R 67/69, BStBl. II 1973, 528; BFH, Urt. v. 28.11.1974 – I R 232/72, BStBl. II 1975, 498; BFH, Urt. v. 08.02.1979 – IV R 163/76, BStBl. II 1979, 405; BFH, Beschl. v. 11.12.1980 – IV R 91/76, BStBl. II 1981, 310. Tendenziell drückte die Rechtsprechung zunehmend deutlicher aus,

Deutlich wird, dass die Rechtsprechung die Mitunternehmerstellung damals einzig danach bestimmt, ob eine Person über hinreichend Mitunternehmerrisiko und -initiative verfügt. Ein obergerichtliches Urteil, in dem sich im Kontext eines Nießbrauchs dazu geäußert wird, ob Gesellschafter und Nießbraucher zugleich Mitunternehmer sein können, ist aus diesem Zeitraum nicht ersichtlich. Werden die von der Rechtsprechung angelegten Kriterien aber auf die Konstellation eines Nießbrauchs am Personengesellschaftsanteil übertragen, könnten zugleich Gesellschafter und Nießbraucher als Mitunternehmer qualifiziert werden. Erforderlich dafür wäre, dass beide Personen über hinreichend Mitunternehmerinitiative und -risiko verfügen. Bei entsprechender Gestaltung der Nießbrauchsabrede, nach welcher beiden Personen hinreichend Risiko und Initiative zugewiesen sind,[37] wären nach obigen Maßstäben also beide Personen als Mitunternehmer anzuerkennen. Eine Mitunternehmerverdoppelung in dem Sinne, dass sowohl Gesellschafter als auch Nießbraucher Mitunternehmer sein können, war nach diesen Maßstäben folglich möglich.

Bestätigt wird dieses Verständnis von Äußerungen im damaligen Schrifttum. Dieses kritisierte die Rechtsunsicherheit, die aus der Konturlosigkeit der von der Rechtsprechung angelegten Kriterien bei der Bestimmung der Mitunternehmerstellung entstanden sei.[38] Denn Folge der reinen Orientierung an dem Vorhandensein von Mitunternehmerinitiative und -risiko sei, dass dem Kreis potentieller Mitunternehmer keine Grenzen gesetzt wären.[39] Von der Finanzverwaltung wurden Personen, die zwar nicht die zivilrechtliche Gesellschafterstel-

---

dass eine Gesellschafterstellung nicht erforderlich sei, vgl. dazu: *Schreiber*, Wer ist Mitunternehmer?, 1995, S. 53.

37 Siehe zu einer solchen Gestaltung beispielhaft bei *Götz/Jorde*, FR 2003, 998, 1000 ff. und die Verweise in Fn. 33 oben.

38 *Lampenau*, StbJb 1982/83, 201, 211 ff.; *Lindner*, DStR 1986, 63, 63. Vgl. dazu auch *Schreiber*, Wer ist Mitunternehmer?, 1995, S. 55.

39 Beispielsweise führte *Döllerer*, JbFSt 1986/87, 37, 50 plakativ aus: „*Die Finanzverwaltung und die Rechtsprechung der Finanzgerichte, gelegentlich auch der BFH, haben in den letzten Jahren diese „faktische Mitunternehmerschaft“ so weit ausgedehnt, daß wir drauf und dran waren, ein Volk von Mitunternehmern zu werden.*“

lung innehatten, aber Mitunternehmerinitiative und -risiko ausüben konnten, seit 1983 als faktische Mitunternehmer bezeichnet.[40]

II. Seit BFH, Beschl. v. 25.06.1984 – GrS 4/82 – Stärkere Orientierung am Zivilrecht

1. Darstellung des Beschlusses

Im BFH, Beschl. v. 25.06.1984 – GrS 4/82 entschied der BFH über einen Vorlagebeschluss, in dem unter anderem die folgende Rechtsfrage gestellt wurde: „*Ist ein Gesellschafter einer Personengesellschaft, insbesondere ein Kommanditist einer KG, die Gewinne in Form einer Mehrung ihres Betriebsvermögens, insbesondere ihres Gesellschaftsvermögens erstrebt, Mitunternehmer i. S. von § 15 (Abs. 1) Nr. 2 EStG des von der Gesellschaft betriebenen gewerblichen Unternehmens, wenn seine Beteiligung an der Gesellschaft rechtlich oder tatsächlich nur befristet ist und durch die befristete Zugehörigkeit zur Gesellschaft keine Teilhabe an einer von der Gesellschaft erstrebten Betriebsvermögensmehrung in der Form eines entnahmefähigen laufenden Gewinns oder eines die Einlage übersteigenden Abfindungsguthabens zu erwarten ist, der Gesellschafter also mit seiner Beteiligung lediglich Steuervorteile dergestalt erstrebt, daß durch Zuweisung von Verlustanteilen andere Einkünfte nicht und die Verlustanteile letztlich nur in Form tarifbegünstigter Veräußerungsgewinne (nach-)versteuert werden müssen?*“[41] Rechtlich ging es folglich darum, zu entscheiden, ob die Absicht der Gewinnerzielung im Sinne einer Betriebsvermögensmehrung nicht nur auf Ebene der Gesellschaft, sondern auch bei den einzelnen Gesellschaftern bestehen muss, damit diese als Mitunternehmer qualifizieren.[42] Hervorzuheben ist, dass der Beschl. v. 25.06.1984 – GrS 4/82 keinen Nießbrauchsfall betrifft, sondern den Fall einer Publikums-KG mit Treuhandkommanditisten.[43]

Der BFH nutzte den Vorlagebeschluss und nahm ausführlich Stellung zu den Voraussetzungen einer Mitunternehmerstellung. Er führt

---

40 Gemeinsame Verfügung der OFD‘en Freiburg, Karlsruhe und Stuttgart vom 01.12.1983, ESt.-Kartei § 15 Nr. 116.

41 BFH, Beschl. v. 25.06.1984 – GrS 4/82, BStBl. II 1984, 751 unter A.I.5.

42 Vgl. BFH, Beschl. v. 25.06.1984 – GrS 4/82, BStBl. II 1984, 751 unter V.2.

43 BFH, Beschl. v. 25.06.1984 – GrS 4/82, BStBl. II 1984, 751 unter II.

aus: „*Mitunternehmer i. S. des § 15 Nr. 2 EStG kann nur sein, wer zivilrechtlich Gesellschafter einer Personengesellschaft ist oder – in Ausnahmefällen – eine diesem wirtschaftlich vergleichbare Stellung innehat.*"[44] Für das Erfordernis der Gesellschafterstellung seien jedoch nicht die formalen Kriterien entscheidend, sondern die wirklichen Rechtsbeziehungen.[45] In der Regel müsse die Gesellschafterstellung deshalb nicht geprüft werden, da eine Person regelmäßig zivilrechtlicher Gesellschafter sei, wenn sie Mitunternehmerrisiko und -initiative trage.[46] Aus dem Sinn und Zweck des § 15 Abs. 1 Satz 1 Nr. 2 EStG gehe jedoch zudem hervor, als Mitunternehmer auch Personen anzusehen, die nicht in einem zivilrechtlichen Gesellschaftsverhältnis zueinander stehen, sondern in einem wirtschaftlich vergleichbaren Gemeinschaftsverhältnis.[47] Als solches wirtschaftlich vergleichbares Gemeinschaftsverhältnis kämen beispielsweise Gesamthands- oder Bruchteilsgemeinschaften in Betracht.[48] Auch ein Kapitalgeber mit den Merkmalen eines Mitunternehmers oder ein Treugeber kämen in Betracht.[49]

2. Einordnung des Beschlusses

In seinem Beschl. v. 25.06.1984 – GrS 4/82[50] konturierte der BFH die Art und Weise der Bestimmung der Mitunternehmerstellung mit detaillierteren Ausführungen über die Indizwirkung des Zivilrechts. Eine Abkehr von der vorherigen Rechtsprechung liegt im Beschl. v. 25.06.1984 – GrS 4/82 nicht. Die Prüfung, ob und welche Person Mitunternehmer ist, wird durch den Beschluss allerdings in bedeutsamer Weise ausgeformt. Nachfolgende Rechtsprechung zur Mitunternehmerstellung baut auf diesen Konturierungen auf. Die wesentliche und in nachfolgenden Urteilen häufig zitierte Aussage des BFH im Beschl. v. 25.06.1984 – GrS 4/82 ist, dass im Grundsatz der zivilrechtliche Gesellschafter als Mitunternehmer in Betracht kommt, in Ausnahme-

44 BFH, Beschl. v. 25.06.1984 – GrS 4/82, BStBl. II 1984, 751 unter V.3.b).
45 BFH, Beschl. v. 25.06.1984 – GrS 4/82, BStBl. II 1984, 751 unter V.3.b)aa).
46 BFH, Beschl. v. 25.06.1984 – GrS 4/82, BStBl. II 1984, 751 unter V.3.b)aa).
47 BFH, Beschl. v. 25.06.1984 – GrS 4/82, BStBl. II 1984, 751 unter V.3.b)bb).
48 BFH, Beschl. v. 25.06.1984 – GrS 4/82, BStBl. II 1984, 751 unter V.3.b)bb).
49 BFH, Beschl. v. 25.06.1984 – GrS 4/82, BStBl. II 1984, 751 unter V.3.b)bb), cc).
50 BFH, Beschl. v. 25.06.1984 – GrS 4/82, BStBl. II 1984, 751.

fällen aber das Innehaben einer wirtschaftlich vergleichbaren Stellung ausreicht.[51]

In welchem Verhältnis der Mitunternehmer, der zivilrechtlicher Gesellschafter ist, zu Mitunternehmern kraft wirtschaftlich vergleichbarer Stellung nach dieser Rechtsprechung steht, wird nachfolgend analysiert. Die Analyse beschränkt sich nicht auf die Aussagen des BFH im Beschl. v. 25.06.1984 – GrS 4/82, sondern bezieht weitere, darauf aufbauende, Rechtsprechung des BFH ein. Denn erst unter Hinzuziehung der Folgerechtsprechung des BFH ergibt sich ein umfängliches Bild über das Verständnis der Rechtsprechung hinsichtlich der Bedeutung des Mitunternehmerbegriffs. Im Hinblick auf die Möglichkeit der Verdoppelbarkeit der Mitunternehmerstellung wird insbesondere untersucht, ob beide Arten von Mitunternehmern nach dieser Rechtsprechung zugleich existieren können.

a) Grundsatz: Zivilrechtlicher Gesellschafter

Verleiht ein Personengesellschaftsanteil eine Mitunternehmerstellung, ist diese nach dem BFH im Grundsatz dem zivilrechtlichen Gesellschafter zuzurechnen.[52] Der zivilrechtliche Gesellschafter ist, wem die Mitgliedschaft zivilrechtlich zuzuordnen ist.

b) Ausnahme: Wirtschaftlich vergleichbare Stellung

Mitunternehmer kann nach dem BFH ausnahmsweise aber auch eine Person sein, die eine dem zivilrechtlichen Gesellschafter wirtschaftlich vergleichbare Stellung innehat.[53] Als Inhaber einer solchen wirtschaftlich vergleichbaren Stellung kommen nach der Rechtsprechung zwei Personengruppen in Betracht. Zum einen seien dies solche Rechtssubjekte, welche unter den im BFH, Beschl. v. 25.06.1984 – GrS 4/82 aufgeführten Ausnahmenkatalog fielen.[54] Eine Person mit einer Stellung, wie im Ausnahmenkatalog spezifiziert, habe eine dem zivilrechtlichen Gesellschafter wirtschaftlich vergleichbare Stellung und sei deshalb als Mitunternehmer anzusehen.[55] Zum anderen konkretisiert der BFH

51 Vgl. BFH, Beschl. v. 25.06.1984 – GrS 4/82, BStBl. II 1984, 751 unter V.3.b).
52 BFH, Beschl. v. 25.06.1984 – GrS 4/82, BStBl. II 1984, 751 unter V.3.b).
53 BFH, Beschl. v. 25.06.1984 – GrS 4/82, BStBl. II 1984, 751 unter V.3.b).
54 BFH, Beschl. v. 25.06.1984 – GrS 4/82, BStBl. II 1984, 751 unter V.3.b).
55 BFH, Beschl. v. 25.06.1984 – GrS 4/82, BStBl. II 1984, 751 unter V.3.b)bb).

ab dem Jahr 1986, dass auch eine solche Person, die den zivilrechtlichen Gesellschafter gemäß § 39 Abs. 2 Nr. 1 Satz 1 AO kraft ihrer wirtschaftlichen Stellung verdrängt, Mitunternehmer sein kann.[56] Solche den zivilrechtlichen Gesellschafter verdrängenden Personen seien als autonom steuerrechtlich bestimmte „wirtschaftliche Gesellschafter“ Mitunternehmer.[57]

aa) Ausnahmenkatalog des BFH – Wirtschaftliche Vergleichbarkeit

In seinem Beschl. v. 25.06.1984 – GrS 4/82 führt der BFH Beispiele dafür an, welche Rechtssubjekte unter den Ausnahmenkatalog fallen, da ihnen eine dem zivilrechtlichen Gesellschafter wirtschaftlich vergleichbare Stellung zukommt.[58] Aufgrund der wirtschaftlich vergleichbaren Stellung seien die entsprechenden Personen ebenfalls Mitunternehmer, sofern sie über hinreichend Mitunternehmerinitiative und -risiko verfügen.[59] Solche Personen seien die Beteiligten an einer Erben-, Güter-, oder Bruchteilsgemeinschaft und der Treugeber eines Treuhandverhältnisses über einen Personengesellschaftsanteil.[60] Ob es sich bei diesen Beispielen um einen abschließenden Ausnahmenkatalog handelt oder lediglich um eine erweiterbare Aufzählung, geht aus dem Beschluss nicht eindeutig hervor.[61] Die Bedeutung des Beschlusses wird in der steuerrechtlichen Literatur deshalb divergierend beurteilt. Ein Teil des Schrifttums ordnet den Beschluss als die Abkehr von der faktischen Mitunternehmerschaft ein.[62] Die aufgeführten Beispiele seien zwar nicht abschließend, beschränkten die potentiellen Mitunternehmer neben den Gesellschaftern aber auf „Gemeinschafter“ des BGB.[63] Ein weiterer Teil der Literatur beurteilt die Auswirkungen des Beschlusses als weniger gravierend.[64] Nun sei zwar primär die Gesellschafterstellung maßgeblich, der Ausnahmenkatalog sei jedoch nicht

56 Beginnend mit BFH, Urt. v. 05.06.1986 – IV R 53/82, BStBl. II 1986, 798.
57 Vgl. BFH, Urt. v. 05.06.1986 – IV R 53/82, BStBl. II 1986, 798 unter V.3.b)bb).
58 BFH, Beschl. v. 25.06.1984 – GrS 4/82, BStBl. II 1984, 751 unter V.3.b)bb), cc).
59 BFH, Beschl. v. 25.06.1984 – GrS 4/82, BStBl. II 1984, 751 unter V.
60 BFH, Beschl. v. 25.06.1984 – GrS 4/82, BStBl. II 1984, 751 unter V.3.b)bb), cc).
61 Vgl. *Kneip*, Der einkommensteuerrechtliche Mitunternehmer, 1994, S. 451.
62 *Hennerkes/Binz*, DB 1985, 1307, 1309; *Söffing*, FR 1988, 77, 79; *Janssen*, BB 1994, 1757, 1757 f.
63 *Hennerkes/Binz*, DB 1985, 1307, 1309.
64 Siehe dazu die Beiträge von *Woerner*, BB 1986, 704, 705; *Baier*, FR 1986, 309, 313 f.; *Freundlieb*, StBp 1986, 1, 4; *Schreiber*, StuW 1987, 1, 5 f.

abschließend und erstrecke sich auf weitere Konstellationen, in denen Nichtgesellschafter Mitunternehmerinitiative und -risiko ausüben könnten.[65] Die Rechtsprechung wolle sich durch die Ausnahmetatbestände die Möglichkeit der wirtschaftlichen Betrachtung wahren.[66]

Die Bedeutung, welche zumindest der BFH dem Beschluss des Großen Senats beimisst, wird aus der Folgerechtsprechung ersichtlich. In nachfolgenden Urteilen erkennt der BFH Rechtssubjekte als Mitunternehmer an, die weder eine ausdrücklich im Ausnahmenkatalog aufgeführte Stellung innehaben noch steuerrechtlich autonom bestimmte Gesellschafter sind.[67] Hervorzuheben ist, dass der BFH beispielsweise auch einen Nießbraucher an einem Personengesellschaftsanteil als Mitunternehmer anerkennt.[68] Der Ausnahmenkatalog wird von der Rechtsprechung somit als nicht abschließend betrachtet und eröffnet, extensiv gehandhabt, weite Spielräume für das Anlegen einer wirtschaftlichen Betrachtungsweise. Sämtliche Personen, die wie ein Gesellschafter Mitunternehmerinitiative und -risiko aufweisen, können als unter den Ausnahmenkatalog fallende Mitunternehmer qualifiziert werden.

bb) Wirtschaftlicher Gesellschafter gemäß § 39 Abs. 2 Nr. 1 Satz 1 AO

In den Jahren nach dem Beschluss aus dem Jahr 1984 befasst sich der BFH – unter Zugrundelegung der aufgestellten Orientierungsmaßstäbe – konkreter mit dem Aspekt der zivilrechtlichen Gesellschafterstellung als erstem Anknüpfungspunkt einer Mitunternehmerstellung. Der BFH erwägt, dass der zivilrechtliche Gesellschafter nicht zwingend auch Gesellschafter im steuerlichen Kontext sein muss.[69] Es gebe auch Personen, die zwar nicht zivilrechtlich, schon aber wirtschaftlich

65 *Woerner*, BB 1986, 704, 705; *Baier*, FR 1986, 309, 313 f.; *Freundlieb*, StBp 1986, 1, 4; *Schreiber*, StuW 1987, 1, 5 f.

66 *Lindner*, DStR 1986, 63, 66; *Freundlieb*, StBp 1986, 1, 4.

67 Siehe beispielhaft: BFH, Urt. v. 01.09.2011 – II R 67/09, BStBl. II 2013, 210 (Nießbraucher). Siehe ferner zu Personen mit steuerrechtlicher Gesellschafterstellung: BFH, Urt. v. 22.01.1985 – VIII R 303/81, BStBl. II 1985, 363 (Gesellschafter einer fehlerhaften Gesellschaft, Unterbeteiligter in einer atypischen Unterbeteiligungsgesellschaft).

68 BFH, Urt. v. 01.09.2011 – II R 67/09, BStBl. II 2013, 210.

69 Vgl. dazu u. a. BFH, Urt. v. 16.05.1989 – VIII R 196/84, BStBl. II 1989, 877.

die Stellung eines Gesellschafters hätten.[70] Solche „wirtschaftlichen Gesellschafter" seien Personen, denen der Gesellschaftsanteil gemäß § 39 Abs. 2 Nr. 1 Satz 1 AO zuzurechnen sei.[71] Der BFH geht also nicht mehr nur – wie noch im Beschl. v. 25.06.1984 – GrS 4/82 – davon aus, dass zivilrechtliche Gesellschafter und Personen mit wirtschaftlich vergleichbarer Stellung entsprechend dem Ausnahmenkatalog Mitunternehmer sein können. Vielmehr könnten Mitunternehmer sein (1) der nach § 39 Abs. 1, 2 Nr. 1 Satz 1 AO bestimmte Gesellschafter, also ein zivilrechtlicher Inhaber oder eine Person, die diesen wirtschaftlich verdrängt und (2) Personen mit wirtschaftlich vergleichbarer Stellung entsprechend dem Ausnahmenkatalog.

Ihre Anfänge findet diese Entwicklung in dem Urteil des BFH v. 05.06.1986 – IV R 53/82.[72] Der BFH entschied im Kontext einer Familienpersonengesellschaft, dass nicht die Kinder als zivilrechtliche Kommanditisten, sondern der ehemalige Alleinunternehmer (in diesem Fall der Vater), die Mitunternehmerstellung innehat.[73] Der Vater übe den beherrschenden Einfluss über die Gesellschaft aus und sei deshalb Mitunternehmer.[74] Denn der Vater stehe im Ergebnis nicht anders, als würden ihm die Gesellschaftsanteile seiner Kinder gemäß § 39 Abs. 2 Nr. 1 AO als wirtschaftlichem Eigentümer bzw. als Treugeber zugerechnet.[75] Der BFH stellt folglich einen Vergleich zu den Wertungen des § 39 Abs. 2 Nr. 1 AO an und begründet mit diesem die Mitunternehmerstellung des Vaters. Eine Zurechnung der Gesellschafterstellung gemäß § 39 Abs. 2 Nr. 1 AO erfolgt noch nicht.

In dem Urt. v. 16.05.1989 – VIII R 196/84[76] schließlich rechnet der BFH die Gesellschafterstellung – als Kriterium der Mitunternehmerstellung – erstmalig entsprechend § 39 Abs. 2 Nr. 1 Satz 1 AO zu. Der

70 Vgl. dazu u. a. BFH, Urt. v. 16.05.1989 – VIII R 196/84, BStBl. II 1989, 877.

71 Vgl. dazu u. a. BFH, Urt. v. 16.05.1989 – VIII R 196/84, BStBl. II 1989, 877 und siehe zu einer solchen Zurechnung eines Personengesellschaftsanteils nach den Maßstäben des § 39 AO, wie sie die Rechtsprechung vornimmt, ausführlich unten S. 27 ff.

72 BFH, Urt. v. 05.06.1986 – IV R 53/82, BStBl. II 1986, 798.

73 BFH, Urt. v. 05.06.1986 – IV R 53/82, BStBl. II 1986, 798 unter 2., 3.

74 BFH, Urt. v. 05.06.1986 – IV R 53/82, BStBl. II 1986, 798, unter 2., 3.

75 BFH, Urt. v. 05.06.1986 – IV R 53/82, BStBl. II 1986, 798, unter 3.

76 BFH, Urt. v. 16.05.1989 – VIII R 196/84, BStBl. II 1989, 877.

BFH führt aus, dass nach dem Beschl. v. 25.06.1984 – GrS 4/82[77] im Rahmen der Bestimmung der Mitunternehmerstellung grundsätzlich an die Gesellschafterstellung anzuknüpfen ist.[78] Wer Gesellschafter sei, sei entsprechend § 39 Abs. 2 Nr. 1 AO zu bestimmen.[79] Auch in nachfolgenden Urteilen, in denen Mitunternehmerstellungen zu bestimmen waren, rechnet der BFH die Gesellschafterstellung gemäß § 39 Abs. 2 Nr. 1 Satz 1 AO zu.[80] Hervorzuheben ist, dass der BFH die Zurechnung in diesen Urteilen unmittelbar und nicht mehr entsprechend auf § 39 Abs. 2 Nr. 1 Satz 1 AO stützt.[81]

Bemerkenswert ist, dass der BFH in den vorstehenden Urteilen zugleich die ursprünglich im Beschl. v. 25.06.1984 – GrS 4/82 aufgestellte Konzeption dogmatisch verfeinert. Im Beschl. v. 25.06.1984 – GrS 4/82 geht der BFH noch davon aus, dass entweder der zivilrechtliche Gesellschafter oder eine Person mit wirtschaftlich vergleichbarer Stellung entsprechend dem Ausnahmenkatalog Mitunternehmer sein kann.[82] Einhergehend mit der Zurechnung der Gesellschafterstellung gemäß § 39 Abs. 1, 2 Nr. 1 Satz 1 AO in den Folgeurteilen könnte einkommensteuerrechtlich jedoch auch eine andere Person als der zivilrechtliche Gesellschafter die Gesellschafterstellung innehaben.[83] Eine solche Person sei der nach § 39 Abs. 2 Nr. 1 Satz 1 AO bestimmte wirtschaftliche Gesellschafter.[84]

Zusammengefasst kommen nach der Rechtsprechung des BFH folglich grundsätzlich entweder der zivilrechtliche oder der wirtschaftliche Gesellschafter, d. h. der „steuerrechtliche Gesellschafter", oder Personen mit wirtschaftlich vergleichbarer Stellung für die Mitunter-

---

77 BFH, Beschl. v. 25.06.1984 – GrS 4/82, BStBl. II 1984, 751.

78 BFH, Urt. v. 16.05.1989 – VIII R 196/84, BStBl. II 1989, 877 unter 1.

79 BFH, Urt. v. 16.05.1989 – VIII R 196/84, BStBl. II 1989, 877 unter 1.

80 BFH, Urt. v. 26.06.1990 – VIII R 81/85, BStBl. II 1994, 645; BFH, Urt. v. 24.09.1991 – VIII R 349/83, BStBl. II 1992, 330; BFH, Urt. v. 28.09.1995 – IV R 34/93, BFH/NV 1996, 314.

81 BFH, Urt. v. 26.06.1990 – VIII R 81/85, BStBl. II 1994, 645; BFH, Urt. v. 24.09.1991 – VIII R 349/83, BStBl. II 1992, 330; BFH, Urt. v. 28.09.1995 – IV R 34/93, BFH/NV 1996, 314.

82 BFH, Beschl. v. 25.06.1984 – GrS 4/82, BStBl. II 1984, 751 unter V.3.b).

83 Siehe beispielhaft BFH, Urt. v. 16.05.1989 – VIII R 196/84, BStBl. II 1989, 877 unter 1.

84 Siehe beispielhaft BFH, Urt. v. 16.05.1989 – VIII R 196/84, BStBl. II 1989, 877 unter 1.

nehmerposition in Betracht. Im Regelfall komme zuvörderst weiterhin – wie es auch § 39 Abs. 1 AO statuiert – der zivilrechtliche Gesellschafter als Mitunternehmer in Betracht. Werde dieser allerdings von einem wirtschaftlichen Gesellschafter verdrängt, komme dieser gemäß § 39 Abs. 2 Nr. 1 Satz 1 AO bestimmte wirtschaftliche Gesellschafter als Mitunternehmer in Betracht. Darüber hinaus könnten Personen mit wirtschaftlich vergleichbarer Stellung entsprechend dem Ausnahmenkatalog Mitunternehmer sein.

c) Keine Exklusivität zwischen zivilrechtlichem und wirtschaftlichem Gesellschafter

Ob nach der aufgezeigten Rechtsprechung die Möglichkeit der Mitunternehmerverdoppelung weiterhin besteht, hängt entscheidend davon ab, ob die Rechtsprechung ein Exklusivitätsverhältnis jeweils zwischen dem zivilrechtlichen Gesellschafter, dem wirtschaftlichen Gesellschafter und der Person mit einer wirtschaftlich vergleichbaren Stellung im Sinne des Ausnahmenkatalogs annimmt.

Im Beschl. v. 25.06.1984 – GrS 4/82 äußert sich der BFH nicht explizit dazu, ob ein Exklusivitätsverhältnis zwischen dem zivilrechtlichen Gesellschafter und Rechtssubjekten mit wirtschaftlich vergleichbarer Stellung besteht.[85] Im Zuge der Anknüpfung an § 39 Abs. 1, 2 Nr. 1 Satz 1 AO in den Folgeurteilen und der Annahme, es gebe entweder einen zivilrechtlichen oder einen wirtschaftlichen Gesellschafter, verdeutlicht der BFH seine Auffassung allerdings.

Nach Auffassung des BFH kann der steuerrechtliche Gesellschafter, d. h. nach Maßgabe des § 39 Abs. 1, 2 Nr. 1 Satz 1 AO der zivilrechtliche oder der wirtschaftliche Gesellschafter, nur entweder der zivilrechtliche oder der wirtschaftliche Gesellschafter sein.[86] Ein solches Ausschließlichkeitsverhältnis hinsichtlich des steuerrechtlichen Gesellschafters entspricht einer konsequenten Anwendung des § 39 Abs. 1, 2 Nr. 1 Satz 1 AO. Die Möglichkeit der Verdoppelung der Mitunternehmerstellung bliebe allerdings bestehen, sofern das Ausschließlichkeitsverhältnis nicht auch auf das Verhältnis zwischen

85 BFH, Beschl. v. 25.06.1984 – GrS 4/82, BStBl. II 1984, 751 unter V.3.
86 Vgl. BFH, Urt. v. 16.05.1989 – VIII R 196/84, BStBl. II 1989, 877; BFH, Urt. v. 24.09.1991 – VIII R 349/83, BStBl. II 1992, 330.

steuerrechtlichem Gesellschafter und Personen mit wirtschaftlich vergleichbarer Stellung entsprechend dem Ausnahmenkatalog erweitert würde.

Indiziell sprechen sämtliche der BFH-Urteile, in welchen § 39 Abs. 1, 2 Nr. 1 Satz 1 AO zur Bestimmung der Gesellschafterstellung herangezogen wird, gegen eine solche Erweiterung des Ausschließlichkeitsverhältnisses.[87] Denn sämtliche dieser Urteile verweisen, wenn in ihnen ausgeführt wird, dass im Grundsatz der steuerrechtliche Gesellschafter Mitunternehmer ist, auf die Ausnahmen, in denen auch Rechtssubjekte, die nicht steuerrechtlicher Gesellschafter sind, Mitunternehmer sein können.[88] Ein etwaiges Ausschließlichkeitsverhältnis zwischen der Mitunternehmerstellung eines steuerrechtlichen Gesellschafters und einer Person mit wirtschaftlich vergleichbarer Stellung entsprechend dem Ausnahmenkatalog wird in den entsprechenden Urteilen nicht erwähnt.[89]

Dass der BFH nicht von einem Exklusivitätsverhältnis zwischen einer Mitunternehmerstellung des steuerrechtlichen Gesellschafters und Mitunternehmerstellungen solcher Personen mit wirtschaftlich vergleichbarer Stellung ausgeht, geht sodann besonders deutlich aus dem BFH-Urteil v. 16.05.1989[90] hervor. In diesem Urteil spricht der BFH trotz der vorherigen Feststellung, dass es einen wirtschaftlichen Gesellschafter gibt, noch in Bezug auf den zivilrechtlichen Gesellschafter an, dass dieser auch kein Mitunternehmer ist, weil er ebenfalls nicht unter den Ausnahmenkatalog der wirtschaftlich vergleichbaren Ge-

87 BFH, Urt. v. 16.05.1989 – VIII R 196/84, BStBl. II 1989, 877; BFH, Urt. v. 26.06.1990 – VIII R 81/85, BStBl. II 1994, 645; BFH, Urt. v. 24.09.1991 – VIII R 349/83, BStBl. II 1992, 330; BFH, Urt. v. 28.09.1995 – IV R 34/93, BFH/NV 1996, 314.

88 BFH, Urt. v. 16.05.1989 – VIII R 196/84, BStBl. II 1989, 877 unter 1.; BFH, Urt. v. 26.06.1990 – VIII R 81/85, BStBl. II 1994, 645 unter 1.a) und 3.a); BFH, Urt. v. 24.09.1991 – VIII R 349/83, BStBl. II 1992, 330 unter III.1.; BFH, Urt. v. 28.09.1995 – IV R 34/93, BFH/NV 1996, 314, Rn. 19.

89 BFH, Urt. v. 16.05.1989 – VIII R 196/84, BStBl. II 1989, 877 unter 1.; BFH, Urt. v. 26.06.1990 – VIII R 81/85, BStBl. II 1994, 645 unter 1.a) und 3.a); BFH, Urt. v. 24.09.1991 – VIII R 349/83, BStBl. II 1992, 330 unter III.1.; BFH, Urt. v. 28.09.1995 – IV R 34/93, BFH/NV 1996, 314, Rn. 19.

90 BFH, Urt. v. 16.05.1989 – VIII R 196/84, BStBl. II 1989, 877.

meinschaftsverhältnisse[91] fällt.[92] Der BFH erwägt folglich implizit die Möglichkeit, dass neben dem steuerrechtlichen Gesellschafter-Mitunternehmer noch eine andere Person, aufgrund einer Stellung im Sinne des Ausnahmenkatalogs, Mitunternehmer sein kann. Ein Exklusivitätsverhältnis wird nicht angenommen. Eine Abkehr von der Verdoppelbarkeit der Mitunternehmerstellung liegt somit weder im Beschl. v. 25.06.1984 – GrS 4/82 noch in den darauf aufbauenden Folgeurteilen.

Dass die Rechtsprechung kein Exklusivitätsverhältnis annimmt, geht zudem aus weiterer nachfolgender Rechtsprechung hervor. Obergerichtlich als Mitunternehmer anerkannt werden nämlich auch Personengesellschafter, an deren Personengesellschaftsanteil ein Nießbrauch bestellt ist.[93] Ebenfalls bejaht der BFH die Mitunternehmerschaft von Nießbrauchern, deren Nießbrauchsrechte jeweils an Personengesellschaftsanteilen bestellt sind.[94] Obergerichtlich wird zwar nicht ausdrücklich bestätigt, dass sowohl Personengesellschafter als auch Nießbraucher Mitunternehmer an demselben Gesellschaftsanteil sein können. Der BFH legt diese Möglichkeit allerdings konkludent zugrunde.[95] Im Einklang damit wird die Möglichkeit der Mit-

---

91 Mit den wirtschaftlich vergleichbaren Gemeinschaftsverhältnissen, von denen in dem Urteil gesprochen wird, ist der in BFH, Beschl. v. 25.06.1984 – GrS 4/82 etablierte Ausnahmenkatalog der Personen mit wirtschaftlich vergleichbarer Stellung angesprochen (siehe dazu oben auf S. 16 ff.). Die „vergleichbaren Gemeinschaftsverhältnisse“ werden in diesem Beschluss synonym mit der „wirtschaftlich vergleichbaren Stellung“ verwendet. Dies ergibt sich aus der Verwendung der Begrifflichkeit „wirtschaftlich vergleichbare Stellung“ in der Definition des Mitunternehmers und der Verwendung der Begrifflichkeit „wirtschaftlich vergleichbares Gemeinschaftsverhältnis“ im Rahmen der näheren Erläuterung dieses Kriteriums. Siehe dazu BFH, Beschl. v. 25.06.1984 – GrS 4/82, BStBl. II 1984, 751 unter B.V.3.b) und unter B.V.3.b)bb).

92 BFH, Urt. v. 16.05.1989 – VIII R 196/84, BStBl. II 1989, 877 unter 2.

93 BFH, Urt. v. 01.03.1994 – VIII R 35/92, BStBl. II 1995, 241. Siehe ferner BFH, Urt. v. 16.05.1995 – VIII R 18/93, BStBl. II 1995, 714 (zu einem der Verwaltungstestamentsvollstreckung unterliegenden Gesellschaftsanteil).

94 BFH, Urt. v. 10.12.2008 – II R 34/07, BStBl. II 2009, 381; BFH, Urt. v. 01.09.2011 – II R 67/09, BStBl. II 2013, 210.

95 Vgl. die Ausführungen in BFH, Urt. v. 01.09.2011 – II R 67/09, BStBl. II 2013, 210 und die Erwägung in BFH, Urt. v. 03.12.2015 – IV R 43/13, BFH/NV 2016, 742, ob trotz der Mitunternehmerstellung der Gesellschafter auch die Nießbraucher Mitunternehmer seien. Siehe dazu weiter die anschauliche Auswertung der relevanten Rechtsprechung bei *Schomaker*, Die Verdoppelung der Mitunternehmerstellung in Nießbrauchsfällen, 2023, S. 125 ff.

unternehmerverdoppelung, also die Mitunternehmerstellung sowohl des Nießbrauchers als auch des Gesellschafters, untergerichtlich ausdrücklich angenommen.[96] Dass ein Personengesellschaftsanteil lediglich einem Besteuerungssubjekt eine Mitunternehmerstellung verleihen kann, die Mitunternehmerstellung also nicht verdoppelbar ist, wird nicht erwogen.

Der Ausnahmenkatalog bleibt somit auch im Rahmen der Konzeption der Rechtsprechung, beginnend mit dem Beschluss im Jahr 1984, immer noch Einfallstor für die wirtschaftliche Betrachtung und Beurteilung der Mitunternehmerschaft ausschließlich nach dem Vorhandensein von Mitunternehmerinitiative und -risiko. Trotz der grundsätzlichen Orientierung am Zivilrecht und an § 39 Abs. 1, 2 Nr. 1 Satz 1 AO bleibt die Verdoppelbarkeit der Mitunternehmerstellung somit möglich.[97]

3. Zusammenfassung des Meinungsbilds des BFH bis in das Jahr 2015 – Mitunternehmerstellung bleibt verdoppelbar

Zusammengefasst ergibt sich folgendes Meinungsbild der Rechtsprechung im Zeitraum ab 1920 bis zumindest ins Jahr 2015. Für einen langen Zeitraum stellte die Rechtsprechung im Rahmen der Bestimmung von Mitunternehmern ausschließlich auf das Vorhandensein von hinreichend Mitunternehmerrisiko und -initiative ab. Der Gesellschafterstellung i. S. d. § 15 Abs. 1 Satz 1 Nr. 2 EStG wurde kein eigener Bedeutungsgehalt beigemessen. Nach dieser Konzeption war die Mitunternehmerstellung mehrerer Personen an einem Gesellschaftsanteil möglich. An dieser Möglichkeit der Verdoppelung der Mitunternehmerstellung änderte auch die Wende in der Rechtsprechung im Jahr 1984[98] hin zu der stärkeren Orientierung an der zivilrechtlichen bzw. seit 1986[99] zudem der steuerrechtlichen Gesellschafterstellung nichts. Im Regelfall sei zwar der steuerrechtliche Gesellschafter Mitunternehmer, daneben könnten jedoch auch Personen mit wirtschaftlich

96 FG Köln, Urt. v. 07.04.2003 – 9 K 3558/98, DStRE 2003, 996M; FG Niedersachsen, Urt. v. 22.12.2004 – 3 K 277/03, EFG 2005, 639. Vgl. dazu *Schomaker*, Die Verdoppelung der Mitunternehmerstellung in Nießbrauchsfällen, 2023, S. 130.

97 Vgl. im Ergebnis auch *Schomaker*, Die Verdoppelung der Mitunternehmerstellung in Nießbrauchsfällen, 2023, S. 127 ff.

98 BFH, Beschl. v. 25.06.1984 – GrS 4/82, BStBl. II 1984, 751.

99 Beginnend mit BFH, Urt. v. 05.06.1986 – IV R 53/82, BStBl. II 1986, 798.

vergleichbarer Stellung entsprechend dem Ausnahmenkatalog eine Position als Mitunternehmer innehaben. Die Möglichkeit der Mitunternehmerverdoppelung ist nach diesem Verständnis gegeben.

Zur Erleichterung des Begriffsverständnisses seien an dieser Stelle noch einmal die Personen definiert, welche nach Auffassung der Rechtsprechung bis zumindest in das Jahr 2015 für eine Mitunternehmerstellung in Betracht kommen. Gesellschafter i. S. d. § 15 Abs. 1 Satz 1 Nr. 2 EStG können sein:

1. Steuerrechtlicher Gesellschafter: Steuerrechtlicher Gesellschafter ist, wer *entweder* zivilrechtlicher Gesellschafter (a.) *oder* wirtschaftlicher Gesellschafter (b.) ist.
   a. Zivilrechtlicher Gesellschafter: Diejenige Person, die nach den Wertungen des Zivilrechts Gesellschafter ist.
   b. Wirtschaftlicher Gesellschafter: Diejenige Person, die gemäß § 39 Abs. 2 Nr. 1 Satz 1 AO den zivilrechtlichen Gesellschafter im Regelfall für die gewöhnliche Nutzungsdauer von der Einwirkung auf den Personengesellschaftsanteil wirtschaftlich ausschließen kann.
2. Personen mit wirtschaftlich vergleichbarer Stellung: Personen, denen eine dem zivilrechtlichen Gesellschafter wirtschaftlich vergleichbare Stellung zukommt.

III. Mögliche Modifizierung der Verdoppelbarkeit der Mitunternehmerstellung in der Rechtsprechung des BFH seit 2015

Beginnend mit dem nachstehend skizzierten BFH-Urteil v. 03.12.2015 – IV R 43/13 äußerte sich insbesondere der IV. Senat in einer Reihe von jüngeren Entscheidungen zu der Art und Weise, wie zu bestimmen ist, ob eine Mitunternehmerschaft aus einer Mitgliedschaft folgt und welche Person die Mitunternehmerstellung innehat. Im folgenden Teil werden zunächst die relevanten Entscheidungen der neuen Rechtsprechungslinie erläutert und kommentiert.[100] Anschlie-

---

100 Siehe zu einer Analyse der in diesem Kontext relevanten Rechtsprechung auch bei *Schomaker*, Die Verdoppelung der Mitunternehmerstellung in Nießbrauchsfällen, 2023, S. 132 ff.

ßend wird die neue Rechtsprechungslinie im Rahmen einer Gesamtschau betrachtet.

1. BFH, Urt. v. 03.12.2015 – IV R 43/13

a) Darstellung des Urteils

Dem BFH-Urteil v. 03.12.2015 – IV R 43/13[101] lag folgender, gekürzt dargestellter Sachverhalt zugrunde. Die zwei jeweils hälftig beteiligten Gesellschafter einer GmbH & Co. KG übertrugen Teile ihrer Gesellschaftsanteile an der KG auf ihre beiden Kinder. Dabei hielten sie sich einen Nießbrauch an den übertragenen Anteilen zurück. Die GmbH & Co. KG generierte Verluste und es stellte sich die Frage, wem diese Verluste zuzurechnen sind. Der BFH führt zunächst abstrakt aus, dass die Verluste demjenigen zuzurechnen sind, der die Verluste nach den vertraglichen Abreden wirtschaftlich zu tragen hat.[102] Zusätzlich müsse der Verlusttragende als Mitunternehmer anzusehen sein.[103] Beide Nießbrauchsinhaber hatten nach den vertraglichen Abreden keine Verluste zu tragen. Der BFH führt aus, dass sich auch nicht *ex lege* aus dem Bestehen des Nießbrauchs ergibt, dass die Nießbraucher Verluste zu tragen haben.[104] Etwas Gegenteiliges folge auch nicht aus dem BFH-Urteil v. 11.04.1973[105], in dem es nur um die Frage gegangen sei, ob der Nießbraucher, dem nach dem gesetzlichen Leitbild nur ein Fruchtziehungsrecht zusteht, Mitunternehmer sei.[106] Der BFH führt weiter aus: „*Ob der Senat an dieser Rechtsprechung festhält, bedarf deshalb im Streitfall keiner Entscheidung.*“[107]

In der weiteren Prüfung, wem die Verluste zuzurechnen sind, prüft der BFH die Mitunternehmerstellung der Gesellschafter, deren Kommanditanteile mit dem Nießbrauch belastet waren.[108] Als Prüfungskrite-

101 BFH, Urt. v. 03.12.2015 – IV R 43/13, BFH/NV 2016, 742.
102 BFH, Urt. v. 03.12.2015 – IV R 43/13, BFH/NV 2016, 742, Rn. 32.
103 BFH, Urt. v. 03.12.2015 – IV R 43/13, BFH/NV 2016, 742, Rn. 32.
104 BFH, Urt. v. 03.12.2015 – IV R 43/13, BFH/NV 2016, 742, Rn. 37.
105 BFH, Urt. v. 11.04.1973 – IV R 67/69, BStBl. II 1973, 528.
106 BFH, Urt. v. 03.12.2015 – IV R 43/13, BFH/NV 2016, 742, Rn. 42.
107 BFH, Urt. v. 03.12.2015 – IV R 43/13, BFH/NV 2016, 742, Rn. 42.
108 BFH, Urt. v. 03.12.2015 – IV R 43/13, BFH/NV 2016, 742, Rn. 43 ff.

rien stellt der BFH auf Mitunternehmerinitiative und -risiko ab, wie sie aus § 15 Abs. 1 Satz 1 Nr. 2 EStG abgeleitet werden.[109]

b) Einordnung des Urteils

Das BFH-Urteil v. 03.12.2015 – IV R 43/13[110] ist von Bedeutung, da der BFH ausführt, dass nicht entschieden werden muss, ob der Senat an der Rechtsprechung festhält, dass ein Nießbraucher, dem nur ein Fruchtziehungsrecht nach dem gesetzlichen Leitbild zusteht, als Mitunternehmer anzusehen ist.[111] Denn mit der Frage, ob ein Nießbraucher als Mitunternehmer anzusehen ist, geht die Frage einher, ob bzw. unter welchen Voraussetzungen nur der Gesellschafter oder zugleich der Nießbraucher Mitunternehmer ist.

Zwar sind konkrete Folgerungen aus der Feststellung, dass nicht entschieden werden müsse, ob an einer Rechtsprechung festgehalten wird, nicht möglich, allerdings lässt sich aus dem Vorhandensein der Erwägung, ob an einer Rechtsprechung festgehalten werden soll, ableiten, dass diese zumindest in Frage gestellt werden könnte.[112] Hätte der BFH nicht überlegt, an der Rechtsprechung festzuhalten, hätte er diesen Aspekt in der Entscheidung wahrscheinlich nicht angesprochen.

Die Feststellung des BFH, dass über die Frage nicht entschieden werden müsse, ob an der bisherigen Rechtsprechung zur Mitunternehmerstellung eines Nießbrauchers festzuhalten ist, ist besonders bedeutsam, da der BFH auf die Frage der Mitunternehmerstellung des Nießbrauchers im konkreten Fall nicht hätte eingehen müssen. Denn eine Verlustzurechnung an die Nießbraucher schied bereits aus, da die Nießbraucher nach den vertraglichen Abreden keine Verluste zu tragen hatten. Die zweite Voraussetzung, das Vorliegen der Mitunternehmereigenschaft bei beiden Nießbrauchern, hätte vom BFH somit nicht thematisiert werden müssen.

---

109 BFH, Urt. v. 03.12.2015 – IV R 43/13, BFH/NV 2016, 742, Rn. 43 ff.

110 BFH, Urt. v. 03.12.2015 – IV R 43/13, BFH/NV 2016, 742.

111 BFH, Urt. v. 03.12.2015 – IV R 43/13, BFH/NV 2016, 742, Rn. 42.

112 *Götz*, FR 2019, 605, 607 hält die Äußerung des BFH für verwunderlich und *Fischer*, DStR 2025, 1392, 1397 versteht sie als ein *obiter dictum*, das die Abkehr von der doppelten Mitunternehmerstellung andeutet.

Festzustellen ist aber auch, dass der BFH die Mitunternehmerstellung trotz der aufgeworfenen Frage weiterhin nach der Vorgehensweise der vorherigen Rechtsprechung[113] beurteilt.[114] Der BFH ist in seinem Urteil v. 03.12.2015 von seiner vorherigen Rechtsprechung zur Mitunternehmerstellung eines Nießbrauchers folglich nicht abgekehrt.[115]

2. BFH, Urt. v. 22.06.2017 – IV R 42/13

a) Darstellung des Urteils

Im Urteil v. 22.06.2017 – IV R 42/13[116] geht es materiell um die Frage, ob und zu welchem Zeitpunkt eine KG, die ihrerseits mit Anteilen an einer anderen KG handelt, die Mitunternehmerstellung aus diesen gehandelten Anteilen erlangt. In dem zu entscheidenden Fall erwirbt die KG Kommanditanteile. Die Veräußerer dieser Kommanditanteile hatten zuvor jeweils die Mitunternehmerstellung inne. Die Besonderheit des Falls liegt darin, dass die erwerbende KG die Anteile innerhalb eines kurzen Zeitraumes weiterveräußert und dabei versucht, die Stichtage der Veräußerungen durch schuldrechtliche Abreden vorzuverlegen.

Zu der Problematik, wie zu bestimmen ist, wer eine Mitunternehmerstellung innehat, führt der BFH zunächst mit Verweis auf den Beschluss v. 25.06.1984 – GrS 4/82 aus: „*Mitunternehmer i. S. d. § 15 Abs. 1 Satz 1 Nr. 2 EStG ist, wer zivilrechtlich Gesellschafter einer Personengesellschaft ist oder – in Ausnahmefällen – eine diesem wirtschaftlich vergleichbare Stellung innehat, Mitunternehmerrisiko trägt und Mitunternehmerinitiative entfaltet sowie die Absicht zur Gewinnerzielung hat.*“[117] Anschließend führt der BFH weiter aus, dass gemäß § 39 Abs. 1 AO nach zivilrechtlichen Kriterien zu beurteilen ist, wer die Gesellschafterstellung innehat.[118] Der Personengesellschaftsanteil sei zwar kein Wirtschaftsgut, § 39 Abs. 1 AO sei aber anwendbar, weil der Personengesellschaftsanteil alle Anteile an den Wirtschaftsgütern

---

113 Siehe zu diesem Meinungsbild oben auf S. 23 f.

114 Siehe BFH, Urt. v. 03.12.2015 – IV R 43/13, BFH/NV 2016, 742, Rn. 43 ff.

115 So auch: *Götz*, FR 2019, 605, 607 und vgl. auch bei *Schomaker*, Die Verdoppelung der Mitunternehmerstellung in Nießbrauchsfällen, 2023, S. 132 f.

116 BFH, Urt. v. 22.06.2017 – IV R 42/13, BFH/NV 2018, 265.

117 BFH, Urt. v. 22.06.2017 – IV R 42/13, BFH/NV 2018, 265, Rn. 32.

118 BFH, Urt. v. 22.06.2017 – IV R 42/13, BFH/NV 2018, 265, Rn. 33.

verkörpere, die zu dem Gesellschaftsvermögen einer Personengesellschaft gehörten und dem betreffenden Gesellschafter nach § 39 Abs. 2 Nr. 2 AO zuzurechnen seien.[119] Ausnahmsweise könne die steuerrechtliche Zurechnung eines Gesellschaftsanteils allerdings auch von der zivilrechtlichen Gesellschafterstellung abweichen.[120] § 39 Abs. 2 Nr. 1 Satz 1 AO bestimme, dass ein Wirtschaftsgut für Zwecke der Besteuerung einem anderen als dem zivilrechtlichen Gesellschafter zuzurechnen sei, wenn der andere die tatsächliche Herrschaft über das Wirtschaftsgut in der Weise ausübt, dass er den Eigentümer im Regelfall für die gewöhnliche Nutzungsdauer von der Einwirkung auf das Wirtschaftsgut wirtschaftlich ausschließen könne.[121] Erfülle also ein anderer als der zivilrechtliche Gesellschafter die Voraussetzungen des Mitunternehmers, weil er anstelle des Gesellschafters dessen gesellschaftsrechtliche Position einnehmen könne, die es ihm ermögliche, Mitunternehmerrisiko und -initiative zu tragen, sei diesem der Anteil an der Personengesellschaft zuzurechnen.[122]

b) Einordnung des Urteils

Die Prüfung, welche Person Inhaber der Mitunternehmerstellung ist, nimmt der BFH im Urteil v. 22.06.2017 – IV R 42/13[123] somit in drei Schritten vor. Zunächst sei zu ermitteln, wer gemäß § 39 Abs. 1 AO zivilrechtlicher Gesellschafter ist. Anschließend müsse dieser zivilrechtliche Gesellschafter auch noch jeweils einen Grad an Mitunternehmerinitiative und -risiko aufweisen, um als Mitunternehmer qualifiziert werden zu können. Sei dies nicht der Fall, müsse geprüft werden, ob eine andere Person, anstelle des zivilrechtlichen Gesellschafters, vollständig dessen gesellschaftsrechtliche Position einnehme. Eine solche andere Person sei dann wirtschaftlicher Inhaber des Gesellschaftsanteils gemäß § 39 Abs. 2 Nr. 1 Satz 1 AO. Diesem wirtschaftlichen Inhaber sei die Mitunternehmerstellung anstelle des zivilrechtlichen Inhabers zuzurechnen.

---

119 BFH, Urt. v. 22.06.2017 – IV R 42/13, BFH/NV 2018, 265, Rn. 33.
120 BFH, Urt. v. 22.06.2017 – IV R 42/13, BFH/NV 2018, 265, Rn. 34.
121 BFH, Urt. v. 22.06.2017 – IV R 42/13, BFH/NV 2018, 265, Rn. 34.
122 BFH, Urt. v. 22.06.2017 – IV R 42/13, BFH/NV 2018, 265, Rn. 34.
123 BFH, Urt. v. 22.06.2017 – IV R 42/13, BFH/NV 2018, 265 und siehe dort auch zu der nachfolgend beschriebenen Vorgehensweise.

Bis zu diesem Punkt entspricht die Prüfung der Mitunternehmerstellung noch der vorherigen Rechtsprechung des BFH seit dem Beschluss v. 25.06.1984 – GrS 4/82[124] hinsichtlich der Identifizierung des steuerrechtlichen Gesellschafters. Beachtlich ist allerdings, dass der BFH sich nur insofern eindeutig äußert, als entweder der zivilrechtliche oder der wirtschaftliche Gesellschafter als Mitunternehmer in Betracht kommen.[125] Der BFH verweist nach der generellen Definition, wer Mitunternehmer ist, nicht mehr gesondert auf den Ausnahmenkatalog der Personen mit wirtschaftlich vergleichbarer Stellung,[126] auf welchen in der vorherigen Rechtsprechungslinie noch regelmäßig verwiesen und ausdrücklich Bezug genommen wurde.[127] Die Ausführungen des BFH könnten sich deshalb dahingehend interpretieren und komplettieren lassen, dass, ohne Ausnahmen, nur der gemäß § 39 Abs. 1, 2 Nr. 1 Satz 1 AO bestimmte steuerrechtliche Gesellschafter, d. h. entweder der zivilrechtliche oder der wirtschaftliche Gesellschafter, Mitunternehmer sein könne. Es könnte dann lediglich einem Subjekt die Mitunternehmerstellung aus einem Gesellschaftsanteil zugerechnet werden, womit eine Verdoppelung der Mitunternehmerstellung nicht mehr möglich wäre.

Festzuhalten ist, dass sich das BFH-Urteil v. 22.06.2017 – IV R 42/13[128] im Grunde auf der Linie der Rechtsprechung des BFH-Beschl. v. 25.06.1984 – GrS 4/82[129] bewegt und davon nicht explizit abweicht. Der Umstand, dass der BFH nicht mehr auf den Ausnahmenkatalog der Personen mit wirtschaftlich vergleichbarer Stellung verweist, könnte jedoch so verstanden werden, dass als Mitunternehmer nur noch entweder der zivilrechtliche oder der steuerrechtliche Gesellschafter in Betracht kommt. Nach einem solchen Verständnis könnte nur eine Person Mitunternehmer aus einem Gesellschaftsanteil sein. Zu beachten ist jedoch, dass das Urteil im Hinblick auf die Übertragung von Personengesellschaftsanteilen erging und nicht in Bezug auf einen Nießbrauch am Personengesellschaftsanteil. Ob die Ausfüh-

124 BFH, Beschl. v. 25.06.1984 – GrS 4/82, BStBl. II 1984, 751.
125 BFH, Urt. v. 22.06.2017 – IV R 42/13, BFH/NV 2018, 265, Rn. 34.
126 BFH, Urt. v. 22.06.2017 – IV R 42/13, BFH/NV 2018, 265, Rn. 32.
127 Siehe dazu S. 20 ff.
128 BFH, Urt. v. 22.06.2017 – IV R 42/13, BFH/NV 2018, 265.
129 BFH, Beschl. v. 25.06.1984 – GrS 4/82, BStBl. II 1984, 751.

rungen des BFH auch für die Konstellation eines Nießbrauchs geltend sollen, ist unklar.

3. BFH, Urt. v. 01.03.2018 – IV R 15/15

a) Darstellung des Urteils

In seinem Urteil v. 01.03.2018 – IV R 15/15[130] entschied der BFH darüber, ob die Mitunternehmerstellung bei der Veräußerung eines Personengesellschaftsanteils bereits vor der zivilrechtlichen Übertragung des Anteils, mit Übertragung der wirtschaftlichen Inhaberschaft an der Mitgliedschaft, auf den Erwerber übergehen kann. In Bezug auf die Definition des Mitunternehmers verweist der BFH zunächst auf die Ausführungen des vorstehenden Urteils v. 22.06.2017 – IV R 42/13.[131] Dann führt er aber aus: *„der Übergang der Inhaberschaft* ***an einem Mitunternehmeranteil*** *[Hervorhebung durch den Verfasser] [ist] grundsätzlich nach zivilrechtlichen Maßstäben (§ 39 Abs. 1 AO) zu beurteilen.“*[132] Die Veräußerung eines Mitunternehmeranteils könne zudem vorliegen, wenn zwar noch nicht die zivilrechtliche schon aber die wirtschaftliche Inhaberschaft am Mitunternehmeranteil auf den Erwerber übergegangen sei.[133] Läge die gesellschaftsrechtliche Position, aus welcher Mitunternehmerinitiative und -risiko resultieren, statt bei dem zivilrechtlichen Personengesellschafter vollständig bei einer anderen Person, sei diese Person wirtschaftlicher Inhaber des Gesellschaftsanteils und somit Mitunternehmer.[134]

b) Einordnung des Urteils

Der BFH beschränkt sich in diesem Urteil nicht mehr lediglich auf die Zurechnung der Gesellschafterstellung des potentiellen Mitunternehmers nach § 39 Abs. 1, 2 Nr. 1 Satz 1 AO. Die Mitunternehmerstellung als solche sei nach § 39 Abs. 1, 2 Nr. 1 Satz 1 AO zuzurechnen.[135] Die Kriterien des § 15 Abs. 1 Satz 1 Nr. 2 EStG, also Mitunternehmerrisiko und -initiative, seien im Rahmen der Bestimmung der wirtschaftli-

---

130 BFH, Urt. v. 01.03.2018 – IV R 15/15, BStBl. II 2018, 539.
131 BFH, Urt. v. 01.03.2018 – IV R 15/15, BStBl. II 2018, 539, Rn. 32.
132 BFH, Urt. v. 01.03.2018 – IV R 15/15, BStBl. II 2018, 539, Rn. 32.
133 BFH, Urt. v. 01.03.2018 – IV R 15/15, BStBl. II 2018, 539, Rn. 32.
134 BFH, Urt. v. 01.03.2018 – IV R 15/15, BStBl. II 2018, 539, Rn. 33.
135 BFH, Urt. v. 01.03.2018 – IV R 15/15, BStBl. II 2018, 539, Rn. 32.

chen Inhaberschaft des Gesellschaftsanteils gemäß § 39 Abs. 1, 2 Nr. 1 Satz 1 AO heranzuziehen.[136] Dass die Mitunternehmerstellung nun als solche nach § 39 Abs. 1, 2 Nr. 1 Satz 1 AO zugerechnet wird, spricht weiter für eine Erstreckung des Ausschließlichkeitsverhältnisses des § 39 Abs. 1, 2 Nr. 1 Satz 1 AO auf die aus einem Gesellschaftsanteil entspringende Mitunternehmerstellung. Zwar erging die Entscheidung des BFH wie auch das Urteil v. 22.06.2017 – IV R 42/13[137] im Kontext der Veräußerung eines Personengesellschaftsanteils und nicht im Hinblick auf einen Nießbrauch am Personengesellschaftsanteil, allerdings könnte darin eine Verfestigung des Verständnisses erblickt werden, dass die Mitunternehmerstellung sich unter Anwendung des Ausschließlichkeitsverhältnisses des § 39 Abs. 1, 2 Nr. 1 Satz 1 AO bestimmen soll. Würde dieses Verständnis auch für Nießbrauchskonstellationen gelten, könnte nur entweder der Nießbraucher oder der Gesellschafter Mitunternehmer aus dem Gesellschaftsanteil sein.

Anhand dieses Urteils lässt sich zudem nachvollziehen, wie eine zunächst dogmatisch kohärent aufgebaute Argumentation in einem Folgeurteil verkehrt wird. Mitunternehmerschaft ist ein autonom steuerrechtlicher Begriff. Als Mitunternehmer werden Rechtssubjekte bezeichnet, welche die Voraussetzungen des § 15 Abs. 1 Satz 1 Nr. 2 EStG erfüllen und infolgedessen Einkünfte aus Gewerbebetrieb beziehen.[138] Die Feststellung der Mitunternehmerposition umfasst also die Entscheidung, wem die gewerblichen Einkünfte subjektiv zuzurechnen sind. Wird die festgestellte Mitunternehmerstellung nun nach den Kriterien des § 39 Abs. 1, 2 Nr. 1 Satz 1 AO zugerechnet, würde dies bedeuten, dass die bereits erfolgte subjektive Zurechnung der Einkünfte anders zugerechnet würde. Eine solche „Zurechnung der Zurechnung" widerspricht den Grundsätzen der Zurechnung von Einkünften und der Systematik des § 15 Abs. 1 Satz 1 Nr. 2 EStG. Systematisch könnte § 39 Abs. 1, 2 Nr. 1 Satz 1 AO als Kriterium und im Rahmen der Bestimmung der Mitunternehmerposition herangezogen werden, nicht aber für eine „Zurechnung der Mitunternehmerstellung" als solcher.

---

136 BFH, Urt. v. 01.03.2018 – IV R 15/15, BStBl. II 2018, 539, Rn. 33.
137 BFH, Urt. v. 22.06.2017 – IV R 42/13, BFH/NV 2018, 265.
138 Vgl. Herrmann/Heuer/Raupach/*Haep*, EStG/KStG, 333. EL. 2025, § 15 EStG Rn. 300.

4. BFH, Urt. v. 19.07.2018 – IV R 10/17

a) Darstellung des Urteils

Das BFH-Urteil v. 19.07.2018 – IV R 10/17[139] beschäftigt sich mit der Frage, ob eine atypisch stille Gesellschaft in Form einer GmbH & atypisch still besteht. Eine der Voraussetzungen des Bestehens einer atypisch stillen Gesellschaft liegt darin, dass der stille Gesellschafter Mitunternehmer gemäß § 15 Abs. 1 Satz 1 Nr. 2 EStG ist.[140] Die Prüfung, ob eine atypisch stille Gesellschaft vorliegt, umfasst folglich die Prüfung der Mitunternehmerstellung des stillen Gesellschafters.

Im Rahmen dieser Prüfung führt der BFH zunächst aus, dass für die abstrakte Bestimmung, ob ein Gesellschaftsanteil Mitunternehmerschaft verleiht, nur § 15 Abs. 1 Satz 1 Nr. 2 EStG zu prüfen ist.[141] Für die Mitunternehmerstellung sei jeweils nur ein hinreichender Grad an Mitunternehmerinitiative und -risiko – entsprechend dem handelsrechtlichen Bild eines Kommanditisten – erforderlich.[142] Weiter führt der BFH aus, dass dem Erfordernis eines hinreichenden Grades an Initiative und Risiko nicht entgegensteht, wenn der Erwerber eines Gesellschaftsanteils kein Mitunternehmer wird, sofern ihm die Mitgliedschaftsrechte nicht vollumfänglich, sondern nur partiell übertragen werden.[143] In dem entschiedenen Fall handele es sich nämlich nicht um die Frage, ob generell eine Mitunternehmerstellung besteht, sondern, ob eine bestehende Mitunternehmerschaft übergegangen ist.[144] Denn *„[a]usgehend von dem Grundsatz, dass an einem Gesellschaftsanteil nur eine einzige Mitunternehmerstellung begründet werden kann, ist der Erwerber eines Gesellschaftsanteils nur dann Inhaber der daran bestehenden Mitunternehmerstellung geworden, wenn Mitunternehmerinitiative und Mitunternehmerrisiko vollständig auf ihn übergegangen sind*“.[145]

139 BFH, Urt. v. 19.07.2018 – IV R 10/17, BFH/NV 2018, 1268.
140 BFH, Urt. v. 01.07.2010 – IV R 100/06, BFH/NV 2010, 2056, Rn. 34.
141 BFH, Urt. v. 19.07.2018 – IV R 10/17, BFH/NV 2018, 1268, Rn. 27.
142 BFH, Urt. v. 19.07.2018 – IV R 10/17, BFH/NV 2018, 1268, Rn. 28 f., 32.
143 BFH, Urt. v. 19.07.2018 – IV R 10/17, BFH/NV 2018, 1268, Rn. 36.
144 BFH, Urt. v. 19.07.2018 – IV R 10/17, BFH/NV 2018, 1268, Rn. 36.
145 Vgl. BFH, Urt. v. 19.07.2018 – IV R 10/17, BFH/NV 2018, 1268, Rn. 36.

b) Einordnung des Urteils

Was sich in den vorherigen Urteilen[146] immer konkreter abzeichnete, wird im Urteil v. 19.07.2018 – IV R 10/17[147] ausdrücklich festgehalten und als Grundsatz dargestellt. Ein Gesellschaftsanteil solle grundsätzlich nur eine Mitunternehmerstellung begründen können.[148]

Zudem macht dieses Urteil deutlich, dass der BFH divergierende Kriterien anwendet, um eine Mitunternehmerschaft festzustellen. Gehe es um das „Ob“, also um die Frage, ob eine Mitgliedschaft generell Mitunternehmerschaft verleihe, sei allein auf § 15 Abs. 1 Satz 1 Nr. 2 EStG abzustellen.[149] Es sei jeweils nur ein Grad an Mitunternehmerinitiative und -risiko erforderlich.[150] Für den Übergang einer schon begründeten Mitunternehmerstellung sei hingegen erforderlich, dass sowohl Mitunternehmerinitiative als auch -risiko vollständig übertragen wurden.[151]

Letztere Aussage des IV. Senats verdient besondere Aufmerksamkeit. Aus dem Erfordernis der vollumfänglichen Übertragung von Risiko und Initiative würde sich ergeben, dass selbst bei erfolgtem Übergang der zivilrechtlichen Inhaberschaft an dem Gesellschaftsanteil, eine Mitunternehmerstellung des Erwerbers erst dann zu bejahen wäre, wenn zusätzlich noch Mitunternehmerinitiative und -risiko vollständig auf ihn übergegangen sind. Nach dieser Logik würde beispielsweise der Erwerber eines nießbrauchsbelasteten Gesellschaftsanteils, welcher dem Nießbraucher Stimmrechte gewährt, erst mit Auflösung des Nießbrauchs Mitunternehmer.

Ein Abgleich mit der in den vorherigen Urteilen des IV. Senats angewandten Konzeption ergibt allerdings die Ungenauigkeit der Aussage des IV. Senats im BFH-Urteil v. 19.07.2018 – IV R 10/17[152]. Denn der IV. Senat verweist nach der Feststellung, dass die Mitunternehmerstellung bei Übertragungsvorgängen prinzipiell erst dann übergeht,

146 BFH, Urt. v. 22.06.2017 – IV R 42/13, BFH/NV 2018, 265; BFH, Urt. v. 01.03.2018 – IV R 15/15, BStBl. II 2018, 539.
147 BFH, Urt. v. 19.07.2018 – IV R 10/17, BFH/NV 2018, 1268.
148 BFH, Urt. v. 19.07.2018 – IV R 10/17, BFH/NV 2018, 1268, Rn. 36.
149 BFH, Urt. v. 19.07.2018 – IV R 10/17, BFH/NV 2018, 1268, Rn. 36.
150 BFH, Urt. v. 19.07.2018 – IV R 10/17, BFH/NV 2018, 1268, Rn. 36.
151 BFH, Urt. v. 19.07.2018 – IV R 10/17, BFH/NV 2018, 1268, Rn. 36.
152 BFH, Urt. v. 19.07.2018 – IV R 10/17, BFH/NV 2018, 1268.

wenn sowohl Mitunternehmerinitiative als auch -risiko vollständig auf den Erwerber übergegangen sind, auf sein Urteil v. 01.03.2018 – IV R 15/15, Rn. 31[153] und sein Urteil v. 22.06.2017 – IV R 42/13, Rn. 35.[154] In beiden Urteilen wird das Erfordernis des vollständigen Übergangs von Risiko und Initiative im Rahmen eines Übertragungsvorgangs lediglich für den Übergang der Mitunternehmerstellung bereits vor Übertragung der zivilrechtlichen Inhaberschaft des Gesellschaftsanteils angeführt.[155] Nur ein solches Verständnis entspricht auch einer kohärenten Anwendung des § 39 Abs. 1, 2 Nr. 1 Satz 1 AO. Ausschließlich für den Fall, dass kein gemäß § 39 Abs. 1 AO bestimmter zivilrechtlicher Gesellschafter existiert, ist nach § 39 Abs. 2 Nr. 1 Satz 1 AO zu prüfen, ob eine andere Person Risiko und Initiative vollständig in sich bündelt und damit wirtschaftlicher Inhaber des Gesellschaftsanteils ist. Eine Person, die bereits zivilrechtlicher Gesellschafter ist, bedarf für die Erlangung oder Beibehaltung einer nach § 39 Abs. 1 AO bestimmten Gesellschafterstellung nur Rechte in solchem Umfang, dass ein wirtschaftlicher Gesellschafter gemäß § 39 Abs. 2 Nr. 1 Satz 1 AO ausscheidet. Die Aussage des IV. Senats im BFH-Urteil v. 19.07.2018 – IV R 10/17 ist somit vor dem Hintergrund der beiden vom IV. Senat zitierten Entscheidungen als Ungenauigkeit einzuordnen.

Des Weiteren ist der markanten Aussage des BFH Beachtung zu schenken, es bestehe der „*Grundsatz, dass an einem Gesellschaftsanteil nur eine einzige Mitunternehmerstellung begründet werden kann* ...“[156]. Zwar entschied der BFH auch in diesem Urteil nicht konkret über die Frage, ob neben einem Gesellschafter zugleich ein Nießbraucher die Mitunternehmerstellung aus dem Gesellschaftsanteil innehaben kann. Die Verdoppelbarkeit der Mitunternehmerstellung in einer Nießbrauchskonstellation hat der BFH folglich nicht ausdrücklich aufgegeben. Dennoch ist festzustellen, dass der BFH zumindest im Kontext des Erwerbs von Gesellschaftsanteilen festgehalten hat, dass es erstens grundsätzlich nur eine Mitunternehmerstellung an einem Gesellschaftsanteil geben könne. Zweitens sei für den Übergang der

153 BFH, Urt. v. 01.03.2018 – IV R 15/15, BStBl. II 2018, 539.
154 BFH, Urt. v. 22.06.2017 – IV R 42/13, BFH/NV 2018, 265.
155 Vgl. BFH, Urt. v. 22.06.2017 – IV R 42/13, BFH/NV 2018, 265, Rn. 34; BFH, Urt. v. 01.03.2018 – IV R 15/15, BStBl. II 2018, 539, Rn. 31.
156 BFH, Urt. v. 19.07.2018 – IV R 10/17, BFH/NV 2018, 1268, Rn. 36.

Mitunternehmerstellung auf eine Person, die nicht zivilrechtlicher Gesellschafter ist, ein vollständiger Übergang von Risiko und Initiative notwendig. Überträgt man dieses Verständnis auf die Übertragung eines Personengesellschaftsanteils unter Zurückbehaltung eines Nießbrauchs, sollte ausgeschlossen sein, dass sowohl Gesellschafter als auch Nießbraucher Mitunternehmer werden.[157]

5. BFH, Urt. v. 06.11.2019 – II R 34/16

a) Darstellung des Urteils

Erstmals vor dem Hintergrund der zuvor aufgezeigten Rechtsprechung des IV. Senats hatte der II. Senat in BFH, Urt. v. 06.11.2019 – II R 34/16[158] über die Mitunternehmerstellung eines unter Nießbrauchsvorbehalt Beschenkten zu urteilen. Die Entscheidung hatte einen schenkungsteuerlichen Hintergrund. Ihr lag zu Grunde, dass ein Kommanditanteil unentgeltlich unter Lebenden übertragen wurde und der Beschenkte Betriebsvermögensvergünstigungen in Anspruch nehmen wollte. Der BFH entschied, dass der Beschenkte Mitunternehmer geworden ist.[159] Im Rahmen der Erläuterung, an welche Kriterien die Mitunternehmerstellung geknüpft ist, führt der II. Senat zunächst aus, dass sich die Mitunternehmerstellung des Beschenkten nach den allgemeinen Kriterien Mitunternehmerrisiko und -initiative gemäß § 15 Abs. 1 Satz 1 Nr. 2 EStG richtet.[160] Anschließend geht der BFH näher darauf ein, ob der Mitunternehmerstellung des Gesellschafters entgegensteht, dass im Rahmen der Übertragung ein Vorbehaltsnießbrauch an dem Gesellschaftsanteil bestellt wurde.[161] In diesem Kontext führt nun auch der II. Senat des BFH aus, dass Mitunternehmer i. S. d. § 15 Abs. 1 Satz 1 Nr. 2 EStG nach § 39 Abs. 1 AO regelmäßig der zivilrechtliche Gesellschafter ist.[162] In der sich anschließenden Subsum-

157 Vgl. *Schomaker*, Die Verdoppelung der Mitunternehmerstellung in Nießbrauchsfällen, 2023, S. 137.

158 BFH, Urt. v. 06.11.2019 – II R 34/16, BStBl. II 2020, 465. Das zwischenzeitig ergangene BFH, Urt. v. 20.09.2018 – IV R 39/11, BStBl. II 2019, 131 schließt sich in Bezug auf die Bestimmung der Mitunternehmerstellung an die vorherigen Urteile des IV. Senats an, enthält aber keine weiteren Neuerungen.

159 BFH, Urt. v. 06.11.2019 – II R 34/16, BStBl. II 2020, 465, Rn. 22.

160 BFH, Urt. v. 06.11.2019 – II R 34/16, BStBl. II 2020, 465, Rn. 25.

161 BFH, Urt. v. 06.11.2019 – II R 34/16, BStBl. II 2020, 465, Rn. 33.

162 BFH, Urt. v. 06.11.2019 – II R 34/16, BStBl. II 2020, 465, Rn. 33.

tion bejaht der BFH kumulativ Mitunternehmerrisiko und -initiative sowie die zivilrechtliche Gesellschafterstellung.[163] Da der Beschenkte zivilrechtlicher Gesellschafter sei, könne dahinstehen, wie wirtschaftliches Eigentum an einem Kommanditanteil schenkungsteuerlich zu behandeln wäre.[164]

b) Einordnung des Urteils

Es zeigt sich, dass der II. Senat die vom IV. Senat etablierte Zurechnung der Gesellschafterstellung gemäß § 39 Abs. 1, 2 Nr. 1 AO und die folgenden weiteren Prüfungsschritte im Grundsatz konsequent umsetzt. Gehe es um die Mitunternehmerstellung des gemäß § 39 Abs. 1 AO ermittelten zivilrechtlichen Gesellschafters, sei neben der Stellung als Gesellschafter lediglich noch jeweils ein Grad an Mitunternehmerinitiative und -risiko erforderlich.[165]

Deutlich wird, dass auch der II. Senat für den Fall des Übergangs der zivilrechtlichen Gesellschafterstellung lediglich verlangt, dass der Erwerber einen hinreichenden Grad an Mitunternehmerinitiative und -risiko erlangt.[166] Nicht erforderlich sei in diesem Fall der vollständige Übergang von Mitunternehmerinitiative und -risiko.[167] Dass auch der II. Senat die Prüfung der Mitunternehmerstellung im Grundsatz so vornimmt, wie der IV Senat könnte ein Anhaltspukt dafür sein, dass auch der II. Senat in Anwendung des § 39 Abs. 1, 2 Nr. 1 Satz 1 AO davon ausgeht, dass aus einem Gesellschaftsanteil grundsätzlich nur eine Mitunternehmerstellung folgen kann. Hervorzuheben ist aber, dass der BFH im Urteil v. 06.11.2019 – II R 34/16[168] nur über die Mitunternehmerstellung des Beschenkten entschieden hat und nicht über die Frage, ob zugleich dem Nießbrauchsberechtigten eine Mitunternehmerstellung zukommt. Der BFH hat sich also auch in diesem Urteil nicht explizit gegen die Verdoppelbarkeit der Mitunternehmerstellung positioniert.

163 BFH, Urt. v. 06.11.2019 – II R 34/16, BStBl. II 2020, 465, Rn. 34 ff.
164 BFH, Urt. v. 06.11.2019 – II R 34/16, BStBl. II 2020, 465, Rn. 38.
165 BFH, Urt. v. 06.11.2019 – II R 34/16, BStBl. II 2020, 465, Rn. 33 ff.
166 Vgl. BFH, Urt. v. 06.11.2019 – II R 34/16, BStBl. II 2020, 465, Rn. 33.
167 Vgl. BFH, Urt. v. 06.11.2019 – II R 34/16, BStBl. II 2020, 465, Rn. 33.
168 BFH, Urt. v. 06.11.2019 – II R 34/16, BStBl. II 2020, 465.

6. Zusammenfassung der Urteile und eigenes Verständnis

a) Zusammenfassung der Rechtsprechung des BFH seit 2015

In den oben dargestellten Urteilen äußern sich der IV. und der II. Senat, jeweils in Anbetracht von entgeltlichen oder unentgeltlichen Übertragungen, fallbezogen zu der Bestimmung der Mitunternehmerstellung unter Heranziehung des § 39 Abs. 1, 2 Nr. 1 Satz 1 AO. Für die Bestimmung der Mitunternehmerstellung sei auf erster Stufe zu prüfen, ob ein Gesellschaftsanteil überhaupt eine Mitunternehmerstellung verleihen kann. Dazu müsse der Gesellschaftsanteil seinem Inhaber gemäß § 15 Abs. 1 Satz 1 Nr. 2 EStG zumindest einen Grad an Mitunternehmerinitiative und -risiko gewähren können. Wenn auf erster Stufe festgestellt wurde, dass ein Gesellschaftsanteil grundsätzlich eine Mitunternehmerstellung verleihen kann, sei auf zweiter Stufe zu prüfen, welchem Subjekt diese Mitunternehmerstellung zuzurechnen sei. Diese Prüfung erfolge in drei Schritten. Zunächst sei in Schritt eins festzustellen, wem der Gesellschaftsanteil gemäß § 39 Abs. 1 AO zuzurechnen ist, wer mithin zivilrechtlicher Inhaber des Gesellschaftsanteils ist. In Schritt zwei sei zu überprüfen, ob der zivilrechtliche Inhaber auch jeweils einen Grad an Mitunternehmerinitiative und -risiko in sich vereint. Sei dies der Fall, habe er die Mitunternehmerstellung inne. Erfülle der zivilrechtliche Gesellschafter diese Voraussetzungen nicht, müsse in Schritt drei weiter untersucht werden, ob es ein anderes Subjekt gibt, welches Mitunternehmerinitiative und -risiko vollständig in sich bündelt und somit gemäß § 39 Abs. 2 Nr. 1 Satz 1 AO wirtschaftlicher Inhaber des Gesellschaftsanteils ist. Existiert ein auf diese Weise bestimmter wirtschaftlicher Inhaber, habe dieser die Mitunternehmerstellung inne. Denn grundsätzlich könne an einem Gesellschaftsanteil nur eine Mitunternehmerstellung begründet werden.

b) Eigenes Verständnis der Rechtsprechung des BFH seit 2015

Die neue Rechtsprechung des BFH seit 2015 erweckt den Anschein, dass der BFH die Verdoppelbarkeit der Mitunternehmerstellung aufgegeben hat.[169] Denn würde die Prüfung der Mitunternehmerstellung grundsätzlich so vorgenommen, wie sie der BFH in den Urteilen zum (unentgeltlichen) Erwerb von Personengesellschaftsanteilen vor-

169 Vgl. dazu auch *Wind*, DStR 2024, 1464, 1464.

nimmt, wäre eine Mitunternehmerstellung zugleich des Gesellschafters und des Nießbrauchers aus demselben Gesellschaftsanteil nicht mehr denkbar.[170] Zwar ergingen die Urteile des BFH allesamt im Kontext von (unentgeltlichen) Übertragungsvorgängen, allerdings führt der BFH ohne Einschränkungen aus, dass die Gesellschafterstellung i. S. d. § 15 Abs. 1 Satz 1 Nr. 2 EStG nach § 39 Abs. 1, 2 Nr. 1 Satz 1 AO zu bestimmen ist.[171] Die Bestimmung der Gesellschafterstellung unter Anwendung des § 39 Abs. 1, 2 Nr. 1 Satz 1 AO führt zu einem Exklusivitätsverhältnis. Mitunternehmer könnte nach diesem Exklusivitätsverhältnis nur entweder der zivilrechtliche oder der wirtschaftliche Gesellschafter sein. Gleiches würde auch aus dem vom BFH formulierten Grundsatz folgen, dass an einem Gesellschaftsanteil nur eine Mitunternehmerstellung begründet werden kann.[172]

Hätte der BFH das sich aus der Anwendung des § 39 Abs. 1, 2 Nr. 1 Satz 1 AO ergebende Exklusivitätsverhältnis nur für herkömmliche Übertragungsvorgänge und nicht für Übertragungen unter Vorbehaltsnießbrauch statuieren wollen, hätte es nahegelegen dies ausdrücklich klarzustellen. Denn auch bei der Schenkung unter Nießbrauchsvorbehalt liegt ein (unentgeltlicher) Erwerbsvorgang vor. Wenig überzeugend wäre es dann, nur für den Zeitpunkt der Übertragung auf ein Exklusivitätsverhältnis abzustellen und die Frage, ob Gesellschafter und Nießbraucher generell zugleich Mitunternehmer sein können, sodann und im denklogisch gleichen Zeitpunkt nach anderen Maßstäben zu beurteilen. Zudem wäre eine ausdrückliche Begrenzung angesichts der praktischen Bedeutung der Übertragung eines Personengesellschaftsanteils unter Nießbrauchsvorbehalts durchaus naheliegend gewesen, sofern der BFH diese Konstellation nicht bewusst in den Anwendungsbereich der neuen Grundsätze zur Bestimmung der Mitunternehmerstellung einbeziehen wollte.

Im Ergebnis verbleibt aber eine Unsicherheit darüber, ob der BFH die Verdoppelbarkeit der Mitunternehmerstellung aufgegeben hat, da der

---

170 Vgl. auch Leingärtner/*Schigulski*, Besteuerung der Landwirte, 48. EL. 2025, Kap. 41 Rn. 81.

171 Siehe dazu die Rechtsprechungsanalyse ab S. 24 ff. und insbesondere BFH, Urt. v. 01.03.2018 – IV R 15/15, BStBl. II 2018.

172 Siehe zu diesem Grundsatz insbesondere BFH, Urt. v. 19.07.2018 – IV R 10/17, BFH/NV 2018, 1268.

BFH in keinem Urteil ausdrücklich im Hinblick auf den Nießbrauch am Personengesellschaftsanteil eine Verdoppelbarkeit ausgeschlossen hat. Die Unsicherheit verdeutlicht den Untersuchungsbedarf der Frage der Verdoppelbarkeit der Mitunternehmerstellung *de lege lata.*

C. Einordnung der neuen Rechtsprechung in den juristischen Diskurs und Folgenanalyse

I. Verständnis der neuen Urteile des BFH im Schrifttum

Zu der dargestellten Rechtsprechung des BFH[173] seit 2015 wurde auch im Schrifttum Stellung bezogen. Im Schrifttum werden die neuen Urteile im Hinblick auf die Mitunternehmerverdoppelung, also die aus dem Gesellschaftsanteil folgende Mitunternehmerstellung sowohl des Gesellschafters als auch des Nießbrauchers, überwiegend als Aufgabe der doppelten Mitunternehmerstellung gewertet.[174] Teilweise wird allerdings auch vertreten, die neuen Urteile stellten keine Aufgabe der doppelten Mitunternehmerstellung dar.[175] So wird ausgeführt, die neue Rechtsprechung beziehe sich nur auf die Übertragung von

---

173 Siehe zu dieser oben ab S. 24.

174 *Stein*, ZEV 2019, 131, 135f.; *Stein*, ErbBstg 2019, 38, 40ff.; *Kepper*, NZG 2019, 211, 215; *Stein*, BB 2021, 28, 29; *Bossmann*, DStR 2021, 2217, 2218; *Akram*, ErbStB 2021, 310, 312; *Grosse*, GmbH-StB 2021, 192, 192; *Kahle*, Ubg 2025, 450, 450; Korn/*Bodden*, EStG, 161. EL. 2025, § 15 Rn. 418, „*Der Verdoppelung der Mitunternehmerstellung beim Nießbrauch am Personengesellschaftsanteil bzw. der gleichzeitigen Mitunternehmerstellung von Gesellschafter und Nießbraucher ist damit die Grundlage entzogen.*"; Westermann/Wertenbruch/*Stenert*, Handbuch Personengesellschaften, 92. EL. 2025, II. Teil § 4 Rn. 472; Leingärtner/*Schigulski*, Besteuerung der Landwirte, 48. EL. 2025, Kap. 41 Rn. 81. Vgl. auch hinsichtlich der Tendenz zur Ablehnung der Mitunternehmerverdoppelung Tipke/Kruse/*Brandis*, AO/FGO, 186. EL. 2025, § 180 AO Rn. 40.

175 *Hermes*, FR 2019, 852, 855; *Hermes*, DStR 2019, 1777, 1782; *Hermes*, BB 2020, 1818, 1819; *Levedag*, jM 2020, 75, 79; Kirchhof/Seer/*Krumm*, EStG, 24. Aufl. 2025, § 15 Rn. 202; vgl. auch Brandis/Heuermann/*Bode*, EStG, 176. EL. 2025, § 15 Rn. 364 und siehe *Schomaker*, Die Verdoppelung der Mitunternehmerstellung in Nießbrauchsfällen, 2023, S. 144ff., der in Anbetracht der möglichen Folgen einer Anwendung der neuen Rechtsprechung auf Nießbrauchsfälle meint, die Urteilsreihe könne keine Aufgabe der Verdoppelbarkeit der Mitunternehmerstellung darstellen.

Gesellschaftsanteilen und sei nicht auf den Nießbrauch am Personengesellschaftsanteil übertragbar.[176] Es könne nämlich Konstellationen geben, in welchen sowohl Nießbraucher als auch Gesellschafter hinreichend Mitunternehmerrisiko und -initiative trügen, sodass beide weiterhin als Mitunternehmer zu qualifizieren seien.[177] Primär solle die neue Rechtsprechung die zeitliche Zurechnung der gewerblichen Erträge bei Übertragungsvorgängen eindeutig klären.[178] Wieder andere Stimmen stellen die Unsicherheit, welche die neuen Urteile des BFH hinsichtlich der Verdoppelbarkeit der Mitunternehmerstellung aufwerfen, in den Vordergrund und meinen, ob eine Aufgabe der doppelten Mitunternehmerstellung vollzogen wurde, sei unklar.[179]

II. Verständnis des Gesellschafterkriteriums im Schrifttum

Neben Meinungen hinsichtlich der Bedeutung der neuen BFH-Urteile sind im Schrifttum auch facettenreiche Konzeptionen hinsichtlich der Art und Weise der Bestimmung des Gesellschafterkriteriums des § 15 Abs. 1 Satz 1 Nr. 2 EStG eingebracht worden. Nach einer in der vor allem älteren Literatur vertretenen Auffassung richtet sich die Ge-

---

176 *Hermes*, FR 2019, 852, 855; *Hermes*, DStR 2019, 1777, 1782; *Hermes*, BB 2020, 1818, 1819; *Levedag*, jM 2020, 75, 79; Kirchhof/Seer/*Krumm*, EStG, 24. Aufl. 2025, § 15 Rn. 202; vgl. auch Brandis/Heuermann/*Bode*, EStG, 176. EL. 2025, § 15 Rn. 364 und siehe *Schomaker*, Die Verdoppelung der Mitunternehmerstellung in Nießbrauchsfällen, 2023, S. 144 ff.

177 *Hermes*, FR 2019, 852, 855 f.; *Hermes*, BB 2020, 1818, 1820.

178 Kirchhof/Seer/*Krumm*, EStG, 24. Aufl. 2025, § 15 Rn. 202.

179 *Götz*, FR 2019, 605, 607; *Demuth*, MittBayNot 2020, 408, 412; Schmidt/*Wacker*, EStG, 44. Aufl. 2025, § 15 Rn. 306. Siehe hierzu auch die Ausführungen in Brandis/Heuermann/*Bode*, EStG, 176. EL. 2025, § 15 Rn. 364 und 367 und bei *Görgen*, DStZ 2020, 607, 607 ff., welche sich einerseits zu den rechtlichen Folgen im Fall der Ablehnung einer Mitunternehmerverdoppelung bei der Übertragung eines Personengesellschaftsanteils unter Vorbehaltsnießbrauch äußern und andererseits zu den rechtlichen Folgen im Fall die Verdoppelbarkeit würde nicht abgelehnt. Ob die Verdoppelbarkeit der Mitunternehmerstellung durch die neuen Urteile des BFH aufgegeben wurde, bleibt auch von FG Rheinland-Pfalz, Urt. v. 23.03.2021 – 3 K 1861/18, EFG 2021, 1356 dahingestellt. *Schomaker*, Die Verdoppelung der Mitunternehmerstellung in Nießbrauchsfällen, 2023, S. 137 ff. äußert sich lediglich so, dass die Verdoppelbarkeit der Mitunternehmerstellung ausgeschlossen wäre, würde die relevante Rechtsprechung auf Nießbrauchsfälle angewendet.

sellschafterposition ganz nach dem Zivilrecht.[180] Nur der zivilrechtliche Gesellschafter sei auch Gesellschafter i. S. d. § 15 Abs. 1 Satz 1 Nr. 2 EStG.[181] Verwende ein Steuergesetz zivilrechtliche Begrifflichkeiten, bestehe grundsätzlich eine Vermutung für die zivilrechtliche Bedeutung.[182] Diese Vermutung werde durch § 15 Abs. 1 Satz 1 Nr. 2 EStG nicht widerlegt, weil das gemeinsame Streben von Erwerbstätigen erfasst werden soll, welches gewöhnlich auf vertraglicher Grundlage geschehe.[183] Mitunternehmer könne also nur ein zivilrechtlicher Gesellschafter einer Gesellschaft oder eines gesellschaftsähnlichen Verhältnisses sein.[184] Gesellschaftsähnliche Verhältnisse seien primär fehlerhafte Gesellschaften und gemeinsames Streben ohne vertragliche Grundlage.[185] Zudem wird für diese Ansicht angeführt, dass erst aufgrund eines gesellschaftsrechtlichen Zusammenschlusses unternehmerische Initiative und entsprechendes Risiko entstehen könnten.[186]

Eine weitere in der Literatur vertretene Ansicht erachtet entgegengesetzt jegliche formale Rechtsstellung, wie beispielsweise das Bestehen einer Gesamthand, als für die Konturierung der Mitunternehmerstellung ungeeignet.[187] Die Steuergesetze bezweckten die Erfassung des

---

180 *Dornbach*, Die Mitunternehmereigenschaft eines Gesellschafters aus gesellschaftsrechtlicher und steuerlicher Sicht, 1975, S. 48 f.; *Dornbach*, StuW 1976, 116, 123; *Costede*, StuW 1977, 208, 211; *Knobbe-Keuk*, StuW 1986, 106, 107; *Mönkemöller*, Die Zurechnung der Überschusseinkünfte bei Personengesellschaften, 2005, S. 197 f. Im Rahmen von sehr begrenzten Ausnahmen so auch *Stadie*, Die persönliche Zurechnung von Einkünften, 1983, S. 145 ff.

181 *Dornbach*, Die Mitunternehmereigenschaft eines Gesellschafters aus gesellschaftsrechtlicher und steuerlicher Sicht, 1975, S. 48 f.; *Dornbach*, StuW 1976, 116, 123; *Costede*, StuW 1977, 208, 211; *Knobbe-Keuk*, StuW 1986, 106, 107; *Mönkemöller*, Die Zurechnung der Überschusseinkünfte bei Personengesellschaften, 2005, S. 197 f.

182 Dornbach, Die Mitunternehmereigenschaft eines Gesellschafters aus gesellschaftsrechtlicher und steuerlicher Sicht, 1975, S. 50 m. w. N.

183 Dornbach, Die Mitunternehmereigenschaft eines Gesellschafters aus gesellschaftsrechtlicher und steuerlicher Sicht, 1975, S. 50 m. w. N.

184 Dornbach, Die Mitunternehmereigenschaft eines Gesellschafters aus gesellschaftsrechtlicher und steuerlicher Sicht, 1975, S. 50 m. w. N.

185 Dornbach, Die Mitunternehmereigenschaft eines Gesellschafters aus gesellschaftsrechtlicher und steuerlicher Sicht, 1975, S. 50 ff.

186 *Mönkemöller*, Die Zurechnung der Überschusseinkünfte bei Personengesellschaften, 2005, S. 197 f.

187 *Schacht*, Der Mitunternehmer in der steuerrechtlichen Rechtsprechung, 1962, S. 50; *Flößer*, Die Zurechnung der Einkünfte beim Niessbrauch am Anteil einer

wirtschaftlichen Erfolgs einer Person.[188] Ob einer Person wirtschaftlicher Erfolg widerfahre, hinge allerdings nicht von der dinglichen Zuordnung von Vermögensgegenständen oder der Verkehrsfähigkeit von Rechtsvereinigungen wie der Gesamthand ab.[189] Entscheidend sei einzig, bei wem der wirtschaftliche Erfolg eintrete.[190] Dies sei diejenige Person, welche die unternehmerische Dispositionsmacht in Form von Mitunternehmerinitiative und -risiko innehabe.[191]

Weitere Stimmen in der Literatur schließen sich den Urteilen des BFH an, in welchen für die Bestimmung der Gesellschafterstellung § 39 Abs. 1, 2 Nr. 1 Satz 1 AO keine maßgebliche Bedeutung beigemessen wird.[192] Die zivilrechtliche Gesellschafterstellung sei grundsätzlich erforderlich, allerdings könne daneben auch ein wirtschaftlich ver-

---

Personengesellschaft, 1979, S. 95 ff.; *Walz*, Steuergerechtigkeit und Rechtsanwendung, 1980, S. 289 f.; *Schulze zur Wiesche*, DB 1982, 919, 919; *Brönner*, Die Besteuerung der Gesellschaften, 15. Aufl. 1984, Kap. 2 Rn. 19, 44; *Kneip*, Der einkommensteuerrechtliche Mitunternehmer, 1994, S. 480; *Fischer*, FR 1998, 813, 817 ff.; *Pinkernell*, Einkünftezurechnung bei Personengesellschaften, 2001, S. 153; *Bodden*, Einkünftequalifikation bei Mitunternehmern, 2001, S. 85 ff.; *Hermes*, FR 2019, 852, 855 f.; *Hermes*, BB 2020, 1818, 1820; *Stein*, BB 2021, 28, 31; Herrmann/Heuer/Raupach/*Haep*, EStG/KStG, 333. EL. 2025, § 15 EStG Rn. 336; Korn/*Bodden*, EStG, 161. EL. 2025, § 15 Rn. 418; Kirchhof/Kube/Mellinghoff/*Desens/Blischke*, EStG, 352. EL. 2025, § 15 Rn. C 37. Wohl auch *Akram*, ErbStB 2021, 310, 312 f.

188 Walz, Steuergerechtigkeit und Rechtsanwendung, 1980, S. 290; *Pinkernell*, Einkünftezurechnung bei Personengesellschaften, 2001, S. 153; Kirchhof/Kube/Mellinghoff/*Desens/Blischke*, EStG, 352. EL. 2025, § 15 Rn. C 37.

189 Vgl. *Flößer*, Die Zurechnung der Einkünfte beim Niessbrauch am Anteil einer Personengesellschaft, 1979, S. 95 ff.; *Walz*, Steuergerechtigkeit und Rechtsanwendung, 1980, S. 290; *Pinkernell*, Einkünftezurechnung bei Personengesellschaften, 2001, S. 153; Herrmann/Heuer/Raupach/*Haep*, EStG/KStG, 333. EL. 2025, § 15 EStG Rn. 336. Siehe ferner auch *Kneip*, Der einkommensteuerrechtliche Mitunternehmer, 1994, S. 480.

190 *Walz*, Steuergerechtigkeit und Rechtsanwendung, 1980, S. 290 f.

191 *Walz*, Steuergerechtigkeit und Rechtsanwendung, 1980, S. 290 f.

192 Vgl. *Groh*, BB 1982, 1229, 1234; *Wüst*, Die persönliche Zurechnung der Einkünfte beim Nießbrauch, 1994, S. 205; *Schreiber*, Wer ist Mitunternehmer?, 1995, S. 111; *Schomaker*, Die Verdoppelung der Mitunternehmerstellung in Nießbrauchsfällen, 2023, S. 56 ff.; Kirchhof/Seer/*Krumm*, EStG, 24. Aufl. 2025, § 15 Rn. 174 f.; Brandis/Heuermann/*Bode*, EStG, 176. EL. 2025, § 15 Rn. 232; *Kahle*, Ubg 2025, 450, 452. Siehe zu dieser Rechtsprechung oben S. 20 ff.

gleichbares Verhältnis die notwendige Gesellschafterstellung begründen.[193]

Vergleichbar gehen auch solche Stimmen vor, die sich zwar nicht für eine unmittelbare Zurechnung der Gesellschafterstellung gemäß § 39 Abs. 1, 2 Nr. 1 Satz 1 AO aussprechen, schon aber vereinzelt für die Heranziehung des Rechtsgedankens des § 39 AO: „*Zur wirtschaftlichen Ausdeutung des Mitunternehmerbegriffs kann aber auf den Rechtsgedanken des § 39 AO zurückgegriffen werden [...].*“[194]

Die Art und Weise der Bestimmung der für die Mitunternehmerstellung erforderlichen Gesellschafterstellung, wie sie der IV. und der II. Senat des BFH neuerdings zumindest im Zusammenhang mit (unentgeltlichen) Erwerbsvorgängen vornehmen, trifft folglich auf wenig Zustimmung im Schrifttum. Die vorherige Rechtsprechung des BFH zur Bestimmung der Gesellschafterstellung – insbesondere etabliert in BFH, Beschl. v. 25.06.1984 – GrS 4/82[195] – konnte hingegen in größerem Ausmaß Stimmen in der Literatur für sich gewinnen. Generell sprechen sich die überwiegenden Stimmen in der Literatur allerdings gegen eine Anknüpfung an das Zivilrecht für die Bestimmung der Gesellschafterstellung aus. Die für § 15 Abs. 1 Satz 1 Nr. 2 EStG erforderliche Gesellschafterstellung bestimme sich maßgeblich nach wirtschaftlichen Begebenheiten und nicht nach formalen Rechtspositionen.[196] Auf solche formalen Rechtspositionen stellt in der Literatur

---

193 Vgl. *Groh*, BB 1982, 1229, 1234; *Wüst*, Die persönliche Zurechnung der Einkünfte beim Nießbrauch, 1994, S. 205; *Schreiber*, Wer ist Mitunternehmer?, 1995, S. 111; *Schomaker*, Die Verdoppelung der Mitunternehmerstellung in Nießbrauchsfällen, 2023, S. 56 ff.; Kirchhof/Seer/*Krumm*, EStG, 24. Aufl. 2025, § 15 Rn. 174 f.; Brandis/Heuermann/*Bode*, EStG, 176. EL. 2025, § 15 Rn. 232; *Kahle*, Ubg 2025, 450, 452.

194 Tipke/Lang/*Hennrichs*, Steuerrecht, 25. Aufl. 2024, Rn. 10.31. Generell, d. h. nicht konkret in Bezug auf die Bestimmung der Gesellschafterstellung im Rahmen des § 15 Abs. 1 Satz 1 Nr. 2 EStG, finden sich in der Literatur einige Stimmen, welche sich für die Heranziehung des Rechtsgedankens des § 39 AO für die Bestimmung des die Einkünfte erzielenden Subjekts aussprechen, so *Lang/Seer*, FR 1992, 637, 640 bzw. § 39 AO in Abhängigkeit von der Art des Einkommens als Indiz für die Einkünftezurechnung heranziehen wollen, so *Raupach*, FS Beisse, 1997, 403, 411 f.; Hübschmann/Hepp/Spitaler/*Fischer*, AO/FGO, 287. EL. 2025, § 39 AO Rn. 29 ff.; Kirchhof/Seer/*Seer*, EStG, 24. Aufl. 2025, § 2 Rn. 17, 72.

195 BFH, Beschl. v. 25.06.1984 – GrS 4/82, BStBl. II 1984, 751.

196 Siehe die in Fn. 187 aufgeführten Vertreter.

nur noch eine mittlerweile ältere[197] Ansicht[198] ab, welche insgesamt wenig Zuspruch erhielt.

Es zeigt sich folglich ein umfangreiches Meinungsspektrum hinsichtlich der Bedeutung der Gesellschafterstellung im Sinne von § 15 Abs. 1 Satz 1 Nr. 2 EStG. Die Vertreter der einzelnen Auffassungen argumentieren dabei zumeist in einer isolierten Art und Weise, ohne auf die vertretenen Gegenpositionen einzugehen. Dabei wird beispielsweise die wirtschaftliche Betrachtung im Steuerrecht dafür angeführt, wer Mitunternehmer sei, bestimme sich losgelöst von zivilrechtlichen Kriterien bloß nach dem Vorhandensein von Mitunternehmerrisiko und -initiative.[199] Nicht aber wird Stellung dazu bezogen, weshalb aus der wirtschaftlichen Betrachtung im Steuerrecht beispielsweise gerade nicht folgt, dass eine nach § 39 Abs. 1, 2 Nr. 1 Satz 1 AO bestimmte Gesellschafterstellung für die Position als Mitunternehmer erforderlich ist. Solche eher einseitig anmutenden Argumentationslinien erscheinen nicht ausreichend, die Bedeutung der Gesellschafterstellung i. S. d. § 15 Abs. 1 Satz 1 Nr. 2 EStG abschließend zu bestimmen. Für die Ermittlung des Bedeutungsgehalts dieser Gesellschafterstellung bedarf es einer umfänglichen Analyse des § 15 Abs. 1 Satz 1 Nr. 2 EStG. Erst eine solche Untersuchung vermag das Fundament für die Beantwortung der Frage zu legen, ob die Mitunternehmerschaft verdoppelbar ist.

III. Folgen einer möglichen Ablehnung der Verdoppelbarkeit der Mitunternehmerstellung

Die primäre Folge, die sich ergeben würde, sollte der BFH seine neuen Grundsätze zur Bestimmung der Mitunternehmerstellung nicht nur im Kontext von (unentgeltlichen) Erwerbsvorgängen anwenden, sondern auch im Fall des Nießbrauchs am Personengesellschaftsanteil wäre, dass Mitunternehmer aus einem Gesellschaftsanteil infolge der

197 Mit Ausnahme von *Mönkemöller*, Die Zurechnung der Überschusseinkünfte bei Personengesellschaften, 2005, S. 197 f., welcher auch vor dem Hintergrund der neuen Erkenntnisse der Rechtswissenschaft hinsichtlich der Dogmatik der Einkünfteerzielung (siehe zu diesen unten ab S. 83 ff.) noch die zivilrechtliche Gesellschafterstellung für maßgeblich erachtet.

198 Siehe die in Fn. 180 aufgeführten Vertreter.

199 Siehe Fn. 187.

Anwendung des § 39 Abs. 1, 2 Nr. 1 Satz 1 AO theoretisch nur noch entweder der beschenkte neue Gesellschafter oder der sich den Nießbrauch zurückbehaltende Schenker sein kann.[200] Praktisch ist jedoch keine Konstellation denkbar, in welcher der Nießbraucher den zivilrechtlichen Gesellschafter gänzlich aus seiner Position verdrängen würde.[201] Der Nießbraucher müsste, um die Mitunternehmerstellung aus dem Gesellschaftsanteil zu erlangen, sowohl das Mitunternehmerrisiko als auch die Mitunternehmerinitiative vollständig in seiner Position vereinigen. Erst dann würde der Nießbraucher den Gesellschafter gänzlich aus seiner Position verdrängen und § 39 Abs. 2 Nr. 1 Satz 1 AO dazu führen, dass der Nießbraucher zum steuerrechtlichen Gesellschafter i. S. d. § 15 Abs. 1 Satz 1 Nr. 2 EStG würde. Die Nießbrauchsabrede steht zwar weitgehend der Modifikation durch die Parteien offen, allerdings gibt es einen Kernbereich an Rechten, über welche der Gesellschafter nicht disponieren kann.[202] Dazu zählt beispielsweise das Stimmrecht in Bezug auf Beschlussgegenstände, die unmittelbar die Rechtsstellung des Gesellschafters betreffen.[203] Solche unentziehbaren Rechte könnte der Gesellschafter also in keinem Fall wirksam auf den Nießbraucher übertragen.[204] Ein Teil der Mitunternehmerinitiative verbliebe somit jederzeit bei dem zivilrechtlichen Gesellschafter. Der Nießbraucher könnte somit selbst bei weitestmöglichen Rechteüberlassungen des Gesellschafters an den Nießbraucher den Gesellschafter nicht gänzlich aus seiner Position verdrängen.[205]

Darüber hinaus wäre die zeitliche Komponente des § 39 Abs. 2 Nr. 1 Satz 1 AO nicht vom Nießbraucher erfüllbar. Der Nießbraucher müsste den Gesellschafter danach auch für die gewöhnliche Nutzungsdauer von der Einwirkung auf das Wirtschaftsgut ausschließen. Da der

---

200 Vgl. zu den Folgen einer Ablehnung der Verdoppelbarkeit auch anschaulich bei *Schomaker*, Die Verdoppelung der Mitunternehmerstellung in Nießbrauchsfällen, 2023, S. 144 ff.

201 Vgl. *Hermes*, DStR 2019, 1777, 1782 und ferner *Bossmann*, DStR 2021, 2217, 2221 sowie *Fischer*, DStR 2025, 1392, 1400.

202 Siehe im Detail zu diesen unentziehbaren Rechten unten S. 206 ff.

203 Vgl. *Hermanns*, ZGR 1996, 103, 111 ff.; *Hermanns*, MittRhNotK 1999, 235, 236; *Frank*, MittBayNot 2010, 96, 99; Staudinger/*Heinze*, 2021, Anh. §§ 1068, 1069 Rn. 73; MünchHdb-GesR/*Schäfer*, Bd. 1, 6. Aufl. 2024, § 17 Rn. 19.

204 Vgl. dazu im Detail unten S. 206 ff.

205 Vgl. *Hermes*, DStR 2019, 1777, 1782 und ferner *Bossmann*, DStR 2021, 2217, 2221 sowie *Fischer*, DStR 2025, 1392, 1400.

BFH § 39 Abs. 1, 2 Nr. 1 Satz 1 AO auf den Personengesellschaftsanteil mit der Begründung anwendet, dass der Personengesellschaftsanteil sämtliche Anteile an den Wirtschaftsgütern verkörpert, die zu dem Gesellschaftsvermögen einer Personengesellschaft gehören und dem betreffenden Gesellschafter zuzurechnen sind,[206] ist fraglich, auf welche Nutzungsdauer abzustellen wäre. Nur auf die durchschnittliche Nutzungsdauer der Wirtschaftsgüter der Personengesellschaft abzustellen, würde nach hier vertretener Auffassung die tatsächlichen Begebenheiten nur unzureichend berücksichtigen. Die Stellung eines Gesellschafters einer Personengesellschaft ist durch sehr viel umfangreichere und potentiell langwierigere Rechts- und Pflichtenpositionen charakterisiert, als nur die anteilige Herrschaft über die Wirtschaftsgüter der Gesellschaft. Dazu zählt insbesondere die Mitbeherrschung der Anschaffung neuer Wirtschaftsgüter für die Gesellschaft. Ein Gesellschaftsanteil ist nach dem Verbrauch der bisherigen Wirtschaftsgüter der Gesellschaft nicht wertlos, sondern kann über Generationen hinweg fortbestehen und beispielsweise durch die Anschaffung neuer Wirtschaftsgüter am Leben erhalten werden. Es kann deshalb nicht „die gewöhnliche Nutzungsdauer" eines Personengesellschaftsanteils geben, für die der Nießbraucher den Gesellschafter aus seiner Position verdrängen könnte.[207] Der beschenkte zivilrechtliche Gesellschafter würde demgemäß die einzige Mitunternehmerstellung aus dem Personengesellschaftsanteil erlangen.

Vorbehaltlich einer etwaigen Mitunternehmerstellung des Nießbrauchers anderen Ursprungs würde der zivilrechtliche Gesellschafter als alleiniger Mitunternehmer sämtliche gewerblichen Einkünfte erzielen, welche auf seinen Anteil an der gemeinschaftlichen gewerblichen Tätigkeit entfallen.[208] Das würde bedeuten, dass auch solche Vermögenszuwächse bei dem zivilrechtlichen Gesellschafter zu versteuern wären, die kraft des Nießbrauchsrechts dem Nießbraucher zivilrechtlich

---

206 BFH, Urt. v. 22.06.2017 – IV R 42/13, BFH/NV 2018, 265, Rn. 33.

207 Vgl. dazu beispielhaft Hübschmann/Hepp/Spitaler/*Fischer*, AO/FGO, 287. EL. 2025, § 39 AO Rn. 98, welcher in Bezug auf Anteile an Kapitalgesellschaften ausführt, dass diese keine gewöhnliche Nutzungsdauer haben.

208 Vgl. BFH, Urt. v. 13.05.1976 – IV R 83/75, BStBl. II 1976, 592; BFH, Urt. v. 09.04.1991 – IX R 78/88, BStBl. II 1991, 809; *Korn*, kösdi 2018, 20597, 20601; *Stein*, DStR 2021, 1679, 1681; *Akram*, ErbStB 2021, 310, 312; Herrmann/Heuer/Raupach/*Haep*, EStG/KStG, 333. EL. 2025, § 15 EStG Rn. 445.

zugewiesen sind. Der zivilrechtliche Gesellschafter würde also insbesondere auch die laufenden Erträge als gewerbliche Einkünfte erzielen und zu versteuern haben. Diese Erträge müsste er anschließend gemäß der Nießbrauchsabrede an den Nießbraucher weiterreichen.[209] In letzter Konsequenz würde die Anwendung der neuen Grundsätze des BFH zur Bestimmung der Mitunternehmerstellung auch auf Nießbrauchskonstellationen nach *Fischer* dazu führen, dass der Nießbrauch an Gesellschaftsanteilen als steuerrechtliches Nullum qualifiziert wird.[210]

Nach einigen im Schrifttum vertretenen Positionen könne der Nießbraucher hingegen auch bei Anwendung der neuen Rechtsprechung des BFH auf Nießbrauchskonstellationen – neben dem Gesellschafter – eine Mitunternehmerstellung innehaben.[211] Für das Verständnis dieser Positionen ist zuvor noch einmal Folgendes hervorzuheben. Wenn der BFH ausführt, es könne nur der gemäß § 39 Abs. 1, 2 Nr. 1 Satz 1 AO ermittelte steuerrechtliche Gesellschafter auch Mitunternehmer sein, gilt dies nur für die Mitunternehmerstellung, die aus dem entsprechenden Personengesellschaftsanteil folgt. Danach ist – bei angenommener Anwendung auf Nießbrauchskonstellationen – lediglich nicht mehr möglich, dass eine Mitunternehmerstellung sowohl des Gesellschafters als auch des Nießbrauchers jeweils aus dem belasteten Gesellschaftsanteil folgt. Die sogenannte diagonale Spaltung[212] der

---

209 Vgl. *Stein*, DStR 2021, 1679, 1681. Die steuerrechtliche Qualifikation von solchen auf Grund eines Vorbehaltsnießbrauchs vom Gesellschafter an den Nießbraucher weitergereichten Vermögenszuwächsen ist umstritten. Einerseits könnte davon ausgegangen werden, dass solche weitergegebenen Zahlungen aufseiten des Gesellschafters nicht abzugsfähige Einkommensverwendungen gemäß § 12 Nr. 2 EStG darstellen, vgl. *Akram*, ErbStB 2021, 310, 312. Andererseits könnten die Zahlungen an den Nießbraucher als Versorgungsleistungen gemäß § 10 Abs. 1a Nr. 2 EStG zu qualifizieren sein, siehe dazu *Korn*, kösdi 2018, 10597, 20601 und Herrmann/Heuer/Raupach/*Haep*, EStG/KStG, 333. EL. 2025, § 15 EStG Rn. 445.

210 *Fischer*, DStR 2025, 1392, 1396.

211 Siehe zu solchen Vertretern Fn. 214.

212 Die Begrifflichkeit der diagonalen Spaltung wurde zunächst zivilrechtlich für die Beschreibung der Aufteilung der Rechtspositionen zwischen Nießbraucher und dem Gesellschafter, an dessen Personengesellschaftsanteil der Nießbrauch bestellt wurde, verwendet, *L. Schmidt*, FS von Wallis, 1985, S. 359 f. Sodann fand die „diagonale Spaltung" auch Eingang in die steuerrechtliche Terminologie, siehe *Söffing/Jordan*, BB 2004, 353, 353; *Götz*, FR 2019, 605, 606; *Stein*, BB 2021, 28, 29. Aus der Aufteilung der aus der Mitgliedschaft entspringenden

Mitunternehmerschaft würde also entfallen. Eine etwaige Mitunternehmerstellung eines Nießbrauchers anderen rechtlichen Ursprungs bliebe aber auch im Rahmen der neuen Auffassung des BFH möglich.[213]

Im Einklang damit führen auch die Stimmen in der Literatur, die eine Anwendung der neuen Rechtsprechung des BFH auch auf Nießbrauchskonstellationen annehmen, hinsichtlich einer Mitunternehmerstellung des Nießbrauchers und des Gesellschafters aus, dass nach den neuen Urteilen des BFH ein Gesellschaftsanteil zwar jeweils nur eine Mitunternehmerstellung begründen könne, allerdings folge die Mitunternehmerstellung sowohl des Gesellschafters als auch des Nießbrauchers aus anderen dogmatischen Erwägungen.[214] Zur Begründung der Mitunternehmerstellung von Gesellschafter und Nießbraucher trotz Abkehr von der diagonalen Spaltung werden maßgeblich folgende zwei Erwägungen angeführt.

Nach Teilen des Schrifttums gebiete die Auffassung des BFH, dass aus einem Gesellschaftsanteil auch nur eine Mitunternehmerstellung folgen könne (im Schrifttum auch plakativ als „Einheitsbetrachtung“[215] bezeichnet), nicht zwingend, dass neben dem Gesellschafter nicht auch der Nießbraucher Mitunternehmer sein könne.[216] Nur nach

---

Rechts- und Pflichtenpositionen, aus welchen die Mitunternehmerschaft folgt, resultiere die diagonale Spaltung ebendieser Mitunternehmerschaft. Statt des Begriffs der diagonalen Spaltung wird in der steuerrechtlichen Literatur häufig auch von einer Mitunternehmerverdoppelung bzw. der doppelten Mitunternehmerstellung gesprochen, siehe beispielhaft *Götz*, ZEV 2014, 241, 241; *Götz/Hülsmann*, Der Nießbrauch im Zivil- und Steuerrecht, 12. Aufl. 2019, S. 260; *Hermes*, FR 2019, 852, 852; *Götz*, FR 2019, 605, 606. Auch in dieser Arbeit wird die Begrifflichkeit der diagonalen Spaltung der Mitunternehmerschaft mit sowohl der Verdoppelbarkeit der Mitunternehmerstellung als auch der Mitunternehmerverdoppelbarkeit gleichgesetzt.

213 Vgl. *Stein*, DStR 2021, 1679, 1680 ff.

214 Vgl. *Stein*, DStR 2021, 1679, 1680 sowie Leingärtner/*Schigulski*, Besteuerung der Landwirte, 48. EL. 2025, Kap. 41 Rn. 82 und siehe zu den dogmatischen Erwägungen, aus welchen sich eine Mitunternehmerstellung von Gesellschafter und Nießbraucher auch im Fall der Ablehnung einer Verdoppelbarkeit ergeben könnte anschaulich bei *Schomaker*, Die Verdoppelung der Mitunternehmerstellung in Nießbrauchsfällen, 2023, S. 157 ff.

215 *Stein*, DStR 2021, 1679, 1680 ff.

216 Vgl. Leingärtner/*Schigulski*, Besteuerung der Landwirte, 48. EL. 2025, Kap. 41 Rn. 82.

der „strengen Einheitsbetrachtung“ könne ausschließlich entweder Nießbraucher oder Gesellschafter Mitunternehmer sein.[217] Nach der „modifizierten Einheitstheorie“ hingegen könne die Mitunternehmerstellung von sowohl Gesellschafter als auch Nießbraucher aus einer separat begründeten Mitunternehmerschaft folgen.[218] Diese weitere Mitunternehmerschaft folge aus einer Innengesellschaft zwischen Gesellschafter und Nießbraucher.[219] Die Innengesellschaft selbst sei Mitunternehmerin der Hauptgesellschaft, habe also die einzige aus dem Gesellschaftsanteil folgende Mitunternehmerstellung inne.[220] Die Innengesellschaft nehme auch sämtliche Rechte und Pflichten aus der Mitgliedschaft wahr.[221] Gesellschafter und Nießbraucher seien jeweils Mitunternehmer der Innengesellschaft.[222]

Nach einer weiteren Theorie liefe die Innengesellschaftslösung nur auf Kollisionen zwischen den gesetzlichen Nießbrauchsregelungen, den Parteivereinbarungen und dem Gesellschaftsrecht hinaus.[223] Die Innengesellschaftslösung sei auch nicht erforderlich.[224] Das Nießbrauchsrecht selbst begründe nämlich eine weitere Mitunternehmerschaft.[225] Als Rechtsverhältnis, welches die Zuweisung der Rechte

217 Vgl. *Stein*, DStR 2021, 1679, 1680.

218 Die Begründung einer solchen Innengesellschaft setzt einen entsprechenden Rechtsbindungswillen der Beteiligten und eine Bündelung ihrer Interessen voraus, siehe näher dazu bei *Hermes*, DStR 2019, 1777, 1778 ff. Vertreter dieses Innengesellschaftsansatzes sind: *Hermes*, DStR 2019, 1777, 1783 ff.; *Görgen*, DStZ 2020, 607, 610 f.; *Bossmann*, DStR 2021, 2217, 2222; Kirchhof/Kube/Mellinghoff/*Desens/Blischke*, EStG, 352. EL. 2025, § 15 Rn. C 145. Siehe ferner Leingärtner/*Schigulski*, Besteuerung der Landwirte, Stand: 48. EL. 2025, Kap. 41 Rn. 82. Vgl. zur Begrifflichkeit der „modifizierten Einheitstheorie“ und für weitere Ausführungen zur Rechtsnatur der Innengesellschaft *Stein*, DStR 2021, 1679, 1680 ff.

219 Hermes, DStR 2019, 1777, 1783 ff.; *Görgen*, DStZ 2020, 607, 610 f.; *Bossmann*, DStR 2021, 2217, 2222; Kirchhof/Kube/Mellinghoff/*Desens/Blischke*, EStG, 352. EL. 2025, § 15 Rn. C 145. Siehe ferner Leingärtner/*Schigulski*, Besteuerung der Landwirte, 48. EL. 2025, Kap. 41 Rn. 82.

220 Vgl. *Hermes*, DStR 2019, 1777, 1784; *Görgen*, DStZ 2020, 607, 610 f.

221 *Hermes*, DStR 2019, 1777, 1783; vgl. ferner Leingärtner/*Schigulski*, Besteuerung der Landwirte, 48. EL. 2025, Kap. 41 Rn. 82.

222 Vgl. *Hermes*, DStR 2019, 1777, 1784; *Görgen*, DStZ 2020, 607, 610 f.

223 *Stein*, DStR 2021, 1679, 1683 f.

224 *Stein*, DStR 2021, 1679, 1684.

225 *Hermes*, DStZ 2019, 112, 118 ff.; *Götz*, FR 2019, 605, 608; *Hermes*, BB 2020, 1818, 1820 ff.; *Levedag*, jM 2020, 75, 78; *Stein*, DStR 2021, 1679, 1684. *Stein*

zwischen Gesellschafter und Nießbraucher regelt, sei der Nießbrauch mitunternehmerschaftsbegründend.[226] Die Mitunternehmerstellung des Gesellschafters folge aus dem Gesellschaftsanteil und die Mitunternehmerstellung des Nießbrauchers folge aus dem Nießbrauchsrecht.[227] Die Mitunternehmerschaft aus dem Nießbrauchsrecht sei die „Muttermitunternehmerschaft" an der „Tochtermitunternehmerschaft" des Gesellschafters.[228]

Ob diesen Erwägungen hinsichtlich der Mitunternehmerstellung sowohl des Gesellschafters als auch des Nießbrauchers zuzustimmen wäre oder ob sie nur Ersatzkonstruktionen darstellen, mit welchen versucht wird, die Mitunternehmerschaft beider Beteiligten in Anbetracht der möglichen Aufgabe der Dogmatik der diagonalen Spaltung aufrechtzuerhalten,[229] wird im weiteren Verlauf dieser Arbeit noch untersucht. Geböte eine rechtmäßige Anwendung des § 15 Abs. 1 Satz 1 Nr. 2 EStG ein Festhalten an der Dogmatik der diagonalen Spaltung, wären abweichende Ansätze zur Begründung der Mitunternehmerstellung von Nießbraucher und Gesellschafter nicht notwendig bzw. zumindest nicht im Kontext der Verdoppelbarkeit der Mitunternehmerstellung näher zu thematisieren.

---

nimmt diese Lösung, das Nießbrauchsrecht begründe selbst eine weitere Mitunternehmerschaft, nur vor dem Hintergrund der These des BFH an, dass aus einem Gesellschaftsanteil auch nur eine Mitunternehmerstellung folgen könne. Grundsätzlich spricht sich *Stein* allerdings dafür aus, dass aus einem Gesellschaftsanteil mehr als nur eine Mitunternehmerstellung folgen könne, die Dogmatik der doppelten Mitunternehmerstellung mithin vorzugswürdig sei, siehe *Stein*, DStR 2021, 1679, 1684.

226 *Hermes*, BB 2020, 1818, 1820 ff.; *Stein*, DStR 2021, 1679, 1684.

227 *Hermes*, BB 2020, 1818, 1820 ff.; *Stein*, DStR 2021, 1679, 1684.

228 *Stein*, DStR 2021, 1679, 1684. *Hermes* hingegen spricht terminologisch von einer Mitunternehmeranteilserweiterung bzw. einem Mitunternehmeranteil besonderer Art, *Hermes*, BB 2020, 1818, 1820 ff.

229 In diesem Sinne auch *Akram*, ErbStB 2021, 310, 312 f. und *Schomaker*, Die Verdoppelung der Mitunternehmerstellung in Nießbrauchsfällen, 2023, S. 172 sowie *Fischer*, DStR 2025, 1392, 1403.

D. Zusammenfassung und weitere Vorgehensweise

Zusammenfassend lässt sich festhalten, dass die Rechtsprechung bis in das Jahr 2015 unzweifelhaft davon ausging, die Mitunternehmerschaft aus einem Gesellschaftsanteil sei verdoppelbar. Nach Äußerungen des BFH in neueren Urteilen seit dem Jahr 2015 besteht jedoch zumindest die Möglichkeit, dass der BFH die Stellung als Mitunternehmer grundsätzlich an die Position als steuerrechtlicher Gesellschafter gemäß § 39 Abs. 1, 2 Nr. 1 Satz 1 AO koppelt. Praktisch hätte ein solches Verständnis zur Folge, dass bei der Schenkung eines Personengesellschaftsanteils unter Nießbrauchsvorbehalt nur der beschenkte Gesellschafter die Mitunternehmerstellung aus dem Gesellschaftsanteil innehaben könnte. Der Nießbraucher wäre dann möglicherweise Mitunternehmer einer anderweitig begründeten Mitunternehmerschaft, die nicht unmittelbar aus dem verschenkten Gesellschaftsanteil folgt.

Eine Koppelung der Mitunternehmerstellung an die Position als steuerrechtlicher Gesellschafter gemäß § 39 Abs. 1, 2 Nr. 1 Satz 1 AO wäre allerdings nicht unumstritten. Im juristischen Diskurs findet sich eine Vielzahl an divergierenden Auffassungen hinsichtlich der Bedeutung der Gesellschafterstellung für die Mitunternehmerposition und die Bestimmung ebendieser Gesellschafterstellung. Im weiteren Verlauf dieser Arbeit wird deshalb der Frage nachgegangen, wie die Mitunternehmerstellung *de lege lata* zu bestimmen ist und inwiefern dem von § 15 Abs. 1 Satz 1 Nr. 2 EStG geforderten Gesellschafterkriterium Bedeutung beizumessen ist.

Kapitel 2
Analyse der von § 15 Abs. 1 Satz 1 Nr. 2 EStG erfassten steuerlichen Größe

§ 15 Abs. 1 Satz 1 Nr. 2 EStG definiert, welche steuerlichen Größen bzw. Leistungen als Einkünfte aus Gewerbebetrieb der Besteuerung unterliegen. Sofern gemäß § 15 Abs. 1 Satz 1 Nr. 2 EStG sowohl die Leistung des Gesellschafters als auch die des Nießbrauchers als steuerlich erheblich verstanden würde, müssten konsequenterweise beide Personen Einkünfte aus Gewerbebetrieb erzielen. Nießbraucher sowie Gesellschafter könnten dann zugleich Mitunternehmer aus einem Gesellschaftsanteil sein. Um herauszufinden, ob die Mitunternehmerstellung verdoppelbar ist, ist folglich zu analysieren, welche steuerliche Größe, mithin welcher Zweck, von § 15 Abs. 1 Satz 1 Nr. 2 EStG erfasst werden soll.

Ausgangspunkt der Zweckanalyse ist eine Auslegung des § 15 Abs. 1 Satz 1 Nr. 2 EStG. Besonderes Augenmerk ist dabei auf die Gesellschafterposition als Schlüsselkriterium der Verdoppelbarkeit zu legen. Es ist der Frage nachzugehen, ob die wirtschaftliche Betätigung, auf welche § 15 Abs. 1 Satz 1 Nr. 2 EStG abzielt, nur dann gegeben ist, wenn das agierende Subjekt zivilrechtlicher Gesellschafter oder steuerrechtlicher Gesellschafter gemäß § 39 Abs. 1, 2 Nr. 1 Satz 1 AO ist. Sofern dies nicht der Fall ist, dem Gesellschafterkriterium also kein eigener Bedeutungsgehalt zukommt, sind die verbleibenden Kriterien der Mitunternehmerstellung – Risiko und Initiative – weitestmöglich zu konturieren, um Nießbraucher und Gesellschafter entsprechend analysieren zu können.

Im Rahmen nachstehender Zweckanalyse werden zwei Perspektiven angelegt. Teilweise wird das Gesellschafterkriterium als solches betrachtet und isoliert auf seinen Bedeutungsgehalt hin geprüft. Primär wird allerdings die Mitunternehmerdoktrin untersucht, um den Gesellschafterbegriff in seinem Kontext verstehen zu können. Sich durch den Kontext ergebende Implikationen werden jeweils herausgestellt.

A. Bedeutung des Gesellschafterbegriffs und Zusammenspiel mit dem Mitunternehmererfordernis

Den ersten Anknüpfungspunkt der Auslegung von Gesetzen stellt der Wortlaut dar.[230] Der Gesetzgeber nutzt die allgemeine Sprache, um von dem Rechtsanwender in einer gewissen Weise verstanden zu werden.[231] Der Wortlaut des § 15 Abs. 1 Satz 1 Nr. 2 EStG ist hinsichtlich der oben unter Kapitel 1 aufgeworfenen Thematiken in zwei Aspekten diskussionswürdig. Zum einen ist dies die Frage, welche Bedeutung dem Wort „Gesellschafter" beizumessen ist. Beispielsweise könnte schon aus der Verwendung des Gesellschafterbegriffs, dessen rechtlicher Ursprung im Zivilrecht zu verorten ist, hervorgehen, dass auch im Steuergesetz die zivilrechtliche Bedeutung gewollt ist (*siehe dazu unten unter I.*). Zum anderen wirft der grammatikalische Kontext der Norm die Frage auf, ob nur Gesellschafter einer „anderen Gesellschaft" im Sinne des § 15 Abs. 1 Satz 1 Nr. 2 EStG auch Mitunternehmer sein müssen, um gewerbliche Einkünfte zu erzielen, oder ob sich das Mitunternehmerkriterium auf sämtliche der aufgeführten Beteiligungsformen bezieht (*siehe dazu und zu der Relevanz dieses Aspektes hinsichtlich der Mitunternehmerverdoppelbarkeit unten unter II.*).

I. Verwendung des zivilrechtlich vorgeprägten Terminus „Gesellschafter" im Steuergesetz

Ausgehend vom Wortlaut des § 15 Abs. 1 Satz 1 Nr. 2 EStG könnte angenommen werden, dass grundsätzlich nur der zivilrechtliche Gesellschafter als Mitunternehmer in Betracht kommt. So wird wörtlich bestimmt, „*Einkünfte aus Gewerbebetrieb sind [...] die Gewinnanteile* ***der Gesellschafter*** *[Hervorhebung durch den Verfasser] einer Offenen Handelsgesellschaft, einer Kommanditgesellschaft und einer anderen Gesellschaft, bei der der Gesellschafter als Unternehmer (Mitunternehmer) des Betriebs anzusehen ist [...]*".[232] Wäre der Ge-

230 Statt vieler *Larenz*, Methodenlehre der Rechtswissenschaft, 6. Aufl. 1991, S. 320.

231 *Larenz*, Methodenlehre der Rechtswissenschaft, 6. Aufl. 1991, S. 320.

232 Siehe § 15 Abs. 1 Satz 1 Nr. 2 EStG.

sellschafterbegriff in diesem Sinne zivilrechtlich zu verstehen, wäre eine Verdoppelbarkeit der Mitunternehmerstellung nicht denkbar. Da es zivilrechtlich nur den einen Gesellschafter eines Gesellschaftsanteils gibt, käme auch nur diese eine Person als Gesellschafter i. S. d. § 15 Abs. 1 Satz 1 Nr. 2 EStG in Betracht. Allein die Verwendung eines zivilrechtlich vorgeprägten Terminus in einem Steuergesetz – hier der Begriff des Gesellschafters –, bedeutet jedoch nicht, dass das Steuergesetz auf die entsprechende zivilrechtliche Bedeutung des Begriffs abstellt.[233] Im Gegenteil, der Bedeutungsgehalt eines jeden in einem Steuergesetz verwendeten zivilrechtlich vorgeprägten Terminus ist neu zu ermitteln.[234] Zu untersuchen ist, ob dem Terminus entweder die zivilrechtliche Bedeutung beizumessen ist oder eine autonom steuerrechtliche Bedeutung.[235]

Aus diesem Grund muss der Bedeutungsgehalt, den der Gesetzgeber dem Begriff des Gesellschafters im § 15 Abs. 1 Satz 1 Nr. 2 EStG beigemessen hat, erst untersucht werden. Der Wortlaut selbst gibt darüber keinen Aufschluss. Die Bedeutung ist im Rahmen der allgemeinen Auslegungsmethoden und insbesondere der teleologischen Auslegung sowie deren steuerrechtlicher Ausprägung, der wirtschaftlichen Betrachtungsweise, zu ermitteln.[236]

---

233 BVerfG, Beschl. v. 27.12.1991 – 2 BvR 72/90, BStBl. II 1992, 212; *Schulze-Osterloh*, AcP 1990, 139, 154 ff.; Herrmann/Heuer/Raupach/*Ruppe*, EStG/KStG, Stand: Februar 1990, Einführung ESt, Rn. 457; *Sieker*, FS Kirchhof, Bd. 2, 2013, 1667, 1668 f.; Tipke/Lang/*Seer*, Steuerrecht, 25. Aufl. 2024, Rn. 1.34 ff. In Abhängigkeit von der vorherrschenden Auffassung über das Verhältnis des Steuerrechts zum Zivilrecht schwankte die Ansicht hinsichtlich der Auslegung zivilrechtlicher Begriffe, die in Steuergesetzen verwendet werden, vgl. Herrmann/Heuer/Raupach/*Ruppe*, EStG/KStG, Stand: Februar 1990, Einführung ESt, Rn. 457. Siehe zu der vorherigen Auffassung, dass zivilrechtlichen Begriffen in einem Steuergesetz der zivilrechtliche Bedeutungsgehalt beizumessen ist, solange nicht der Wille des Gesetzgebers erkennbar entgegensteht beispielsweise, BFH, Urt. v. 23.07.1957 – I 50/55 U, BStBl. III 1957, 306; BFH, Urt. v. 24.02.1961 – VI 84/60 U, BStBl. III 1961, 188; BFH, Urt. v. 17.01.1964 – III 65/63 U, BStBl. III 1964, 154. Siehe dazu ausführlich auch unten S. 75 ff.

234 Siehe Fn. 223.

235 Siehe Fn. 223. Siehe zur wirtschaftlichen Betrachtungsweise näher unten S. 79 ff.

236 Vgl. Tipke/Lang/*Seer*, Steuerrecht, 25. Aufl. 2024, Rn. 1.35 ff.

II. Grammatikalischer Bezugspunkt des Mitunternehmerkriteriums

Hinsichtlich des Wortlauts des § 15 Abs. 1 Satz 1 Nr. 2 EStG wurde in der Vergangenheit diskutiert, ob sich das Mitunternehmerkriterium grammatikalisch ausschließlich auf Gesellschafter einer „anderen Gesellschaft" bezieht oder auch auf Gesellschafter der explizit aufgeführten Gesellschaftsformen, also der oHG und KG.[237] Heutzutage ist einhellige Auffassung in der Rechtsprechung, dass sämtliche Gesellschafter der in § 15 Abs. 1 Satz 1 Nr. 2 EStG aufgeführten Gesellschaften Mitunternehmer sein müssen.[238]

Der Wortlaut soll trotz der gefestigten Rechtsprechung und dem Abflachen der Diskussion noch einmal genauer in den Blick genommen werden. Würde für die Mitunternehmerstellung gemäß § 15 Abs. 1 Satz 1 Nr. 2 EStG nach dem Wortsinn einzig die Gesellschafterstellung ausreichen, spräche dies für einen hohen eigenen Bedeutungsgehalt des Gesellschafterkriteriums. Das Mitunternehmerkriterium hätte in diesem Fall keine abstrakt-generelle Bedeutung im Rahmen des § 15 Abs. 1 Satz 1 Nr. 2 EStG, sondern wäre nur als zusätzliches Kriterium im Auffangtatbestand „andere Gesellschaft" relevant. Welche Person Einkünfte gemäß § 15 Abs. 1 Satz 1 Nr. 2 EStG erzielt, wäre dann maßgeblich anhand der Gesellschaftereigenschaft zu bestimmen. Eine Verdoppelbarkeit der Mitunternehmerstellung auf der Grundlage, dass mehrere Personen hinreichend Risiko und Initiative innehaben, wie sie die Mitunternehmereigenschaft verlangt, wäre so kaum möglich.[239] Dies würde insbesondere für Gesellschafter einer oHG oder

---

237 Vgl. Herrmann/Heuer/Raupach/*Haep*, EStG/KStG, 333. EL. 2025, § 15 EStG Rn. 300.

238 Siehe beispielhaft RFH, Urt. v. 15.01.1931 – VI A 31/31, RFHE 27, 332; BFH, Urt. v. 22.11.1955 – I 139/54, BStBl. III 1956, 4; BFH, Urt. v. 26.06.1964 – VI 302/62 U, BStBl. III 1964, 501; BFH, Urt. v. 16.07.1964 – IV 377/62 U, BStBl. III 1964, 622; BFH, Urt. v. 04.08.1971 – I R 209/69, BStBl. II 1972, 10; BFH, Urt. v. 21.02.1974 – IV B 28/73, BStBl. II 1974, 404; BFH, Urt. v. 08.02.1979 – IV R 163/76, BStBl. II 1979, 405; BFH, Urt. v. 29.04.1981 – IV R 131/78, BStBl. II 1981, 663; BFH, Beschl. v. 25.06.1984 – GrS 4/82, BStBl. II 1984, 751; BFH, Urt. v. 28.10.1999 – VIII R 66-70/97, BStBl. II 2000, 183. Vgl. auch Herrmann/Heuer/Raupach/*Haep*, EStG/KStG, 333. EL. 2025, § 15 EStG Rn. 300.

239 Siehe zu den rechtlichen Voraussetzungen einer Verdoppelbarkeit der Mitunternehmerstellung oben S. 8 ff.

KG gelten, die ohne Mitunternehmer zu sein, also ohne Initiative und Risiko innezuhaben, den Tatbestand des § 15 Abs. 1 Satz 1 Nr. 2 EStG erfüllen könnten.

Würde sich das Mitunternehmerkriterium hingegen auf sämtliche der genannten Gesellschafter beziehen, dann stünden das Gesellschafter- und das Mitunternehmerkriterium zumindest quantitativ auf einer Stufe. Daraus würde folgen, dass – unabhängig von der Bedeutung, die dem Gesellschafterkriterium schlussendlich beizumessen ist – der Stellung als Mitunternehmer ebenfalls ein hoher Stellenwert für die Bestimmung der erzielenden Person beigemessen werden könnte. Eine Verdoppelbarkeit der Mitunternehmerstellung nach der Wertung „hinreichend Risiko und Initiative" wäre dann dem Wortsinn nach möglich. Weitere Erkenntnisse hinsichtlich der Verdoppelbarkeit der Mitunternehmerstellung hingen dann maßgeblich von der weiteren Auslegung des § 15 Abs. 1 Satz 1 Nr. 2 EStG ab.

Häufig wird zum Bezugspunkt der Mitunternehmereigenschaft ausgeführt, dass sich dieser eindeutig aus einer grammatikalischen Auslegung ergebe.[240] Rein grammatikalisch betrachtet ist vertretbar, dass sich der einschränkende Relativsatz in § 15 Abs. 1 Satz 1 Nr. 2 EStG ausschließlich auf die andere Gesellschaft bezieht und folglich nur der Gesellschafter einer anderen Gesellschaft zugleich Mitunternehmer sein müsste.[241] Dieses Ergebnis ist aus grammatikalischer Sicht jedoch nicht zwingend. Der einschränkende Relativsatz kann sich auch

---

240 Siehe die in Fn. 241 aufgeführten Vertreter.

241 Der relevante Abschnitt des § 15 Abs. 1 Satz 1 Nr. 2 EStG lautet: *„und einer anderen Gesellschaft, **bei der** [Hervorhebung durch den Verfasser] der Gesellschafter als Unternehmer (Mitunternehmer) des Betriebs anzusehen ist*". Die nachfolgend für die Auslegung der Eigenschaft als Mitunternehmer zitierte Literatur äußert sich mehrheitlich zu § 7 Nr. 3 REStG, der Vorgängernorm des § 15 Abs. 1 Satz 1 Nr. 2 EStG (siehe näher dazu im Rahmen der historischen Betrachtung unten S. 59 ff.). Der Mitunternehmerbegriff wurde in § 7 Nr. 3 REStG in nahezu identischem grammatikalischem Kontext etabliert, weshalb die Äußerungen zu § 7 Nr. 3 REStG auf § 15 Abs. 1 Satz 1 Nr. 2 EStG übertragbar sind. So auslegend: *Strutz*, Kommentar zum Einkommensteuergesetz, Bd. 2, 1929, § 29 Rn. 30; *Boettcher*, StuW 1965, 35, 42; *Meßmer*, StbJB 1972/1973, 127, 134; *Tipke*, StuW 1972, 55, 56; *Tipke/Kruse*, Reichsabgabenordnung, 22. EL. 1975, § 215 RAO Rn. 4; *Schulze zur Wiesche*, FR 1978, 307, 315; *Meßmer*, FS Döllerer, 1988, 429, 432; *Westerfelhaus*, DB 1990, 1531, 1533; *Hallerbach*, Die Personengesellschaft im Einkommensteuerrecht, 1999, S. 105 f., 154 f.

generell auf die jeweilige Gesellschaftsform des ersten Halbsatzes beziehen und nicht nur unmittelbar auf die zuvor genannte andere Gesellschaft.[242]

Die letztgenannte Auslegungsweise ist zumindest plausibler. Die höhere Plausibilität folgt insbesondere aus folgender Erwägung.[243] Mit der „anderen Gesellschaft" wurde ein Ober- bzw. Auffangtatbestand für sonstige Fälle geschaffen.[244] Da sämtliche unter den Oberbegriff fallende Einzelteile die Merkmale des Oberbegriffs aufweisen müssen, bezieht sich der Relativsatz auf sämtliche der genannten Gesellschaftsformen.[245]

In Anbetracht der zahlreichen und gewichtigen Gegenstimmen[246] kann der Wortlaut des § 15 Abs. 1 Satz 1 Nr. 2 EStG hinsichtlich des Bezugspunkts des Mitunternehmerkriteriums jedoch nicht als eindeutig deklariert werden. Die Wortlautauslegung vermag somit kein eindeutiges Ergebnis zu liefern. Bereits an dieser Stelle ist jedoch anzumerken, dass sich in diesem Punkt unter Einbezug des Gesetzgebungsprozesses ein eindeutiges Ergebnis folgern lässt.[247]

III. Ergebnisse der Wortlautauslegung

Die Auslegung des Wortlauts des § 15 Abs. 1 Satz 1 Nr. 2 EStG ist hinsichtlich der oben unter Kapitel 1 aufgeworfenen Aspekte nicht ergiebig. Statt einer ausgeprägten Begriffsjurisprudenz ist im Steuerrecht der von einer Norm verfolgte Zweck maßgeblich für den Bedeutungsgehalt der verwendeten Begrifflichkeiten. Um die von § 15 Abs. 1

---

242 So auch: BFH, Beschl. v. 21.02.1974 – IV B 28/73, BStBl. II 1974, 404; BFH, Urt. v. 08.02.1979 – IV R 163/76, BStBl. II 1979, 405; *Raupach*, Der Durchgriff im Steuerrecht, 1968, S. 76 ff.; *Felix/Carlé*, StuW 1972, 41, 43; *Streck*, FR 1973, 297, 298; *Esser*, Mitarbeitende Kommanditisten und stille Gesellschafter im Steuerrecht, 1978, S. 47 ff.; Herrmann/Heuer/Raupach/*Haep*, EStG/KStG, 333. EL. 2025, § 15 EStG Rn. 300.

243 Vgl. zu diesem grammatikalischen Verständnis *Streck*, FR 1973, 297, 298.

244 Siehe zu den diversen zivilrechtlichen Gesellschaftsformen, die unter die „andere Gesellschaft" subsumiert werden können bei Kirchhof/Kube/Mellinghoff/*Desens/Blischke*, EStG, 352. EL. 2025, § 15 Rn. C 38 ff. und Kirchhof/Seer/*Krumm*, EStG, 24. Aufl. 2025, § 15 Rn. 173 ff.

245 Vgl. *Streck*, FR 1973, 297, 298.

246 Siehe zu diesen in Fn. 241.

247 Siehe unten S. 59 ff.

Satz 1 Nr. 2 EStG verwendeten Begriffe zu verstehen, ist zu analysieren, welcher wirtschaftliche Gehalt von der Norm erfasst werden soll. Das rein grammatikalische Zusammenspiel des Terminus Gesellschafter mit dem Mitunternehmerkriterium kann ebenfalls nicht für die Frage der Mitunternehmerverdoppelbarkeit fruchtbar gemacht werden.

B. Historische Entwicklung

Einen weiteren Anknüpfungspunkt für die Bestimmung der Reichweite und Bedeutung der Mitunternehmerdoktrin stellt der Gesetzgebungsprozess dar.[248] Hinzufügungen, Streichungen und Ausführungen im Gesetzgebungsprozess sowie dessen Begleitumstände überliefern einen aussagekräftigen ersten Eindruck darüber, welche Funktionen dem Mitunternehmerbegriff zukommen sollten.[249] Auch die Abwesenheit von detaillierten Äußerungen oder kundgegebenen Vorstellungen des historischen Gesetzgebers lässt dabei Rückschlüsse zu.

I. Erstmalige gesetzliche Verankerung des „Mitunternehmers"

Die Mitunternehmerdoktrin wurde erstmals 1913 in dem Besitzsteuergesetz und dem Wehrbeitragsgesetz implementiert.[250] In diesen Gesetzen wurde jeweils in § 4 Abs. 2 wörtlich bestimmt: „*Das Betriebsvermögen einer offenen Handelsgesellschaft oder einer anderen Erwerbsgesellschaft, bei welcher der Gesellschafter als Unternehmer (Mitunternehmer) des Betriebs anzusehen ist, wird den einzelnen Teilhabern nach dem Verhältnis ihres Anteils zugerechnet.*"[251]

Im Rahmen der Schaffung des ersten einheitlichen Einkommensteuergesetzes des Reichs vom 29. März 1920 übernahm der Gesetzgeber

248 *Larenz*, Methodenlehre der Rechtswissenschaft, 6. Aufl. 1991, S. 328.
249 Vgl. *Larenz*, Methodenlehre der Rechtswissenschaft, 6. Aufl. 1991, S. 328 ff.
250 Vgl. *Schreiber*, Wer ist Mitunternehmer?, 1995, S. 34.
251 § 4 Abs. 2 des Gesetzes über einen einmaligen außerordentlichen Wehrbeitrag vom 03. Juli 1913, RGBl. 1913, 505; § 4 Abs. 2 Besitzsteuergesetz vom 03. Juli 1918, RGBl. 1913, 524.

die Mitunternehmerdoktrin in § 7 Nr. 3 REStG.[252] § 7 Nr. 3 REStG bestimmte, dass zum Einkommen aus Gewerbebetrieb „*bei Gesellschaftern einer offenen Handelsgesellschaft, einer Kommanditgesellschaft oder einer anderen Erwerbsgesellschaft, bei der der Gesellschafter als Unternehmer (Mitunternehmer) anzusehen ist, ihr Anteil am Geschäftsgewinne*“ gehört. Im Vergleich zu dem Besitzsteuergesetz und dem Wehrbeitragsgesetz wurden die Gesellschafter einer Kommanditgesellschaft ausdrücklich als solche Gesellschafter aufgenommen, die Einkünfte aus Gewerbebetrieb erzielen können. Zudem fand die Qualifizierung von Sondervergütungen als Einkünfte aus Gewerbebetrieb Einzug. Seit der Übernahme in § 7 Nr. 3 REStG verblieb die Mitunternehmerdoktrin im Einkommensteuergesetz und findet sich heute, mehr als 100 Jahre später, in § 15 Abs. 1 Satz 1 Nr. 2 EStG.[253]

II. Aus dem Gesetzgebungsprozess ableitbare Bedeutung von § 15 Abs. 1 Satz 1 Nr. 2 EStG

1. Prägende Entwicklungsstränge bei Übernahme in das REStG 1920

Die Übernahme der Mitunternehmerdoktrin in das REStG 1920 vollzog sich unter dem Einfluss von maßgeblich zwei näher zu betrachtenden Entwicklungen. Einerseits ist dies die Abkehr von dem zivilrechtlichen Verständnis der Personengesellschaft als Einheit und andererseits, besonders bedeutsam, das Vordringen der wirtschaftlichen Betrachtungsweise im Steuerrecht.[254] Inwiefern der Gesetzgeber beiden Entwicklungen durch Einfügung der Mitunternehmerdoktrin folgte oder sich von ihnen abwendete, lässt Rückschlüsse auf die den Gesetzgeber begleitenden Vorstellungen von dem Bedeutungsgehalt der Mitunternehmerschaft und deren Voraussetzungen zu.

---

252 Einkommensteuergesetz vom 29. März 1920, RGBl. 1920, S. 359.

253 Siehe weitergehend zu der Entstehungsgeschichte des Mitunternehmerbegriffs bei: *Schreiber*, Wer ist Mitunternehmer?, 1995, S. 33 ff.

254 Siehe zu beiden Entwicklungen mit entsprechenden Nachweisen in den folgenden Absätzen. Vgl. dazu auch die anschaulichen Ausführungen von *Florstedt*, Stand und Entwicklung der steuerrechtlichen Mitunternehmerdoktrin, 2015, S. 18 ff.

In der Zeit vor der Implementierung der Mitunternehmerdoktrin verstanden das Preußische Oberverwaltungsgericht[255] und das PrEStG die Personengesellschaft als Einheit, der sogenannte Einheitsgedanke.[256] Die Einheit „Personengesellschaft" wurde als Subjekt der Gewinnerzielung angesehen.[257] Der von der Personengesellschaft erzielte Gewinn wurde sodann den zivilrechtlichen Gesellschaftern in Abhängigkeit von ihrem zivilrechtlichen Anteil zugerechnet. So bestimmte § 14 Satz 4 Nr. 2 PrEStG, dass der *„von einer [...] Erwerbsgesellschaft erzielte Geschäftsgewinn [...] den einzelnen Teilhabern nach Massgabe ihres Anteils anzurechnen [ist]"*.[258]

Anders als das Preußische Oberverwaltungsgericht und das PrEStG begriff das Reichsgericht sodann, dem Vielheitsgedanken folgend, einzig die Gesellschafter als Inhaber aller Rechte und Pflichten.[259] Nach Auffassung des Reichsgerichts bildeten die Unternehmer in ihrem Zusammenschluss die Personenhandelsgesellschaft und verfügten über eine ungeteilte Berechtigung an dem Gesellschaftsvermögen.[260] Personengesellschaften wurde keine eigene Rechtspersönlichkeit

---

255 OVG, Urt. v. 05.05.1898 – Rep. VI G 324/97, PrOVGSt 7, 435; OVG, Urt. v. 06.12.1905 – JNXb33 – Xb 29/05, PrOVGSt 7, 92.

256 Vgl. zu der historischen Entwicklung auch *Hallerbach*, Die Personengesellschaft im Einkommensteuerrecht, 1999, S. 101 ff.

257 Zu dieser Zeit herrschte allerdings bereits Uneinigkeit über das Wesen der Gesamthand. Teilweise wurde der Gesamthandslehre Otto von Gierkes gefolgt und teilweise der traditionellen Gesamthandslehre. Siehe zu Urteilen welche die Gesellschaft als solche als Trägerin des Gesellschaftsvermögens und als Besteuerungssubjekt auffassen, OVG, Urt. v. 09.01.1896, Rep. VI A 462/95, ProVGSt 5, 3; OVG, Urt. v. 11.05.1896, Rep. VI B 1145/95, ProVGSt 5, 122; OVG, Urt. v. 07.04.1900, Rep. VI 5/99, ProVGSt 9, 14. Siehe zu beiden Auffassungen, *Fuisting/Strutz*, Einkommensteuergesetz, Bd. 1, Hälfte 1, 8. Aufl. 1915, § 2 Rn. 13. Vgl. jüngere Literatur zu dieser Thematik, *Meßmer*, StbJB 1972/73, 127, 135; *Kneip*, Der einkommensteuerrechtliche Mitunternehmer, 1994, S. 65 ff; *Schreiber*, Wer ist Mitunternehmer?, 1995, S. 34; *Hallerbach*, Die Personengesellschaft im Einkommensteuerrecht, 1999, S. 104.

258 § 14 Satz 4 Nr. 2 Preußisches Einkommensteuergesetz vom 24. Juni 1891, Gesetzes-Sammlung 1891, 175.

259 RG, Urt. v. 15.12.1906 – I 241/06, RGZ 65, 21; RG, Urt. v. 23.2.1907 – I 404/06 – RGZ 65, 227.

260 RG, Urt. v. 15.12.1906 – I 241/06, RGZ 65, 21; RG, Urt. v. 23.2.1907 – I 404/06 – RGZ 65, 227 So auch: *Strutz*, Kommentar zum Einkommensteuergesetz, Bd. 2, 1929, S. 357 f.

mehr zugesprochen.[261] Reaktiv wurde im REStG 1920 nicht mehr an die Personengesellschaft als Subjekt der Einkünfteerzielung angeknüpft.[262] Die Einkünfte wurden von § 7 Nr. 3 REStG 1920 nunmehr unmittelbar den Gesellschaftern, welche die Mitunternehmerkriterien erfüllen, als Subjekten der Einkommenserzielung zugeordnet. Dass die Einkünfte den Gesellschaftern und nicht der Gesellschaft zuzurechnen sind, folgte also dem geänderten zivilrechtlichen Verständnis von der Personengesellschaft. Hinsichtlich dieses Aspekts orientierte sich der Gesetzgeber noch am Zivilrecht.

Die Orientierung an den zivilrechtlichen Vorgaben entsprach dem Verständnis von dem Verhältnis des Steuerrechts zum Zivilrecht, welches bis mindestens vor Erschaffung der Reichsabgabenordnung in der Fassung aus dem Jahre 1919[263] (im Folgenden „RAO 1919“) vorherrschte. In der Zeit vor der Erschaffung der RAO 1919 wurde das Steuerrecht von der höchstrichterlichen Rechtsprechung als Folgerecht des Zivilrechts angesehen.[264] Die Literatur nahm diese zivilrechtsakzessorische Betrachtung bis zum Beginn des Ersten Weltkriegs grundsätzlich an, wobei das Verhältnis des Zivilrechts zum Steuerrecht nur im Rahmen von einzelnen Problematiken thematisiert wurde.[265] Die zivilrechtliche Beurteilung eines Sachverhalts war danach maßgeblicher Ausgangspunkt für die sich anschließende steuerrechtliche Würdigung. Während des Ersten Weltkriegs und maßgeblich ab 1919 mehrten sich jedoch Bestrebungen, eine stärker von wirtschaftlichen

261 RG, Urt. v. 27.11.1914 – II 305/14, RGZ 86, 66; *Julius v. Gierke*, Handelsrecht und Schifffahrtsrecht, 8. Aufl. 1958, S. 187.

262 Vgl. *Hallerbach*, Die Personengesellschaft im Einkommensteuerrecht, 1999, S. 104 m. V. a. *Kneip*, Der einkommensteuerliche Mitunternehmer, 1994, S. 66.

263 Reichsabgabenordnung vom 13. Dezember 1919, RGBl. 1919, 2101.

264 Dies galt mit Ausnahme der Rechtsprechung zum preußischen Stempelgesetz und zum Stempelgesetz des Reiches, näher hierzu und mit Verweisen auf die einschlägige Rechtsprechung: *Merk*, Reichsgericht und Steuerrecht, in: Festgabe der juristischen Fakultäten zum 50jährigen Bestehen des Reichsgerichts 1929, S. 73, 84 f.; beispielhaft: RG, Urt. v. 03.02.1882 – III 529/81, RGZ 6, 181; OVG, Urt. v. 05.05.1898 – Rep. IV G 324/97, PrOVGSt 1899, Bd. 7, S. 435; RFH, Urt. v. 16.04.1920 – II A 65/20, RFHE 2, 275. Vgl. auch: *Ball*, Steuerrecht und Privatrecht, 1924, S. 31 f., 69; *Polland*, Steuerrecht und Privatrecht, 1960, S. 7 ff.; *Hallerbach*, Die Personengesellschaft im Einkommensteuerrecht, 1999, S. 102 f. Siehe zu der heutzutage vorherrschenden Auffassung vom Verhältnis des Steuerrechts zum Zivilrecht unten S. 75 ff.

265 *Ball*, Steuerrecht und Privatrecht, 1924, S. 69 ff.

Gesichtspunkten geleitete Auslegung und damit eine gewisse Eigenständigkeit des Steuerrechts anzuerkennen.[266] Diese Bestrebungen fanden ihre normativen Verankerungen in den §§ 4, 5, 80 RAO 1919 und auch im REStG 1920, beispielsweise in § 10 REStG 1920.[267] Der Umschwung zu der wirtschaftlichen Betrachtungsweise war eingeleitet.[268] Sachverhalte sollten nicht mehr zwingend nach ihrer zivilrechtlichen Ausgestaltung steuerlich erfasst werden, sondern es sollte eine eigenständige steuerrechtliche Begriffsbildung und einhergehend das Abstellen auf wirtschaftliche Zusammenhänge ermöglicht werden.[269] Auch an dieser zweiten gravierenden Entwicklung nahm der Gesetzgeber – wie sogleich gezeigt wird – im Rahmen der Implementierung der Mitunternehmerschaft Anleihen. Der Gesetzgeber orientierte sich also nicht nur an den Vorgaben des Zivilrechts, sondern wich auch in hohem Maße von den zivilrechtlichen Vorgaben ab.

Dass der Gesetzgeber die Zurechnung gewerblicher Einkünfte durch die Einfügung des Mitunternehmerbegriffs stärker von wirtschaftlichen Begebenheiten abhängig machen wollte, ergibt sich aus folgenden Aspekten. Zum einen ist die gesetzgeberische Entscheidung, nicht an einen traditionell geprägten zivilrechtlichen Begriff anzuknüpfen, sondern an einen neu eingeführten steuerrechtlichen Begriff, eine eindeutige Entscheidung gegen die Anknüpfung an das Zivilrecht.[270] Das

266 *Popitz*, AöR 1921, 129, 140; *Ball*, Steuerrecht und Privatrecht, 1924, S. 110 ff.; *Lion*, VJSchrFStR 1927, 132, 158 ff. Vgl. auch *Walz*, Steuergerechtigkeit und Rechtsanwendung, 1980, S. 212 f. Sich dagegen aussprechend: *Hensel*, Festgabe für Zitelmann, Zur Dogmatik des Begriffs „Steuerumgehung", 1923, S. 217, 241 f.

267 § 10 REStG 1920 statuiert die Zuordnung von Einkünften zu einer Einkunftsart nach der Verkehrsauffassung, vgl. hierzu auch *Schreiber*, Wer ist Mitunternehmer?, 1995, S. 36.

268 Vgl. RFH, Urt. v. 11.10.1921 – V A 34/21, RFHE 7, 85; RFH, Urt. v. 15.12.1922 – I A 20/22, I A 21/22, I A 199/21, RFHE 11, 157, RFH, Urt. v. 10.10.1928 – I A 35/28, RFHE 24, 188.

269 Die stärker wirtschaftlich orientierte Erfassung von Sachverhalten sollte zum einen Steuerumgehungspraktiken durch zivilrechtliche Gestaltungen eindämmen, *Popitz*, AöR 1921, 129, 130 f.; *Ball*, Steuerrecht und Privatrecht, 1924, S. 75 und zum anderen auch verhindern, dass eine Besteuerung versagt, weil Rechtsgeschäfte an zur Nichtigkeit führenden Mängeln litten, was aufgrund von Menschenrechtsverletzungen im Ersten Weltkrieg häufig der Fall war, *Walz*, Steuergerechtigkeit und Rechtsanwendung, 1980, S. 212.

270 Vgl. *Geiler*, StuW 1927, 497, 517 f.

Wort „Mitunternehmer" ist ein solcher, dem Zivilrecht fremder, steuerrechtlich neu eingeführter Begriff. Indiziell wird diese Erwägung auch durch die zeitliche Kongruenz von der Implementierung der Mitunternehmerdoktrin und dem Umschwung zu der wirtschaftlichen Betrachtungsweise gestützt. Zudem lassen die vom Gesetzgeber im Gesetzgebungsprozess vorgenommenen Erwägungen darauf schließen, dass der Mitunternehmerbegriff wirtschaftliche Begebenheiten erfassen sollte (*siehe dazu sogleich unter 2. und zu konkreten Folgerungen hinsichtlich der Mitunternehmerverdoppelbarkeit unter III.*).

2. Gesetzgebungsprozess indiziert wirtschaftlichen Gehalt

Die Intention des Gesetzgebers, die persönliche Zurechnung von Einkünften stärker mit den wirtschaftlichen Begebenheiten zu verknüpfen, wird zudem durch den Gesetzgebungsprozess verdeutlicht. Teilweise wird im Schrifttum zwar vertreten, dass sich der Gesetzgeber über eine genauere Bestimmung des Mitunternehmerbegriffs keine Gedanken machte.[271] In der Entwurfsbegründung zum REStG 1920 formulierte der Gesetzgeber nämlich weder spezielle Anmerkungen zu der Bestimmung des Begriffs „Mitunternehmer", noch stellte er eine Definition bereit.[272] Ausgeführt wurde lediglich im Allgemeinen zu den Einkunftsarten, dass sich ihre Bestimmung an derjenigen der vorherigen Steuergesetze orientieren solle und es keiner näheren Begründung bedürfe.[273] Das Fehlen einer detaillierten Begriffsbestimmung bedeutet allerdings nicht, dass der Gesetzgeber dem Mitunternehmerbegriff keine weitergehende Bedeutung beigemessen hätte und Erwägungen im Rahmen des Gesetzgebungsprozesses nicht indiziell zur Ermittlung des gesetzgeberischen Willens herangezogen werden könnten.

Aus dem konkreten Gesetzgebungsprozess wird ersichtlich, dass sich die persönliche Zurechnung von Einkünften stärker an den wirtschaft-

---

271 *Schreiber*, Wer ist Mitunternehmer?, 1995, S. 37.

272 Verhandlungen der verfassunggebenden Deutschen Nationalversammlung, Bd. 340, Berlin 1920, Anlage zu den stenographischen Berichten, Nr. 1624, S. 43.

273 Verhandlungen der verfassunggebenden Deutschen Nationalversammlung, Bd. 340, Berlin 1920, Anlage zu den stenographischen Berichten, Nr. 1624, S. 43.

lichen Begebenheiten orientieren sollte. Der Mitunternehmerbegriff sollte den Zweck erfüllen, Beteiligungen auszuklammern, die nicht hinreichend wirtschaftlich bzw. unternehmerisch sind. So wurde im Gesetzgebungsprozess vorgeschlagen, anstatt der im Entwurf vorgesehenen anderen Erwerbsgesellschaft und dem Mitunternehmerkriterium alle Gesellschafter von Erwerbsgesellschaften des bürgerlichen Rechts aufzunehmen. Auf eine Stellung als Mitunternehmer sollte es nicht mehr ankommen.[274] Dieser Vorschlag wurde vom Ausschuss allerdings abgelehnt, weil es innerhalb der Erwerbsgesellschaft Gesellschaftsverhältnisse geben könne, „*bei denen der gesellschaftliche Charakter des Unternehmens nach außen überhaupt nicht in die Erscheinung trete, so daß ein lediglich mit Kapital und Gewinnbeteiligung unter Ausschluß jeglicher Haftung für Verlust beteiligter Gesellschafter weder nach außen noch im inneren Verhältnis als Betriebsunternehmer angesehen werden könne*“.[275] Die Mitunternehmerdoktrin und die anderen Erwerbsgesellschaften fanden Einzug in § 7 Nr. 3 REStG. Mitunternehmer und damit Erzielender von Einkünften sollte nach Auffassung des Gesetzgebers folglich nur sein, wer auch für Verluste haftet. Die Beibehaltung des ursprünglichen Wortlauts indiziert das Verständnis von der Mitunternehmerschaft als Wertungsmittelpunkt der Erzielung gewerblicher Einkünfte. Mindestens eine Haftung für Verluste, wie sie für unternehmerisches Handeln charakteristisch ist, sei für die Mitunternehmerstellung und die Erzielung gewerblicher Einkünfte erforderlich.

Dabei wurde diese Wertung – das Erfordernis der Mitunternehmerstellung – vom Gesetzgeber nicht nur auf die Gesellschafter von anderen Erwerbsgesellschaften bezogen, sondern auch auf die weiteren Varianten des § 7 Nr. 3 REStG. Im Rahmen der Wortlautauslegung wurde ausgeführt, dass im Schrifttum umstritten ist, ob sich der Mitunternehmerbegriff auf sämtliche Gesellschaftsformen des § 7 Nr. 3 REStG bezieht oder nur auf die andere Erwerbsgesellschaft.[276] Die Auslegung des Wortlauts vermochte diesbezüglich kein eindeutiges Ergebnis hervorzubringen. Die Betrachtung des Gesetzgebungs-

274 Verhandlungen der verfassunggebenden Deutschen Nationalversammlung, Bd. 341, Berlin 1920, Anlage zu den stenographischen Berichten, Nr. 2149, § 7.

275 Verhandlungen der verfassunggebenden Deutschen Nationalversammlung, Bd. 341, Berlin 1920, Anlage zu den stenographischen Berichten, Nr. 2149, § 7.

276 Siehe oben S. 56 ff.

prozesses verdeutlicht das Verständnis des Gesetzgebers allerdings. So war die Kommanditgesellschaft als Betätigungsform, deren Gesellschafter gewerbliche Einkünfte erzielen würden, in dem Entwurf des § 7 Nr. 3 REStG 1920 noch nicht vorgesehen.[277] Im weiteren Gesetzgebungsprozess wurde jedoch vorgeschlagen, die Kommanditgesellschaft als Betätigungsform aufzunehmen. Vorgetragen wurde dieser Vorschlag mit der Begründung,: *„daß der Kommanditist einer Kommanditgesellschaft nicht als Kaufmann angesehen werde und deshalb eine Klarstellung erforderlich sei, ob der Kommanditist als ‚Mitunternehmer des Betriebes' anzusehen sei"*.[278] Dieser Vorschlag wurde angenommen.[279] Daraus folgt, dass der abstimmende Ausschuss der Auffassung war, dass die Stellung als Mitunternehmer auch bei den ausdrücklich genannten Gesellschaftsformen nötig sei. Die Mitunternehmerstellung der Gesellschafter der explizit genannten Gesellschaftsformen wurde von dem Ausschuss lediglich als aufgrund der Nennung immer vorliegend erachtet, weshalb auch die Nennung der Kommanditgesellschaft noch erfolgte.[280] Der Gesetzgeber erachtete die Mitunternehmerstellung somit hinsichtlich sämtlicher aufgeführter Beteiligungsformen als für die Erzielung von Einkünften nach § 15 Abs. 1 Satz 1 Nr. 2 EStG erforderlich. Die Mitunternehmerstellung war also auch bei Gesellschaftern einer oHG oder KG notwendig und somit einer Prüfung zugänglich.[281] Vor dem Hintergrund dieser den Gesetzgeber leitenden Gedanken erscheint das grammatikalische Argument der Gegenansicht, welches mithin keine zwingende gramma-

---

277 Verhandlungen der verfassunggebenden Deutschen Nationalversammlung, Bd. 340, Berlin 1920, Anlage zu den stenographischen Berichten, Nr. 1624, § 7.

278 Verhandlungen der verfassunggebenden Deutschen Nationalversammlung, Bd. 340, Berlin 1920, Anlage zu den stenographischen Berichten, Nr. 1624, § 7.

279 Verhandlungen der verfassunggebenden Deutschen Nationalversammlung, Bd. 340, Berlin 1920, Anlage zu den stenographischen Berichten, Nr. 1624, § 7.

280 Vgl. zu der Aussage, dass der Gesetzgeber davon ausging, dass Gesellschafter von oHG und KG immer Mitunternehmer seien, *Boettcher*, StuW 1965, 35, 42; *Tipke/Kruse*, Reichsabgabenordnung, 22. EL. 1975, § 215 RAO Rn. 4.

281 Anderer Ansicht ist in diesem Punkt *Hallerbach*, Die Personengesellschaft im Einkommensteuerrecht, 1999, S. 105 f., die aus der Inkludierung der Kommanditgesellschaft zwar übereinstimmend folgert, dass der Gesetzgeber davon ausging, dass Gesellschafter von oHG und KG Mitunternehmer seien, allerdings ablehnt, dass das Merkmal der Mitunternehmerschaft sich auch auf oHG und KG beziehen sollte und bei diesen Gesellschaftsformen deshalb nicht zu prüfen gewesen sei. So auch *Schreiber*, Wer ist Mitunternehmer?, 1995, S. 37.

tikalische Auslegung darstellt,[282] als äußerst schwach. Entscheidend ist, dass der Gesetzgeber die Einkünfte von Gesellschaftern von oHG und KG nur deshalb als gewerbliche Einkünfte gemäß § 15 Abs. 1 Satz 1 Nr. 2 EStG einordnete, weil er von der Mitunternehmerstellung dieser Gesellschafter ausging, diese mithin voraussetzte. Als Bezugspunkte des Mitunternehmerbegriffs wurden somit alle aufgeführten Betätigungsformen begriffen.[283] Daraus folgt, dass der Gesetzgeber der Mitunternehmerstellung maßgeblichen Stellenwert für die Bestimmung beimisst, welches Subjekt den Tatbestand des § 15 Abs. 1 Satz 1 Nr. 2 EStG erfüllt.

Weiter wirkt die Implementierung der Kommanditgesellschaft inhaltsbestimmend. Der Gesetzgeber hat klar dargelegt, dass er die unternehmerische Betätigung bis zum Grad eines Kommanditisten als mitunternehmerisch anerkennen möchte. Diese grundlegende Entscheidung hat bis heute zur Folge, dass das Vorliegen einer Mitunternehmerschaft an dieser vom Gesetzgeber gebilligten schwächsten Ausprägung des unternehmerischen Handelns festgemacht wird.[284]

III. Ergebnisse der historischen Auslegung

Der Gesetzgebungsprozess und die Begleitumstände der Einfügung des Mitunternehmerbegriffs in das REStG 1920 lassen die Intention des Gesetzgebers sichtbar werden, die persönliche Zurechnung gewerblicher Einkünfte stärker wirtschaftlich zu bestimmen. Für die Erzielung gewerblicher Einkünfte sollte es nicht mehr nur auf die zivilrechtliche Position ankommen. Maßgeblich sollte vielmehr eine wirtschaftliche und steuerrechtlich autonom zu bestimmende Position als Mitunternehmer sein. Unter welchen Voraussetzungen eine Position als Mitunternehmer besteht, wurde im Gesetzgebungsprozess allerdings nur schemenhaft eingegrenzt. Eine Beteiligung ohne Verlustrisiko reiche nicht aus, eine Beteiligung als Kommanditist hingegen schon.

Zu dem Aspekt, ob aus einem Gesellschaftsanteil auch mehrere Mitunternehmerstellungen folgen können, äußerte sich der Gesetzgeber

---

282 Siehe dazu oben S. 56 ff.

283 Im Ergebnis so auch *Streck*, FR 1973, 297, 298; *Woerner*, BB 1974, 592, 594.

284 Vgl. beispielhaft BFH, Beschl. v. 25.06.1984 – GrS 4/82, BStBl. II 1984, 751.

nicht explizit. Dem historischen Gesetzgeber waren allerdings viele sich noch entwickelnde Formen der Beteiligung an Personengesellschaften – beispielsweise der Nießbrauch an einer Mitgliedschaft – noch nicht bekannt.[285] Solche Beteiligungen konnte der Gesetzgeber weder zielgerichtet erfassen noch konnte er sich einen Willen über die Einordnung solcher Konstellationen bilden. Wichtig ist jedoch, dass mangels Eingehens des Gesetzgebers auf solche Beteiligungsformen nicht darauf geschlossen werden kann, dass das Gesetz diese nicht erfassen wollte.[286] Vielmehr ist der unter Heranziehung des Willens des Gesetzgebers identifizierte Gesetzeszweck auf solche neuen Konstellationen zu übertragen.[287]

Konkrete Folgerungen für die Frage der Verdoppelbarkeit der Mitunternehmerstellung und die Einordnung zweier potentieller Mitunternehmer lassen sich aus der Erkenntnis, dass der Gesetzgeber das Steuerrecht durch die Einfügung der Mitunternehmerdoktrin teilweise vom Zivilrecht löste und eine zielgenauere Erfassung der wirtschaftlichen Begebenheiten anstrebte, zwar nicht ableiten. Allerdings ist die gesetzgeberische Intention der zielgenauen Erfassung der wirtschaft-

---

285 Vgl. *Boettcher*, StuW 1965, 35, 43, der den Gedanken äußert, dass eine Vielzahl weiterer Formen der Beteiligungen entstanden sind, was zur Formung des Typusbegriffs führte.

286 Vgl. dazu die heutzutage vorherrschende und hier zugrunde gelegte sogenannte objektive Auslegungsmethode, nach welcher das Gesetz nicht nur eine solche Bedeutung annehmen kann, wie sie der Gesetzgeber bedachte und intendierte, sondern auch weitere Bedeutungen, beispielsweise im Sinne der Erfassung neuer Sachverhalte, welche der Gesetzgeber nicht vor Augen hatte. Prominente Vertreter der objektiven Auslegungsmethode sind u. a.: *Binding*, Handbuch des Strafrechts, Bd. 1, 1885, S. 450 ff.; *Wach*, Handbuch des Deutschen Civilprozessrechts, Bd. 1, 1885, S. 254 ff.; vgl. dazu und sich anschließend auch *Larenz*, Methodenlehre der Rechtswissenschaft, 6. Aufl. 1991, S. 33, 316 ff. und siehe zu weiteren Vertretern bei *Walz*, JZ 2010, 482, 485 Fn. 41. In gegenteiligem Sinne sehen dies die Vertreter der sogenannten subjektiven Auslegungstheorie, nach welcher die Aufgabe der Gesetzesauslegung nur darin besteht, den tatsächlich-psychologischen Willen des Gesetzgebers zu ermitteln, ohne dass dieser Wille ausgedehnt bzw. auf dem Gesetzgeber nicht bekannte Sachverhalte erstreckt werden dürfte. Die subjektive Auslegungstheorie wurde u. a. vertreten von *Windscheid*, Lehrbuch des Pandektenrechts, Bd. 1, 9. Aufl. 1906, § 21. Siehe zu einer kurzen Darstellung der subjektiven Auslegungstheorie auch bei *Larenz*, Methodenlehre der Rechtswissenschaft, 6. Aufl. 1991, S. 16, 316 ff.

287 Vgl. dazu die Vertreter der objektiven Auslegungsmethode im ersten Teil der Fn. 206.

lichen Begebenheiten als ein der Mitunternehmerdoktrin zugrunde liegender Leitgedanke bei Bestimmung der Kriterien des § 15 Abs. 1 Satz 1 Nr. 2 EStG zu berücksichtigen. Dieser Wille kann als Anhaltspunkt dafür angesehen werden, dass auch mehrere Mitunternehmerstellungen aus einem Gesellschaftsanteil anzuerkennen sein müssten, soweit sich die Beteiligten jeweils durch eine wirtschaftliche Stellung wie ein Unternehmer auszeichnen. Mehr als ein vager Anhaltspunkt kann sich daraus allerdings nicht ergeben. Unklar bleibt nämlich, welche Konturen die wirtschaftlichen Begebenheiten aufweisen, die durch Einfügung des Mitunternehmerkriteriums zielgenauer erfasst werden sollten.

C. Mögliche Folgerungen aus § 15 Abs. 1 Satz 1 Nr. 2 Satz 2 EStG

Möglicherweise könnte § 15 Abs. 1 Satz 1 Nr. 2 Satz 2 EStG Aufschluss über die Möglichkeit der Verdoppelbarkeit der Mitunternehmerstellung geben. Denn § 15 Abs. 1 Satz 1 Nr. 2 Satz 2 EStG wurde nachträglich in das EStG eingefügt und adressiert die Konstellation einer doppel- oder mehrstöckigen Personengesellschaft, die der Konstellation eines Nießbrauchs am Personengesellschaftsanteil in einigen steuerlichen Wirkmechanismen vergleichbar ist. Aus dem Regelungsanliegen des § 15 Abs. 1 Satz 1 Nr. 2 Satz 2 EStG und der Gesetzesbegründung könnten sich wegweisende Einblicke in ein etwaiges Verständnis des Gesetzgebers von der Verdoppelbarkeit der Mitunternehmerstellung ergeben.

I. Historie sowie Telos

§ 15 Abs. 1 Satz 1 Nr. 2 Satz 2 EStG wurde durch das Steueränderungsgesetz 1992[288] eingefügt. Der Gesetzgeber reagierte damit auf

288 Gesetz v. 25.02.1992 zur Entlastung der Familien und zur Verbesserung der Rahmenbedingungen für Investitionen und Arbeitsplätze (Steueränderungsgesetz 1992 – StÄndG 1992), BGBl. I 1992, 297. Siehe zu den Hintergründen der Entstehung des § 15 Abs. 1 Satz 1 Nr. 2 Satz 2 EStG und seiner Auslegung anschaulich auch bei *Meyer*, DStR 2025, 1380, 1382.

den BFH-Beschluss v. 25.02.1991 – GrS 7/91.[289] In diesem Beschluss stellt der BFH fest, dass Personenhandelsgesellschaften Gesellschafter und Mitunternehmer einer Personenhandelsgesellschaft sein können und daraus folgt, dass die Gesellschafter der Obergesellschafter keine Mitunternehmer der Untergesellschaft sind.[290] Bei einer doppelstöckigen Personengesellschaft ist folglich nur die Obergesellschaft Mitunternehmerin der Untergesellschaft, nicht aber auch die Gesellschafter der Obergesellschaft.[291] Die Obergesellschaft entfaltet mithin Abschirmwirkung für ihre Gesellschafter.[292]

Ohne die Einfügung des § 15 Abs. 1 Satz 1 Nr. 2 Satz 2 EStG hätte die Abschirmwirkung unter anderem zur Folge, dass Vergütungen, welche die Obergesellschafter von der Untergesellschaft beziehen die Bemessungsgrundlage der Untergesellschaft mindern, da die Vergütungen nicht gemäß § 15 Abs. 1 Satz 1 Nr. 2 Satz 1 Hs. 2 EStG als Sondervergütungen hinzuzurechnen wären.[293] Darüber hinaus wären auch Wirtschaftsgüter, welche die Gesellschafter der Obergesellschaft der Untergesellschaft zur Nutzung überlassen nicht steuerlich verstrickt, so dass eine Entnahme oder Veräußerung ohne Aufdeckung der stillen Reserven möglich wäre.[294]

Der Gesetzgeber bezweckte mit der Einfügung des § 15 Abs. 1 Satz 1 Nr. 2 Satz 2 EStG den steuerlichen Durchgriff auch bei mehrstöckigen Personengesellschaften zuzulassen.[295] Dadurch soll den durch die Abschirmwirkung eröffneten Gestaltungsmöglichkeiten entgegengewirkt werden.[296] Der Gesetzgeber hielt die Einfügung nicht nur im Hinblick

---

289 BFH, Beschl. v. 25.02.1991 – GrS 7/91, BStBl. II 1991, 691 und siehe zur Reaktion BT-Drucks. 12/1108, S. 58 f. Vgl. auch BeckOK-EStG/*Schenke*, Stand 01.04.2025, § 15 Rn. 2106 f.

290 BFH, Beschl. v. 25.02.1991 – GrS 7/91, BStBl. II 1991, 691.

291 BFH, Beschl. v. 25.02.1991 – GrS 7/91, BStBl. II 1991, 691 und bereits zuvor BFH, Urt. v. 12.11.1985 – VIII R 286/81, BStBl. II 1986, 55. Vgl. auch Kirchhof/Seer/*Krumm*, 24. Aufl. 2025, § 15 Rn. 344.

292 Vgl. Kirchhof/Seer/*Krumm*, 24. Aufl. 2025, § 15 Rn. 344.

293 BT-Drucks. 12/1108, S. 58 f. Vgl. BeckOK-EStG/*Schenke*, Stand 01.04.2025, § 15 Rn. 2107.

294 BT-Drucks. 12/1108, S. 58 f. Vgl. BeckOK-EStG/*Schenke*, Stand 01.04.2025, § 15 Rn. 2107.

295 BT-Drucks. 12/1108, S. 58 f.

296 BT-Drucks. 12/1108, S. 58 f.

auf die Vermeidung von Steuerausfällen, sondern auch im Sinne der Gleichmäßigkeit der Besteuerung für erforderlich.[297]

Aus dem Regelungsanliegen und den Erwägungen des Gesetzgebers wird zunächst deutlich, dass der Gesetzgeber durch Einfügung des § 15 Abs. 1 Satz 1 Nr. 2 Satz 2 EStG einen missbrauchs- und gestaltungsanfälligen Einzelfall adressieren wollte. Aus der Einfügung allein kann deshalb nicht abgeleitet werden, ob der Gesetzgeber davon ausgeht, eine Verdoppelbarkeit der Mitunternehmerstellung sei *ex lege* möglich.

Der Gesetzgeber könnte die Verdoppelbarkeit der Mitunternehmerstellung jedoch für den Einzelfall der mehrstöckigen Personengesellschaft anerkannt haben. Wäre dies der Fall könnte daraus gefolgert werden, dass eine Verdoppelbarkeit der Mitunternehmerstellung dogmatisch zumindest in Einzelfällen möglich ist. § 15 Abs. 1 Satz 1 Nr. 2 Satz 2 Hs. 2 EStG statuiert, dass der Obergesellschafter als Mitunternehmer des Betriebs der Gesellschaft anzusehen ist, an der er mittelbar beteiligt ist. Nach dem Regelungsgehalt ist der Obergesellschafter somit infolge des § 15 Abs. 1 Satz 1 Nr. 2 Satz 2 Hs. 2 EStG nicht nur Mitunternehmer der Obergesellschaft, sondern zugleich Mitunternehmer der Gesellschaft, an der er mittelbar beteiligt ist. Insbesondere in Anbetracht des weitreichenden Wortlauts, nach dem der Obergesellschafter (vollständiger) Mitunternehmer und nicht etwa Sonder-Mitunternehmer der Untergesellschaft ist,[298] könnte gedeutet werden, dass der Gesetzgeber zugelassen hat, dass an einem Gesellschaftsanteil mehrere Mitunternehmerstellungen begründet werden können. Dagegen sprechen jedoch zwei überzeugende Erwägungen. Erstens erweckt die Gesetzesbegründung nicht den Eindruck, dass der Gesetzgeber durch Einfügung der Norm eine in dogmatischer Hinsicht relevante Aussage über die Möglichkeit der Verdoppelbarkeit der Mitunternehmerstellung treffen wollte. Stattdessen wirkt die Begründung so, als hätte der Gesetzgeber einzig das Missbrauchs- und Gestaltungspotential der Abschirmwirkung der Obergesellschaft für die

---

297 BT-Drucks. 12/1108, S. 58 f.

298 Siehe zum überschießenden Wortlaut näher bei Herrmann/Heuer/Raupach/*Rätke*, EStG/KStG, 333. EL. 2025, § 15 EStG Rn. 629; BeckOK-EStG/*Schenke*, Stand 01.04.2025, § 15 Rn. 2128 m. w. N. sowie *Meyer*, DStR 2025, 1380, 1382.

Obergesellschafter vor Augen. In Anbetracht dessen ist wahrscheinlich, dass der Gesetzgeber der Abschirmwirkung mit dem steuerlichen Durchgriff begegnen und vor dem Hintergrund der Gleichmäßigkeit der Besteuerung einen Einzelfall regeln wollte. § 15 Abs. 1 Satz 1 Nr. 2 Satz 2 Hs. 2 EStG sollte deshalb als Reaktionsgesetzgebung[299] einzuordnen sein, aus der sich keine Rückschlüsse für die Verdoppelbarkeit der Mitunternehmerstellung ziehen lassen sollten.

Zweitens sollte auch die Rechtsfolge des § 15 Abs. 1 Satz 1 Nr. 2 Satz 2 Hs. 2 EStG, also die bloße Fiktion[300] der Mitunternehmerstellung, gegen eine gesetzgeberische Anerkennung der Verdoppelbarkeit der Mitunternehmerstellung sprechen. Im BFH-Beschluss v. 25.02.1991 – GrS 7/91 führt der BFH aus, dass die Mitunternehmerstellung der Obergesellschaft an der Untergesellschaft die Mitunternehmerstellung der Obergesellschafter an der Untergesellschaft ausschließt.[301] § 15 Abs. 1 Satz 1 Nr. 2 Satz 2 Hs. 2 EStG statuiert folglich, dass die Mitunternehmerstellung einer Person fingiert wird, die nicht bereits *ex lege* Mitunternehmer ist. Für den Einzelfall sollte somit lediglich ableitbar sein, dass der Gesetzgeber eine Konstellation erkannte, in der die Mitunternehmerstellung *ex lege* nicht verdoppelbar ist und darauf mit einer Fiktion reagierte. Daraus sollte kein Rückschluss darauf gezogen werden können, ob das Gesetz im Einzelfall die Verdoppelbarkeit der Mitunternehmerstellung zulässt oder nicht.

II. Wortlaut sowie Systematik

§ 15 Abs. 1 Satz 1 Nr. 2 Satz 2 EStG statuiert zwei Rechtsfolgen. § 15 Abs. 1 Satz 1 Nr. 2 Satz 2 Hs. 1 EStG ordnet an, dass der mittelbar beteiligte Gesellschafter dem unmittelbar beteiligten Gesellschafter gleichsteht. Aus dieser Gleichstellung ergeben sich keine steuerlichen Konsequenzen.[302] Für die systematische Auslegung kommt der Gleichsetzung folglich keine Bedeutung zu.

---

299 Vgl. Kirchhof/Seer/*Krumm*, 24. Aufl. 2025, § 15 Rn. 344.

300 Vgl. Herrmann/Heuer/Raupach/*Rätke*, EStG/KStG, 333. EL. 2025, § 15 EStG Rn. 628; BeckOK-EStG/*Schenke*, Stand: 01.04.2025, § 15 Rn. 2107, 2127.

301 BFH, Beschl. v. 25.02.1991 – GrS 7/91, BStBl. II 1991, 691.

302 Herrmann/Heuer/Raupach/*Rätke*, EStG/KStG, 333. EL. 2025, § 15 EStG Rn. 628 m. w. V.; BeckOK-EStG/*Schenke*, Stand 01.04.2025, § 15 Rn. 2108.

§ 15 Abs. 1 Satz 1 Nr. 2 Satz 2 Hs. 2 EStG statuiert sodann die Fiktion, dass der mittelbar beteiligte Gesellschafter als Mitunternehmer der Untergesellschaft anzusehen ist.[303] Rechtsfolge des Satz 2 ist nach ganz überwiegender Meinung, dass der Obergesellschafter nur im Hinblick auf seinen Sonderbereich bei der Untergesellschaft als Mitunternehmer angesehen wird.[304] Die vereinzelt vertretene Gegenmeinung hingegen nimmt an, dass sich die Mitunternehmerschaft des Obergesellschafters nicht auf den Sonderbereich beschränkt, sondern eine vollwertige Mitunternehmerschaft an der Untergesellschaft besteht.[305] Der Vorzug der überwiegenden Meinung, ergibt sich aus – an anderer Stelle – überzeugend diskutierten Argumenten.[306] Wird der Obergesellschafter somit in Folge des § 15 Abs. 1 Satz 1 Nr. 2 Satz 2 Hs. 2 EStG nur als Sondermitunternehmer[307] der Untergesellschaft verstanden, spricht dies abermals dafür, dass aus der Norm keine Rückschlüsse auf die Frage der Verdoppelbarkeit der Mitunternehmerstellung *ex lege* gezogen werden können.

Von Bedeutung sein könnte allerdings ein systematischer Vergleich zwischen der von § 15 Abs. 1 Satz 1 Nr. 2 Satz 2 Hs. 2 EStG adressierten Konstellation und der Konstellation des Nießbrauchs am Personengesellschaftsanteil. § 15 Abs. 1 Satz 1 Nr. 2 Satz 2 Hs. 2 EStG soll mitunter vermeiden, dass dem nur mittelbar beteiligten Gesellschafter gestalterische Möglichkeiten offenstehen, die Bemessungsgrundlage der Untergesellschaft auszuhöhlen oder der Untergesellschaft Wirtschaftsgüter zu überlassen, ohne dass diese der steuerlichen Verstrickung unterliegen. Ebensolche gestalterische Möglichkeiten sollte aber der Nießbrauch am Personengesellschaftsanteil eröffnen,

---

303 Vgl. Herrmann/Heuer/Raupach/*Rätke*, EStG/KStG, 333. EL. 2025, § 15 EStG Rn. 628.

304 BFH, Urt. v. 31.08.1999 – VIII B 74/99, BStBl. II 1999, 794; BFH, Urt. v. 06.09.2000 – IV R 69/99, BStBl. II 2001, 731; BFH, Urt. v. 22.06.2006 – IV R 56/04, BStBl. II 2006, 838; BFH, Urt. v. 12.02.2014 – IV R 22/10, BStBl. II 2014, 621; *Stegemann*, DB 2012, 372, 373; *Kilincsoy*, FR 2021, 248, 253; Herrmann/Heuer/Raupach/*Rätke*, EStG/KStG, 333. EL. 2025, § 15 EStG Rn. 629; Schmidt/*Wacker*, EStG, 44. Aufl. 2025, § 15 Rn. 253; *Meyer*, DStR 2025, 1380, 1383 f. Vgl. bei BeckOK-EStG/*Schenke*, Stand 01.04.2025, § 15 Rn. 2087.

305 *Bodden*, FR 2002, 559, 564.

306 Überzeugend dazu BeckOK-EStG/*Schenke*, Stand 01.04.2025, § 15 Rn. 2127 ff.

307 Siehe zur Begrifflichkeit BFH, Urt. v. 16.11.2023 – IV R 26/20, BStBl. II 2024, 367, Rn. 37.

sofern die neue Methodik des BFH zur Bestimmung der Mitunternehmerstellung auf die Nießbrauchskonstellation angewendet wird. Der Nießbraucher wäre nach dieser Logik nämlich nicht als Mitunternehmer zu qualifizieren, hätte aber bei entsprechender Ausgestaltung der Nießbrauchsabrede Beherrschungsmöglichkeiten vergleichbar zu den Beherrschungsmöglichkeiten eines mittelbar beteiligten Gesellschafters. Kraft dieser Beherrschungsmöglichkeiten sollten dem Nießbraucher die Gestaltungsmöglichkeiten eröffnet sein, wie sie einem mittelbar beteiligten Gesellschafter vor Einfügung des § 15 Abs. 1 Satz 1 Nr. 2 Satz 2 Hs. 2 EStG offenstanden. Aus dem zu § 15 Abs. 1 Satz 1 Nr. 2 Satz 2 EStG zum Ausdruck gebrachten gesetzgeberischen Willen könnte nun geschlossen werden, dass der Gesetzgeber die adressierten Gestaltungsmöglichkeiten – hypothetisch – auch für den Fall des Nießbrauchs am Personengesellschaftsanteil unterbinden möchte. Eindeutig zu dieser Konstellation oder den dogmatischen Grundlagen einer mögliche Verdoppelbarkeit der Mitunternehmerstellung hat sich der Gesetzgeber freilich nicht geäußert. Überzeugende Folgerungen zum gesetzgeberischen Verständnis einer möglichen Verdoppelbarkeit der Mitunternehmerstellung können so nicht gewonnen werden.

III. Ergebnis

Aus der Einfügung des § 15 Abs. 1 Satz 1 Nr. 2 Satz 2 EStG kann nicht abgeleitet werden, ob der Gesetzgeber davon ausgeht, eine Verdoppelbarkeit der Mitunternehmerstellung sei *ex lege* möglich. Auch im Hinblick auf den adressierten Einzelfall kann aus der Einfügung der Norm nicht mehr geschlossen werden, als dass der Gesetzgeber eine Konstellation erkannte, in der die Mitunternehmerstellung *ex lege* nicht verdoppelbar ist und darauf mit einer Fiktion reagierte. § 15 Abs. 1 Satz 1 Nr. 2 Satz 2 Hs. 2 EStG sollte eine reine Reaktion des Gesetzgebers darstellen, mit dem Zweck Gestaltungsmöglichkeiten einzuschränken. Ein systematischer Vergleich des mittelbar beteiligten Gesellschafters mit dem Nießbraucher an einem Personengesellschaftsanteil liefert zwar vernünftige Gründe dafür, dass auch der Nießbraucher als Mitunternehmer anzusehen sein sollte, ein dahingehender Wille des Gesetzgebers ist jedoch nicht positiv feststellbar.

D. Teleologische Rahmenbedingungen

Der Gesetzgebungsprozess und die aufgezeigten Entwicklungsstränge, in deren Rahmen sich die Einfügung der Mitunternehmerdoktrin bewegte, vermochten bereits einen ersten Eindruck vom Bedeutungsgehalt der Mitunternehmerschaft vermitteln. Der Fokus der historischen Betrachtung lag allerdings auf den Begebenheiten zur Zeit der Einfügung des Mitunternehmerbegriffs. Seither entwickelte sich das Verständnis vom Verhältnis des Steuerrechts zum Zivilrecht weiter und die wirtschaftliche Betrachtungsweise gewann an Bedeutung.[308] Anknüpfend an die gewonnen Ergebnisse werden solche Entwicklungen nachfolgend näher untersucht, um den Mitunternehmerbegriff im Lichte des heutigen Verständnisses der relevanten Prinzipien verstehen zu können.

I. Nebenordnungsverhältnis von Steuer- und Zivilrecht

Trotz Einfügung des Mitunternehmerbegriffs sowie weiterer Normen und Begriffe, nach welchen im Steuerrecht vermehrt auf wirtschaftliche Aspekte abzustellen war,[309] wurde das Verhältnis des Steuerrechts zum Zivilrecht Anfang des zwanzigsten Jahrhunderts nicht einheitlich verstanden. Es war zwar nicht mehr in jedem Fall an die zivilrechtlichen Begebenheiten anzuknüpfen,[310] allerdings setzte sich erst gegen Ende des vergangenen Jahrhunderts das Verständnis von der Nebenordnung von Zivil- und Steuerrecht durch.[311] Die vorherige Diskussion bewegte sich zwischen den Standpunkten der Eigenständigkeit des

---

308 Insbesondere die wirtschaftliche Betrachtungsweise im Steuerrecht ist für die teleologische Auslegung von Steuernormen besonders bedeutsam, vgl. Tipke/Lang/*Seer*, Steuerrecht, 25. Aufl. 2024, Rn. 1.34.

309 Siehe näher dazu oben S. 59 ff.

310 Vor Einfügung der RAO 1919 begriff die Rechtsprechung und ihr folgend das Schrifttum das Steuerrecht nur als Folgerecht des Zivilrechts. Vgl. dazu umfassender und mit Verweisen oben S. 62 ff.

311 *Tipke*, JuS 1970, 149, 149; *Walz*, Steuergerechtigkeit und Rechtsanwendung, 1980, S. 211; *Kirchhof*, StuW 1983, 173, 177 f.; *Wank*, Die juristische Begriffsbildung, 1985, S. 114; *Osterloh*, JuS 1994, 993, 995; *Tipke*, Die Steuerrechtsordnung, Bd. 1, 2. Aufl. 2000, S. 51; Herrmann/Heuer/Raupach/*Hey*, EStG/KStG, 333. EL. 2025, Vor EStG Rn. 911.

Steuerrechts[312] und dem Primat des Zivilrechts.[313] Insbesondere *Flume*[314] und *Crezelius*[315] befürworteten den Vorrang des Zivilrechts vor dem Steuerrecht. Ausgangspunkt für die steuerrechtliche Würdigung sei die zivilrechtliche Beurteilung eines Sachverhalts.[316] Verwende das Steuerrecht Begriffe des Zivilrechts, komme diesen auch die zivilrechtliche Bedeutung zu, soweit das Steuergesetz nicht erkennbar davon abweichen möchte.[317] Während *Flume* sich allerdings maßgeblich von dem Ziel leiten ließ, Wertungswidersprüche in der Rechtsordnung zu vermeiden,[318] wertete *Crezelius* das Steuerrecht als reines Folgerecht des Zivilrechts.[319] Nach *Crezelius* weist das Steuerrecht im Gegensatz zum Zivilrecht keine eigene Teleologie auf.[320] Auch sei die

---

312 *Kirchhof*, Die Eigenständigkeit der Genossenschaft als Steuerrechtssubjekt, 1980, S. 6 f.; *Danzer*, Die Steuerumgehung, 1981, S. 115 f.; *Walz*, ZHR 1983, 281, 284 ff.; *Wank*, Die juristische Begriffsbildung, 1985, S. 114; *Osterloh*, JuS 1994, 993, 993; *Tipke*, Die Steuerrechtsordnung, Bd. 1, 2. Aufl. 2000, S. 49 ff.

313 Synonym auch als „Prävalenz/Vorrang des Zivilrechts" bezeichnet. Siehe beispielhaft RG, Urt. v. 03.02.1882 – III 529/81, RGZ 6, 181; OVG, Urt. v. 05.05.1898 – Rep. IV G 324/97, PrOVGSt 1899, Bd. 7, S. 435; RFH, Urt. v. 16.04.1920 – II A 65/20, RFHE 2, 275; BFH, Urt. v. 03.02.1959 – I 82/57 U, BStBl. III 1959, 136; BFH, Urt. v. 05.12.1961 – I 106/60 U, BStBl. III 1962, 52; BFH, Urt. v. 12.07.1967 – I 204/64, BStBl. III 1967, 781 und im Schrifttum, *Hensel*, FG Zitelmann, 1923, S. 217, 242; *Boethke*, StuW 1928, 1203, 1203 f.; *Flume*, FS Smend, 1952, 59, 60, 70 ff.; *Crezelius*, Steuerrechtliche Rechtsanwendung und allgemeine Rechtsordnung, 1983, S. 309, 330 ff.

314 *Flume*, FS Smend, 1952, 59, 60, 70 ff.

315 *Crezelius*, Steuerrechtliche Rechtsanwendung und allgemeine Rechtsordnung, 1983, S. 309, 330 ff.

316 Vgl. *Hensel*, FG Zitelmann, 1923, S. 217, 242; *Flume*, FS Smend, 1952, 59, 60, 70 ff.; *Crezelius*, Steuerrechtliche Rechtsanwendung und allgemeine Rechtsordnung, 1983, S. 309.

317 Vgl. BFH, Urt. v. 05.12.1961 – I 106/60 U, BStBl. III 1962, 52; *Hensel*, FG Zitelmann, 1923, S. 217, 242; *Boethke*, StuW 1928, 1203, 1203 f.; *Flume*, FS Smend, 1952, 59, 60, 70 ff.; *Crezelius*, Steuerrechtliche Rechtsanwendung und allgemeine Rechtsordnung, 1983, S. 309.

318 *Flume*, FS Smend, 1952, 59, 60 ff.; siehe zur Interpretation Flume's Ausführungen und seinem Ziel, Wertungswidersprüche zu vermeiden, *Tipke*, Die Steuerrechtsordnung, Bd. 1, 2. Aufl. 2000, S. 49.

319 *Crezelius*, Steuerrechtliche Rechtsanwendung und allgemeine Rechtsordnung, 1983, S. 309, 330 ff.

320 Vgl. *Crezelius*, Steuerrechtliche Rechtsanwendung und allgemeine Rechtsordnung, 1983, S. 304 ff.

gemäß Art. 2 Abs. 1 GG garantierte Gestaltungsfreiheit vorrangig vor der Gleichmäßigkeit der Besteuerung.[321]

Das mittlerweile einhellige Verständnis geht entgegen *Flume* und *Crezelius* von der Eigenständigkeit des Steuerrechts aus.[322] Zum Zivilrecht stehe das Steuerrecht in einem Nebenordnungsverhältnis.[323] Aus der Eigenständigkeit des Steuerrechts folge, dass sich das Steuerrecht seine eigenen Tatbestände mit seiner eigenen Terminologie schaffen dürfe; auch wenn zivilrechtlich geprägte Begriffe in einem Steuergesetz genutzt würden, seien diese autonom steuerrechtlich auszulegen und hätten nicht zwingend die zivilrechtliche Bedeutung.[324] Ob einem zivilrechtlich vorgeprägten Begriff, der in einem Steuergesetz verwendet wird, auch die zivilrechtliche Bedeutung zukommen solle, sei deshalb stets im Einzelfall zu prüfen.[325] Primär folge die Eigenständigkeit des Steuerrechts daraus, dass das Steuerrecht eigene Zwecke und Wertungen verfolge.[326] Geregelt werde die Steuerpflicht als So-

---

321 Vgl. *Crezelius*, Steuerrechtliche Rechtsanwendung und allgemeine Rechtsordnung, 1983, S. 310.

322 Siehe zu Vertretern in Fn. 323.

323 BVerfG, Beschl. v. 27.12.1991 – 2 BvR 72/90, BStBl. II 1992, 212, 213; *Tipke*, JuS 1970, 149, 149; *Kirchhof*, Die Eigenständigkeit der Genossenschaft als Steuerrechtssubjekt, 1980, S. 7; *Danzer*, Die Steuerumgehung, 1981, S. 115 f.; *Kirchhof*, StuW 1983, 173, 180 f.; *Walz*, ZHR 1983, 281, 284 ff.; *Wank*, Die juristische Begriffsbildung, 1985, S. 114; *Schulze-Osterloh*, AcP 1990, 139, 153 ff.; *Osterloh*, JuS 1994, 993, 995; *Woerner*, GS Knobbe-Keuk, 1997, 967, 970; *Weber-Grellet*, StuW 1999, 311, 312 f.; *Tipke*, Die Steuerrechtsordnung, Bd. 1, 2. Aufl. 2000, S. 49; *Schön*, StuW 2005, 247, 248; *Vogel*, Die Auslegung privatrechtlich geprägter Begriffe im Ertragsteuerrecht, 2015, S. 319; Tipke/Lang/*Seer*, Steuerrecht, 25. Aufl. 2024, Rn. 1.34.

324 BVerfG, Urt. v. 27.12.1991 – 2 BvR 72/90, BStBl. II 1992, 212; BFH, Urt. v. 01.12.1994 – V R 116/92, BStBl. II 1995, 220; BFH, Urt. v. 29.01.2015 – V R 5/14, BStBl. II 2015, 567; v. Wallis, FS Spitaler, 1965, S. 207, 218 ff.; *Kirchhof*, NJW 1987, 3217, 3221; *Tipke*, JuS 1970, 149, 149; *Osterloh*, JuS 1994, 993, 995; *Tipke*, Die Steuerrechtsordnung, Bd. 1, 2. Aufl. 2000, S. 97; Tipke/Kruse/*Drüen*, AO/FGO, 186. EL. 2025, § 4 AO Rn. 324.

325 Vgl. BVerfG, Beschl. v. 27.12.1991 – 2 BvR 72/90, BStBl. II 1992, 212, 213. Siehe auch Tipke/Lang/*Seer*, Steuerrecht, 25. Aufl. 2024, Rn. 1.34; Tipke/Kruse/*Drüen*, AO/FGO, 186. EL. 2025, § 4 AO Rn. 324.

326 Vgl. BVerfG, Beschl. v. 27.12.1991 – 2 BvR 72/90, BStBl. II 1992, 212; *Walz*, Steuergerechtigkeit und Rechtsanwendung, 1980, S. 208; *Walz*, ZHR 1983, 281, 284; *Vogel*, Die Auslegung privatrechtlich geprägter Begriffe im Ertragsteuerrecht, 2015, S. 313; Herrmann/Heuer/Raupach/*Hey*, EStG/KStG, 333. EL. 2025, Vor EStG Rn. 911.

zialpflicht.[327] Übergeordneter Zweck sei die gerechte Verteilung der Steuerlast.[328] Im Über-Unterordnungsverhältnis würden Pflichten für die Steuerpflichtigen statuiert.[329] Das Zivilrecht hingegen bezwecke einen Interessenausgleich zwischen Individualparteien, die in einem Nebenordnungsverhältnis zueinander stünden.[330] Geregelt werde der Rahmen, in welchem privatautonom gestaltet werden dürfe.[331]

Konkret verfassungsrechtlich wird das Nebenordnungsverhältnis von Zivil- und Steuerrecht bzw. die Eigenständigkeit des Steuerrechts teilweise auch wie folgt erklärt.[332] Aus Art. 3 Abs. 1 GG folge der Grundsatz der Gleichmäßigkeit der Besteuerung als oberste Wertungsmaxime des Steuerrechts. Die vom Zivilrecht begrenzte Privatautonomie werde hingegen von Art. 2 Abs. 1 GG gewährt. Beide Prinzipien entsprängen verfassungsrechtlichen Normen und stünden somit auf gleicher Ebene.

Anders als noch bei Einfügung des Mitunternehmerbegriffs ist mittlerweile folglich einhellig anerkannt, dass das Steuerrecht einer autonomen Teleologie folgt und begrifflich nicht vom Zivilrecht abhängig ist. Dieses Verständnis vom Steuerrecht als eigenständiger Teilrechtsordnung eröffnet eine gänzlich autonome, an den Zwecken der Steuergesetze orientierte Auslegung von steuerrechtlichen Normen. Daraus ergibt sich ein hoher Erkenntnisgewinn gegenüber der historischen Auslegung. War der Wille des Gesetzgebers nur dahingehend zu erkennen, dass durch die Mitunternehmerdoktrin die wirtschaftlichen Begebenheiten zielgenauer erfasst werden sollten, bekommen solche wirtschaftlichen Begebenheiten erst durch die Ergebnisse der teleologischen Auslegung Konturen. Da der von § 15 Abs. 1 Satz 1 Nr. 2 EStG verfolgte Zweck für den Bedeutungsgehalt ebendieser Norm maßgeblich ist, bestimmt erst dieser Zweck, was genau die zu erfassenden wirtschaftlichen Begebenheiten sind. Sämtliche dem § 15 Abs. 1 Satz 1 Nr. 2 EStG zugrunde liegenden Zwecke und Wertungen sind für die Bestimmung der zu erfassenden wirtschaftlichen Begebenheiten

---

327 *Tipke*, Die Steuerrechtsordnung, Bd. 1, 2. Aufl. 2000, S. 51.
328 *Tipke*, Die Steuerrechtsordnung, Bd. 1, 2. Aufl. 2000, S. 51.
329 Vgl. *Schön*, StuW 2005, 247.
330 Vgl. *Schön*, StuW 2005, 249.
331 *Walz*, ZHR 1983, 281, 287.
332 Siehe zum Nachfolgenden *Tipke*, Die Steuerrechtsordnung, Bd. 1, 2. Aufl. 2000, S. 51 und ferner auch *Walz*, ZHR 1983, 281, 287 ff.

heranzuziehen. Außerdem wird deutlich, dass das Gesellschafterkriterium ebenfalls autonom nach den Zwecken des § 15 Abs. 1 Satz 1 Nr. 2 EStG zu bestimmen ist – diesbezüglich war der Wille des Gesetzgebers unklar geblieben.

Festzuhalten bleibt folglich, dass die Zwecke, welche § 15 Abs. 1 Satz 1 Nr. 2 EStG verfolgt, entscheidend für das Auslegungsergebnis sind. Solche Zwecke werden einerseits sogleich unter *II.* erörtert und anschließend maßgeblich auch im Rahmen der Untersuchung des dogmatischen Fundaments der Einkünftezurechnung in Kapitel 3.

II. Wirtschaftliche Betrachtungsweise

Einhergehend mit dem Verständnis vom Steuerrecht als eigenständiger Teilrechtsordnung mit eigener Teleologie gewann auch die wirtschaftliche Betrachtungsweise im Steuerrecht maßgeblich an Bedeutung.[333] Da Steuergesetze autonom auszulegen sind, hat sich die Auslegung maßgeblich an den Zwecken zu orientieren, welche die Steuergesetze verfolgen.[334] Verfolgt ein Steuergesetz die Erfassung finanzieller, also wirtschaftlicher Leistungsfähigkeit, ist dieses Steuergesetz vor dem Hintergrund des wirtschaftlichen Gehalts der zu erfassenden Sachverhalte auszulegen.[335] Das Leistungsfähigkeitsprinzip gebietet bei solchen sogenannten Fiskalzwecknormen die zielgenaue Erfassung des wirtschaftlichen Gehalts der entsprechenden Sachverhalte.[336] Diese am wirtschaftlichen Gehalt orientierte Auslegung wird als wirtschaftliche Betrachtungsweise bezeichnet.[337] Die wirtschaftliche Betrach-

---

333 Vgl. dazu auch die Rechtsprechungsanalyse bei Vogel, Die Auslegung privatrechtlich geprägter Begriffe im Ertragsteuerrecht, 2015, S. 26 ff.

334 Vgl. Fn. 335.

335 *Beisse*, StuW 1981, 1, 1: „*Tatbestände [...] nach ihrer auf die „wirtschaftliche Wirklichkeit" gerichteten Bedeutung zu verstehen*"; *Moxter*, StuW 1989, 232, 232; *Beisse*, FS Müller, 2001, 731, 739: „*Berücksichtigung des faktisch Wirkenden gegenüber der äußeren Form („substance over form")*"; Tipke/Lang/*Englisch*, Steuerrecht, 25. Aufl. 2024, Rn. 5.70; Brandis/Heuermann/*Ratschow*, EStG, 176. EL. 2025, § 2 Rn. 50.

336 Vgl. Tipke/Lang/*Englisch*, Steuerrecht, 25. Aufl. 2024, Rn. 5.70, 3.20. Siehe zum Leistungsfähigkeitsprinzip unten S. 86 ff.

337 Siehe beispielhaft: *Groh*, StuW 1989, 227, 227 ff.; *Lehner*, FS Tipke, 1995, 237, 237 ff.; *Eibelshäuser*, DStR 2002, 1426, 1426 ff.; *Tipke*, Die Steuerrechtsordnung, Bd. 3, 2. Aufl. 2012, S. 1629 ff.; *Lüdenbach*, StuB 2019, 15, 15 ff. mit

tungsweise ist nicht nur bei der Auslegung autonom steuerrechtlicher Begriffe anzulegen, sondern bei sämtlichen in Steuergesetzen verwendeten Begriffen, die einen wirtschaftlichen Sachverhalt erfassen sollen. Im Steuerrecht verwendete Begriffe des Zivilrechts sind deshalb dahingehend zu untersuchen, ob exakt die zivilrechtliche Bedeutung gemeint ist, oder eine abweichende Wirtschaftliche.[338]

§ 15 Abs. 1 Satz 1 Nr. 2 EStG statuiert für Zwecke der Besteuerung, was Einkünfte aus gemeinschaftlicher gewerblicher Tätigkeit sind. Dadurch wird der Umfang der steuerpflichtigen Einkünfte aus Gewerbebetrieb erweitert.[339] § 15 Abs. 1 Satz 1 Nr. 2 EStG bezweckt folglich, den Finanzbedarf des Staates zu decken, und ist somit als Fiskalzwecknorm zu qualifizieren. Realitätsgetreu, d. h. den wirtschaftlichen Begebenheiten entsprechend, soll die Leistungsfähigkeit der Steuerpflichtigen erfasst werden.[340] Zudem ist § 15 Abs. 1 Satz 1 Nr. 2 EStG maßgeblich relevant für die persönliche Zurechnung von Einkünften, welche sich grundsätzlich an der wirtschaftlichen Betrachtung orientiert.[341] § 15 Abs. 1 Satz 1 Nr. 2 EStG ist deshalb unter Anlegung der wirtschaftlichen Betrachtungsweise auszulegen.

III. Ergebnisse der teleologischen Auslegung

Aus teleologischer Perspektive ergibt sich, dass die Mitunternehmerdoktrin einschließlich der geforderten Gesellschafterstellung autonom steuerrechtlich auszulegen ist. Steuerrechtlich autonome Auslegung

---

anschaulicher historischer und rechtsvergleichender Aufarbeitung; vgl. auch, Tipke/Lang/*Englisch*, Steuerrecht, 25. Aufl. 2024, Rn. 5.70.

338 Vgl. *Beisse*, StuW 1981, 1, 3; *Groh*, StuW 1989, 227, 230; Tipke/Lang/*Englisch*, Steuerrecht, 25. Aufl. 2024, Rn. 5.71.

339 Vgl. Kirchhof/Kube/Mellinghoff/*Desens/Blischke*, EStG, 352. EL. 2025, § 15 Rn. A 1.

340 Siehe zu diesem Zweck des § 15 Abs. 1 Satz 1 Nr. 2 EStG und dessen Rückbindung an das Leistungsfähigkeitsprinzip die systematische Auslegung unten S. 83 ff. und ferner Tipke/Lang/*Hey*, Steuerrecht, 25. Aufl. 2024, Rn. 8.1 ff., 8.40 ff., 8.49 ff.

341 Siehe dazu, dass die wirtschaftliche Betrachtungsweise hinsichtlich der persönlichen Zurechnung von Einkünften Anwendung findet, Tipke/Kruse/*Drüen*, AO/FGO, 186. EL. 2025, § 4 AO Rn. 331 m. w. V. Zur Relevanz des § 15 Abs. 1 Satz 1 Nr. 2 EStG für die persönliche Zurechnung der Einkünfte siehe unten S. 126 ff.

bedeutet die Zwecke der auszulegenden Norm zu identifizieren und durch eine entsprechende Auslegung bestmöglich umzusetzen. Als erster von § 15 Abs. 1 Satz 1 Nr. 2 EStG verfolgter Zweck konnte die Erfassung finanzieller Leistungsfähigkeit identifiziert werden. Damit dieser Zweck zielgenau umgesetzt werden kann, ist § 15 Abs. 1 Satz 1 Nr. 2 EStG unter Anlegung der wirtschaftlichen Betrachtungsweise auszulegen.

E. Ergebnis: Maßgeblichkeit des von § 15 Abs. 1 Satz 1 Nr. 2 EStG anvisierten wirtschaftlichen Gehalts

Sämtliche der bisher angelegten Betrachtungsweisen führten zu einer gleichlautenden Erkenntnis. Der Bedeutungsgehalt des § 15 Abs. 1 Satz 1 Nr. 2 EStG ist maßgeblich daran festzumachen, welcher wirtschaftliche Gehalt normativ erfasst werden soll. Weder Wortlaut noch Historie oder Telos konnten allerdings Aufschluss über die Konturen dieses wirtschaftlichen Gehalts geben. Auch aus der Einfügung des § 15 Abs. 1 Satz 1 Nr. 2 Satz 2 EStG konnten keine Rückschlüsse auf ein etwaiges Verständnis des Gesetzgebers von der Verdoppelbarkeit der Mitunternehmerstellung gezogen werden. Einzig, dass finanzielle Leistungsfähigkeit erfasst werden soll, konnte aus der Natur des § 15 Abs. 1 Satz 1 Nr. 2 EStG als Fiskalzwecknorm gefolgert werden.

Die weitere Untersuchung widmet sich deshalb der möglichst präzisen Identifikation, welche finanzielle Leistungsfähigkeit bzw. welche wirtschaftliche Betätigung von § 15 Abs. 1 Satz 1 Nr. 2 EStG erfasst werden soll. Erst daraus wird ersichtlich, welche Sachverhalte der wirtschaftlichen Realität nach – und nicht der rechtlichen Gestaltung nach – erfasst werden sollen. Erst wenn eindeutig bestimmbar ist, ob § 15 Abs. 1 Satz 1 Nr. 2 EStG der wirtschaftlichen Realität nach sowohl Nießbraucher und Gesellschafter erfassen möchte, kann eine Antwort auf die Frage der Verdoppelbarkeit der Mitunternehmerstellung gegeben werden.

Kapitel 3
Charakteristika der von § 15 Abs. 1 Satz 1 Nr. 2 EStG erfassten wirtschaftlichen Betätigung nach den Grundsätzen der Einkünftezurechnung

Von überragender Bedeutung für die Bestimmung der Charakteristika der wirtschaftlichen Betätigung, die § 15 Abs. 1 Satz 1 Nr. 2 EStG zu besteuern bezweckt, sind die Leitgedanken der persönlichen Zurechnung von Einkünften. Solche Leitgedanken gehen insbesondere aus der inneren Systematik des EStG hervor.

A. Dogmatik der persönlichen Zurechnung von Erwerbseinkünften

Wer den Tatbestand des § 15 Abs. 1 Satz 1 Nr. 2 EStG erfüllt, ist Mitunternehmer. Einem Mitunternehmer sind auf ihn entfallende mitunternehmerschaftliche Einkünfte persönlich zuzurechnen. Der Mitunternehmer hat solche Einkünfte, die ihm persönlich zugerechnet werden, zu versteuern. Grundsätzlich gilt, dass die persönliche Zurechnung von Einkünften von elementarer Bedeutung für eine gerechte Besteuerung ist.[342]

Würde sich die persönliche Zurechnung von Erwerbseinkünften[343] im Grundsatz nach einheitlichen Wertungen richten, könnte analysiert werden, ob sowohl der Gesellschafter als auch der Nießbraucher diese Wertungen erfüllen. Würden zugleich Gesellschafter und Nießbraucher die Wertungen erfüllen, müssten beide zugleich Mitunternehmer sein und ihnen müsste jeweils ihr Anteil an den Einkünften der Mitunternehmerschaft persönlich zugerechnet werden. Als Konsequenz

---

342 Vgl. BFH, Beschl. v. 17.12.2007 – GrS 2/04, BStBl. II 2008, 608 unter D.III.1.; *Tipke*, Die Steuerrechtsordnung, Bd. 1, 1. Aufl. 1993, S. 495 f.

343 Ausgeklammert werden die Nichterwerbseinkünfte, wie beispielsweise Ersatz- oder Unterhaltsleistungen. Siehe dazu beispielsweise *Raupach*, FS Beisse, 1997, 403, 415 ff.

müsste die Mitunternehmerstellung verdoppelbar sein. Würde die Verdoppelbarkeit der Mitunternehmerstellung in diesem Fall abgelehnt, ergäbe sich ein Verstoß gegen das aus Art. 3 Abs. 1 GG abgeleitete Leistungsfähigkeitsprinzip.

Freilich ergäbe eine Ablehnung der Verdoppelbarkeit der Mitunternehmerstellung keinen Verstoß gegen das Leistungsfähigkeitsprinzip, wenn nur entweder der Gesellschafter oder der Nießbraucher unter die Wertungen der persönlichen Einkünftezurechnung fällt wie sie § 15 Abs. 1 Satz 1 Nr. 2 EStG zugrunde liegen.

Um Aufschluss darüber zu erlangen, sollen die Wertungen, welche der persönlichen Zurechnung von Erwerbseinkünften zugrunde liegen, im Folgenden untersucht werden. Vorgegriffen sei herausgestellt, dass die Zurechnung von Erwerbseinkünften sich maßgeblich danach richtet, wie die entsprechenden Einkünfte am Markt tatsächlich erwirtschaftet werden bzw. welches Subjekt die Leistungserstellung am Markt beherrscht.[344] Hinsichtlich der Beherrschung der Leistungserstellung bestehen jedoch Unterschiede in Abhängigkeit davon, ob entweder bloß eine Person allein oder eine Person gemeinschaftlich mit anderen Einkünfte erwirtschaftet.[345] Zwischen solchen Formen der Erwirtschaftung von Einkünften wird deshalb zunächst streng differenziert. Unter I. wird ermittelt, inwiefern eine Dogmatik der Einkünftezurechnung existiert, wenn ausschließlich eine Person allein Einkünfte erwirtschaftet. Unter II. wird sodann untersucht, inwiefern solche unter I. herausgestellten Leitgedanken auch für die Erwirtschaftung von Einkünften im Personenverbund gelten oder ob diesbezüglich abweichende Leitgedanken existieren. Für diese Zwecke werden allerdings nicht sämtliche Einkünftetatbestände geprüft, welche in gewisser Weise gemeinschaftliches Tätigwerden voraussetzen. Die Untersuchung beschränkt sich darauf, inwiefern die Leitgedanken der persönlichen Zurechnung von Einkünften bei alleinigem Tätigwerden auch Leitgedanken der Erwirtschaftung mitunternehmerschaftlicher Einkünfte gemäß § 15 Abs. 1 Satz 1 Nr. 2 EStG darstellen. Folgt aus dieser Untersuchung, dass dem Erzielen von Einkünften bei gemeinschaftlicher Erwerbstätigkeit gewisse Leitgedanken zugrunde liegen, werden diese

---

344 Siehe zur Bedeutung und Konkretisierung der Beherrschung der Leistungserstellung am Markt unten S. 94 ff.

345 Siehe dazu im Detail unten S. 137 ff.

Leitgedanken näher betrachtet. Geprüft wird, ob anhand dieser herausgestellten Grundwertungen der Einkünftezurechnung bereits eine Aussage hinsichtlich der Verdoppelbarkeit der Mitunternehmerstellung getroffen werden kann.

I. Zurechnung von Erwerbseinkünften bei nicht im Verbund agierenden Personen

Ihren Ausgangspunkt finden die dogmatischen Grundlagen der Zurechnung von Erwerbseinkünften zu einer Person teilrechtsordnungsübergreifend und noch weitgehend abstrakt im verfassungsrechtlichen Prinzip der Besteuerung nach der Leistungsfähigkeit.[346] Das Leistungsfähigkeitsprinzip wird sodann sukzessive konkretisiert. Jedwede einfachgesetzliche Spezifizierung, was Einkünfte sind bzw. wem Einkünfte zuzurechnen sind, formen das Leistungsfähigkeitsprinzip aus.[347] Solche Wertabfolgen werden im Folgenden – ausgehend vom Leistungsfähigkeitsprinzip über die einzelnen Konkretisierungen des Leistungsfähigkeitsprinzips bis hin zu den konkreten Einkünftetatbeständen des EStG – nachgezeichnet.

Konkrete Schlussfolgerungen hinsichtlich der Einkünftezurechnung sind erst nach Betrachtung der wesentlichen Ausformungen des Leistungsfähigkeitsprinzips möglich. Solche Ausformungen sind dennoch in Gänze nachzuvollziehen, um die Prinzipien der subjektiven Einkünftezurechnung und auch den letzten Konkretisierungsschritt umfänglich verstehen zu können. Am Ende der Konkretisierungsabfolge ergeben sich greifbare Kriterien, nach welchen sich die Zurechnung von Erwerbseinkünften an eine nicht in einem Personenverbund agierende Person richtet. Nach der Untersuchung, ob solche Kriterien umfänglich auch für die Zurechnung mitunternehmerschaftlicher Einkünfte gelten, wird ebenfalls der Mitunternehmerbegriff konkret ausgedeutet.

---

346 Vgl. Tipke/Lang/*Hey*, Steuerrecht, 25. Aufl. 2024, Rn. 8.40 ff.; 3.49, ff. m. w. V.
347 Tipke/Lang/*Hey*, Steuerrecht, 25. Aufl. 2024, Rn. 8.150.

1. Teilrechtsordnungsübergreifende Grundlagen

a) Leistungsfähigkeit als Fundamentalprinzip gerechter Steuererhebung

Das Leistungsfähigkeitsprinzip ist als das Fundamentalprinzip der Steuergerechtigkeit[348] die initiale Wertentscheidung der persönlichen Zurechnung von Einkünften. Unmittelbar aus Art. 3 Abs. 1 GG abgeleitet,[349] ist das Leistungsfähigkeitsprinzip in seinem Ursprung bloß eine erste Grundentscheidung darüber, wie die steuerliche Lastenverteilung auszugestalten ist, um dem Gleichheitssatz zu genügen.[350] Besteuerung von Personen soll an deren Leistungsfähigkeit geknüpft sein, statt beispielsweise im Sinne des Äquivalenzprinzips an die Inanspruchnahme staatlicher Leistungen durch den Steuerpflichtigen.[351] Des Weiteren sollen Steuerpflichtige bei gleicher Leistungsfähigkeit gleich besteuert werden und die Besteuerung größerer Leistungsfähigkeit soll im Verhältnis zu der Besteuerung geringerer Leistungsfähigkeit dem Gerechtigkeitsgebot entsprechen (horizontale und vertikale Steuergleichheit).[352]

Über diese Grundwertungen hinaus stellt das Leistungsfähigkeitsprinzip als dynamisches Ordnungsprinzip zunächst nur ein der weiteren

348 Statt vieler Tipke/Lang/*Hey*, 25. Aufl. 2024, Rn. 3.40; BT-Drucks. 7/1470, S. 211 f.

349 BVerfG, Beschl. v. 05.02.2002 – 2 BvR 305/93, BVerfGE 105, 17. Zunächst wurde das Leistungsprinzip als einfachgesetzliches Prinzip angesehen, anschließend wurde es aus dem Prinzip der Steuergerechtigkeit abgeleitet, welches seinerseits aus Art. 3 Abs. 1 GG abgeleitet wird, und seit BVerfG, Beschl. v. 19.12.1978, 1 BvR 335/76, BVerfGE 50, 57 wird es unmittelbar aus Art. 3 Abs. 1 GG abgeleitet, siehe dazu *Desens*, StuW 2016, 240, 240. Näher auf den Grundsatz der Steuergerechtigkeit eingehend *Vogel*, DStZ/A 1975, 409, 409 ff.

350 *Lang*, StuW 1974, 293, 297; *Vogel*, DStZ/A 1975, 409, 410 f.; *Tipke*, StuW 1976, 293, 305 f.; *Birk*, Das Leistungsfähigkeitsprinzip als Maßstab der Steuernormen, 1983, S. 52 f.

351 *Birk*, Das Leistungsfähigkeitsprinzip als Maßstab der Steuernormen, 1983, S. 52.

352 Siehe beispielhaft BVerfG, Urt. v. 06.03.2002 – 2 BvL 17/99, BVerfGE 105, 73; BVerfG, Beschl. v. 12.05.2009 – 2 BvL 1/00, BVerfGE 123, 111; BVerfG, Beschl. v. 12.10.2010 – 1 BvL 12/07, BVerfGE 127, 244; *Vogel*, DStZ/A 1975, 409, 411 f.; *Kirchhof*, JZ 1979, 153, 156; *Birk*, Das Leistungsfähigkeitsprinzip als Maßstab der Steuernormen, 1983, S. 165.

Konkretisierung und Ausformung bedürftiges Prinzip dar.[353] Der Gesetzgeber ist bei jeder Konkretisierungsentscheidung jedoch an einmal getroffene Grundentscheidungen gebunden.[354] Bei nachfolgenden Entscheidungen hat er konsequent diejenigen Wertungen zu berücksichtigen, die er selbst dem Leistungsfähigkeitsprinzip verliehen hat (Folgerichtigkeitsprinzip).[355]

Für den Gesetzgebungsprozess ergibt sich daraus, dass der Gesetzgeber den ersten Konkretisierungsschritt mit der Festlegung des Steuergegenstandes, also der Belastungsentscheidung macht (vertikale Ebene).[356] Auf dieser vertikalen Ebene besteht ein weiter Ausgestaltungsspielraum,[357] der zunächst nur durch die initiale Entscheidung, dass an finanzielle Ist-Leistungsfähigkeit anzuknüpfen ist, begrenzt wird.[358] Die Belastungsentscheidung gibt Auskunft über das gesetzgeberische Verständnis vom Ausdruck der zu besteuernden Leistungsfähigkeit.[359] Mit der Festlegung des objektiven Ausdrucks von Leistungsfähigkeit geht die Bestimmung des Besteuerungssubjekts einher.[360] Der Gleichheitssatz[361] verpflichtet den Gesetzgeber sodann, eine Besteuerungsgleichheit auf horizontaler Ebene herzustellen.[362] Die nähere Konkretisierung der Besteuerung unterschiedlicher Leis-

---

353 *Birk*, Das Leistungsfähigkeitsprinzip als Maßstab der Steuernormen, 1983, S. 52; *Lang*, DStJG 2001, 48, 55 ff.

354 Siehe Fn. 355.

355 Beispielhaft: BVerfG, Urt. v. 27.06.1991 – 2 BvR 1493/89, BVerfGE 84, 239; BVerfG, Urt. v. 06.03.2002 – 2 BvL 17/99, BVerfGE 105, 73; BVerfG, Urt. v. 12.10.2010 – 1 BvL 12/07, BVerfGE 127, 224; *Canaris*, Systemdenken und Systembegriff in der Jurisprudenz, Bd. 1, 1969, S. 16; *Tipke*, StuW 1971, 2, 6; *Birk*, Das Leistungsfähigkeitsprinzip als Maßstab der Steuernormen, 1983, S. 52.

356 *Desens*, StuW 2016, 240, 242 f.

357 Siehe beispielsweise BVerfG, Urt. v. 27.06.1991 – 2 BvR 1493/89, BVerfGE 84, 239; BVerfG, Beschl. v. 22.06.1995 – 2 BvL 37/91, BVerfGE 93, 121; BVerfG, Beschl. v. 04.12.2002 – 2 BvR 400/98, BVerfGE 107, 27.

358 *Desens*, StuW 2016, 240, 242 f.

359 *Desens*, StuW 2016, 240, 243.

360 Vgl. *Kirchhof*, JZ 1979, 153, 155 ff.

361 Ausführlich zur Steuergerechtigkeit siehe *Tipke*, StuW 1980, 281, 281 ff.

362 *Vogel*, DStZ/A, 1975, 409, 411; *Kirchhof*, JZ 1979, 153, 156.

tungsfähigkeit wird dann maßgeblich durch andere Wertungen und Prinzipien, beispielsweise das Sozialstaatsprinzip, begleitet.[363]

Das Leistungsfähigkeitsprinzip gilt für sämtliche Steuern.[364] Es prägt das Steuerrecht in seiner Gesamtheit und liegt als Primärgrundsatz allen steuerrechtlichen Teilrechtsordnungen zugrunde.[365]

b) Maßgeblichkeit der finanziellen Ist-Leistungsfähigkeit

Eine erste, aus den Belastungsentscheidungen des Gesetzgebers ableitbare Konkretisierung besteht darin, dass Leistungsfähigkeit im Sinne einer finanziellen Ist-Leistungsfähigkeit der zu besteuernden Personen zu verstehen ist.[366] Finanzielle Ist-Leistungsfähigkeit kann durch unterschiedliche Indikatoren ausgedrückt und bemessen werden.[367] Solche Indikatoren sind der Hinzuerwerb von Vermögen (Einkommen), der Vermögensbestand (Vermögen) und die Vermögensverwendung (Konsum).[368] Durch die Wahl eines Vielsteuer-Systems entschied sich der Gesetzgeber nicht nur an einen dieser Indikatoren als Besteuerungsgrundlage anzuknüpfen, sondern an sämtliche der genannten Indikatoren. Die einzelnen Leistungsfähigkeitsindikatoren werden jeweils in den unterschiedlichen steuerrechtlichen Teilrechtsordnungen konkretisiert.

---

363 *Birk*, Das Leistungsfähigkeitsprinzip als Maßstab der Steuernormen, 1983, S. 166; *Tipke*, Die Steuerrechtsordnung, Bd. 1, 1. Aufl. 1993, S. 490; Tipke/Lang/*Hey*, 25. Aufl. 2024, Rn. 3.57 ff.

364 BVerfG, Urt. v. 23.11.1976 – 1 BvR 150/75, BVerfGE 43, 108; BVerfG, Beschl. v. 13.04.2017 – 2 BvL 6/13, BVerfGE 145, 171.

365 *Tipke*, Die Steuerrechtsordnung, Bd. 1, 1. Aufl. 1993, S. 493 ff; *Lang*, DStJG 2001, 48, 56.

366 BVerfG, Beschl. v. 05.02.2002 – 2 BvR 305/93, BVerfGE 105, 17; *Tipke*, StuW 1980, 281, 295; *Kirchhof*, VVDStRl 1980, 213, 226 f.; *Birk*, Das Leistungsfähigkeitsprinzip als Maßstab der Steuernormen, 1983, S. 167. Ein alternativer Anknüpfungspunkt läge in der „Soll-Leistungsfähigkeit". Soll-Leistungsfähigkeit meint diese Leistungsfähigkeit, die der Einzelne wirtschaftlich hätte erreichen können; siehe *Ossenbühl*, Die gerechte Steuerlast, 1972, S. 86.

367 Vgl. Tipke/Lang/*Hey*, Steuerrecht, 25. Aufl. 2024, Rn. 3.55.

368 *Kirchhof*, VVDStRl 1980, 213, 231 ff.; *Birk*, Das Leistungsfähigkeitsprinzip als Maßstab der Steuernormen, 1983, S. 167; Tipke/Lang/*Hey*, 25. Aufl. 2024, Rn. 3.55 f.

2. Einkommensteuerrechtliche Grundlagen

Das EStG kennt sieben unterschiedliche Einkunftsarten, normiert in den §§ 13–24 EStG. Die persönliche Zurechnung von Erwerbseinkünften richtet sich nach teilweise einheitlichen Wertungen. Grundlegend sind das Individualsteuerprinzip und die einfachgesetzliche Normierung des § 2 Abs. 1 Satz 1 EStG, wer Einkünfte erzielt.

a) Individualsteuerprinzip

Für die Besteuerung des Leistungsfähigkeitsindikators Einkommen entschied sich der Gesetzgeber, die Besteuerung an die individuelle natürliche Person anzuknüpfen.[369] Diese Entscheidung, dass nur einzelne natürliche Personen als mögliche Besteuerungssubjekte der Einkommensteuer unterliegen, wird als Individual- oder Subjektsteuerprinzip bezeichnet.[370] Aus diesem Prinzip folgt, dass jeweils die individuelle natürliche Person, die im Sinne der finanziellen Ist-Leistungsfähigkeit leistungsfähig ist, zu identifizieren und ihre Leistungsfähigkeit zu quantifizieren ist. Erst durch eine solche Individualisierung der Leistungsfähigkeit kann gerecht nach dem Grad der vorhandenen Leistungsfähigkeit differenziert werden.[371]

b) Erzielen von Einkünften, § 2 Abs. 1 Satz 1 EStG

Die Zurechnung von Einkünften, also finanzieller Ist-Leistungsfähigkeit zu einer natürlichen Person, findet ihre nächste Konkretisierungsstufe in § 2 Abs. 1 Satz 1 EStG. § 2 Abs. 1 Satz 1 EStG bestimmt, dass

---

369 Siehe § 1 Abs. 1 Satz 1 EStG. So auch BVerfG, Urt. v. 02.10.1969 – 1 BvL 12/68, BVerfGE 27, 58. In sachlich begründeten Ausnahmefällen, kann auch die Zusammenveranlagung von mehreren Personen, wie beispielsweise Ehegatten, im Einklang mit dem Gleichheitssatz stehen.

370 Siehe zum Individualsteuerprinzip, *Becker*, Der „Grundsatz der Individualbesteuerung" im deutschen Einkommensteuerrecht, 1970; *Hey*, GS Trzaskalik, 2005, 219, 221; Herrmann/Heuer/Raupach/*Hey/Kirchhof/Ismer*, EStG/KStG, 333. EL. 2025, Vor EStG Rn. 46. Siehe zu der Entwicklung des Individualsteuerprinzips in der Rechtsprechung des BVerfG und des BFH bei *Ratschow*, DStJG 2011, 35, 38 ff. Das Individualsteuerprinzip wird in der Literatur teilweise auch aus dem Leistungsfähigkeitsprinzip hergeleitet, *Hey*, GS Trzaskalik, 2005, 219, 221; *Danz*, Das Subjektsteuerprinzip in der Einkommensteuer, 2017, 48–61.

371 Vgl. *Tipke*, Die Steuerrechtsordnung, Bd. 1, 1993, S. 495 f.

der Einkommensteuer Einkünfte unterliegen, „*die der Steuerpflichtige [...] erzielt*".[372] Einfachgesetzlich normierter Ausgangspunkt für die persönliche Zurechnung von Einkünften ist folglich „das Erzielen" von Einkünften.[373] Dieses Besteuerungssubjekt, das Einkünfte gemäß § 2 Abs. 1 Satz 1 EStG erzielt, ist Zurechnungssubjekt der Leistungsfähigkeit.[374]

Hinsichtlich der Bestimmung, welches Subjekt Einkünfte erzielt, wurden seit Einführung des REStG 1920 im juristischen Schrifttum eine Vielzahl unterschiedlicher Theorien entwickelt. Beachtlich ist, dass diese Theorien mitunter kaum oder nicht begründet sind. So werden ihnen unter anderem ungeprüft Prämissen zugrunde gelegt. Ohne Begründung bleibt beispielsweise die Annahme, Einkünfte flössen immer aus Einkunftsquellen und Einkunftsquellen seien ihrerseits immer dingliche Rechte.[375] Aufgrund solcher Begründungsdefizite werden die unterschiedlichen Ansätze hinsichtlich der Bestimmung des „Erzielenden" nicht im Einzelnen diskutiert und auf unzureichende Begründungen untersucht. Die primären Meinungsstränge werden anfänglich nur in Kürze aufgeführt, um einen Überblick über die geführten Diskussionen und vertretenen Ansätze zu schaffen. Vor diesem Hintergrund soll sodann von Grund auf methodisch nachvollzogen werden, ob dogmatische Erwägungen zwingend für einen der bereits vertretenen Ansätze oder eine abweichende Lösung sprechen. Hervorzuheben ist in diesem Kontext, dass die Theorien zur persönlichen Einkünftezurechnung zumeist allgemeine Gültigkeit beanspruchen. Sie wollen die Einkünfteerzielung sowohl bei alleiniger erwerbswirtschaftlicher Tätigkeit erfassen als auch bei gemeinschaftlicher Tätigkeit. Teilweise wird die Einkünfteerzielung bei gemeinschaftlicher Erwerbstätigkeit ausdrücklich ausgenommen.[376] Vor dem Hintergrund der angesprochenen Unterschiede zwischen der Erwirtschaftung bzw. Erstellung von Einkünften durch eine Einzelperson und einen Personenverbund wird das Vorgehen aufgespalten. Zunächst wird untersucht, ob einer der Theorien aufgrund zwingender dogmatischer Vor-

---

372 Siehe der Gesetzeswortlaut des § 2 Abs. 1 Satz 1 EStG.

373 Vgl. *Tipke*, StuW 1977, 293, 298; Tipke/Lang/*Hey*, Steuerrecht, 25. Aufl. 2024, Rn. 8.150.

374 Tipke/Lang/*Hey*, Steuerrecht, 25. Aufl. 2024, Rn. 8.150.

375 Siehe dazu Fn. 377.

376 Siehe *Ruppe*, DStJG 1978/79, 7, 22.

gaben im Hinblick auf die alleinige erwerbswirtschaftliche Tätigkeit einer Person gefolgt werden kann. Unter II. wird sodann geprüft, ob eine solche Theorie auch hinsichtlich gemeinschaftlicher Erwerbstätigkeit greift. Nur wenn dies der Fall ist, kann eine solche Theorie einen Beitrag zu der Beantwortung der Ausgangsfrage leisten, wie die Mitunternehmerstellung hinsichtlich Gesellschafter und Nießbraucher zu bestimmen ist.

aa) Theorien der persönlichen Zurechnung von Einkünften

In der Zeit seit Einführung des REStG 1920 wurden vornehmlich fünf Meinungsstränge zur persönlichen Einkünftezurechnung vertreten. Nach der historischen Quellentheorie erfüllt diejenige Person einen Einkünftetatbestand und erzielt Einkünfte, die Inhaberin einer „Einkunftsquelle" ist.[377] Die Einkunftsquelle wurde dabei als dingliches Recht verstanden.[378] Würde beispielsweise ein Wirtschaftsgut verwertet und würden durch diese Verwertung Einkünfte generiert, wären die generierten Einkünfte nach der historischen Quellentheorie stets dem Subjekt zuzurechnen gewesen, welches Inhaber des dinglichen Rechts an dem Wirtschaftsgut war.[379] Der Inhaber des dinglichen Rechts konnte dabei nicht nur der Eigentümer sein. Anerkannt war auch, dass der Eigentümer Teile seines Eigentumsrechts mit dinglicher Wirkung abspalten und auf jemand anderen übertragen konnte.[380] Dadurch wurde z.B. der Nießbrauchsinhaber, dem das Nießbrauchsrecht mit dinglicher Wirkung „abgespalten" wurde, als dinglich Berechtigter an den Einkünften des Nießbrauchs angesehen.[381] Die historische Quel-

---

377 Siehe näher dazu bei, Herrmann/Heuer/Raupach/*Musil*, EStG/KStG, 333. EL. 2025, § 2 EStG Rn. 102.

378 BFH, Urt. v. 26.03.1974 – VIII R 120/69, BStBl. II 1974, 424; BFH, Urt. v. 26.03.1974 – VIII R 210/72, BStBl. II 1975, 6; *Fichtelmann*, FR 1977, 244, 246. Siehe zu weiteren Vertretern der historischen Quellentheorie bei *Biergans/Stockinger*, FR 1982, 25, 26 Fn. 10. Siehe in Bezug auf den Nießbrauch, *Knappenberger*, Mitunternehmerschaft und Bilanzbündeltheorie, 1967, S. 70; *Weber/Luther*, ZGR 1973, S. 54. Siehe ferner auch *Vogel*, BB 1977, 1088, 1089.

379 Vgl. hierzu und zu den folgenden Ausführungen *Biergans/Stockinger*, FR 1982, 25, 26.

380 Vgl. *Knappenberger*, Mitunternehmerschaft und Bilanzbündeltheorie, 1967, S. 70 m. w. N.

381 Vgl. *Knappenberger*, Mitunternehmerschaft und Bilanzbündeltheorie, 1967, S. 70 m. w. N.

lentheorie war in Rechtsprechung und Schrifttum mit Einführung des REStG zeitweise vorherrschend.[382]

Sich für die Zurechnung von Einkünften ebenfalls ausschließlich an der zivilrechtlichen Rechtslage orientierend gehen auch solche Vertreter vor, welche die Einkünftezurechnung von der zivilrechtlichen Berechtigung im Innenverhältnis abhängig machen wollen. Das Einkommensteuerrecht gehe davon aus, dass Gewinne oder Verluste jeweils aus Rechtsgeschäften stammen.[383] Derjenige, der im Innenverhältnis die zivilrechtliche Berechtigung am Ertrag habe, sei folglich der Erzielende der Einkünfte.[384]

Eine weitere Theorie baut gewissermaßen auf der historischen Quellentheorie und dem Gedanken der dinglichen Einkunftsquelle auf. Diese Theorie distanziert sich allerdings vor dem Hintergrund der Eigenständigkeit der Steuerrechtsordnung von einer strikten Anknüpfung an das Innehaben einer zivilrechtlichen Rechtsposition. §§ 1, 2 EStG enthielten die Grundvoraussetzungen der Besteuerung von Einkommensteuersubjekten.[385] Indem § 2 Abs. 1 EStG ausführe, welche Einkünfte der Einkommensteuer unterlägen, werde zugleich bestimmt, was als Einkunftsquelle in Betracht komme.[386] Einkunftsquelle sei beispielsweise ein Arbeitsverhältnis oder ein gewerbliches Unternehmen.[387] Einkünfte flössen aus Einkunftsquellen.[388] Weiter

---

382 Vgl. *Raupach*, FS Beisse, 1997, S. 403, 403; Herrmann/Heuer/Raupach/*Musil*, EStG/KStG, 333. EL. 2025, § 2 EStG Rn. 102.

383 *Trzaskalik*, StuW 1979, 97, 111.

384 Vgl. *Trzaskalik*, StuW 1979, 97, 111, welcher ausführt: „*Die im zivilen Rechtsgeschäft fixierte Rechtszuständigkeit bildet deshalb auch den Ausgangspunkt für die Zuordnung von Einkünften*“. Dieser Auffassung ist auch *Stadie*, Die persönliche Zurechnung von Einkünften, 1983, S. 22 ff., der im Grundsatz dem Ansatz von Ruppe folgt, diesen sodann jedoch darum erweitert, dass Einnahmen regelmäßig demjenigen zuzurechnen seien, „*der die Leistung erbringt, für die das Entgelt gezahlt wird, d. h. der zivilrechtlich Gläubiger des Entgelts und Schuldner der Leistung ist.*“, S. 24. Siehe ferner auch BFH, Urt. v. 22.05.1984 – VIII R 316/83, BStBl. II 1984, 746; BFH, Urt. v. 30.04.1991 – VIII R 38/87, BStBl. II 1991, 574. Vgl. auch die Nachweise bei *Robertz*, Die persönliche Zurechnung von Vermögenseinkünften, 2003, S. 24.

385 *Steinberg*, DStZ 1988, 315, 315 f.

386 *Steinberg*, DStZ 1988, 315, 315 f.

387 *Steinberg*, DStZ 1988, 315, 316.

388 *Steinberg*, DStZ 1988, 315, 316.

seien solche Einkunftsquellen Wirtschaftsgüter i. S. d. § 39 AO.[389] Gemäß § 39 AO seien die Einkunftsquellen subjektiv entweder dem zivilrechtlichen oder dem wirtschaftlichen Inhaber zuzurechnen.[390] Die Einkünfte, welche aus der Einkunftsquelle flössen, seien dann ebenfalls dem nach § 39 AO bestimmten Inhaber der Einkunftsquelle zuzurechnen.[391]

Die „Theorie der wirtschaftlichen Verfügungsmacht über die Einkünfte"[392] entfernt sich noch weiter von einer Zurechnung der Einkünfte in Abhängigkeit von den zivilrechtlichen Begebenheiten. Die Einkünfte erziele derjenige, bei dem ein wirksamer Vermögenszuwachs eintrete.[393] Maßgeblich zur Bestimmung des wirksamen Vermögenszuwachses sei eine wirtschaftliche Betrachtung.[394] Wer die wirtschaftliche Verfügungsmacht insofern erlange, dass er als derjenige angesehen werden könne, der einen wirksamen Vermögenszuwachs erfahre, erziele die Einkünfte.[395] Auf eine Ausübung der Tätigkeit, aus welcher die Einkünfte resultieren, komme es nicht an.[396] Erzielender der Einkünfte sei derjenige, der den Vermögenszuwachs tatsächlich erfahre.

---

389 *Steinberg*, DStZ 1988, 315, 319.

390 *Steinberg*, DStZ 1988, 315, 319. Jeweils abgestuft sind auch die folgenden Autoren dieser Auffassung: *Kühn/Kutter*, Abgabenordnung, Finanzgerichtsordnung, 10. Aufl. 1970, § 11 StAnpG Ziff. 1., nach welchen sich die Zurechnung des Wirtschaftsguts auch auf die Zurechnung der daraus fließenden Erträge erstrecke. *Borggräfe*, DStR 1978, 627, 633 führt zwar zunächst aus, dass § 39 AO nichts über eine Zuordnung von Einkunftsquellen aussage, äußert sich aber dann insoweit, dass ein Nießbrauch ein nach § 39 AO zuzuordnendes Wirtschaftsgut sei und die Einkünfte dem jeweiligen – nach § 39 AO bestimmten – Inhaber zuzurechnen seien. *Biergans/Stockinger*, FR 1982, 25, 29 sind der Ansicht, dass Erträge aus der Veräußerung eines Wirtschaftsguts dem nach § 39 AO bestimmten Inhaber des Wirtschaftsguts zuzurechnen sind. *Stadie*, Die persönliche Zurechnung von Einkünften, 1983, S. 27, 29, äußert sich insofern, dass wenn eine Überlassung von Kapital zu einem Stammrecht mit Wirtschaftsgutcharakter führt, die Erträge dem nach § 39 AO bestimmten Inhaber des Stammrechts zuzurechnen seien.

391 *Steinberg*, DStZ 1988, 315, 319.

392 Terminologie nach *Robertz*, Die persönliche Zurechnung von Vermögenseinkünften, 2003, S. 25.

393 *Schön*, StuW 1996, 275, 285. Vgl. auch die Nachweise bei *Ruppe*, DStJG 1978/79, 7, 17.

394 *Schön*, StuW 1996, 275, 285.

395 *Schön*, StuW 1996, 275, 285.

396 *Schön*, StuW 1996, 275, 285.

Seit der grundlegenden Arbeit von *Ruppe*[397] wird in Rechtsprechung und Schrifttum jedoch im Grundsatz auf das Erzielen der Einkünfte durch die tatsächliche Beherrschung des Vorgangs der Leistungserstellung am Markt abgestellt.[398] Einkünfte erziele danach, wer, durch das Bewirken einer Leistung durch Teilnahme am Marktgeschehen, einen der Tatbestände der Einkunftsarten gemäß § 2 Abs. 1 EStG i. V. m. §§ 13–24 EStG verwirklicht.[399] Die Leistung werde dabei von diesem Rechtssubjekt bewirkt, das die Dispositionsmöglichkeit über die Leistungserstellung hat.[400] Die Dispositionsmöglichkeit wiederum liege bei demjenigen, der *„die Möglichkeit hat, die Leistung zu erbrin-*

---

397 *Ruppe*, DStJG 1978/79, 7, 7 ff.

398 Die nachstehende Rechtsprechung spricht zwar lediglich von dem Erzielen von Einkünften durch die Verwirklichung von Einkünftetatbeständen des EStG, verweist dabei jedoch u. a. auf einschlägige, sich dogmatisch vertiefter äußernde Literatur und stellt auch konzeptionell auf die tatsächliche Beherrschung des Vorgangs der Leistungserstellung am Markt ab: BFH, Urt. v. 24.06.1976 – IV R 173/74, BStBl. II 1976, 643; BFH, Urt. v. 05.07.1978 – I R 97/75, BStBl. II 1979, 40; BFH, Urt. v. 14.11.1979 – I R 123/76, BStBl. II 1980, 432; BFH, Urt. v. 13.05.1980 – VIII R 63/79, BStBl. II 1981, 295; BFH, Urt. v. 13.05.1980 – VIII R 75/79, BStBl. II 1981, 297; BFH, Urt. v. 13.05.1980 – VIII R 128/78, BStBl. II 1981, 299; BFH, Urt. v. 09.03.1982 – VIII R 160/81, BStBl. II 1982, 540; BFH, Beschl. v. 29.11.1982 – GrS 1/81, BStBl. II 1983, 272; BFH, Beschl. v. 25.06.1984 – GrS 4/82, BStBl. II 1984, 751; BFH, Beschl. v. 03.07.1995 – GrS 1/93, BStBl. II 1995, 617; BFH, Beschl. v. 17.12.2007 – GrS 2/04, BStBl. II 2008, 608; *L. Schmidt*, StbJb 1975/76, 149, 164 f.; *Tipke*, StuW 1977, 293, 298; *Flößer*, Die Zurechnung der Einkünfte beim Niessbrauch an einer Personengesellschaft, 1978, S. 59 ff.; *Ruppe*, DStJG 1978/79, 7, 16; *Beinert*, StbJb 1978/79, 269, 287 ff.; *Philipowski*, StuW 1979, 113, 114; *Kirchhof*, JbFSt 1979/80, 254, 263; *Meßmer*, StbJb 1979/80, 163, 254; *Jakob*, Steuern vom Einkommen I, 1980, 57, 104; *Plückebaum*, FR 1981, 181, 182 f.; *Hutter*, DStZ 1981, 47, 49; *Stengel*, Die persönliche Zurechnung von Wirtschaftsgütern im Einkommensteuerrecht, 1990, S. 10; *Lang/Seer*, FR 1992, 637, 638; *Raupach*, FS Beisse, 1997, 403, 409 ff.; *Fischer*, FR 1998, 813, 818 f.; *Reimer*, Der Ort des Unterlassens, 2004, 43; Brandis/Heuermann/*Ratschow*, EStG, 176. EL. 2025, § 2 Rn. 105; umfassend zu der persönlichen Zurechnung von Einkünften: Herrmann/Heuer/Raupach/*Musil*, EStG/KStG, 333. EL. 2025, § 2 EStG Rn. 100 ff.; Kirchhof/Seer/*Seer*, EStG, 24. Aufl. 2025, § 2 Rn. 17, 72.

399 Siehe die Verweise in Fn. 398.

400 BFH, Urt. v. 14.03.2008 – X B 211/07, BFH/NV 2008, 982; *L. Schmidt*, StbJb 1975/76, 149, 164 f.; *Ruppe*, DStJG 1978/79, 7, 18; *Haas*, DStZ/A 1979, 18 ff.; *Kirchhof*, JbFSt 1979/80, 254, 263; *Lang/Seer*, FR 1992, 637, 638; *Raupach*, FS Beisse, 1997, 403, 409 ff.; *Reimer*, Der Ort des Unterlassens, 2004, 43; *Ratschow*, DStJG 2011, 35, 52 f.

gen oder zu verweigern",[401] also „*die Möglichkeit hat, Marktchancen zu nutzen, Leistungen zu variieren, im Extremfall auch zu verweigern, indem er seine Tätigkeit einstellt, Kapital zurückzieht, Mietverhältnisse kündigt etc*".[402] Die Leistung könne in einer Tätigkeit, im Dulden oder auch im Unterlassen liegen.[403] In Bezug auf die sieben Einkünftetatbestände des EStG ließen sich als Grundformen der Leistung die Ausübung einer Tätigkeit und die Nutzung von Vermögen bzw. das Überlassen von Vermögen zur Nutzung unterscheiden.[404] Eine Einkunftsquelle i. S. d. historischen Quellentheorie wird nicht als erforderlich angesehen.[405]

Zwar verwendete auch *Ruppe* den Begriff der Einkunftsquelle und sah den Inhaber der Einkunftsquelle als den Erzielenden der Einkünfte an.[406] Die Einkunftsquelle habe aber jeweils derjenige inne, der über die Leistungserstellung am Markt disponieren könne.[407] *Ruppe* maß dem Begriff der Einkunftsquelle somit keine weitere Bedeutung zu als lediglich die Beschreibung des Zustandes, der Inhaber der Einkunftsquelle sei derjenige, der die Leistungserstellung am Markt beherrsche. Dem Begriff der Einkunftsquelle kommt nach *Ruppe* somit derselbe Bedeutungsgehalt zu, wie er von neuerer Literatur schon dem Terminus des Erzielens gemäß § 2 Abs. 1 Satz 1 EStG beigemessen wird.[408]

Trotz Abkehr von der historischen Quellentheorie wird – wie bei *Ruppe* – teilweise auch in der neueren Literatur noch von der „Einkunfts-

---

401 *Ruppe*, DStJG 1978/79, 7, 18, Fn. 38 mit vergleichendem Verweis auf *L. Schmidt*, StbJb 1975/76, 149, 164.

402 *Ruppe*, DStJG 1978/79, 7, 18.

403 Vgl. Tipke/Lang/*Hey*, Steuerrecht, 25. Aufl. 2024, Rn. 8.151 ff.

404 *Lang/Seer*, FR 1992, 637, 640 ff.; Tipke/Lang/*Hey*, Steuerrecht, 25. Aufl. 2024, Rn. 8.151 ff.; Herrmann/Heuer/Raupach/*Musil*, EStG/KStG, 333. EL. 2025, § 2 EStG Rn. 125; siehe ausführlicher zu beiden Komponenten der Leistungserstellung unten S. 119 ff.

405 BFH, Urt. v. 14.11.1979 – I R 123/76, BStBl. II 1980, 432; *Meßmer*, StbJb 1979/80, 163, 165 ff.; *Stadie*, Die persönliche Zurechnung von Einkünften, 1983, S. 24 f. Vgl. auch Herrmann/Heuer/Raupach/*Musil*, EStG/KStG, 333. EL. 2025, § 2 EStG Rn. 102.

406 *Ruppe*, DStJG 1978/79, 7, 18.

407 *Ruppe*, DStJG 1978/79, 7, 18; Ruppe ebenso verstehend: *Jakob*, Steuern vom Einkommen I, 1980, S. 104 Fn. 5; *L. Schmidt*, StbJb. 1980/81, 115, 120; Herrmann/Heuer/Raupach/*Musil*, EStG/KStG, 333. EL. 2025, § 2 EStG Rn. 102.

408 Siehe ferner auch Herrmann/Heuer/Raupach/*Musil*, EStG/KStG, 333. EL. 2025, § 2 EStG Rn. 102.

quelle“ gesprochen. Es herrscht allerdings Einigkeit darüber, dass mit der Verwendung des Begriffs der Einkunftsquelle nicht auf die historische Quellentheorie abgezielt wird.[409] Stattdessen wird mit dem Innehaben der Einkunftsquelle vermehrt das Verwirklichen einer der Einkünftetatbestände durch die Beherrschung der Leistungserstellung bezeichnet.[410] Das Verständnis in der Literatur ist jedoch nicht ganz einheitlich. Restriktiver gefasst werden teilweise auch nur die der Einkünfteverwirklichung zugrundeliegenden Komponenten, wie beispielsweise die eingesetzte Arbeitskraft oder das überlassene Kapital, als Einkunftsquellen bezeichnet.[411]

In der vorliegenden Arbeit wird der Begriff der Einkunftsquelle aufgrund der zum einen divergierenden Verständnisse und der zum anderen weitgehenden Überschneidung mit der Disposition über die Leistungserstellung nicht verwendet. Stattdessen wird – auch zur Förderung eines einheitlichen Begriffsverständnisses[412] – die Terminologie des § 2 Abs. 1 Satz 1 EStG verwendet und vom Erzielen von Einkünften gesprochen. Der genaue Bedeutungsgehalt, der dem Begriff des Erzielens in dieser Arbeit beigemessen wird, wird im Laufe der weiteren Ausführungen herausgestellt.

Im Grundsatz wird sowohl in der Rechtsprechung als auch im neueren Schrifttum[413] von *Ruppes* Grundlegungen hinsichtlich der Erzielung von Einkünften ausgegangen. Wie die Beherrschung der Leistungserstellung am Markt allerdings genau zu charakterisieren ist und welche Anforderungen an eine solche Beherrschung zu stellen sind, wird insbesondere im Schrifttum divergierend beurteilt.[414] Die unterschiedlichen Anforderungen, welche an die Beherrschung gestellt werden, haben mitunter gravierenden Einfluss darauf, welchem Subjekt

---

409 Vgl. Herrmann/Heuer/Raupach/*Musil*, EStG/KStG, 333. EL. 2025, § 2 EStG Rn. 76.

410 Siehe beispielhaft dazu mit jeweils marginalen Verständnisdivergenzen: *Kröner*, Verrechnungsbeschränkte Verluste im Einkommensteuerrecht, 1986, S. 34; *Ruppe*, DStJG 1978/79, 7, 18 ff.; Kirchhof/Kube/Mellinghoff/*Kirchhof*, EStG, 352. EL. 2025, § 2 Rn. A 105 i. V. m. A 110.

411 Tipke/Lang/*Hey*, Steuerrecht, 25. Aufl. 2024, Rn. 8.151.

412 In diesem Sinne auch *Biergans/Stockinger*, FR 1982, 25, 31; *Meßmer*, StbJb 1979/80, 163, 254.

413 Siehe zu beidem in Fn. 398.

414 Siehe zu den Anforderungen, welche an die Beherrschung der Leistungserstellung zu stellen sind unten S. 119 ff.

schlussendlich Einkünfte zuzurechnen sind. Dass vorherrschend auf *Ruppes* Grundlagen aufgebaut wird, bedeutet somit nicht, dass hinsichtlich der persönlichen Zurechnung von Einkünften ein Konsens im aktuelleren Schrifttum herrscht. Vielmehr ist die Ansicht, die Beherrschung der Leistungserstellung am Markt sei das maßgebliche Kriterium für die Einkünftezurechnung, als Meinungsstrang zu verstehen, der weitergehenden Modifizierungen unterliegt. Solche weitergehenden Modifizierungen werden nachfolgend näher untersucht, sofern *Ruppes* Grundlegungen auf Prämissen beruhen, welche in Anbetracht der gesetzgeberisch statuierten Wertungen der persönlichen Zurechnung von Einkünften zwingend sind.

bb) Grundlegende Prämissen der persönlichen Einkünftezurechnung

Aufgrund der bereits angesprochenen Begründungsdefizite einiger der dargelegten Theorien werden diese Theorien nachfolgend nicht umfänglich diskutiert. Stattdessen werden die Wertungen der Einkünftezurechnung weiterhin von Grund auf nachvollzogen. Untersucht wird konkret, welchen Bedeutungsgehalt der Gesetzgeber dem Erzielen gemäß § 2 Abs. 1 Satz 1 EStG beimisst. Einziger ersichtlicher Anknüpfungspunkt für die Ermittlung der gesetzgeberischen Intention ist eine mögliche Gleichsetzung des Erzielens von Einkünften mit der Erfüllung eines Einkünftetatbestandes. Auf die grundlegende Bedeutung, die einer Gleichsetzung zukäme, und weshalb keine weiteren Anknüpfungspunkte ersichtlich sind, die Rückschlüsse auf die gesetzgeberische Intention erlauben, wird im folgenden Abschnitt näher eingegangen. Zudem sei schon an dieser Stelle darauf hingewiesen, dass der auf *Ruppes* Grundlegungen aufbauende Meinungsstrang eine solche Gleichsetzung vollzieht und annimmt, dass Einkünfte erzielt, wer den Einkünftetatbestand verwirklicht.[415]

---

415 Siehe zu *Ruppes* Ausführungen hinsichtlich der Gleichsetzung von Einkünfteerzielung und Erfüllung eines Einkünftetatbestandes, *Ruppe*, DStJG 1978/79, 7, 16, 18 ff. *Ruppe* spricht zwar nicht von einer Gleichsetzung und geht diesbezüglich nicht in bestechender Klarheit vor; sein Vorgehen ist aber von der Prämisse der Gleichsetzung von Erzielen und Erfüllung eines Einkünftetatbestandes geprägt.

(1) Gleichsetzung von Erzielen und Tatbestandserfüllung

(a) Erkenntnisgewinn im Fall der Gleichsetzung

Ob das Erzielen i. S. d. § 2 Abs. 1 Satz 1 EStG mit dem Erfüllen von Tatbeständen der Erwerbseinkünfte gleichzusetzen ist, ist aus folgendem Grund von elementarer Bedeutung für die persönliche Zurechnung. Die Auslegung des Begriffs des Erzielens mittels Wortlautauslegung und historischer Auslegung bringt keine Ergebnisse hervor.[416] Für die nähere Bestimmung des Erzielens kommen somit nur noch systematische und teleologische Erwägungen in Betracht. Führen solche Erwägungen zu dem Ergebnis, dass das Erzielen von Einkünften mit der Erfüllung eines Einkünftetatbestandes aufgrund systematischer Implikationen zwingend gleichzusetzen ist, können die Einkünftetatbestände dafür herangezogen werden, den Begriff des Erzielens näher zu konturieren.[417] Die einzelnen die Erwerbseinkünfte normierenden Tatbestände statuieren in objektiver Hinsicht inhaltlich weitgehend bestimmt, welche Handlungen bzw. Zustände als Voraussetzungen für die Erfüllung eines Einkünftetatbestandes vorzuliegen haben. Wäre die Erfüllung eines Erwerbseinkunftstatbestandes mit dem Erzielen gleichzusetzen, wäre immer dasjenige Subjekt, welches die Handlungen vornimmt bzw. die Zustände beherrscht, an welche die Einkünftetatbestände anknüpfen, auch Zurechnungssubjekt der Erwerbseinkünfte.[418] Zudem könnten Gemeinsamkeiten sämtlicher Einkünftetatbestände Auskunft darüber geben, unter welchen Grundvoraussetzungen das Erzielen von Erwerbseinkünften steht.[419] Diese Grundvoraussetzungen wären dann das dogmatische Fundament des Erzielens von Einkünften i. S. d. § 2 Abs. 1 Satz 1 EStG, also diese Voraussetzungen, die immer vorliegen müssen, damit ein Subjekt Einkünfte erzielt.[420] Andere Anhaltspunkte, um den Begriff des Erzielens auf gesetzlicher Grundlage näher zu konturieren, sind nicht ersichtlich. Nachfolgend wird zunächst eine Gleichsetzung nur hinsichtlich solcher Erwerbseinkunftstatbestände geprüft, die keine Erwirtschaf-

---

416 Siehe dazu *Robertz*, Die persönliche Zurechnung von Vermögenseinkünften, 2003, S. 49 ff.
417 Vgl. das Vorgehen von *Ruppe*, DStJG 1978/79, 7, 16 ff.
418 Vgl. *Ruppe*, DStJG 1978/79, 7, 16 ff.
419 Vgl. das Vorgehen von *Ruppe*, DStJG 1978/79, 7, 16 ff.
420 Vgl. das Vorgehen von *Ruppe*, DStJG 1978/79, 7, 16 ff.

tung von Einkünften in gemeinschaftlicher Form voraussetzen. Ob eine etwaige Gleichsetzung auch für § 15 Abs. 1 Satz 1 Nr. 2 EStG zwingend ist oder ob die Spezifika des Erwirtschaftens mitunternehmerschaftlicher Einkünfte abweichendes bedingen, wird sodann unter II. analysiert.

(b) Kritik an *Ruppes* Herleitung der Gleichsetzung

Die Bildung des kleinsten gemeinsamen Nenners der Einkünftetatbestände unter der Annahme, Erzielen i. S. d. § 2 Abs. 1 EStG sei mit der Erfüllung der Einkünftetatbestände gleichzusetzen, ist freilich der Ansatz von *Ruppe*.[421] Auch die sich an *Ruppes* Ausführungen anschließenden Stimmen führen überwiegend aus, dass das Erzielen von Einkünften mit der Erfüllung des jeweiligen Einkünftetatbestandes gleichzusetzen ist.[422] Dies ist allerdings nicht unumstritten. Namentlich *Schön* ist der Auffassung, dass die Einkünftetatbestände ausschließlich in objektiver Hinsicht normieren, was Einkünfte sind.[423] Zwischen den Einkünftetatbeständen und dem Erzielen gemäß § 2 Abs. 1 EStG bestehe kein notwendiger Zusammenhang.[424] § 2 Abs. 1 EStG verfolge einzig den Zweck, zu verhindern, dass Steuerpflichtige Einkünfte versteuern müssen, die ihnen nicht aufgrund eigener Rechtsposition zufließen.[425]

Die Untersuchung, ob eine Gleichsetzung des Erzielens mit der Erfüllung eines Einkünftetatbestandes systematisch zwingend ist, bleibt folglich notwendig. Für Zwecke dieser Untersuchung wird zunächst die von *Ruppe* selbst vorgebrachte Begründung für eine solche Gleichsetzung in den Blick genommen. *Ruppe* führt an, dass der Gesetzgeber

421 Siehe *Ruppe*, DStJG 1978/79, 7, 16.

422 Siehe beispielhaft BFH, Urt. v. 13.05.1980 – VIII R 63/79, BStBl. II 1981, 295; BFH, Beschl. v. 25.06.1984 – GrS 4/82, BStBl. II 1985, 2036; BFH, Urt. v. 27.01.1993 – IX R 269/87, BStBl. II 1994, 615; BFH, Beschl. v. 03.07.1995 – GrS 1/93, BStBl. II 1995, 617; *Tipke*, StuW 1977, 293, 298; *Fischer*, FR 1998, 813, 818 f.; *Robertz*, Die persönliche Zurechnung von Vermögenseinkünften, 2003, S. 46. Vgl. dazu Herrmann/Heuer/Raupach/*Musil*, EStG/KStG, 333. EL. 2025, § 2 EStG Rn. 102.

423 *Schön*, StuW 1996, 275, 285.

424 *Schön*, StuW 1996, 275, 285. Wohl auch *Kirsten/Matheja*, Treuhand und Treuhänder im Steuerrecht, 2. Aufl. 1978, S. 49.

425 *Schön*, StuW 1996, 275, 285.

von einem Zusammenhang zwischen Leistungserstellung, also Erfüllung eines Einkünftetatbestandes und Zurechnung der entsprechenden Einkünfte, ausgegangen ist.[426] Diesen Zusammenhang habe der Gesetzgeber in gewissen Vorschriften zum Ausdruck gebracht.[427] Als solche Vorschriften nennt *Ruppe* ausschließlich spezielle Vorschriften des EStG über die Veräußerung von Kapital-, Miet- und Pachtzinsforderungen und die Veräußerung von Zinsscheinen.[428] Diese Vorschriften spiegelten den allgemeinen Gedanken des § 24 EStG in der Fassung aus dem Jahre 1979 (im Folgenden „EStG 1979") wider und rechneten Einkünfte aus den Veräußerungsgeschäften jeweils dem Veräußerer und nicht dem Zahlungsempfänger zu. Daraus sei ableitbar, dass der Gesetzgeber im Grundsatz von einem Zusammenhang zwischen Leistungserstellung und Zurechnung ausgeht.[429]

Die Begründung von *Ruppe* kann in dieser Form allerdings nicht überzeugen. Einerseits kann *Ruppe* schon nicht in seinem Rückschluss gefolgt werden, der Gesetzgeber gehe in jedem Fall von einem Zusammenhang von Leistungserstellung und Einkünftezurechnung aus, weil dieser in speziellen Einkünftetatbeständen normiert sei. Zum einen führt *Ruppe* nur drei spezielle Tatbestände auf.[430] Zum anderen beziehen sich diese Tatbestände ausschließlich auf Veräußerungsgeschäf-

---

426 *Ruppe*, DStJG 1978/79, 7, 18 f.
427 *Ruppe*, DStJG 1978/79, 7, 18 f.
428 Konkret nennt *Ruppe* § 20 Abs. 2 Nr. 2 EStG 1979, § 21 Abs. 1 Nr. 4 EStG 1979 und § 20 Abs. 2 Nr. 3 1979. Siehe hierzu und zum folgenden, *Ruppe*, DStJG 1978/79, 7, 18. Der Band DStJG 1978/79 enthält die auf der Jahrestagung der Deutschen Steuerjuristischen Gesellschaft am 16./17. November 1977 gehaltenen Vorträge und Diskussionsbeiträge. Bis Dezember 1977 war das Einkommensteuergesetz vom 15. August 1974, veröffentlicht in BGBl. I 1974, S. 2165, in Kraft. Die von *Ruppe* zitierten Absätze der Vorschriften, konkret § 20 Abs. 2 Nr. 3 EStG, waren allerdings im EStG 1974 noch nicht vorhanden. Es ist deshalb davon auszugehen, dass *Ruppe* sich entweder auf die Vorschriften des Einkommensteuergesetzes vom 09. Dezember 1977, veröffentlicht in BGBl. I 1977, 2365, oder auf die Vorschriften des Einkommensteuergesetzes vom 30. Juni 1979, veröffentlicht in BGBl. I 1979, 721, bezog. Sowohl im EStG 1977 als auch im EStG 1979 sind die von *Ruppe* angeführten Vorschriften wortgleich. Zugrunde gelegt wird deshalb die jüngere Fassung des EStG, also diese des EStG 1979.
429 *Ruppe*, DStJG 1978/79, 7, 19.
430 *Ruppe*, DStJG 1978/79, 7, 18.

te.[431] Vom Speziellen auf das Allgemeine geschlossen werden kann allerdings erst dann, wenn sämtlichen oder zumindest den weit überwiegenden speziellen Tatbeständen die entsprechende Gemeinsamkeit innewohnt.

Andererseits überzeugt auch *Ruppes* Annahme nicht, die Einkünfte aus den Veräußerungsgeschäften würden, in den von *Ruppe* genannten Vorschriften, jeweils dem Veräußerer zugerechnet.[432] Beispielhaft führt *Ruppe* den § 20 Abs. 2 Nr. 2 EStG 1979 an.[433] Dieser bestimmt u. a., dass zu den Einkünften aus Kapitalvermögen auch die Einnahmen aus der Veräußerung von Dividendenscheinen und sonstigen Ansprüchen durch den Anteilseigner gehören. Die Auslegung, dem Veräußerer, also dem Anteilseigner, seien die Einkünfte aus der Veräußerung auch zuzurechnen, erscheint zwar naheliegend, geht jedoch nicht aus dem Wortlaut hervor. § 20 Abs. 2 Nr. 2 EStG 1979 bestimmt nicht, dass der Veräußerungsgewinn auch dem veräußernden Anteilseigner zuzurechnen ist. Wer die Einkünfte aus der Veräußerung erzielt, wird von § 20 Abs. 2 Nr. 2 EStG 1979 offengelassen. Erzielender der Einkünfte könnte statt des Veräußerers auch beispielsweise der Zahlungsempfänger sein.

Dass § 20 Abs. 2 Nr. 2 EStG 1979 keine Aussage über die Zurechnung von Kapitaleinkünften trifft, geht des Weiteren aus dessen Satz 3 hervor. In Satz 3 wird bestimmt, dass sofern einem Nießbraucher oder Pfandgläubiger die Kapitaleinkünfte zuzurechnen sind, diese als Anteilseigner gelten. Die Bestimmung des Zurechnungssubjekts war somit eine Vorfrage zu der Bestimmung des Anteilseigners. Erst aus der Bestimmung des Zurechnungssubjekts folgte die Position als Anteilseigner. § 20 Abs. 2 Nr. 2 EStG 1979 statuierte allerdings nicht, wer Zurechnungssubjekt sein sollte. § 20 Abs. 2 Nr. 2 EStG 1979 ist vielmehr so auszulegen, dass nur der objektive Tatbestand der Erfüllung des Einkünftetatbestandes normiert ist und keine Aussage über die subjektive Komponente der Einkünfteerzielung getroffen wird.

Dass auch der Gesetzgeber von der letztgenannten Auslegung ausging, wird insbesondere durch einen Vergleich des § 20 Abs. 2 Nr. 2 EStG 1979 mit der heutigen Fassung des § 20 EStG deutlich.

---

431 *Ruppe*, DStJG 1978/79, 7, 18.
432 *Ruppe*, DStJG 1978/79, 7, 18.
433 *Ruppe*, DStJG 1978/79, 7, 18.

Der im Jahr 1979 noch nicht vorhandene § 20 Abs. 5 Satz 1 EStG bestimmt nämlich ausdrücklich, dass der Anteilseigner „*Einkünfte aus Kapitalvermögen [...] erzielt*". Erst eine solch eindeutige Formulierung macht ersichtlich, dass eine Regelung über die Zurechnung der Einkünfte getroffen wird. Die nachträgliche Einfügung des § 20 Abs. 5 Satz 1 EStG unterstreicht, dass der Gesetzgeber nicht davon ausging, dass § 20 Abs. 2 Nr. 2 EStG 1979 auch die Frage der Einkünftezurechnung regelte. Wäre der Gesetzgeber – gemäß der Annahme von *Ruppe* – davon ausgegangen, die Einkünftezurechnung ergebe sich bereits aus § 20 Abs. 2 Nr. 2 EStG 1979, wäre eine Einfügung des § 20 Abs. 5 Satz 1 EStG redundant gewesen. Die weiteren Vorschriften, welche *Ruppe* anführt, um den Willen des Gesetzgebers zu belegen, normieren in gleicher Weise nicht eindeutig, dass die durch die Veräußerung erzielten Erträge auch dem Inhaber des veräußerten Rechts zuzurechnen seien.

Ruppes Begründung, weshalb die Erfüllung des Einkünftetatbestandes und das Erzielen von Einkünften gleichgesetzt werden können, kann in dieser Form somit nicht überzeugen.[434] *Ruppes* Argumentation wäre auch dann nicht überzeugend, hätte es § 20 Abs. 5 Satz 1 EStG schon zum Zeitpunkt der Argumentation gegeben. § 20 Abs. 5 Satz 1 EStG normiert für den Spezialfall der Kapitalerträge, wer Zurechnungssubjekt der Einkünfte ist. § 20 Abs. 5 Satz 1 EStG rechnet die Kapitalerträge also gerade nicht demjenigen zu, der den Einkünftetatbestand verwirklicht, sondern dem Anteilseigner. Ob der Anteilseigner in jedem Fall auch diejenige Person ist, die den Einkünftetatbestand erfüllt, bleibt unklar. Darüber hinaus könnte aus der Normierung des Besteuerungssubjekts im Fall der Kapitalerträge nicht darauf geschlossen werden, dass das Besteuerungssubjekt der weiteren Einkunftsarten gleichartig zu bestimmen ist. Die Normierung nur in Bezug auf Einkünfte aus Kapitalvermögen drängt vielmehr den

---

434 Zwar finden sich in *Ruppes* Abhandlung weitere Ansätze, welche auch zur Begründung, weshalb eine Gleichsetzung von Erfüllung eines Einkünftetatbestandes und Erzielen von Einkünften geboten sein könnte, herangezogen werden könnten, *Ruppe* selbst führt diese Überlegungen allerdings in einem anderen Zusammenhang aus. Zudem handelt es sich nur um Ansätze, welche in dieser Form noch nicht für eine Begründung genügen. Siehe dazu die Ablehnung der Zurechnung von Einkünften nach dem Kriterium der wirtschaftlichen Verfügungsmacht über die Einkünfte, *Ruppe*, DStJG 1978/79, 7, 17.

gegenläufigen Schluss auf, dass die Einkünftezurechnung nur für diesen Spezialfall in der bestimmten Form vorgenommen werden soll. Anderenfalls wäre ein allgemeiner Tatbestand geschaffen worden, welcher in Bezug auf sämtliche Einkunftsarten normiert, wer Besteuerungssubjekt ist. Ob das Erzielen von Einkünften mit der Erfüllung eines Einkünftetatbestandes gleichzusetzen ist, bleibt somit zu untersuchen und bliebe zu begründen.

(c) Eigene Begründung der Gleichsetzung

Eine Antwort auf die Frage, ob eine Gleichsetzung des Erzielens von Einkünften und der Erfüllung eines Einkünftetatbestandes systematisch zwingend ist, ist primär in systematischen und teleologischen Erwägungen zu suchen. Der Wortlaut des § 2 Abs. 1 Satz 1 EStG und die Historie der Norm geben keinen Aufschluss über eine mögliche Gleichsetzung. Anhaltspunkte für eine Gleichsetzung könnten sich aber einerseits aus dem Grundsatz der Tatbestandsmäßigkeit der Besteuerung gemäß Art. 20 Abs. 3 GG und andererseits aus dem Grundsatz der Gleichmäßigkeit der Besteuerung gemäß Art. 3 Abs. 1 GG ergeben. Des Weiteren könnte das Leistungsfähigkeitsprinzip eine Gleichsetzung fordern. Solche Anhaltspunkte werden nachstehend näher beleuchtet. Die Prüfung, ob eine Gleichsetzung zwingend ist, wird zunächst auf Einkünftetatbestände beschränkt, in denen eine nicht-gemeinschaftliche erwerbswirtschaftliche Tätigkeit vorausgesetzt wird.

(aa) Prinzip der Tatbestandsmäßigkeit der Besteuerung

Zunächst könnte aus dem Prinzip der Tatbestandsmäßigkeit der Besteuerung gemäß Art. 20 Abs. 3 GG ableitbar sein, dass das Erzielen von Einkünften mit dem entsprechenden Einkünftetatbestand gleichzusetzen ist. Diese Erwägung gründet auf dem Umstand, dass der Tatbestand des Erzielens von Einkünften bei einer Gleichsetzung von Erzielen und Erfüllung eines Einkünftetatbestandes stärker konturiert wäre. Der Tatbestand wäre also eindeutiger bestimmt, woraus unter anderem folgen würde, dass die persönliche Zurechnung von Einkünften weniger umfangreich vom Steuerpflichtigen gestaltbar wäre.

Das Prinzip der Tatbestandsmäßigkeit der Besteuerung besagt, dass ein Sachverhalt, der den Tatbestand eines Steuergesetzes verwirklicht, nicht mit steuerlicher Wirkung rückwirkend verändert werden kann.[435] Vorgegeben ist also, dass das bestimmte Besteuerungssubjekt seine Stellung als Besteuerungssubjekt nicht abändern darf, sofern feststehend definiert ist, wer Besteuerungssubjekt ist und der Tatbestand der Einkünfteerzielung gemäß der Definition erfüllt ist.[436] Nicht vorgegeben ist hingegen, wie zu definieren ist, wer den Tatbestand des Erzielens von Einkünften erfüllt. Der Tatbestand der Einkünfteerzielung kann somit durchaus so ausgestaltet werden, dass den potentiell Steuerpflichtigen Gestaltungsspielräume zukommen. Wichtig ist nur, dass die Erfüllung dieses Tatbestandes nicht mehr rückwirkend geändert werden darf, sofern die Gestaltung einmal in einer gewissen Weise vorgenommen wurde und der Tatbestand des Erzielens dadurch erfüllt wurde. Die Einkommensbesteuerung darf in diesem Sinne nicht der Beliebigkeit ausgesetzt sein.[437] Aus dem Prinzip der Tatbestandsmäßigkeit der Besteuerung kann folglich nicht abgeleitet werden, dass der Tatbestand des Erzielens von Einkünften möglichst konkret konturiert sein sollte. Das Prinzip kann somit für eine Gleichsetzung nicht fruchtbar gemacht werden.

(bb) Gebot der Gleichmäßigkeit der Besteurung

Das Gebot der Gleichmäßigkeit der Besteuerung gemäß Art. 3 Abs. 1 GG könnte aber für eine Gleichsetzung sprechen. Die Gleichsetzung der Einkünftetatbestände mit dem Erzielen würde die Einkünftezurechnung, aufgrund der näheren Konturierung, weniger gestaltbar bzw. vom Steuerpflichtigen beeinflussbar machen. Die Beherrschung der Handlungen oder Zustände, welche die Einkünftetatbestände vorsehen, ist weitaus weniger vom Steuerpflichtigen gestaltbar, als beispielsweise wer Zahlungsempfänger wird. Eine Gleichsetzung könnte deshalb zur Gleichmäßigkeit der Besteuerung beitragen. Insbesondere

---

435 Vgl. BFH, Urt. v. 02.08.1983 – VIII R 15/80, BStBl. II 1983, 736; BFH, Urt. v. 27.03.1990 – VII R 26/89, BStBl. II 1990, 939; BFH, Urt. v. 10.03.1993 – I R 51/92, BStBl. II 1993, 635; BFH, Urt. v. 03.08.1993 – VIII R 82/91, BStBl. II 1994, 561; BFH, Beschl. v. 31.01.2013 – GrS 1/10, BStBl. II 2010, 739; Koenig/*Koenig*, AO, 5. Aufl. 2024, § 38 Rn. 3; Brandis/Heuermann/*Ratschow*, EStG, 176. EL. 2025, § 20 Rn. 134.

436 Vgl. Fn. 435.

437 Vgl. *Robertz*, Die persönliche Zurechnung von Vermögenseinkünften, 2003, S. 55.

die steuerbegründenden Vorschriften müssen dem Prinzip der möglichst gleichmäßigen Belastung besonders sorgfältig Rechnung tragen.[438] Dies gilt es auch im Rahmen der Auslegung der steuerrechtlichen Vorschriften zu beachten.[439] Gleichmäßigkeit der Besteuerung wird allerdings nicht dadurch erreicht, dass den Steuerpflichtigen Gestaltungsmöglichkeiten genommen werden.[440] Eine gleichmäßige Besteuerung ist vielmehr auch dann gewahrt, wenn sämtlichen Steuerpflichtigen dieselben Gestaltungsmöglichkeiten zukommen.[441] Aus dem Gebot der Gleichmäßigkeit der Besteuerung lässt sich somit kein Rechtssatz ableiten, der zu einer Gleichsetzung zwingt. Ableitbar ist nur, dass die Art und Weise der Zurechnung von Einkommen – sollte diese dem Steuerpflichtigen einen gewissen Gestaltungsspielraum zugestehen – jedem Steuerpflichtigen den gleichen Gestaltungsspielraum zugestehen muss. Vor dem Hintergrund der Gleichmäßigkeit der Besteuerung wäre folglich auch beispielsweise eine Zurechnung der Einkünfte an den Zahlungsempfänger möglich. Zwar obliegt der Zahlungsempfänger weitgehend der Disposition der Parteien, jedoch käme jedem Steuerpflichtigen derselbe Gestaltungsspielraum zu.

(cc) Leistungsfähigkeitsprinzip und Systematik der Steuergesetze

Allerdings könnte das Leistungsfähigkeitsprinzip die Gleichsetzung von Einkommenserzielung und Erfüllung eines Einkünftetatbestandes systematisch erfordern. Um diesen Gedanken greifbar zu machen, seien folgende Erwägungen vorweggenommen. In Ausformung des Leistungsfähigkeitsprinzips war eine der ersten grundlegenden Entscheidungen des Gesetzgebers, nicht nur an das Einkommen als Indikator von Leistungsfähigkeit anzuknüpfen, sondern ebenfalls an den

---

438 BVerfG, Urt. v. 27.06.1991 – 2 BvR 1493/89, BVerfGE 84, 239; BVerfG, Beschl. v. 17.11.2009 – 1 BvR 2192/05, BVerfGE 125, 1; BFH, Beschl. v. 31.01.2013 – GrS 1/10, BStBl. II 2010, 739.

439 BFH, Beschl. v. 31.01.2013 – GrS 1/10, BStBl. II 2010, 739.

440 Dies ergibt sich daraus, dass bloß geboten ist, wesentlich Gleiches gleich und wesentlich Ungleiches ungleich zu behandeln, vgl. dazu die Urteile zur Besteuerungsgleichheit in Fn. 438; ein Gebot, keine Gestaltungmöglichkeiten zu etablieren folgt daraus nicht. Siehe auch BVerfG, Beschl. v. 14.04.1959 – 1 BvL 23, BVerfGE 9, 237 dazu, dass Steuerpflichtige ihre Verhältnisse so gestalten können, wie es für sie am steuergünstigsten ist.

441 Vgl. BVerfG, Beschl. v. 14.04.1959 – 1 BvL 23, BVerfGE 9, 237 und ebenfalls die Urteile zur Besteuerungsgleichheit in Fn. 438.

Konsum. Diese Entscheidung schlägt sich darin nieder, dass zur Besteuerung von Leistungsfähigkeit nicht nur das EStG, sondern auch beispielsweise das UStG geschaffen wurde. Durch die Anknüpfung der Besteuerung an unterschiedliche Belastungsgründe ist auf den ersten Blick eine gewisse zeitliche Abfolge der Steuern untereinander naheliegend. Die „zeitliche Stellung“ einer Steuer könnte reflexartig von dem Belastungsgrund, an den sie anknüpft, abhängig sein. Eine zeitliche Rangfolge konkret zwischen Einkommen- und Umsatzsteuer könnte sich daraus ergeben, dass im EStG definiert wird, was Einkünfte sind. Das UStG knüpft sodann als Belastungsgrund unter anderem an die Verwendung von Einkünften an. Würden EStG und UStG dem Begriff des Einkommens denselben Bedeutungsgehalt zusprechen, müssten Einkünfte i. S. d. EStG zunächst erzielt und könnten erst anschließend verwendet werden. Als Reflex der Anknüpfung an Einkommen einmal im Stadium des Erwirtschaftens und einmal im Stadium des Verwendens ergäbe sich folglich eine zeitliche Rangfolge. Aus einer solchen „zeitlichen Rangfolge“ von Einkommen- und Umsatzsteuer könnte sich eine Gleichsetzung von Einkünfteerzielung und Erfüllung eines Einkünftetatbestandes als logische Konklusion ergeben. Um zu prüfen, ob eine Gleichsetzung auf einer solchen Grundlage systematisch zwingend ist, wird zunächst betrachtet, an welche Belastungsgründe EStG und UStG anknüpfen und ob der Einkommensbegriff einheitlich verstanden wird. Sodann wird untersucht, ob daraus ein zeitliches Verhältnis ableitbar ist und inwiefern sich daraus eine Gleichsetzung von Einkünfteerzielung und Erfüllung eines Einkünftetatbestandes ergeben könnte.

Die Anknüpfung des EStG an die von einer natürlichen Person erzielten Einkünfte als Belastungsgrund wurde bereits oben beschrieben.[442] Das UStG hingegen knüpft an den Konsum als Indikator von Leistungsfähigkeit an.[443] Der Konsum als Belastungsgrund der Umsatzsteuer lässt sich konkret beschreiben als die geldwerten Aufwendungen eines Konsumenten, welche dieser aufwendet, um Güter oder Dienstleistungen zu konsumieren.[444] Belastungsgrund ist also nicht

---

442 Siehe oben S. 89 ff.

443 Vgl. zum Konsum als Belastungsgrund der Umsatzsteuer, BT-Drucks. V/1581.

444 Vgl. *Tipke*, UR 1972, 2, 2 ff.; *Bach*, StuW 1991, 116, 128 f.; *Söhn*, StuW 1996, 165, 165 ff.; *Fischer*, Die Rechtfertigung einer Umsatzbesteuerung und ihre

der reine Verbrauch solcher Güter oder Dienstleistungen, sondern der geldwerte Aufwand, den der Verbraucher für diesen Konsum aufwendet.[445] Die Umsatzsteuer wird deshalb konkret auch bezeichnet als eine Steuer „*auf die Verwendung von Einkommen und Vermögen (Konsum)*".[446] Die Umsatzsteuer werde „*im Zeitpunkt der Verwendung des zuvor entstandenen Einkommens erhoben*".[447]

Problematisch ist allerdings, ob aus der im obigen Sinne propagierten Anknüpfung der Umsatzsteuer an die Verwendung von Einkommen auch folgt, dass die Umsatzsteuer an Einkommen i. S. d. EStG anknüpft. Die Umsatzsteuer könnte Einkommen auch beispielsweise in einem untechnischen Sinne verstehen und bloß ohne konkretere Details jegliche Vermögenszuwächse als Einkommen ansehen. Die

---

Vereinbarkeit mit den Grundrechten, 2007, S. 90. Vgl. auch Tipke/Lang/*Englisch*, Steuerrecht, 25. Aufl. 2024, Rn. 17.11.

445 Vgl. *Söhn*, StuW 1975, 1, 17; *Tipke*, StuW 1992, 103, 107; *Hummel*, UR 2015, 213, 217 m. w. N. Vgl. auch Tipke/Lang/*Englisch*, Steuerrecht, 25. Aufl. 2024, Rn. 17.11.

446 Grashoff/Mach/*Grashoff/Mach*, Grundzüge des Steuerrechts, 16. Aufl. 2023, Rn. 399; Koenig/*Koenig*, AO, 5. Aufl. 2024, § 3 Rn. 85. Vgl. auch Tipke/Lang/*Englisch*, Steuerrecht, 25. Aufl. 2024, Rn. 17.11; *Birk/Desens/Tappe*, Steuerrecht, 27. Aufl. 2024, Rn. 72.

447 Grashoff/Mach/*Grashoff/Mach*, Grundzüge des Steuerrechts, 16. Aufl. 2023, Rn. 399. Technisch wird die Steuer in den meisten Fällen allerdings schon dann erhoben, wenn der Konsumgrund erbracht, das Entgelt für diesen Konsum aber noch nicht gezahlt, sondern nur vereinbart wurde, vgl. § 16 Abs. 1 Satz 1 UStG (sogenannte Besteuerung nach vereinbarten Entgelten bzw. Soll-Besteuerung), siehe Bunjes/*Korn*, UStG, 24. Aufl. 2025, § 16 Rn. 6; Sölch/Ringleb/*Leipold*, UStG, 104. EL. 2025, § 16 Rn. 20. Aus diesem steuertechnischen Umstand folgt allerdings nicht, dass das UStG nicht an die tatsächlich erfolgende Einkommensverwendung anknüpft. Dies geht daraus hervor, dass die Steuerbemessungsgrundlage gemäß § 17 Abs. 2 Nr. 1 Satz 1 UStG zu berichtigen ist, wenn das vereinbarte Entgelt uneinbringlich geworden ist; siehe zur Berichtigungspflicht bei Uneinbringlichkeit des Entgelts, Bunjes/*Korn*, UStG, 24. Aufl. 2025, § 17 Rn. 102 ff.; Sölch/Ringleb/*Wäger*, UStG, 104. EL. 2025, § 17 Rn. 115 ff. Die Umsatzsteuer wird also effektiv nur dann erhoben, wenn tatsächlich eine Vermögensverwendung vorliegt, vgl. Bunjes/*Korn*, UStG, 24. Aufl. 2025, § 20 Rn. 9 ff. Nur eine solche tatsächliche Vermögensverwendung ist der Belastungsgrund der Umsatzsteuer, an welchen anzuknüpfen ist, wenn die zeitliche Abfolge der Belastungsgründe von Einkommen- und Umsatzsteuer untersucht wird. Die tatsächliche Vermögensverwendung liegt im Zeitpunkt der Zahlung des Entgelts für den Konsum.

Antwort auf diese Frage ist in der inneren Systematik[448] der steuerrechtlichen Teilrechtsordnungen zu suchen. Nur wenn sich aus der inneren Systematik der Steuergesetze ergibt, dass die Umsatzsteuer an Einkommen i. S. d. Einkommensteuer anknüpft, ergäbe sich als Reflex ein konkretes zeitliches Verhältnis zwischen Einkommen- und Umsatzsteuer, welches zu einer Gleichsetzung zwingen könnte.

Der Versuch, die innere Systematik der Steuergesetze für einen tatsächlichen Erkenntnisgewinn im Hinblick auf die Frage fruchtbar zu machen, ob sowohl dem EStG als auch dem UStG ein einheitlicher Einkommensbegriff zugrunde liegt, ist von Ernüchterung geprägt. Zum einen: *„existieren [gegenwärtig] nicht einmal einheitliche Einzelsteuerrechtsordnungen*“.[449] Zum anderen knüpfen die Einzelsteuergesetze *„an verschiedene Einkunfts-, Vermögens- und Umsatzarten unterschiedliche Rechtsfolgen und enthalten auch in sich Inkonsequenzen und Widersprüche. Das verhindert die Einheit [der steuerrechtlichen Teilrechtsordnungen].*“[450] Spezifisch zum Verhältnis des Einkommen- zum Umsatzsteuerrecht wird in diesem Sinne auch ausgeführt, dass zwar beiden das Leistungsfähigkeitsprinzip zugrunde liege, das Leistungsfähigkeitsprinzip aber durch teilweise andere Subprinzipien konkretisiert werde.[451] Der Annahme, dem UStG und dem EStG lägen gleichartige Einkommensbegriffe zugrunde, widerspricht somit bereits die Uneinheitlichkeit der steuerrechtlichen Teilrechtsordnungen als solche. Darüber hinaus steht einer Begriffsgleichheit die unterschiedliche Zwecksetzung von EStG und UStG entgegen. Das UStG belastet *„die am Markt geltend gemachte Kaufkraft, mag diese aus Einkommen oder aus sonstigen Einnahmen herrühren*“.[452] Für Zwecke der Umsatzsteuer ist es deshalb nicht einmal notwendig, den Einkommensbegriff in einem bestimmten Sinn zu verstehen. Einzig entscheidend für die Umsatzsteuer ist, ob Kaufkraft am Markt ein-

---

448 Siehe zur inneren und äußeren Systematik der Steuergesetze beispielsweise bei *Tipke*, Die Steuerrechtsordnung, Bd. 1, 2. Aufl. 2000, S. 61 ff.

449 *Tipke*, Die Steuerrechtsordnung, Bd. 1, 2. Aufl. 2000, S. 96.

450 *Tipke*, Die Steuerrechtsordnung, Bd. 1, 2. Aufl. 2000, S. 96. In diesem Sinne auch Tipke/Lang/*Hey*, Steuerrecht, 25. Aufl. 2024, Rn. 3.1. Vgl. zum „Steuerchaos“ beispielsweise auch *Lang*, FR 1993, 661, 664 ff.; *Raupach*, FS Klein, 1994, 309, 309 ff.; *Helsper*, BB 1995, 17, 17 ff.

451 Tipke/Lang/*Englisch*, Steuerrecht, 25. Aufl. 2024, Rn. 17.13.

452 *Kirchhof*, StuW 1985, 319, 324.

gesetzt wurde.[453] Umgangssprachlich ausgedrückt ist es der Umsatzsteuer folglich gleichgültig, was Einkommen ist.[454] Davon, dass die Umsatzsteuer in ihrem Belastungsgrund „Verwendung von Einkommen“ an solches Einkommen i. S. d. EStG anknüpft, kann also nicht ausgegangen werden.

Eine zeitliche Rangfolge zwischen EStG und UStG könnte nichtsdestotrotz bestehen. Aus dem Umstand, dass die Umsatzsteuer an jeglichen Einsatz von Kaufkraft anknüpft, folgt nämlich auch, dass Mittel, die potentiell Einkommen i. S. d. EStG sind, von der Umsatzsteuer erfasst werden können.[455] Mittel, die potentiell Einkommen i. S. d. EStG sind, werden vorliegend verstanden als objektiv i. S. d. EStG bestehende Einkünfte, die aber vom EStG noch keiner Person zugerechnet wurden. Wäre es möglich, solche Mittel i. S. d. Einsatzes von Kaufkraft am Markt zu verwenden, bevor das EStG solche Einkünfte einer Person zurechnen würde, gäbe es keine zeitliche Rangfolge zwischen Umsatz- und Einkommensteuer. Würden Einkünfte vom EStG hingegen zwingend subjektiv zugerechnet, bevor sie i. S. d. UStG verwendet werden könnten, bestünde eine zeitliche Rangfolge.

Aufschluss vermag § 11 EStG zu geben. Nach § 11 Abs. 1 Satz 1 EStG sind Einkünfte grundsätzlich dann zeitlich zuzuordnen, wenn sie dem Steuerpflichtigen zugeflossen sind. Zugeflossen i. S. v. § 11 Abs. 1 EStG sind Einkünfte einem Steuerpflichtigen dann, wenn er über sie wirtschaftlich verfügen kann.[456] Im Zeitpunkt der Erlangung der wirtschaftlichen Verfügungsmacht steht die zeitliche Zuordnung der Einkünfte folglich fest. In diesem Zeitpunkt müssen die Einkünfte ebenfalls subjektiv zugerechnet sein. Die zeitliche Zuordnung von Einkünften entscheidet sich nämlich erst nach deren subjektiver Zu-

---

453 Vgl. *Kirchhof*, StuW 1985, 319, 324.

454 Vgl. in diesem Sinne auch *Müller*, Struktur, Entwicklung und Begriff der Verbrauchsteuern, 1997, S. 122.

455 Vgl. *Kirchhof*, StuW 1985, 319, 324; *Müller*, Struktur, Entwicklung und Begriff der Verbrauchsteuern, 1997, S. 122.

456 RFH, Urt. v. 13.11.1928 – VI A 155/28, RFHE 24, 272; BFH, Urt. v. 12.04.2007 – VI R 6/02, BStBl. II 2007, 581; BFH, Urt. v. 11.12.2014 – VIII R 25/12, BStBl. II 2014, 461; BFH, Urt. v. 27.09.2016 – VIII R 66/13, BStBl. II 2017, 626; Schmidt/*Krüger*, EStG, 44. Aufl. 2025, § 11 Rn. 15; Brandis/Heuermann/*Martini*, EStG, 176. EL. 2025, § 11 Rn. 20.

rechnung.[457] Ohne subjektive Zurechnung könnte eine zeitliche Zuordnung nicht erfolgen bzw. zumindest nicht in jedem Fall gewahrt werden. Der Zeitpunkt der subjektiven Zurechnung der Einkünfte liegt also vor dem Zeitpunkt der zeitlichen Zuordnung der Einkünfte. Der Zeitpunkt der zeitlichen Zuordnung der Einkünfte ist nun exakt dieser Zeitpunkt, in welchem die Einkünfte erstmalig wirtschaftlich verwendet, also auch für Konsum i. S. d. UStG eingesetzt, werden können. Für eine juristische Sekunde ist die zeitliche Zuordnung von Einkünften i. S. d. EStG folglich bereits abgeschlossen, bevor eine Verwendung i. S. d. UStG tatsächlich erfolgen kann. Da der Zeitpunkt der subjektiven Zurechnung vor dem Zeitpunkt der zeitlichen Zuordnung liegt, liegt der Zeitpunkt der subjektiven Zurechnung ebenfalls vor dem Zeitpunkt der erstmaligen Möglichkeit, die Einkünfte i. S. d. UStG tatsächlich zu verwenden. Damit besteht eine zeitliche Rangfolge zwischen Einkommen- und Umsatzsteuer.

Eine weitere Erwägung, aus welcher folgt, dass eine solche Rangfolge besteht, beruht auf der Wertung des EStG, dass die Einkommensteuer aus dem Besteuerungssubstrat zu leisten sein soll. Diese Wertung geht einerseits aus dem aufgezeigten Zuordnungsgrundsatz hervor, Einkommen erst dann zu besteuern, wenn der Steuerpflichtige darüber verfügen kann.[458] Andererseits ergibt sich diese Wertung auch aus § 19a Abs. 1 EStG. § 19a Abs. 1 EStG statuiert für einen Spezialfall, in welchem § 11 EStG zu einer Besteuerung ohne tatsächlichen Mittelzufluss führen würde, einen Besteuerungsaufschub. Die Besteuerung von sogenanntem „dry income“ soll vermieden werden.[459] Würde die Umsatzsteuer nicht in jedem Fall zeitlich nachfolgend zu der Einkommensteuer greifen, könnte die Einkommensteuer nicht in jedem Fall aus dem Besteuerungssubstrat geleistet werden. Mittel, die potentiell Einkommen i. S. d. EStG sind, könnten dann nämlich für Konsum verwendet werden, bevor solche Mittel mit Einkommensteuer belastet würden. Zu dem Zeitpunkt, zu dem die Einkommensteuer sodann greifen würde, wären die Mittel schon für Konsum verwendet. Die Einkommensteuer müsste dann aus sonstigem Vermögen beglichen

---

457 Brandis/Heuermann/*Martini*, EStG, 176. EL. 2025, § 11 Rn. 28.

458 Siehe dazu die Verweise hinsichtlich der zeitlichen Zuordnung in Fn. 456.

459 BT-Drucks. 19/27631, S. 54; Schmidt/*Krüger*, EStG, 44. Aufl. 2025, § 19a Rn. 1; Brandis/Heuermann/*Baldauf*, EStG, 176. EL. 2025, § 19a Rn. 115.

werden. Der Wertung, dass die Einkommensteuer aus dem Besteuerungssubstrat zu leisten sein soll, wäre nicht gerecht geworden. Vermögen, das sich aus Mitteln gebildet hat, die objektiv Einkommen i. S. d. EStG sind, muss also zwangsläufig zunächst i. S. d. EStG erzielt worden sein, bevor es verwendet werden kann.[460] Die Umsatzsteuer ist der Einkommensteuer somit zeitlich nachgelagert.

In Anbetracht dieser Erkenntnis sind sämtliche Normen des EStG so auszulegen, dass das zeitliche Verhältnis von Umsatz- und Einkommensteuer nicht verkehrt wird. Nur so kann vermieden werden, dass sich systematische Widersprüche zu den aufgezeigten Wertungen ergeben.

Eine Gleichsetzung von Einkünfteerzielung und Erfüllung eines Erwerbseinkunftstatbestandes könnte nun der einzige Weg sein, die zeitliche Abfolge zu wahren und systematische Widersprüche zu vermeiden. Dies wäre der Fall, wenn sich aus der Prämisse, dass eine zeitliche Rangfolge einzuhalten ist, sämtliche Folgen der Gleichsetzung ergeben. Ließen sich die unmittelbaren Folgen der Gleichsetzung logisch aus der Prämisse konkludieren, wären sie und damit auch die Gleichsetzung systematisch zwingend. In einem ersten Schritt sind somit die Folgen, welche eine Gleichsetzung ergäbe, zu betrachten. Sämtliche Folgen müssten sodann in Anbetracht des zeitlichen Verhältnisses von EStG und UStG zwingend sein.

Welche Folgen aus einer Gleichsetzung resultieren, ergibt sich maßgeblich daraus, welcher Bedeutungsgehalt dem Terminus des in § 2 Abs. 1 EStG verwendeten Erzielens zugesprochen wird. *Ruppe* maß dem Erzielen nur Aussagekraft hinsichtlich der persönlichen Zurechnung von Einkünften bei.[461] Aus einer Gleichsetzung folge deshalb in unmittelbarer Hinsicht ausschließlich, dass diesem Subjekt, welches einen Einkünftetatbestand verwirklicht, auch die entsprechenden Einkünfte zuzurechnen seien.[462] Auch andere Stimmen im Schrifttum messen dem Begriff des Erzielens nur eine persönliche Komponente

---

460 Siehe zur Unterscheidung von Einkommenserzielung und Einkommensverwendung auch *Raupach*, DStJG 1978/79, S. 210 f. und Herrmann/Heuer/Raupach/*Musil*, EStG/KStG, 333. EL. 2025, § 2 EStG Rn. 59; beide jedoch ohne Begründung, weshalb eine solche Unterscheidung vorzunehmen ist.

461 *Ruppe*, DStJG 1978/79, 7, 18 ff.

462 *Ruppe*, DStJG 1978/79, 7, 18 ff.

in dem Sinne bei, dass dem Subjekt, das Einkünfte erzielt, diese Einkünfte subjektiv zuzurechnen seien.[463] Teilweise wird allerdings angenommen, dass dem Erzielen i. S. d. § 2 Abs. 1 EStG neben der persönlichen Komponente auch die Funktion einer zeitlichen Zuordnung der Einkünfte innewohne.[464] Unter dieser Annahme ergäbe sich aus einer Gleichsetzung eine zweite Folge. Der Zeitpunkt der Erfüllung des Einkünftetatbestandes wäre zugleich der Zeitpunkt der Einkünftezurechnung. In Anbetracht der Uneindeutigkeit, ob § 2 Abs. 1 EStG dem Begriff des Erzielens auch eine zeitliche Zurechnungsfunktion beimisst,[465] wird nachfolgend auch die zeitliche Komponente dahingehend untersucht, ob sie vor dem Hintergrund der zeitlichen Rangfolge zwingend wäre. Wäre dies zu bejahen, wäre eine Gleichsetzung auch dann systematisch zwingend, wenn man davon ausginge, dass § 2 Abs. 1 EStG auch eine zeitliche Komponente zukommt.

Es gilt also erstens zu prüfen, ob das EStG Erwerbseinkünfte einzig bei einer Gleichsetzung, rechtzeitig vor der Möglichkeit zuordnen würde, solche Einkünfte i. S. d. UStG zu verwenden. Zweitens müsste aus der zeitlichen Rangfolge von Einkommen- und Umsatzsteuer auch zwingend hervorgehen, dass diese Person Zurechnungssubjekt sein muss, die den Einkünftetatbestand erfüllt.

Für ersteren Schritt ist zunächst zu ermitteln, welche Zeitspanne dem EStG für eine Zuordnung von Erwerbseinkünften bleibt, bevor solche Einkünfte verwendet werden können. Gäbe es nur einen rechtzeitigen Zeitpunkt und fiele dieser auf den Zeitpunkt der Erfüllung eines Einkünftetatbestandes, würde die erste Folge der Gleichsetzung für die Wahrung der zeitlichen Rangfolge zwingend sein.

Festzustellen ist zunächst, dass Einkünfte, bevor sie nicht in objektiver Hinsicht entstanden sind, weder zugerechnet noch zugeordnet werden können. Die Zeitspanne beginnt folglich zu dem Zeitpunkt, zu welchem die Einkünfte objektiv entstanden sind. Der Zeitpunkt der

---

463 Siehe beispielsweise *Raupach*, FS Beisse, 1997, S. 403, 408 f. und auch die Ausführungen in Brandis/Heuermann/*Ratschow*, EStG, 176. EL. 2025, § 2 Rn. 80 ff.

464 Kirchhof/Kube/Mellinghoff/*Kirchhof*, EStG, 352. EL. 2025, § 2 Rn. A 41 f.

465 Ob der Tatbestand des Erzielens gemäß § 2 Abs. 1 EStG auch eine zeitliche Komponente hat und wie sich die Begriffe Erzielen und bezogen zueinander verhalten wird im Schrifttum auch als uneindeutig herausgestellt, siehe dazu Herrmann/Heuer/Raupach/*Musil*, EStG/KStG, 333. EL. 2025, § 2 EStG Rn. 57.

objektiven Entstehung von Einkünften ist der Zeitpunkt, in dem einer der Einkünftetatbestände in objektiver Hinsicht erfüllt wurde, also von Erfolg (Gewinn oder Überschuss) gekrönt ist.[466] Wenn also ein Steuerpflichtiger durch eine der in den Erwerbseinkunftstatbeständen normierten Handlungen einen Gewinn oder Überschuss erwirtschaftet, sind die entsprechenden Gewinne oder Überschüsse die objektiv bestehenden Einkünfte.

Das Ende der Zeitspanne markiert nun dieser Zeitpunkt, in welchem solche Einkünfte erstmals i. S. d. UStG für Konsum eingesetzt werden können. Es ergibt sich, dass dieser Zeitpunkt der erstmaligen Einsetzbarkeit für Konsum exakt dieser Zeitpunkt der Entstehung der Einkünfte ist. Einkünfte bestehen objektiv erst ab dann, wenn am Markt ein Erfolg in Gestalt von Gewinn oder Überschuss erwirtschaftet wurde.[467] Der Markt muss den Erfolg also zur Verfügung gestellt haben, damit objektiv Einkünfte vorliegen. Hat der Markt den Erfolg erst einmal zur Verfügung gestellt, kann der Erfolg auch verwendet werden. Folglich gibt es nur einen einzigen Zeitpunkt, in welchem das EStG Einkünfte rechtzeitig, also vor der Möglichkeit der Verwendung i. S. d. UStG zuordnen kann. Dieser Zeitpunkt fällt auf den Zeitpunkt der Erfüllung des Einkünftetatbestandes. In diesem Moment entstehen die Einkünfte erstmals und können sogleich verwendet werden. Die Zurechnung nach dem EStG verkehrt nur dann die zeitliche Rangfolge zum UStG nicht, wenn die Einkünfte genau in diesem Zeitpunkt zugerechnet werden. Die zeitliche Vorherigkeit der Einkommensteuer ist dann in jedem Fall – zumindest für eine juristische Sekunde – gewahrt. Die erste Folge der Gleichsetzung – dass der Zeitpunkt der Erfüllung eines Einkünftetatbestandes auf den Zeitpunkt der Einkünftezurechnung fällt – ist deshalb systematisch zwingend.

Zu prüfen verbleibt, ob ebenfalls die zweite Folge der Gleichsetzung systematisch zwingend ist. Würde also einzig in dem Fall, dass der Erfüllende des Einkünftetatbestandes auch Zurechnungssubjekt der entsprechenden Einkünfte ist, die zeitliche Rangfolge von EStG und UStG gewahrt?

466 Vgl. Kirchhof/Kube/Mellinghoff/*Kirchhof*, EStG, 352. EL. 2025, § 2 Rn. A 37.
467 Vgl. Kirchhof/Kube/Mellinghoff/*Kirchhof*, EStG, 352. EL. 2025, § 2 Rn. A 37.

Um dieser Frage auf den Grund zu gehen, ist vorab folgende Erwägung anzustellen. Diejenige Person, die erstmals über Einkünfte verfügen und diese für Konsum einsetzen kann, muss Zurechnungssubjekt der Einkünfte sein. Ansonsten wäre die zeitliche Rangfolge nicht in jedem Fall gewahrt. Würde nämlich nicht zwingend die Person, die erstmals verwenden kann, als Zurechnungssubjekt gesehen, könnte diese Person konsumieren, bevor die Einkommensteuer auf die konsumierten Mittel erhoben würde. Herauszufinden ist also, wer diese Person ist, die erstmalig verwenden kann.

Nach vorliegend vertretener Ansicht ist die Person, welcher der Erfolg vom Markt zur Verfügung gestellt wird, auch diese Person, welche die Einkünfte erstmalig verwenden kann.[468] Die Person, welcher der Erfolg vom Markt zur Verfügung gestellt wird, ist diejenige Person, die den Einkünftetatbestand verwirklicht. Werden die einzelnen Tatbestände hinsichtlich Erwerbseinkünften, die keine gemeinschaftliche Erwirtschaftung von Einkünften zum Gegenstand haben, näher in den Blick genommen, ergibt sich, dass diese statuieren, aus welcher Handlung oder welchem Zustand gewisse Einkünfte resultieren. Normiert ist diese Leistung oder Beherrschung eines Zustandes, für welche der Markt unmittelbar zahlt.[469] Technisch ist entweder unmittelbar die Leistung oder Beherrschung beschrieben, für welche der Markt das Entgelt zahlt. So normiert beispielsweise § 21 Abs. 1 Satz 1 Nr. 1 EStG, dass Einkünfte aus Vermietung und Verpachtung solche Zahlungen sind, die für die Vermietung und Verpachtung von unbeweglichem Vermögen geleistet werden. Normiert ist somit exakt die Beherrschung des Zustands „Besitzüberlassung an einer unbeweglichen Sache“. Genau für diese Besitzüberlassung zahlt der Markt auch das Entgelt. In anderen Fällen ist die Leistung oder Beherrschung, für welche der Markt das Entgelt zahlt, zwar nicht unmittelbar, schon aber übergreifend, beschrieben. Beispielsweise Einkünfte aus Land- und Forstwirtschaft gemäß § 13 Abs. 1 Nr. 1 Satz 1 EStG sind beschrieben als Einkünfte aus u. a. dem Betrieb von Landwirtschaft. Somit wird nicht unmittelbar beispielsweise auf die Veräußerung von landwirt-

---

468 Im Ergebnis auch *Robertz*, Die persönliche Zurechnung von Vermögenseinkünften, 2003, S. 55 ff.

469 Siehe zur Beherrschung der Leistungserstellung am Markt auch *Ruppe*, DStJG 1978/79, 7, 18 f.

schaftlich erzeugten Produkten abgestellt. Der Rechtsanwender kann sich unter Einkünften aus dem Betrieb von Landwirtschaft allerdings genau solche Modalitäten vorstellen. Der Oberbegriff „Betrieb von Landwirtschaft" ist hinreichend konkretisier- und abgrenzbar, sodass auch solche Einkünftetatbestände – zusammengefasst in Oberbegriffen – diese Leistungsmodalitäten beschreiben, für welche der Markt das Entgelt zahlt. Derjenige, der die normierte Leistungserstellung am Markt beherrscht, mithin den Einkünftetatbestand erfüllt,[470] kann deshalb – realistisch betrachtet – die Zahlung, d. h. im Ergebnis die Einkünfte, dafür verlangen. Somit kann derjenige, der den Einkünftetatbestand erfüllt, auch die Auszahlungsmodalitäten steuern. Im Rahmen der Steuerung der Auszahlungsmodalitäten kann der Steuernde bereits bestimmen, ob die Zahlung bloß in sein Vermögen gelegt werden soll oder ob die gezahlten Gelder unmittelbar – beispielsweise für Konsum i. S. d. UStG – verwendet werden sollen. Dieses Subjekt, das den Einkünftetatbestand erfüllt, ist folglich stets auch das Subjekt, welches die entsprechenden Einkünfte als Erstes verwenden kann.[471]

Zur Wahrung der zeitlichen Rangfolge zwischen Einkommen- und Umsatzsteuer sind der Person, die den Einkünftetatbestand verwirklicht, auch die Einkünfte subjektiv zuzurechnen. Es ergibt sich, dass nur im Fall einer Gleichsetzung von Einkünfteerzielung und Erfüllung eines Einkünftetatbestandes die zeitliche Abfolge von Einkommen- und Umsatzsteuer gewahrt ist. Würde eine Gleichsetzung nicht vorgenommen, ergäben sich die aufgezeigten systematischen Widersprüche. Das innere System des EStG zwingt deshalb zu einer Gleichsetzung. Dies gilt auch für den Fall, dass dem Erzielen gemäß § 2 Abs. 1 EStG eine zeitliche Komponente zugesprochen wird.

Die Gleichsetzung wird zudem durch ein weiteres systematisches Argument gestützt. Das EStG beschreibt in detaillierter Art und Weise, welche Einkünfte der Einkommensteuer unterliegen. Die Einkünfte, welche das EStG normiert, resultieren entweder aus Handlungen oder aus Zuständen, welche beherrscht werden. Vorausgesetzt ist also stets eine Handlung bzw. Beherrschung. Handeln und Beherrschen können stets nur Personen. Es erschiene wenig sinnvoll – nach der Beschrei-

470 Vgl. *Ruppe*, DStJG 1978/79, 7, 18.

471 Im Ergebnis auch *Robertz*, Die persönliche Zurechnung von Vermögenseinkünften, 2003, S. 55 ff.

bung der Einkünfte, die ihrerseits Handlungen voraussetzen – die Einkünfte nicht der jeweils handelnden Person zuzurechnen, sondern einem Dritten, auf welchen das EStG nicht näher eingeht. Wäre eine in diesem Sinne nicht intuitive Zurechnung vom Gesetzgeber gewollt gewesen, hätte eine solche Zurechnung ausdrücklich normiert werden müssen. Mangels einer solchen Normierung erscheint die Zurechnung nicht an den Handelnden bzw. Beherrschenden, auf den die Einkünftetatbestände jeweils abstellen, als zu fernliegend.

Somit gebietet die innere Systematik des EStG hinsichtlich der Einkünftetatbestände, die eine nicht-gemeinschaftliche Einkünfteerstellung zum Gegenstand haben, dass derjenige, der einen Einkünftetatbestand erfüllt, auch der Erzielende dieser Einkünfte sein muss. Die Erfüllung eines Einkünftetatbestandes ist mit der Einkünfteerzielung somit gleichzusetzen. *Ruppe* ist hinsichtlich dieser Prämisse zuzustimmen. Damit sind dem Begriff des Erzielens bereits vielschichtige Konturen gegeben. Es erzielt immer diese Person Einkünfte, die einen der Einkünftetatbestände erfüllt. Erzielen von Einkünften wird also von den Einkünftetatbeständen konturiert und nimmt jeweils deren Form an.

(d) Aus Gleichsetzung ableitbare Erkenntnisse

Geklärt werden konnte nun, dass dem Erfüllenden eines Erwerbseinkunftstatbestandes die entsprechenden Einkünfte persönlich zuzurechnen sind. Ein dogmatisches Konzept der persönlichen Einkünftezurechnung ist damit allerdings noch nicht geschaffen. Vielmehr ist nun zu betrachten, welche Folgerungen aus der Gleichsetzung abgeleitet werden können.

(aa) *Ruppes* Ableitungen

Für die weiteren Erkenntnisse sind zunächst wiederum *Ruppes* auf der Gleichsetzung aufbauenden Folgerungen in den Blick zu nehmen und zu evaluieren.[472] *Ruppe* schlussfolgert, dass aus der Gleichsetzung ein Gleichlauf der Wertungen folge, die sowohl der Einkünfteerzielung als auch der Erfüllung von Einkünftetatbeständen zugrunde liegen und leitet aus Gemeinsamkeiten der Einkünftetatbestände Leitgedan-

472 Siehe zum Nachfolgenden sinngemäß *Ruppe*, DStJG 1978/79, 7, 18.

ken der Einkünftezurechnung ab. Wertungen, die den Einkünftetatbeständen gesamtheitlich zugrunde liegen, stellten aufgrund der Gleichsetzung ebenfalls grundlegende Wertungen der Einkünfteerzielung dar. Die Einkünftetatbestände könnten deshalb herangezogen werden, um Erkenntnisse über die Einkünfteerzielung zu erlangen. Kleinster gemeinsamer Nenner der Einkünftetatbestände – also ebenfalls der Einkünfteerzielung – sei die entgeltliche Verwertung von Leistungen am Markt (Leistungserstellung). Da die Einkünftetatbestände die Leistungserstellung am Markt voraussetzten, erfüllten auch diese Personen die Einkünftetatbestände, welche die Leistungserstellung vornähmen. Die Leistungserstellung nähmen diese Personen vor, welche die Leistungserstellung, also die spezifische im Einkünftetatbestand normierte Handlung oder den Zustand beherrschten.[473] Einkünfte erziele somit diejenige Person, welche die Leistungserstellung am Markt beherrsche.[474] Ob auch diesen Schlussfolgerungen von *Ruppe* vollends zugestimmt werden kann, bedarf einer näheren Untersuchung.

(bb) Prüfung von *Ruppes* Ableitungen

Die Ableitungen von *Ruppe* würden dem Erzielen von Einkünften i. S. d. § 2 Abs. 1 Satz 1 EStG weitreichende Konturen verleihen. Solche Ableitungen sind allerdings zu prüfen, bevor auf ihnen aufgebaut werden kann. Hervorgehoben sei, dass sich die Prüfung von *Ruppes* Folgerungen in diesem Teil ausschließlich auf Tatbestände bezieht, welche Erwerbseinkünfte zum Gegenstand haben, die ausschließlich durch eine Person erwirtschaftet werden.

Folgerichtig ist, dass sich aus der Gleichsetzung von Einkünfteerzielung und der Erfüllung eines Einkünftetatbestandes auch eine Gleichsetzung der jeweiligen grundlegenden Wertungen ergibt. Ebenfalls ist richtig, dass sämtliche Erwerbseinkünfte eine Leistungserstellung am Markt voraussetzen. Ohne eine solche Leistungserstellung am Markt lägen bereits keine zurechenbaren Einkünfte vor. Auch der weiteren Schlussfolgerung von *Ruppe*, dass diejenigen Personen, welche die Leistungserstellung vornehmen, den Einkünftetatbestand erfüllen, ist für die betrachteten Tatbestände zuzustimmen. Die obige Prüfung ergab für solche Tatbestände, dass die Leistungserstellung am Markt

473 *Ruppe*, DStJG 1978/79, 7, 18.
474 *Ruppe*, DStJG 1978/79, 7, 18.

echtes Tatbestandskriterium ist.[475] Denn die Tatbestände normieren stets die Tätigkeit oder die Beherrschung dieses Zustands, für welchen der Markt das Entgelt entrichtet. Die Leistungserstellung am Markt geht der Erfüllung eines Einkünftetatbestandes somit nicht nur voraus, sondern ist als Tatbestandskriterium für die Erfüllung des Einkünftetatbestandes notwendig. Auch ist die Leistungserstellung am Markt in solchen Tatbeständen durch die Vornahme einer Handlung oder die Beherrschung eines Zustands charakterisiert.[476] Einkünfte erzielt – im Einklang mit *Ruppe* – also diese Person, welche die Leistungserstellung am Markt beherrscht. Die Charakteristika der Beherrschung der Leistungserstellung am Markt sind also zugleich die Charakteristika der Einkünfteerzielung.

Festzuhalten ist somit, dass *Ruppe* in seinen Schlussfolgerungen weitgehend zugestimmt werden kann. Dass den Einkünftetatbeständen jeweils eine Leistungserstellung am Markt vorherzugehen hat, ist richtig. Für Tatbestände, die Erwerbseinkünfte normieren, in deren Rahmen nicht gemeinschaftlich tätig geworden wird, gilt zudem, dass der Beherrschende der Leistungserstellung auch derjenige ist, dem die entsprechenden Einkünfte persönlich zuzurechnen sind. Es ergibt sich, dass die Kriterien des Beherrschens ebendiese Kriterien sind, welche für die persönliche Zurechnung der Einkünfte maßgeblich sind. Ob selbiges aber auch für § 15 Abs. 1 Satz 1 Nr. 2 EStG, als Einkünftetatbestand gilt, welchem ein gemeinschaftliches Tätigwerden zugrunde liegt, wird unten noch näher untersucht. Die Leistungserstellung am Markt könnte § 15 Abs. 1 Satz 1 Nr. 2 EStG auch bloß zeitlich vorhergehen. Ein Mitunternehmer würde die Leistungserstellung am Markt dann möglicherweise nicht beherrschen. Zu klären bleibt somit, ob die Zurechnung der Einkünfte an denjenigen, der die Leistungserstellung beherrscht, mit *Ruppe* der kleinste gemeinsame Nenner der Einkünftetatbestände oder nur ein ausnahmenbehafteter Grundsatz ist.

Bereits an dieser Stelle ist hervorzuheben, dass *Ruppe* selbst die persönliche Zurechnung bei gemeinschaftlicher wirtschaftlicher Tätigkeit aus seinem Beitrag ausgeklammert hat.[477] *Ruppe* spricht lediglich von

475 Siehe dazu oben S. 114 f.
476 Siehe dazu oben S. 114 f.
477 *Ruppe*, DStJG 1978/79, 7, 22.

der „vertikalen Teilung der Dispositionsbefugnisse".[478] Inwiefern eine vertikale Teilung der Dispositionsbefugnisse als dogmatisches Konzept der Einkünfteerzielung bei gemeinschaftlicher wirtschaftlicher Tätigkeit dienen könnte, wird ebenfalls unten untersucht.

Der Frage, ob auch Mitunternehmer gemäß § 15 Abs. 1 Satz 1 Nr. 2 EStG diese Leistung beherrschen, für welche der Markt die Gegenleistung erbringt, wird unten unter II.2.a) nachgegangen. Zuvor wird einerseits näher auf die Charakteristika der Beherrschung der Leistungserstellung eingegangen. Erst diese Charakteristika lassen den Erkenntnisgewinn deutlich werden, welcher daraus hervorgeht, dass Beherrschender der Leistungserstellung auch Erzielender der Einkünfte ist.

(e) Beherrschung der Leistungserstellung

Wer die Leistungserstellung am Markt beherrscht, erzielt in den betrachteten Fällen auch die aus der Leistungserstellung am Markt hervorgehenden Einkünfte. Für die persönliche Zurechnung von Einkünften ist in diesen Fällen somit die Beherrschung der Leistungserstellung maßgeblich. Relevant ist also, wie genau diese maßgebliche Beherrschung zu verstehen ist. Für die Beherrschung der Leistungserstellung könnte es beispielsweise auf eine rechtliche Befugnis oder sogar auf eine umfassende Befugnis an etwaig eingesetzten Wirtschaftsgütern ankommen. *Ruppe* versteht die Beherrschung als die Möglichkeit, „*Marktchancen zu nutzen, Leistungen zu variieren, im Extremfall auch zu verweigern*".[479] Die zeitlich nachfolgende Literatur griff *Ruppes* Beitrag vermehrt auf und äußerte sich konkreter hinsichtlich der Charakteristika der Beherrschung der Leistungserstellung am Markt.

Diesen literarischen Ausführungen ist zu entnehmen, dass sich die Beherrschung der Leistungserstellung am Markt in ihrer konkreten Erscheinungsform in Abhängigkeit von der Art des erzielten Einkommens unterscheidet.[480] Als Grundformen lassen sich die Leistungserstellung durch Erwerbstätigkeiten und die Leistungserstellung durch die er-

---

478 *Ruppe*, DStJG 1978/79, 7, 22.
479 *Ruppe*, DStJG 1978/79, 7, 18.
480 Statt vieler Tipke/Lang/*Hey*, Steuerrecht, 25. Aufl. 2024, Rn. 8.150 ff.

werbsmäßige Nutzung von Vermögen unterscheiden.[481] Die Einkünfteerzielungstatbestände setzen einen solchen Einsatz von Tätigkeit und Vermögen in unterschiedlicher Intensität und Kombination voraus.[482] Für die persönliche Zurechnung von Einkünften ist jeweils relevant, wer die Tätigkeit ausübt und wer über das erwerbsmäßig genutzte Vermögen disponiert.[483] Nachfolgend werden die Charakteristika der Beherrschung, also die Tätigkeits- und die Dispositionskomponente näher untersucht. Zu Grunde gelegt werden dabei zum einen die Erkenntnisse von *Ruppe* und zum anderen solche literarischen Ausführungen, die im Grundsatz von *Ruppes* Ansätzen ausgehen und sich in Bezug auf die Beherrschung der Leistungserstellung äußern.

(aa) Tätigkeitskomponente

Nahezu jede Leistungserstellung im Rahmen der Erfüllung eines Einkünfteerzielungstatbestandes setzt die Ausübung einer Tätigkeit voraus.[484] Die Einkommensarten werden jeweils durch Tätigkeiten in unterschiedlichen Erscheinungsformen und Intensitäten erzielt. Arbeitseinkommen setzt ausschließlich und folglich in hoher Intensität den höchstpersönlichen Einsatz von Arbeitskraft voraus. Dies ist die erwerbswirtschaftliche Nutzung der individuellen Erwerbsfähigkeit, welche durch u. a. geistige Leistungskraft und berufliche Erfahrung geprägt ist.[485] Vermögenseinkünfte hingegen beruhen zu einem sehr viel geringeren Anteil auf dem Einsatz eigener „Arbeitskraft“. Sie resultieren aus der Nutzung von Vermögenswerten unter Beteiligung des Markts.[486] Oftmals erschöpft sich die nötige Tätigkeitskomponente in der Überlassung gewisser Vermögenswerte.[487] Bei einem Aktienkauf

---

481 Tipke/Lang/*Hey*, Steuerrecht, 25. Aufl. 2024, Rn. 8.151 ff.; Herrmann/Heuer/Raupach/*Musil*, EStG/KStG, 333. EL. 2025, § 2 EStG Rn. 125.

482 Herrmann/Heuer/Raupach/*Musil*, EStG/KStG, 333. EL. 2025, § 2 EStG Rn. 125.

483 Statt vieler Tipke/Lang/*Hey*, Steuerrecht, 25. Aufl. 2024, Rn. 8.150 ff.

484 Vgl. Tipke/Lang/*Hey*, Steuerrecht, 25. Aufl. 2024, Rn. 8.152.

485 Kirchhof/Kube/Mellinghoff/*Kirchhof*, EStG, 352. EL. 2025, § 2 Rn. A 109, welcher weitergehend zwischen einer Erwerbsgrundlage und der Nutzung dieser Erwerbsgrundlage unterscheidet, siehe dazu Rn. A 105.

486 Kirchhof/Kube/Mellinghoff/*Kirchhof*, EStG, 352. EL. 2025, § 2 Rn. A 108.

487 In diesem Sinne äußert sich auch Tipke/Lang/*Hey*, Steuerrecht, 25. Aufl. 2024, Rn. 8.152, welche ausführt, dass die Arbeitskraft bei Vermögenseinkünften gering und im Extremfall nicht vorhanden sein kann.

sind als aktives Tun beispielsweise lediglich die Aufgabe der Kauforder bei der Depotbank und das anschließende Dulden der Kapitalüberlassung erforderlich.

(bb) Dispositionskomponente

Über die Tätigkeitskomponente hinaus kann in einigen Einkünfteerzielungstatbeständen auch die Dispositionsbefugnis über für die Einkünfteerzielung eingesetzte Wirtschaftsgüter Aufschluss über das Besteuerungssubjekt geben. Für die Einkünftezurechnung ist dabei entscheidend, ob von einer beachtlichen Dispositionsbefugnis erst ausgegangen werden kann, wenn die Befugnisse einem potentiellen Besteuerungssubjekt in einer bestimmten Qualität oder einem bestimmten Umfang zugeordnet sind.

(α) Rechtliche Befugnis

Ob schon die faktische Möglichkeit, auf Vermögenswerte einwirken zu können, oder erst die zivilrechtliche Befugnis einwirken zu dürfen, die relevante Dispositionsmöglichkeit begründen kann, wird uneinheitlich beurteilt. Vertreten wird einerseits, dass auch das faktische Einwirken, beispielsweise durch einen unberechtigten Besitzer, eine für die Einkommenserzielung relevante Disposition darstellen kann.[488] Andere Stimmen fordern das Innehaben einer Rechtsposition, das Wirtschaftsgut verwerten zu dürfen, damit von einer Leistungsbeherrschung ausgegangen werden kann.[489] Im Rahmen der Frage nach der Verdoppelbarkeit der Mitunternehmerstellung kommt diesem Charakteristikum der Dispositionsbefugnis allerdings keine weitere Relevanz zu. Sowohl der Nießbrauchsbesteller als auch der Nießbraucher haben zivilrechtliche Rechtspositionen inne, welche

488 BFH, Urt. v. 27.01.1993 – IX R 269/87, BStBl. II 1994, 615; *Jakob*, Steuern vom Einkommen I, 1980, S. 104; *Biergans/Stockinger*, FR 1982, 25, 29, 32; *Wassermeyer*, FR 1983, 157, 159 f.; *Stadie*, Die persönliche Zurechnung von Einkünften, 1983, S. 29 ff.; *Biergans*, Einkommensteuer, 6. Aufl. 1992, S. 1055; *Kneip*, Der einkommensteuerrechtliche Mitunternehmer, 1994, S. 49 ff.; Herrmann/Heuer/Raupach/*Musil*, EStG/KStG, 333. EL. 2025, § 2 EStG, Rn. 130.

489 *Philipowski*, StuW 1979, 113, 114; *A. Schmidt*, Einkommensteuerliche Behandlung mittelbarer Leistungsbeziehungen bei Personengesellschaften, 1990, S. 84 f.; *Raupach*, FS Beisse, 1997, 403, 411 Fn. 45; wohl auch *Ruppe*, DStJG 1978/79, 7, 25.

ihnen ihre jeweiligen Rechte zuweisen. Festgehalten werden kann folglich, dass zumindest zivilrechtliche Befugnisse ausreichen, eine für die Einkünftezurechnung relevante Dispositionsbefugnis zu begründen.

(β) Umfassende Befugnis

Unmittelbar relevant könnte hingegen sein, ob eine die Einkünftezurechnung bestimmende Dispositionsbefugnis erst angenommen werden kann, wenn sie dem potentiellen Besteuerungssubjekt in einem gewissen Umfang zugeordnet ist. Wäre eine beachtliche Dispositionsbefugnis beispielsweise erst nach dem Maßstab des § 39 Abs. 1, 2 Nr. 1 Satz 1 AO anzunehmen, könnte dies – vorbehaltlich der Übertragbarkeit der bisher herausgearbeiteten Dogmatik – für eine Bestimmung der Gesellschafterstellung im Rahmen des § 15 Abs. 1 Satz 1 Nr. 2 EStG nach § 39 Abs. 1, 2 Nr. 1 Satz 1 AO sprechen.

Ausgehend davon, dass für die Einkünftezurechnung entscheidend ist, wer die Leistungserstellung beherrscht, läge folgerichtig eine beachtliche Dispositionsbefugnis jeweils schon dann vor, wenn dem potentiellen Besteuerungssubjekt bloß diese Befugnisse zustehen, welche für die Beherrschung der Leistungserstellung notwendig sind. In diesem Sinne folgerichtig gehen sowohl diese Vertreter, welche zivilrechtliche Befugnisse für die Beherrschung der Leistungserstellung fordern, vor,[490] als auch jene Vertreter, welche rein faktische Handlungen ausreichen lassen.[491] Im Grundsatz sei für die Dispositionsbefugnis keine vollumfängliche Sachherrschaft im Sinne des wirtschaftlichen Eigentums erforderlich.[492] Zur Feststellung, dass eine Person

490 Siehe zu den Vertretern dieser Ansicht oben unter Fn. 489.

491 Siehe zu den Vertretern dieser Ansicht oben unter Fn. 488.

492 Vgl. *Ruppe*, DStJG 1978/79, 7, 14; *Flößer*, Die Zurechnung der Einkünfte beim Niessbrauch an einer Personengesellschaft, 1978, S. 60 f.; *Stengel*, Die persönliche Zurechnung von Wirtschaftsgütern im Einkommensteuerrecht, 1990, S. 10; *Biergans*, Einkommensteuer, 6. Aufl. 1992, S. 1056; *Kneip*, Der einkommensteuerrechtliche Mitunternehmer, 1994, S. 49 ff.; *Fischer*, DStR 2025, 1392, 1398; Herrmann/Heuer/Raupach/*Musil*, EStG/KStG, 333. EL. 2025, § 2 EStG, Rn. 130 ff., 144. So auch *Lang/Seer*, FR 1992, 637, 640, die zwar den Zurechnungsgedanken des § 39 AO heranziehen; dies allerdings ausschließlich in Bezug auf die Beherrschung der Leistungserstellung und nicht im Sinne einer umfassenden Sachherrschaft.

Einkünfte erzielt, reiche aus, dass diese Person die Leistungserstellung beherrscht; nicht erforderlich sei aber, dass diese Person die umfassende Sachherrschaft an dem zur Leistungserstellung verwendeten Wirtschaftsgut hat.[493] Soweit zivilrechtliche Befugnisse gefordert werden, wird es für ausreichend erachtet, dass der Erstellende der Leistung die für ebendiese Erstellung notwendigen zivilrechtlichen Befugnisse besitze.[494]

Daraus folgt aber auch, dass, soweit für die Leistungserstellung, vollumfängliche Befugnisse im Sinne des wirtschaftlichen Eigentums notwendig sind, erst das wirtschaftliche Eigentum die relevante Dispositionsbefugnis begründen kann.[495] In diesem Fall kommt es im Rahmen der Bestimmung des Einkünfteerzielenden entscheidend darauf an, wer das wirtschaftliche Eigentum innehat. Zu beachten ist allerdings, dass es auf das wirtschaftliche Eigentum nicht um seiner selbst willen ankommt, sondern weil sonst eine Beherrschung der entsprechenden Leistungserstellung nicht möglich wäre. Im Einklang damit, dass die beachtliche Dispositionsbefugnis immer schon anzunehmen ist, wenn die für die Leistungserstellung relevanten Befugnisse beherrscht werden, misst die ganz überwiegende Auffassung in Rechtsprechung und

---

493 Siehe Fn. 492.

494 *Ruppe*, DStJG 1978/79, 7, 14: *„für die Zurechnung von Einkünften, die aus Vermögenswerten gezogen werden [kommt es] nicht auf die umfassende Sachherrschaft an*"; *Philipowski*, StuW 1979, 113, 114: *„Es kommt nicht darauf an, ob die zivilrechtliche Position unentziehbar ist [...]*; *A. Schmidt*, Einkommensteuerliche Behandlung mittelbarer Leistungsbeziehungen bei Personengesellschaften, 1990, S. 84 f.; *Raupach*, FS Beisse, 1997, 403, 411 Fn. 45.

495 So ausdrücklich die Vertreter, welche keine zivilrechtlichen Befugnisse für die Beherrschung der Leistungserstellung verlangen: *Kneip*, Der einkommensteuerrechtliche Mitunternehmer, 1994, S. 51; Herrmann/Heuer/Raupach/*Musil*, EStG/KStG, 333. EL. 2025, § 2 EStG, Rn. 144. Siehe auch konkret in Bezug auf Einkünfte aus gewissen Veräußerungsgeschäften, *Biergans/Stockinger*, FR 1982, 25, 29 und in Bezug auf gewisse Kapitalerträge, *Stadie*, Die persönliche Zurechnung von Einkünften, 1983, S. 29. Siehe ferner *Lang/Seer*, FR 1992, 637, 639 f.; Tipke/Lang/*Hey*, Steuerrecht, 25. Aufl. 2024, Rn. 8.153; Kirchhof/Seer/*Seer*, EStG, 24. Aufl. 2025, § 2 Rn. 17, 72. Für die Vertreter, welche zivilrechtliche Befugnisse fordern, muss konsequent gelten, dass diese Vertreter ebenfalls die umfassenden (zivilrechtlichen) Befugnisse voraussetzen, insofern diese Befugnisse für die Beherrschung der Leistungserstellung erforderlich sein sollten. Weiterhin wird im Rahmen dieser Ausführungen jedoch dahinstehen gelassen, ob zivilrechtliche Befugnisse für die Einkünfteerzielung notwendig sind oder rein faktische Handlungen dafür ebenfalls ausreichen.

Literatur der Vorschrift des § 39 Abs. 1, 2 Nr. 1 Satz 1 AO für die Einkünftezurechnung keine maßgebliche Bedeutung bei.[496] § 39 Abs. 1, 2 Nr. 1 Satz 1 AO könne für die Bestimmung des Besteuerungssubjekts höchstens als Indiz herangezogen werden.[497] Dies darf allerdings nicht den Blick dafür verdecken, dass es für die Einkünftezurechnung maßgeblich auf die Beherrschung der Leistungserstellung ankommt.[498]

(2) Zwischenergebnis

Festhalten lässt sich somit, dass den Tatbeständen, welche nicht-gemeinschaftlich erwirtschaftete Einkünfte zum Gegenstand haben, folgende Dogmatik zugrunde liegt. Ausgangspunkt ist das Leistungsfähigkeitsprinzip, nach welchem finanzielle Ist-Leistungsfähigkeit zu besteuern ist. Finanzielle Ist-Leistungsfähigkeit ergibt sich nach dem EStG objektiv durch Einkommen. Nach dem Subjektsteuerprinzip ist das Einkommen einer natürlichen Person zuzurechnen, damit

---

496 BFH, Urt. v. 24.06.1976 – IV R 173/74, BStBl. II 1976, 643; BFH, Urt. v. 05.07.1978 – I R 97/75, BStBl. II 1979, 40; BFH, Urt. v. 27.01.1993 – IX R 269/87, BStBl. II 1994, 615; *Flößer*, Die Zurechnung der Einkünfte beim Niessbrauch am Anteil an einer Personengesellschaft, 1978, S. 60 f.; *Flößer*, Die Zurechnung der Einkünfte beim Niessbrauch an einer Personengesellschaft, 1978, S. 60 f.; *Ruppe*, DStJG 1978/79, 7, 14; *Philipowski*, StuW 1979, 113, 114; *Walz*, Steuergerechtigkeit und Rechtsanwendung, 1980, S. 291; *Stadie*, Die persönliche Zurechnung von Einkünften, 1983, S. 29; *Ehlers*, Übertragung von Einkunftsquellen, Nießbrauch, 1990, S. 14; *Stengel*, Die persönliche Zurechnung von Wirtschaftsgütern im Einkommensteuerrecht, 1990, S. 10, 48 ff.; *Kneip*, Der einkommensteuerrechtliche Mitunternehmer, 1994, S. 51; *Raupach*, FS Beisse, 1997, 403, 411 f.; *Klein*, DStJG 2010, 243, 247 f.; *Hermes*, Das Nießbrauchsrecht an Mitgliedschaften im Gesellschafts-, Bilanz- und Steuerrecht, 2018, S. 183; Koenig/*Koenig*, AO, 5. Aufl. 2024, § 39 Rn. 6; Klein/*Ratschow*, AO, 18. Aufl. 2024, § 39 Rn. 9; Tipke/Kruse/*Drüen*, AO/FGO, 186. EL. 2025, § 39 AO Rn. 18; Hübschmann/Hepp/Spitaler/*Fischer*, AO/FGO, 287. EL. 2025, § 39 AO Rn. 29 ff.

497 Siehe dazu *Stengel*, Die persönliche Zurechnung von Wirtschaftsgütern im Einkommensteuerrecht, 1990, S. 46; *Raupach*, FS Beisse, 1997, 403, 411 f.; Hübschmann/Hepp/Spitaler/*Fischer*, AO/FGO, 287. EL. 2025, § 39 AO Rn. 29 ff. Vgl. zu der Heranziehung des § 39 AO als Indiz für die Einkünftezurechnung konkret BFH, Urt. v. 27.09.1988 – VIII R 193/83, BStBl. II 1989, 414.

498 Vgl. *Stengel*, Die persönliche Zurechnung von Wirtschaftsgütern im Einkommensteuerrecht, 1990, S. 48 f.; Herrmann/Heuer/Raupach/*Musil*, EStG/KStG, 333. EL. 2025, § 2 EStG, Rn. 144.

die finanzielle Ist-Leistungsfähigkeit subjektiv verortet werden kann. Zurechnungssubjekt des Einkommens ist diese natürliche Person, die das Einkommen erzielt. Erzielen von Einkommen bedeutet, den jeweiligen Einkünftetatbestand zu erfüllen. Einkünfteerzielung und Verwirklichung eines Einkünftetatbestandes sind gleichzusetzen. Den Einkünftetatbestand verwirklicht diese Person, welche die jeweils normierte Leistungserstellung beherrscht. Die Leistungserstellung beherrscht, wer die Tätigkeitskomponente und, sofern der Tatbestand eine solche vorsieht, auch die Dispositionskomponente beherrscht. Beherrschen der Tätigkeitskomponente meint bloß die tatsächliche Vornahme der entsprechenden Tätigkeit. Beherrschen der Dispositionskomponente ergibt sich hingegen aus der Verwertung von Wirtschaftsgütern zumindest auf der Grundlage von rechtlichen Befugnissen. Offengelassen werden konnte, ob die Dispositionskomponente auch durch Verwertungshandlungen beherrscht werden kann, welche nicht im Rahmen rechtlicher Befugnisse vorgenommen werden. Für die Beherrschung der Dispositionskomponente sind rechtliche Befugnisse nur in einem solchen Umfang erforderlich, wie sie für die entsprechende Leistungserstellung notwendig sind. Grundsätzlich ist eine umfassende Position im Sinne des § 39 Abs. 2 Nr. 1 Satz 1 AO, also das Innehaben sämtlicher Herrschaftsrechte über ein Wirtschaftsgut, nicht für die Dispositionsbefugnis erforderlich. Ebenfalls kommt es nicht auf eine zivilrechtliche Stellung beispielsweise als Eigentümer des entsprechenden Wirtschaftsguts an. Die einzelnen Einkünftetatbestände konkretisieren jeweils, was unter der Tätigkeits- und der etwaigen Dispositionskomponente zu verstehen ist.

Wird im Nachfolgenden von den „Modalitäten/Charakteristika des Beherrschens“ gesprochen, sind die soeben aufgeführten Modalitäten angesprochen. Sämtliche in diesem Zwischenergebnis aufgeführten Wertungsabfolgen werden nachfolgend auch zusammengefasst bezeichnet als die „Dogmatik der persönlichen Zurechnung nicht gemeinschaftlich-erstellter Einkünfte“.

II. Zurechnung von Erwerbseinkünften bei im Verbund agierenden Personen am Beispiel von § 15 Abs. 1 Satz 1 Nr. 2 EStG

Es stellt sich nun die Frage, ob die herausgestellte Dogmatik ebenfalls für Erwerbseinkünfte gilt, die im Personenverbund erwirtschaftet werden. Untersucht wird diese Frage anhand der mitunternehmerschaftlichen Einkünfte gemäß § 15 Abs. 1 Satz 1 Nr. 2 EStG. Einerseits wird die Dogmatik des § 15 Abs. 1 Satz 1 Nr. 2 EStG beleuchtet, weil daraus unmittelbar Erkenntnisse über eine Verdoppelbarkeit der Mitunternehmerstellung gewonnen werden können. Andererseits statuieren einige Erwerbseinkunftstatbestände die entsprechende Anwendbarkeit von § 15 Abs. 1 Satz 1 Nr. 2 EStG. So normieren beispielsweise § 13 Abs. 7 EStG für die gemeinschaftliche Erwirtschaftung land- und forstwirtschaftlicher Einkünfte und § 18 Abs. 4 Satz 2 EStG für die gemeinschaftliche Erwirtschaftung von Einkünften aus selbständiger Tätigkeit die entsprechende Anwendbarkeit des § 15 Abs. 1 Satz 1 Nr. 2 EStG.[499] Die Dogmatik der persönlichen Zurechnung mitunternehmerschaftlicher Einkünfte steht deshalb beispielhaft für die Zurechnung von Erwerbseinkünften bei im Verbund agierenden Personen.

Sollte die weitere Prüfung ergeben, dass die bereits herausgestellte Dogmatik der Zurechnung von Erwerbseinkünften, die nicht im Personenverbund generiert werden, auch für die Zurechnung von solchen Erwerbseinkünften gilt, die im Personenverbund erwirtschaftet werden, wären der von § 15 Abs. 1 Satz 1 Nr. 2 EStG adressierten wirtschaftlichen Betätigung erste Konturen verliehen. Aus der Dogmatik der persönlichen Zurechnung von Einkünften würde sich kein Grund dafür ergeben, für eine steuerlich erhebliche Betätigung i. S. d. § 15 Abs. 1 Satz 1 Nr. 2 EStG eine zivilrechtliche oder anhand von § 39 Abs. 2 Nr. 1 Satz 1 AO bestimmte Gesellschafterstellung zu verlangen. Ausreichend wäre danach vielmehr eine Stellung im Personenverbund, kraft derer die Leistungserstellung am Markt beherrscht werden könnte. Könnte ein Personengesellschaftsanteil mehreren Personen eine solche Stellung verleihen, spräche dies für die Möglichkeit, dass

---

499 Siehe zu solchen Verweisen im Detail beispielsweise Brandis/Heuermann/*Nacke*, EStG, 176. EL. 2025, § 13 Rn. 213 ff. und Schmidt/*Wacker*, EStG, 44. Aufl. 2025, § 18 Rn. 39 ff.

mehrere Personen eine Gesellschafterstellung i. S. d. § 15 Abs. 1 Satz 1 Nr. 2 EStG und auch eine Mitunternehmerstellung aus einem Gesellschaftsanteil innehaben können. Die Mitunternehmerstellung wäre dann – vorbehaltlich anderer Gründe, aus welchen § 39 Abs. 1, 2 Nr. 1 Satz 1 AO doch entscheidende Bedeutung für die Bestimmung der Gesellschafterstellung zukommen könnte[500] – verdoppelbar.

Die grundlegenden Wertungen der persönlichen Zurechnung mitunternehmerschaftlicher Einkünfte finden ihren Ausgangspunkt ebenfalls im Leistungsfähigkeitsprinzip. Als Einkünftetatbestand ist auch § 15 Abs. 1 Satz 1 Nr. 2 EStG eine einfachgesetzliche Konkretisierung dieses Prinzips.[501] Das Individualsteuerprinzip ist ebenfalls einschlägig. Fraglich ist allerdings, ob auch die weiteren Konkretisierungsschritte, wie sie der persönlichen Zurechnung von nicht-gemeinschaftlich erwirtschafteten Erwerbseinkünften zugrunde liegen, für die Zurechnung mitunternehmerschaftlicher Einkünfte gelten. Hinsichtlich der nicht-gemeinschaftlich erwirtschafteten Einkünfte wurde festgestellt, dass die dem Individualsteuerprinzip nachfolgende Konkretisierung des Leistungsfähigkeitsprinzips von § 2 Abs. 1 Satz 1 EStG vorgenommen wird. Einkünfte sind gemäß § 2 Abs. 1 Satz 1 EStG der Person zuzurechnen, welche die entsprechenden Einkünfte erzielt.

Ob dies allerdings auch für mitunternehmerschaftliche Einkünfte gilt, ist umstritten und bedarf der Klärung. Einzig in dem Fall, dass auch mitunternehmerschaftliche Einkünfte gemäß § 2 Abs. 1 Satz 1 EStG derjenigen Person zuzurechnen sind, die sie erzielt, käme eine Gleichsetzung von Erzielen und Erfüllung eines Einkünftetatbestandes auch für § 15 Abs. 1 Satz 1 Nr. 2 EStG in Betracht. Würden Mitunternehmer nicht als Erzielende i. S. d. § 2 Abs. 1 Satz 1 EStG angesehen, wäre eine Gleichsetzung logisch nicht möglich. § 15 Abs. 1 Satz 1 Nr. 2 EStG und § 2 Abs. 1 Satz 1 EStG würden dann unterschiedliche Personen adressieren. Die den Tatbestand des § 15 Abs. 1 Satz 1 Nr. 2 EStG erfüllende Person könnte dann nicht zugleich die Person sein, welche i. S. d. § 2 Abs. 1 Satz 1 EStG Einkünfte erzielt.

---

500 Siehe dazu im Anschluss an die Dogmatik der Einkünfteerzielung unten S. 159 ff.

501 Siehe zum Charakter des § 15 Abs. 1 Satz 1 Nr. 2 EStG als Fiskalzwecknorm S. 79 f.

Nachfolgend ist somit zunächst zu untersuchen, wer diese Person ist, die, bei gemeinschaftlicher Erwirtschaftung von Einkünften, Einkünfte gemäß § 2 Abs. 1 Satz 1 EStG erzielt. Nur wenn die Mitunternehmer in diesem Sinne Einkünfte erzielen würden, wäre der Weg für eine Gleichsetzung von Erzielen und Erfüllung eines Einkünftetatbestandes eröffnet. Ob eine solche Gleichsetzung auch für mitunternehmerschaftliche Einkünfte zwingend ist, müsste im Anschluss überprüft werden.

1. Erzielendes Subjekt i. S. d. § 2 Abs. 1 Satz 1 EStG

Ob die Mitunternehmer überhaupt die im Personenverbund erwirtschafteten Einkünfte i. S. d. § 2 Abs. 1 Satz 1 EStG erzielen, ist streitig. Erzielende der Einkünfte könnte statt der Mitunternehmer auch die Personengesellschaft selbst sein. Die nachfolgend aufbereiteten Ausführungen stammen teilweise aus der Zeit, bevor im Rahmen der Einkünfteerzielung maßgeblich auf *Ruppes* Grundlegungen aufgebaut wurde. Solche Ausführungen werden – auch wenn den vorliegenden Ausführungen wie oben unter I.2.b) dargestellt und hergeleitet, die Ansätze von *Ruppe* zugrunde gelegt werden – betrachtet, weil sich *Ruppe* hinsichtlich der Einkünfteerzielung bei gemeinschaftlicher Erwerbstätigkeit nicht abschließend äußerte.[502] Vertreten werden die Einheitsbetrachtung, die durch die Vielheitsbetrachtung ergänzte Einheitsbetrachtung und die Vielheitsbetrachtung.[503]

Nach der Einheitsbetrachtung erzielt nicht der einzelne Gesellschafter Einkünfte aus der gemeinschaftlichen Tätigkeit, sondern die Personengesellschaft selbst.[504] Die Personengesellschaft sei Subjekt der

502 Siehe *Ruppe*, DStJG 1978/79, 7, 22.

503 Siehe zu diesen Auffassungen auch bei *A. Schmidt*, Einkommensteuerliche Behandlung mittelbarer Leistungsbeziehungen bei Personengesellschaften, 1990, S. 26 ff.; *Kneip*, Der einkommensteuerrechtliche Mitunternehmer, 1994, S. 81.

504 *Keuk*, StuW 1974, 1, 3; *Plückebaum*, DB 1977, 180, 180; *Heyll*, Zur unternehmerspezifischen Rechtssubjektivität von Personengesellschaften im Einkommensteuerrecht, 1982, S. 292 ff.; *Knobbe-Keuk*, Bilanz- und Unternehmenssteuerrecht, 5. Aufl. 1985, S. 250; *Knobbe-Keuk*, BB 1985, 473, 473; *Raupach*, StuW 1991, 278, 281; *Raupach*, FS Beisse, 1997, 403, 419; *Hallerbach*, Die Personengesellschaft im Einkommensteuerrecht, 1998, S. 142 ff., 232 f.

Einkünfteerzielung und -ermittlung.[505] Die Einkünfte würden nach § 15 Abs. 1 Satz 1 Nr. 2 EStG dann nur anteilig den Gesellschaftern für die Besteuerung zugewiesen, da die Personengesellschaft kein Besteuerungssubjekt sein könne.[506] Die Einheitsbetrachtung fußt auf den zivilrechtlichen Erkenntnissen der neueren Gesamthandslehre und spricht Personengesellschaften eine einkommensteuerrechtliche Teilrechtssubjektivität zu.[507]

Ausgehend von der Einheitsbetrachtung wurde in Rechtsprechung und Literatur die durch die Vielheitsbetrachtung ergänzte Einheitsbetrachtung entwickelt. Diese Ansicht ist weniger als feststehende Konzeption zu verstehen, sondern vielmehr als sich entwickelnder Meinungsstrang, welcher dem Vielheitsgedanken zunehmend mehr Bedeutung zuerkannte. Im Grundsatz nehmen die Vertreter der durch die Vielheitsbetrachtung ergänzten Einheitsbetrachtung für Steuerzwecke ebenfalls die Einheit der Personengesellschaft an.[508] Der Gedanke der Einheit der Personengesellschaft werde aber durch den Gedanken der

---

505 *Keuk*, StuW 1974, 1, 3; *Knobbe-Keuk*, BB 1985, 473, 473; *Raupach*, FS Beisse, 1997, 403, 419.

506 *Keuk*, StuW 1974, 1, 3. Vgl. auch *Knobbe-Keuk*, BB 1985, 473, 473; *Raupach*, StuW 1991, 278, 281.

507 Vgl. BFH, Beschl. v. 25.02.1991 – GrS 7/89, BStBl. II 1991, 691. Siehe zu den Gesamthandslehren unten S. 186 ff.

508 Vertreten wird die durch die Vielheitsbetrachtung ergänzte Einheitsbetrachtung von der Rechtsprechung seit Abkehr von der Bilanzbündeltheorie, siehe beispielhaft BFH, Beschl. v. 25.06.1984 – GrS 4/82, BStBl. II 1984, 751; BFH, Beschl. v. 25.02.1991 – GrS 7/89, BStBl. II 1991, 691; BFH, Beschl. v. 03.05.1993 – GrS 3/92, BStBl. II 1993, 616; BFH, Urt. v. 26.05.1994 – IV R 34/92, BStBl. II 1994, 891; BFH, Beschl. v. 03.07.1995 – GrS 1/93, BStBl. II 1995, 617; BFH, Urt. v. 09.12.2002 – VIII R 40/01, BStBl. II 2003, 294; BFH, Urt. v. 29.03.2007 – IV R 72/02, BStBl. II 2008, 420; BFH, Urt. v. 12.02.2015 – IV R 48/11, BFH/NV 2015, 1075. Vertreter im Schrifttum sind *Döllerer*, DStZ/A 1974, 211, 211 ff.; *Döllerer*, DStZ/A 1976, 435, 435 ff.; *Döllerer*, FS Flume, 1978, 43, 44 f.; *A. Schmidt*, Einkommensteuerliche Behandlung mittelbarer Leistungsbeziehungen bei Personengesellschaften, 1990, S. 44 ff.; *Weber-Grellet*, DStR 1995, 1341; *Kempermann*, DStZ 1995, 225, 227; *Schön*, StuW 1996, 275, 286 f.; *Paus*, DStZ 1996, 172, 172; *Geschwendtner*, DStZ 1998, 335, 344 und wohl auch *Woerner*, BB 1974, 592, 596 f. Siehe zu dieser Auffassung im Detail auch bei *A. Schmidt*, Einkommensteuerliche Behandlung mittelbarer Leistungsbeziehungen bei Personengesellschaften, 1990, S. 230 ff. und *Kneip*, Der einkommensteuerrechtliche Mitunternehmer, 1994, S. 82 ff.

Vielheit der Gesellschafter ergänzt.[509] Aus den Vorschriften des EStG sei einerseits eine Rechtszuständigkeit der Personengesellschaft abzuleiten, andererseits stelle das EStG teilweise auf die Vielheit der Gesellschafter ab.[510] Die Einheit der Gesellschaft trete gegenüber dem Gedanken der Vielheit der Gesellschafter immer dann zurück, „*wenn anderenfalls eine sachlich zutreffende Besteuerung des Gesellschafters nicht möglich wäre*".[511] Der Vielheitsgedanke greife beispielsweise, wenn die Gesellschafter der Gesellschaft Wirtschaftsgüter zur Nutzung überließen.[512] Dann betrieben die Gesellschafter Sonderbetriebe, die Teil des einheitlichen Betriebs der Personengesellschaft seien.[513] Auch auf die Vielheit der Gesellschafter sei im Fall von Veräußerungsgewinnen gemäß § 16 Abs. 1 Nr. 2 EStG abzustellen.[514] Veräußerungsgewinne erziele der jeweilige Gesellschafter.[515]

Anfänglich maßen die Vertreter der durch die Vielheitsbetrachtung ergänzten Einheitsbetrachtung der Einheit der Personengesellschaft die weit überwiegende Bedeutung zu.[516] Die Einheit der Personengesellschaft wurde dergestalt in den Vordergrund gestellt, dass die Personengesellschaft bisweilen als Subjekt der Einkünfteerzielung i. S. d. § 2 Abs. 1 EStG aufgefasst wurde.[517] Ein solches Verständnis, wie es die Einheits- und die durch die Vielheitsbetrachtung ergänzte Einheitsbetrachtung zugrunde legen, wenn sie die Personengesellschaft als Erzielende der Einkünfte ansehen, wirft vor dem Hintergrund der grundlegenden Wertungen der persönlichen Zurechnung von Einkünften jedoch Bedenken auf, wie sie untenstehend näher aufgezeigt werden. Inwiefern noch immer von diesem Verständnis ausgegangen wird, ist deshalb näher zu untersuchen. Die Rechtsprechung des BFH

---

509 *Döllerer*, DStZ/A 1976, 435, 435 ff.
510 Vgl. *Döllerer*, DStZ/A 1976, 435, 435 ff.
511 BFH, Beschl. v. 03.07.1995 – GrS 1/93, BStBl. II 1995, 617. Siehe auch BFH, Urt. v. 10.12.1998 – III R 61/97, BStBl. II 1999, 390; BFH, Urt. v. 14.04.2011 – IV R 15/09, BStBl. II 2011, 709.
512 *Döllerer*, DStZ/A 1976, 435, 437 ff.
513 *Döllerer*, DStZ/A 1976, 435, 437 ff.
514 *Döllerer*, DStZ/A 1976, 435, 440.
515 *Döllerer*, DStZ/A 1976, 435, 440.
516 Vgl. insbesondere BFH, Urt. v. 30.04.1991 – VIII R 68/86, BStBl. II 1991, 873.
517 Vgl. insbesondere BFH, Urt. v. 30.04.1991 – VIII R 68/86, BStBl. II 1991, 873 und Fn. 522.

seit Aufgabe der Bilanzbündeltheorie[518] kann diesbezüglich veranschaulichend herangezogen werden.

In den älteren Urteilen des BFH nach Aufgabe der Bilanzbündeltheorie wird zunächst herausgestellt, dass die Personengesellschaft kein Besteuerungssubjekt der Einkommensteuer ist.[519] Dennoch geht der BFH davon aus, dass die Personengesellschaft den Gewinn erzielt, diese also Subjekt der Gewinnerzielung ist.[520] Der von der Gesellschaft erzielte Gewinn sei dann für Zwecke der Besteuerung an die Gesellschafter zu verteilen.[521] Solche Ausführungen legen nahe, dass der BFH die Personengesellschaft als Erzielende der Einkünfte i. S. d. § 2 Abs. 1 EStG verstand. Gemäß § 2 Abs. 2 Satz 1 Nr. 1 EStG sind Einkünfte bei Gewerbebetrieb der Gewinn. Die Begriffe Gewinn und Einkünfte sind im Kontext der gewerblichen Einkünfte somit gleichgestellt und synonym verwendbar. Die Aussage, die Gesellschaft sei Subjekt der Gewinnerzielung, drängt deshalb das Verständnis auf, dass der BFH die Personengesellschaft als Erzielende der Einkünfte i. S. d. § 2 Abs. 1 EStG ansah. Auch die früheren Vertreter der durch die Vielheitsbetrachtung ergänzten Einheitsbetrachtung fassten die Personengesellschaft in diesem Sinne als Erzielende der Einkünfte auf.[522]

---

518 Siehe zur Bilanzbündeltheorie beispielhaft bei, BFH, Urt. v. 14.01.1958 – I 159/57 U, BStBl. III 1958, 75; *Böttcher*, StbJB 1953/54, 239, 269.

519 So explizit BFH, Urt. v. 21.12.1972 – IV R 53/72, BStBl. II 1973, 298.

520 BFH, Beschl. v. 25.06.1984 – GrS 4/82, BStBl. II 1984, 751; bereits zuvor auf den Gewinn der Gesellschaft abstellend: BFH, Urt. v. 23.05.1979 – I R 163/77, BStBl. II 1979, 757; BFH, Beschl. v. 10.11.1980 – GrS 1/79, BStBl. II 1981, 164; BFH, Urt. v. 19.01.1982 – VIII R 21/77, BStBl. II 1982, 456; BFH, Urt. v. 30.04.1991 – VIII R 68/86, BStBl. II 1991, 873; BFH, Beschl. v. 03.05.1993 – GrS 3/92, BStBl. II 1993, 616. Vgl. dazu auch *Döllerer*, DStZ 1982, 267, 271.

521 BFH, Urt. v. 23.05.1979 – I R 163/77, BStBl. II 1979, 757; BFH, Beschl. v. 10.11.1980 – GrS 1/79, BStBl. II 1981, 164; BFH, Urt. v. 19.01.1982 – VIII R 21/77, BStBl. II 1982, 456; BFH, Urt. v. 30.04.1991 – VIII R 68/86, BStBl. II 1991, 873.

522 Siehe insbesondere *Döllerer*, DStZ 1982, 267, 271 und in neuerer Zeit *Geschwendtner*, DStZ 1998, 335, 344. Vgl. zu dem Verständnis der älteren Vertreter der durch die Vielheitsbetrachtung ergänzten Einheitsbetrachtung von der Personengesellschaft als Erzielende der Einkünfte auch *Kneip*, Der einkommensteuerrechtliche Mitunternehmer, 1994, S. 84, der zudem darauf hinweist, dass diese Auffassung impliziert, dass ein Subjekt Einkünfte zu versteuern habe, die es nicht erzielt hat.

Teilweise äußert sich der BFH in jüngerer Rechtsprechung allerdings ausführlicher und differenzierter hinsichtlich der Frage, welches Subjekt die Einkünfte bei gemeinschaftlicher Tätigkeit erzielt. Der BFH stellte in einem Urteil beispielsweise heraus, dass *„Subjekt der Einkünfteerzielung [...] auch bei gemeinschaftlich erzielten Gewinnen oder Überschüssen immer der einzelne Gesellschafter [ist]“*.[523] Die Personengesellschaft sei partielles Steuerrechtssubjekt, soweit sie Merkmale des Tatbestands einer bestimmten Einkunftsart erfüllt oder Gewinn bzw. Überschuss im Rahmen dieser Einkunftsart erzielt.[524] Der BFH differenziert also wörtlich zwischen der Gewinnerzielung durch die Personengesellschaft und der Einkünfteerzielung durch die Gesellschafter. Diese Differenzierung legt nahe, den BFH so zu verstehen, dass er zwischen Höhen- und Grundtatbestand unterscheidet. Geht es um den Grundtatbestand der Erzielung der Einkünfte i. S. d. § 2 Abs. 1 EStG spricht der BFH von Einkünfteerzielung. Geht es hingegen nur um die Höhe der Einkünfte, spricht der BFH von Gewinnerzielung. Aus diesem Grund ist naheliegend, die jüngere Rechtsprechung des BFH so zu verstehen, dass die Gesellschafter vom BFH als den Grundtatbestand erfüllend und die Einkünfte erzielend aufgefasst werden und auf die Gesellschaft nur hinsichtlich des Höhentatbestands und der Einkunftsart abgestellt wird. Ein solches Verständnis wird mittlerweile ganz überwiegend auch im Schrifttum von den Vertretern der durch die Vielheitsbetrachtung ergänzten Einheitsbetrachtung angenommen.[525]

Vertreter der reinen Vielheitsbetrachtung hingegen lehnen, im Gegensatz zu den Vertretern der Einheitsbetrachtungen, jegliche Einkommensteuerrechtssubjektivität der Personengesellschaft ab.[526] Norm-

---

523 BFH, Beschl. v. 03.07.1995 – GrS 1/93, BStBl. II 1995, 617.

524 BFH, Beschl. v. 03.07.1995 – GrS 1/93, BStBl. II 1995, 617.

525 *A. Schmidt*, Einkommensteuerliche Behandlung mittelbarer Leistungsbeziehungen bei Personengesellschaften, 1990, S. 44 ff.; *Weber-Grellet*, DStR 1995, 1341; *Schön*, StuW 1996, 275, 286 f.; *Paus*, DStZ 1996, 172, 172. Insofern kann mittlerweile statt von der durch die Vielheitsbetrachtung ergänzten Einheitsbetrachtung treffender von der durch die Einheitsbetrachtung ergänzten Vielheitsbetrachtung gesprochen werden.

526 *Schwichtenberg*, DStZ/A 1977, 33, 34 ff.; *Schulze-Osterloh*, DStZ 1985, 315, 320; *Walz*, JZ 1985, 192, 194; *Bayer*, FR 1985, 337, 343; *Meßmer*, FS Döllerer, 1988, 429, 442; *Schwichtenberg*, FR 1990, 81 f.; *Jakob/Hörmann*, FR 1990, 33, 38; *Meßmer*, FR 1990, 205, 205 ff.; *Best*, DStR 1991, 1545, 1548; *Kneip*,

adressaten des Einkommensteuerrechts seien ausschließlich natürliche Personen.[527] Besteuerungssubjekte seien deshalb einzig die gemäß § 15 Abs. 1 Satz 1 Nr. 2 EStG identifizierten Mitunternehmer.[528] Personengesellschaften hingegen verwirklichten kein einziges Besteuerungsmerkmal, da diese gemäß §§ 1 f. EStG keine möglichen Steuersubjekte seien.[529]

Die aufgeführten Theorien haben weitgehende Konsequenzen für die dogmatische Einordnung der Einkünfteerzielung bei gemeinschaftlicher Erwerbstätigkeit. Wenn mit der Einheitsbetrachtung und den älteren Vertretern der durch die Vielheitsbetrachtung ergänzten Einheitsbetrachtung angenommen würde, dass die Personengesellschaft selbst die Einkünfte erzielt, dann wäre die Erfüllung des Einkünftetatbestandes bei gemeinschaftlicher Betätigung gemäß § 15 Abs. 1 Satz 1 Nr. 2 EStG nicht mit dem Erzielen von Einkünften gleichzusetzen. Den Einkünftetatbestand würde nämlich nicht die Einkünfte erzielende Personengesellschaft, sondern jeweils diese Mitunternehmer erfüllen, denen die Einkünfte „zum Zwecke der Besteuerung" weitergeleitet würden. Eine der grundlegenden Erkenntnisse der Dogmatik der Einkünfteerzielung würde dann hinsichtlich gemeinschaftlicher erwerbswirtschaftlicher Betätigung nicht gelten.

Mangels Gleichsetzung von Erfüllung des Einkünftetatbestandes und Einkünfteerzielung könnte nicht auf § 15 Abs. 1 Satz 1 Nr. 2 EStG zurückgegriffen werden, um Erkenntnisse hinsichtlich der Bestimmung des erzielenden Subjekts zu erlangen. Die Bestimmung der Personengesellschaft, welche die Einkünfte erzielt, würde sich deshalb nicht bzw. zumindest nicht ohne Aufstellung weiterer Prämissen an der Beherrschung der Leistungserstellung am Markt orientieren können. Ebenfalls die Bestimmung der Mitunternehmer würde sich nicht nach den Charakteristika der Beherrschung der Leistungserstellung richten können. Die Mitunternehmer würden die Einkünfte nicht erzielen, sondern wären bloß Subjekte, denen die Gewinnanteile sodann nach

---

Der einkommensteuerrechtliche Mitunternehmer, 1994, S. 87; *Pinkernell*, Einkünftezurechnung bei Personengesellschaften, 2001, S. 85.

527 *Meßmer*, FR 1990, 205, 206 ff.; *Best*, DStR 1991, 1545, 1548.

528 *Walz*, JZ 1985, 192, 194; *Jakob/Hörmann*, FR 1990, 33, 38; *Meßmer*, FR 1990, 205, 206 ff.; *Schwichtenberg*, FR 1990, 81 f.

529 *Meßmer*, FS Döllerer, 1988, 429, 442. Vgl. ferner auch *Meßmer*, FR 1990, 205, 208 und *Best*, DStR 1991, 1545, 1548; *Schwichtenberg*, FR 1990, 81 f.

anderen Kriterien anteilig für Zwecke der Besteuerung zugerechnet würden. Die Zurechnung der Gewinne der Gesellschaft an die Mitunternehmer für Zwecke der Besteuerung unterfiele nicht der Dogmatik der Einkünftezurechnung. Auf die Leitgedanken der persönlichen Zurechnung von nicht-gemeinschaftlich erwirtschafteten Einkünften könnte somit weder bei Bestimmung der Personengesellschaft noch bei Ermittlung der Mitunternehmer zurückgegriffen werden.

Auf der Grundlage der Vielheitsbetrachtung und dem Verständnis der jüngeren Vertreter der durch die Vielheitsbetrachtung ergänzten Einheitsbetrachtung hingegen wäre eine Gleichsetzung von Einkünfteerzielung und Erfüllung des § 15 Abs. 1 Satz 1 Nr. 2 EStG prinzipiell möglich. Beide Normen würden zumindest dieselben Personen adressieren. Ob eine Gleichsetzung auch in diesem Fall zwingend wäre, müsste sodann noch geprüft werden. Ebenfalls müsste weitergehend geprüft werden, welche Erkenntnisse eine Gleichsetzung von Einkünfteerzielung und § 15 Abs. 1 Satz 1 Nr. 2 EStG bringen würde.

Für das Verständnis, die Mitunternehmer seien die Erzielenden der Einkünfte, spricht, dass das EStG als mögliche Besteuerungssubjekte ausschließlich natürliche Personen adressiert.[530] Nur die Mitunternehmer können also Besteuerungssubjekte sein. Zwar würden sich aus der Auffassung, die Personengesellschaft sei Erzielende der Einkünfte, in dieser konkreten Konstellation keine Wertungswidersprüche ergeben, weil die Weiterleitung „zum Zwecke der Besteuerung" jeweils an den Erfüllenden des Einkünftetatbestandes erfolgt. Die Einkünfte hätte also auch bei der Annahme, die Personengesellschaft erziele die Einkünfte, der den Einkünftetatbestand erfüllende Mitunternehmer zu versteuern. Die Einheitsbetrachtung und das Verständnis der früheren Vertreter der durch den Vielheitsgedanken ergänzten Einheitsbetrachtung implizieren jedoch, dass ein Subjekt Einkünfte zu versteuern hat, welche dieses Subjekt nicht erzielt hat.[531]

Darüber hinaus stünde die Annahme, Personengesellschaften würden die Einkünfte erzielen, im klaren Widerspruch zu dem Konnex, welcher § 2 Abs. 1 Satz 1 EStG zwischen Einkünfteerzielung und

---

530 Vgl. dazu das Individualsteuerprinzip oben auf S. 89. Vgl. zu dieser Erwägung *Kneip*, Der einkommensteuerrechtliche Mitunternehmer, 1994, S. 84.

531 Vgl. in Bezug auf die durch die Vielheitsbetrachtung ergänzte Einheitsbetrachtung, *Kneip*, Der einkommensteuerrechtliche Mitunternehmer, 1994, S. 84.

Steuerpflichtigem etabliert. Nach § 2 Abs. 1 Satz 1 EStG unterliegen der Einkommensteuer Einkünfte, die der Steuerpflichtige erzielt. Ausschließlich Steuerpflichtige können danach als Erzielende von Einkünften angesehen werden.[532] Auch bestehen keinerlei gesetzliche Anhaltspunkte dafür, die Personengesellschaft als Erzielende der Einkünfte anzusehen. Nur eine Konzeption, welche die Mitunternehmer als Erzielende der Einkünfte auffasst, ist folglich mit dem EStG vereinbar.[533] Für weitere Gründe, weshalb die Annahme, die Personengesellschaft erziele Einkünfte, nicht mit dem Gesetz in Einklang steht, wird auf die überzeugenden Ausführungen von *Kneip* verwiesen.[534]

Folglich ist nicht die Personengesellschaft, sondern sind die einzelnen Mitunternehmer die den Einkünftetatbestand erfüllenden Subjekte und Erzielende der Einkünfte. Der Vielheitsgedanke eröffnet somit die Möglichkeit Einkünfteerzielung i. S. d. § 2 Abs. 1 Satz 1 EStG und die Erfüllung des Tatbestandes des § 15 Abs. 1 Satz 1 Nr. 2 EStG gleichzusetzen.

2. Gleichsetzung bei mitunternehmerschaftlichen Einkünften

Nun wird noch die Frage erörtert, ob auch im Fall von gemeinschaftlich erwirtschafteten Erwerbseinkünften eine Gleichsetzung von Einkünfteerzielung und Erfüllung eines Einkünftetatbestandes systematisch zwingend ist. Herausgestellt wurde, dass eine Gleichsetzung zwingend ist, wenn sich sämtliche daraus unmittelbar ergebende Folgen logisch aus der Prämisse, dass eine zeitliche Rangfolge zwischen Einkommen- und Umsatzsteuer zu wahren ist, konkludieren ließen.[535] Die Folgen der Gleichsetzung wurden als abhängig davon erkannt, ob § 2 Abs. 1 Satz 1 EStG ausschließlich Aussagekraft hinsichtlich der persönlichen Zurechnung von Einkünften beigemessen wird oder auch hinsichtlich deren zeitlicher Zuordnung. Die nachfolgenden Ausführungen beschränken sich zunächst auf die Prüfung, ob die Gleichsetzung in persönlicher Hinsicht zwingend ist. Die zeitliche Rangfolge

532 Vgl. *Kneip*, Der einkommensteuerrechtliche Mitunternehmer, 1994, S. 84; *Pinkernell*, Einkünftezurechnung bei Personengesellschaften, 2001, S. 75 ff., 81 f.

533 Vgl. *Kneip*, Der einkommensteuerrechtliche Mitunternehmer, 1994, S. 84; *Pinkernell*, Einkünftezurechnung bei Personengesellschaften, 2001, S. 75 ff., 81 f.

534 *Kneip*, Der einkommensteuerrechtliche Mitunternehmer, 1994, S. 87 ff.

535 Siehe dazu im Detail oben S. 111 ff.

zwischen Einkommen- und Umsatzsteuer müsste also systematisch dazu zwingen, dass der Person, welche den Einkünftetatbestand erfüllt, auch die entsprechenden Einkünfte zugerechnet werden. Aus den angestellten Erwägungen ergibt sich sodann auch, ob eine Gleichsetzung hinsichtlich der zeitlichen Zuordnung der Einkünfte zwingend ist, worauf am Ende noch einmal rekurriert wird.

Für nicht-gemeinschaftlich erwirtschaftete Erwerbseinkünfte lag der für die Gleichsetzung in persönlicher Hinsicht maßgebliche Grund darin, dass die den Einkünftetatbestand verwirklichende Person auch die erste Möglichkeit hat, die Einkünfte zu verwenden.[536] Der Person mit erster Möglichkeit, Einkünfte zu verwenden, sind die Einkünfte zwingend zuzurechnen, damit die zeitliche Rangfolge von Einkommen- und Umsatzsteuer nicht verkehrt wird.[537] Im Rahmen von nicht-gemeinschaftlich erwirtschafteten Einkünften resultierte die erste Verwendungsmöglichkeit der Tatbestandserfüllenden aus dem Umstand, dass diese die Leistungserstellung am Markt beherrschen.[538] Herausgestellt wurde, dass der Markt unmittelbar für die Leistung der Personen zahlt, welche den Einkünftetatbestand erfüllen.[539]

Auch im Hinblick auf Mitunternehmer ist somit als erster Ansatzpunkt zu untersuchen, ob diese die Leistungserstellung am Markt beherrschen, sie deshalb vom Markt das Entgelt erhalten und eine Gleichsetzung in persönlicher Hinsicht aus diesem Grund zwingend ist. Auf den ersten Blick ergeben sich daran bereits Zweifel, da nach § 15 Abs. 1 Satz 1 Nr. 2 Alt. 1 EStG Einkünfte aus Gewerbebetrieb die Gewinnanteile der Mitunternehmer des Betriebs sind. Es wird also zumindest nicht eindeutig auf diese Leistung abgestellt, für welche der Markt das Entgelt zahlt. Das Entgelt könnte in diesem Tatbestand auch für die Leistung des Personenverbundes und nicht für die Leistung des einzelnen Besteuerungssubjekts gezahlt werden, auf welchen sich der Einkünftetatbestand bezieht. Die relevante Leistungserstellung könnte also statt von der einzelnen natürlichen Person, welche den Einkünftetatbestand verwirklicht, von dem Personenverbund, in welchem sich diese Person befindet, beherrscht werden. Der Markt würde das Ent-

536 Siehe S. 112 ff.
537 Siehe S. 112 ff.
538 Siehe S. 114 f.
539 Siehe S. 114.

gelt dann für die Leistung der Personengesellschaften entrichten. Daraus könnte sich ergeben, dass nicht die Mitunternehmer, sondern die Personengesellschaft die erste Möglichkeit der Verwendung mitunternehmerschaftlicher Einkünfte hat. Ob eine Gleichsetzung dennoch zwingend wäre, müsste im Anschluss untersucht werden. Würden die Mitunternehmer die Leistungserstellung am Markt hingegen beherrschen, wäre eine Gleichsetzung aus selbigen, im Hinblick auf die für nicht-gemeinschaftlich erwirtschaftete Erwerbseinkünfte geltenden Gründe zwingend.

a) Beherrschung der Leistungserstellung unter Zugrundelegung des Vielheitsgedankens

Welches Subjekt die Leistungserstellung am Markt beherrscht, wenn Einkünfte mitunternehmerschaftlich erwirtschaftet werden, war bereits Gegenstand von Diskussionen im Schrifttum. Die nachfolgend dargestellten Vertreter gehen unter primärer Zugrundelegung des Vielheitsgedankens die Einordnung von mitunternehmerschaftlichen Einkünften in den Kontext des Beherrschens der Leistungserstellung an. Folgend auf die Darstellung der vertretenen Ansichten wird Stellung bezogen und eine eigene dogmatische Einordnung entwickelt.

aa) Einordnungen im Schrifttum

Da die Dogmatik der Einkünfteerzielung von *Ruppes* Grundlegungen geprägt ist, ist an erster Stelle ebenfalls *Ruppes* dogmatische Einordnung der Einkünfteerzielung bei gemeinschaftlicher Erwerbstätigkeit in den Blick zu nehmen. *Ruppe* geht kohärent von dem Ausgangspunkt aus, dass auch gemeinschaftlich generierte Einkünfte eine Leistungserstellung am Markt voraussetzen.[540] Dies steht im Einklang mit dem von *Ruppe* aufgestellten kleinsten gemeinsamen Nenner der Einkünftetatbestände, dass die Einkünfteerzielung die Beherrschung der Leistungserstellung am Markt verlange. Die Leistungserstellung am Markt werde bei gemeinschaftlicher Erwerbstätigkeit nach *Ruppe* aber nicht von einem oder jedem einzelnen der gemeinschaftlich Tätigen beherrscht. Die Disposition über die bzw. die Beherrschung der Leistungserstellung sei vielmehr vertikal zwischen sämtlichen ge-

540 Siehe hierzu und zum Nachfolgenden bei *Ruppe*, DStJG 1978/79, 7, 22.

meinschaftlich Tätigen aufgeteilt. Für die Einkünftezurechnung an den Einzelnen, der mit anderen gemeinschaftlich erwerbswirtschaftlich tätig wird, sei folglich entscheidend, dass der Einzelne einen hinreichenden Teil der vertikal aufgeteilten Dispositionsbefugnisse beherrsche. Die vertikal aufgeteilten Dispositionsbefugnisse seien jeweils in dem Beitrag zu erblicken, den der Gesellschafter gegenüber der Gesellschaft erbringe. Wer diese Beitragserbringung beherrsche, beherrsche einen für die Einkünftezurechnung maßgeblichen Teil der vertikal geteilten Dispositionsbefugnisse und erziele somit anteilig Einkünfte. Nicht dürfe für die Einkünftezurechnung auf die Stellung des Gesellschafters innerhalb der Gesellschaft, also beispielsweise dessen Mitwirkungsrechte, abgestellt werden.

Kneip sieht – entgegengesetzt zu *Ruppe* – gerade in der Rechtsstellung des einzelnen Mitglieds im Personenverbund den entscheidenden Aspekt für die Beherrschung der Leistungserstellung.[541] Aus der Rechtsstellung des einzelnen Mitglieds im Personenverbund ergäben sich Dispositionsbefugnisse, kraft derer das Mitglied die Marktleistung beherrschen könne.[542] Dafür reiche allerdings nicht jegliche Stellung im Personenverbund aus.[543] Ein Mitglied könne erst dann über die Marktleistung disponieren, wenn es unternehmerkonstitutives Risiko trage und auch Unternehmerinitiative habe.[544] Organisierten sich mehrere Personen in einem Verbund, erbrächte nicht eine Person allein, sondern erbrächten mehrere Personen teilweise die nach außen einheitliche Marktleistung.[545] Entscheidend sei, dass die Leistungserstellung am Markt von den im Personenverbund organisierten Personen jeweils mitbeherrscht werde.[546]

Pinkernell hingegen geht davon aus, dass jeder Gesellschafter die Marktteilnahme beherrsche, weil die Beiträge der einzelnen Gesellschafter jeweils wechselseitig zuzurechnen seien.[547] Die Gesellschaf-

541 *Kneip*, Der einkommensteuerrechtliche Mitunternehmer, 1994, S. 118 f, 191.
542 *Kneip*, Der einkommensteuerrechtliche Mitunternehmer, 1994, S. 118 f, 191.
543 *Kneip*, Der einkommensteuerrechtliche Mitunternehmer, 1994, S. 119.
544 *Kneip*, Der einkommensteuerrechtliche Mitunternehmer, 1994, S. 191, 206, 385.
545 *Kneip*, Der einkommensteuerrechtliche Mitunternehmer, 1994, S. 121.
546 *Kneip*, Der einkommensteuerrechtliche Mitunternehmer, 1994, S. 121, 385.
547 *Pinkernell*, Einkünftezurechnung bei Personengesellschaften, 2001, S. 89 f.

ter erstellten arbeitsteilig Leistungen, die sie am Markt verwerteten.[548] Sie erfüllten deshalb selbst, wenn auch mit anderen, den Einkünftetatbestand.[549] Aufgrund dieser Erfüllung des Einkünftetatbestandes seien den Mitunternehmern die Einkünfte jeweils persönlich zuzurechnen.[550] Der Personenzusammenschluss selbst sei aber einkommensteuerrechtlich nicht teilrechtsfähig.[551] Die Leistungserstellung am Markt liege entweder darin, dass der Gesellschafter die Leistung selbst am Markt erstelle oder – wenn dies nicht der Fall sei – darin, dass dem Gesellschafter die Leistungserstellung durch die anderen Gesellschafter zugerechnet würde.[552] Der Grund für die Zurechnung läge in der Einflussmöglichkeit, welche der Gesellschafter, der die Leistungserstellung nicht vornehme, auf die anderen Gesellschafter habe.[553]

bb) Stellungnahme – Der Personenverbund als Beherrschender

Die drei aufgeführten Autoren, die im Grundsatz dem Vielheitsgedanken und *Ruppes* Grundlegungen folgen,[554] wollen auch jeweils die Mitunternehmer als Beherrschende bzw. Mitbeherrschende der Leistungserstellung ansehen. Dies ist in Anbetracht der Zugrundelegung von *Ruppes* Grundlegungen auch der einzig gangbare Weg. Nach *Ruppe* gilt als Prämisse, dass das Erfüllen der Einkünftetatbestände mit dem Erzielen gleichzusetzen ist.[555] Nach *Ruppe* ist auch nur aus dem Grund gleichzusetzen, weil das Gesetz einen Zusammenhang zwischen Leistungserstellung und Einkünftetatbestand vorsieht.[556] Kleinster gemeinsamer Nenner der Einkünftetatbestände sei die Leistungserstellung am Markt. Wer also die Leistungserstellung am Markt

---

548 *Pinkernell*, Einkünftezurechnung bei Personengesellschaften, 2001, S. 85.
549 *Pinkernell*, Einkünftezurechnung bei Personengesellschaften, 2001, S. 89 f.
550 *Pinkernell*, Einkünftezurechnung bei Personengesellschaften, 2001, S. 85.
551 *Pinkernell*, Einkünftezurechnung bei Personengesellschaften, 2001, S. 85.
552 *Pinkernell*, Einkünftezurechnung bei Personengesellschaften, 2001, S. 87. *Pinkernell* nennt dies die wechselseitige horizontale Zurechnung einzelner Tatbestände bei gemeinschaftlichem Handeln.
553 *Pinkernell*, Einkünftezurechnung bei Personengesellschaften, 2001, S. 87.
554 Siehe dazu, dass die Vertreter jeweils auf *Ruppes* Grundlegungen aufbauen: *Kneip*, Der einkommensteuerrechtliche Mitunternehmer, 1994, S. 43; *Pinkernell*, Einkünftezurechnung bei Personengesellschaften, 2001, S. 82.
555 Vgl. *Ruppe*, DStJG 1978/79, 7, 19.
556 Vgl. *Ruppe*, DStJG 1978/79, 7, 19.

beherrsche, erfülle auch den Einkünftetatbestand und erziele Einkünfte.[557]

Soll diese Konzeption aufrechterhalten werden, müssen die Mitunternehmer zwangsläufig als Beherrschende der Leistungserstellung angesehen werden. Würden die Mitunternehmer nicht als Beherrschende angesehen, bestünde erstens der nach *Ruppe* für die Gleichsetzung maßgebliche Konnex zwischen Leistungserstellung und Einkünftezurechnung für mitunternehmerschaftliche Einkünfte nicht. Die Prämisse der Gleichsetzung hätte dann grundlegend in Frage gestellt werden müssen. Zweitens wäre die Leistungserstellung am Markt nicht mehr der kleinste gemeinsame Nenner der Einkünftetatbestände, wenn die Mitunternehmer nicht als Beherrschende der Leistungserstellung angesehen würden. Die Konzeption von *Ruppe* wäre also – zumindest für die Erwirtschaftung von Einkünften im Personenverbund – nicht mehr haltbar, wären die aufgeführten Vertreter nicht davon ausgegangen, dass die Mitunternehmer die Leistungserstellung beherrschen.

Die aufgeführten Theorien haben also den Schwachpunkt, dass das Ergebnis in Anbetracht der zugrundeliegenden Prämissen vorgegeben ist. Dieser Eindruck wird durch Begründungsdefizite der Ansichten verstärkt. Die Vertreter nennen entweder keine oder keine triftigen Anhaltspunkte dafür, weshalb die Mitunternehmer als Beherrschende bzw. Mitbeherrschende angesehen werden. Nach *Ruppe* beherrsche der Mitunternehmer die Leistungserstellung mit, weil und indem er Beiträge gegenüber der Gesellschaft erbringe.[558] Weshalb die Erbringung von Beiträgen gegenüber der Gesellschaft eine Mitbeherrschung der Leistungserstellung sei, wird nicht begründet.[559] Nach *Pinkernell* würden die Mitunternehmer die Leistungserstellung am Markt beherrschen, weil sie entweder selbst die Leistungserstellung am Markt vornähmen oder weil ihnen zuzurechnen sei, wenn andere Mitunternehmer die Leistungserstellung vornähmen.[560] Eine solche wechselseitige Zurechnung sei in diversen Teilrechtsordnungen anerkannt und basie-

---

557 Siehe dazu umfassend oben S. 94 f.

558 *Ruppe*, DStJG 1978/79, 7, 22.

559 Siehe zu weiterer Kritik bei *Kneip*, Der einkommensteuerrechtliche Mitunternehmer, 1994, S. 119 und *Pinkernell*, Einkünftezurechnung bei Personengesellschaften, 2001, S. 84.

560 *Pinkernell*, Einkünftezurechnung bei Personengesellschaften, 2001, S. 87.

re auf der Einflussmöglichkeit derjenigen Person, der Handlungen zugerechnet werden.[561] Weshalb aber eine solche Zurechnung auch für die Leistungserstellung am Markt gelten soll, bleibt unklar. Zweifel bestehen daran insbesondere, weil *Pinkernell* als Prämisse voraussetzt, dass einem Mitunternehmer, der die Leistungserstellung nicht selbst vornimmt, die Leistungserstellung anderer Mitunternehmer zuzurechnen ist. Weshalb aber eine Zurechnung der Leistungserstellung notwendig oder systematisch zwingend ist, wird nicht begründet. *Pinkernells* Theorie der wechselseitigen Zurechnung hängt so gewissermaßen im „luftleeren" Raum. Auch *Kneips* Begründungsansatz ist lückenbehaftet. Nach *Kneip* sei entscheidend, dass der Mitunternehmer die Leistungserstellung mitbeherrsche.[562] Mitbeherrschung ergebe sich aus Mitunternehmerinitiative und -risiko.[563] Weshalb aber eine Mitbeherrschung der Leistungserstellung für die Erfüllung des Einkünftetatbestandes ausreiche und welche Implikationen sich daraus für die These ergeben, dass die Person den Einkünftetatbestand erfüllt, welche die Leistungserstellung beherrscht, wird nicht näher erörtert.

Alle drei Auffassungen erwecken folglich den Eindruck, dass sie gewissermaßen von der Überlegung ausgehen, dass die Personengesellschaft die Leistungserstellung nicht beherrschen darf, weil sie nicht die Erzielende der Einkünfte ist und sein kann. Sodann wird versucht zu konstruieren, dass die Mitunternehmer beherrschen oder „mitbeherrschen".

Im Laufe der Arbeit wurde herausgestellt, dass eine Gleichsetzung für nicht-gemeinschaftlich erwirtschaftete Einkünfte zwar zwingend ist, aber nicht auf dem Umstand gründet, dass das Gesetz einen Zusammenhang zwischen Leistungserstellung und Einkünftezurechnung vorsieht. Als für die Gleichsetzung maßgeblich wurde vielmehr die Möglichkeit herausgestellt, Einkünfte als Erster verwenden zu können.[564] Für gemeinschaftlich erwirtschaftete Einkünfte wird an dieser Stelle noch untersucht, ob eine Gleichsetzung zwingend ist. Dass die Mitunternehmer – aufgrund der gesetzten Prämissen – als Beherr-

561 *Pinkernell*, Einkünftezurechnung bei Personengesellschaften, 2001, S. 87 ff.
562 Kneip, Der einkommensteuerrechtliche Mitunternehmer, 1994, S. 121, 385.
563 *Kneip*, Der einkommensteuerrechtliche Mitunternehmer, 1994, S. 191, 206, 385.
564 Siehe oben S. 112 ff.

schende der Leistungserstellung angesehen werden müssen, ist vorliegend somit nicht der Fall. Die Vorstellung, dieses Subjekt, welches die Einkünfte erzielt, müsse die Leistungserstellung am Markt beherrschen, versperrt folglich nicht den Blick auf die tatsächlichen Begebenheiten.

Es sind solche tatsächlichen Begebenheiten, aus welchen folgt, wer die Leistungserstellung am Markt beherrscht. In *Ruppes* Worten ausgedrückt, kommt es darauf an, wer über die Leistungserstellung disponieren kann.[565] Auf solche tatsächlichen wirtschaftlichen Begebenheiten kommt es an, weil die Einkünftetatbestände und auch § 15 Abs. 1 Satz 1 Nr. 2 EStG auf die Erfassung der finanziellen Ist-Leistungsfähigkeit abzielen.[566] Zu analysieren ist also, an welche Person der Markt das Entgelt nach den wirtschaftlichen Begebenheiten zahlen möchte und wer tatsächlich die Leistungserstellung ablaufen lassen kann.

Aus Perspektive des Marktes gestaltet sich das Bild folgendermaßen. Der Markt versteht die Personengesellschaft als solche als ihre Vertragspartnerin, von welcher die Leistung erbracht werden soll, vgl. § 105 Abs. 2 HGB. Das Steuerrecht folgt zwar nicht dem Zivilrecht, aber stellt in einer autonomen Ordnung auf insbesondere die wirtschaftlichen Begebenheiten ab.[567] Solche wirtschaftlichen Begebenheiten vollziehen sich regelmäßig nach zivilrechtlichen Gestaltungen.[568] Die zivilrechtlichen Gestaltungen können deshalb als Indikator dafür herangezogen werden, welche Person die Leistungserstellung wirtschaftlich beherrscht.[569] Der Markt, welcher die Personengesellschaft als seinen Vertragspartner versteht, möchte das Entgelt auch gegenüber der Personengesellschaft erbringen, um seine Schuld zu erfüllen. Die Perspektive des Markts spricht dafür, die Personengesellschaft als solche als Beherrschende der Leistungserstellung anzusehen.

---

565 *Ruppe*, DStJG 1978/79, 7, 18.

566 Siehe oben S. 88.

567 Siehe oben S. 75 ff.

568 Vgl. *Beisse*, StuW 1981, 1, 12.

569 Vgl. *Beisse*, StuW 1981, 1, 12, welcher auf den Punkt bringt, dass „*ernsthafte zivilrechtliche Verträge der Besteuerung zugrundezulegen [sind], weil diese Gestaltung im gegebenen Fall die tatsächlich bewirkte und wirkende ist.*"

Auch die Perspektive der Gesellschaft und der Gesellschafter bestätigt diese Annahme. Die Gesellschafter verstehen vertragliche Pflichten der Gesellschaft nicht als eigene Pflichten, vgl. § 105 Abs. 2 HGB. Wirken Gesellschafter darauf hin, dass solche Pflichten der Gesellschaft erfüllt werden, so handeln sie in dem Bewusstsein, nicht für sich selbst, sondern für die Personengesellschaft zu handeln, vgl. §§ 114, 125 HGB. Selbst wenn ein einzelnes Mitglied in tatsächlicher Hinsicht die Leistungserstellung am Markt vornimmt, so handelt es stets für den Personenverbund. Die Einschaltung von Personen, die für einen anderen handeln, bewirkt nicht, dass die Leistungserstellung von der handelnden Person beherrscht wird.[570] Die Leistungserstellung beherrscht weiterhin ausschließlich die Person, für die gehandelt wird.[571] Auch gehen die einzelnen Gesellschafter nicht davon aus, dass der Markt ihnen jeweils das Entgelt zahlt. Das Entgelt wird auch aus Perspektive der Gesellschafter an die Personengesellschaft gezahlt. Die Personengesellschaft ist einerseits zivilrechtlich daran berechtigt und andererseits dient das Gesellschaftsvermögen nicht nur dazu, Gewinnanteile der Gesellschafter zu formen, sondern beispielsweise auch dazu, notwendige Ausgaben der Gesellschaft tätigen zu können. Die Gewinne der Gesellschaft können von den Gesellschaftern nicht zu jedem Zeitpunkt entnommen werden.[572] Nach den tatsächlichen wirtschaftlichen Begebenheiten beherrscht somit einzig die Personengesellschaft die Leistungserstellung am Markt. Daraus folgt auch nicht, dass die Personengesellschaft Einkünfte i. S. d. § 2 Abs. 1 EStG erzielt. Einkommensteuerrechtlich ist die Personengesellschaft kein taugliches Besteuerungssubjekt.[573]

Es ergibt sich, dass der Personengesellschaft, als Beherrschende der Leistungserstellung, vom Markt das Entgelt für ebendiese Leistungserbringung zur Verfügung gestellt wird. Nicht die Gesellschafter,

---

570 Vgl. dazu auch BFH, Urt. v. 24.06.1976 – IV R 173/74, BStBl. II 1976, 643; *Stadie*, Die persönliche Zurechnung von Einkünften, 1983, S. 25; Kirchhof/Seer/*Krumm*, EStG, 24. Aufl. 2025, § 15 Rn. 155.

571 Vgl. dazu auch BFH, Urt. v. 24.06.1976 – IV R 173/74, BStBl. II 1976, 643; *Stadie*, Die persönliche Zurechnung von Einkünften, 1983, S. 25; Kirchhof/Seer/*Krumm*, EStG, 24. Aufl. 2025, § 15 Rn. 155.

572 Ob ein Entnahmerecht besteht ist insbesondere von der gesellschaftsvertraglichen Ausgestaltung abhängig, siehe dazu genauer *Wertenbruch*, NZG 2005, 665, 665 ff.

573 Siehe auch die in Fn. 526 aufgeführten Vertreter.

sondern die Gesellschaft hat somit die Möglichkeit der erstmaligen Verwendung solcher Entgelte. Näher zu prüfen ist jedoch, ob daraus zugleich folgt, dass eine Gleichsetzung für den Fall der mitunternehmerschaftlichen Einkünfte nicht zwingend ist.

b) Systematik zwingt dennoch zu Gleichsetzung

Auch wenn die Personengesellschaft die Leistungserstellung beherrscht, ist die Gleichsetzung von Einkünfteerzielung und Erfüllung eines Einkünftetatbestandes in persönlicher Hinsicht auch für § 15 Abs. 1 Satz 1 Nr. 2 EStG systematisch zwingend. Auch für mitunternehmerschaftliche Einkünfte gilt nämlich, dass nur im Fall einer Zurechnung der Einkünfte an die Mitunternehmer die zeitliche Rangfolge von Einkommen- und Umsatzsteuer gewahrt ist. Zwar hat die Personengesellschaft die erstmalige Möglichkeit, über die ihr gezahlten Entgelte zu verfügen, allerdings haben faktisch nur die Mitunternehmer ihrerseits die Möglichkeit der erstmaligen Verwendung der mitunternehmerschaftlichen Einkünfte. Dies sei im Folgenden näher erklärt.

Der Tatbestand der Einkünfteerzielung wird bei mitunternehmerschaftlichen Einkünften nach Auffassung der Rechtsprechung bereits mit jedem einzelnen Geschäftsvorfall verwirklicht.[574] Ob dem so zugestimmt werden kann oder ob darin ein Verstoß gegen das Prinzip der Tatbestandsmäßigkeit der Besteuerung liegt, ist fraglich, kann aber dahinstehen. Denn wichtig hinsichtlich der Verwendungsmöglichkeit ist, dass zumindest Einkünfte i. S. d. § 15 Abs. 1 Satz 1 Nr. 2 EStG entstehen können, wenn sich zwar die Gewinnanteile gebildet haben, diese aber von den Gesellschaftern noch nicht entnommen werden können.[575] Es können also mitunternehmerschaftliche Einkünfte vor-

574 BFH, Urt. v. 07.07.1983 – IV R 209/80, BStBl. II 1984, 53; BFH, Urt. v. 29.03.1984 – IV R 271/83, BStBl. II 1984, 602. Siehe auch Brandis/Heuermann/*Bode*, EStG, 176. EL. 2025, § 15 Rn. 493. A. A.: *Sommer*, BB 1987, 307, 311; *Bauschatz*, FR 2005, 1230, 1233 f.

575 Vgl. BFH, Urt. v. 24.02.1988 – I R 95/84, BStBl. II 1988, 663; BFH, Beschl. v. 03.05.1993 – GrS 3/92, BStBl. 1993, 616. Siehe auch Brandis/Heuermann/*Bode*, EStG, 176. EL. 2025, § 15 Rn. 493.

liegen, über welche nicht die Mitunternehmer, schon aber die Personengesellschaft verfügen kann.[576]

Fraglich ist allerdings, ob die Personengesellschaft, welche die mitunternehmerschaftlichen Einkünfte verwenden kann, solche Einkünfte auch in tatsächlicher Hinsicht das erste Mal verwenden kann. Dies klingt auf den ersten Blick zwar paradox, allerdings könnte eine tatsächliche Verwendung der mitunternehmerschaftlichen Einkünfte durch die Personengesellschaft im Ergebnis dazu führen, dass keine solchen Einkünfte mehr vorliegen. Um dies zu prüfen, müssen die Folgen, welche eine Verwendung solcher Einkünfte durch die Personengesellschaft hat, betrachtet werden.

Verwendet die Personengesellschaft die mitunternehmerschaftlichen Einkünfte, entsteht eine Aufwands- bzw. Verlustposition in ebendieser Höhe.[577] Die Verlustposition wirkt sich auf die Gewinnanteile der Mitunternehmer aus. Solche Gewinnanteile werden um die Verlustposition geschmälert, also um exakt die von der Personengesellschaft getätigten Ausgaben verringert. Dass die Personengesellschaft über mitunternehmerschaftliche Einkünfte verfügen kann, ist also nur einer technisch-steuerrechtlichen Qualifikation geschuldet. Schlussendlich verbleiben als mitunternehmerschaftliche Einkünfte nur die Gewinne abzüglich der Verluste, also ebensolche Mittel, welche von der Personengesellschaft nicht verwendet wurden. Es ergibt sich, dass von der Personengesellschaft verwendete Mittel zwar steuerrechtlich als mitunternehmerschaftliche Einkünfte qualifiziert waren, die Verwendung aber unmittelbar zu einer Verringerung der mitunternehmerschaftlichen Einkünfte führt. Faktisch kann die Personengesellschaft damit keine mitunternehmerschaftlichen Einkünfte verwenden. Dies ist auch daraus ersichtlich, dass von der Personengesellschaft verwendete Mittel, da sie die Gewinnanteile schmälern, im Ergebnis nicht als Einkünfte i. S. d. § 15 Abs. 1 Satz 1 Nr. 2 EStG der Besteuerung unterliegen.

---

576 Vgl. dazu dass die Personengesellschaft das Gesellschaftsvermögen grundsätzlich verwenden kann, *Saenger*, Gesellschaftsrecht, 5. Aufl. 2020, Rn. 95 ff.

577 Siehe dazu, dass durch den Betrieb veranlasste Aufwendungen Betriebsausgaben sind, § 4 Abs. 4 EStG und näher dazu bei Brandis/Heuermann/*Drüen*, EStG, 176. EL. 2025, § 4 Rn. 551 ff.

Die erste Möglichkeit, die mitunternehmerschaftlichen Einkünfte tatsächlich für Konsum einzusetzen, ohne dass die „Einkünfte“ durch ebendiesen Konsum geschmälert werden, also im Ergebnis nicht mehr vorliegen, haben einzig die Mitunternehmer. Erstmalig über Einkünfte verfügen zu können, ohne dass die eingesetzten Mittel keine Einkünfte mehr sind, ist faktisch damit gleichzusetzen, die Einkünfte generell erstmalig einsetzen zu können. Es ergibt sich, dass einzig die Mitunternehmer die erstmalige Möglichkeit haben, mitunternehmerschaftliche Einkünfte zu verwenden. Um die zeitliche Rangfolge von Einkommen- und Umsatzsteuer zu wahren, sind die mitunternehmerschaftlichen Einkünfte folglich zwingend den Mitunternehmern zuzurechnen. Eine Gleichsetzung von Einkünfteerzielung und Erfüllung des § 15 Abs. 1 Satz 1 Nr. 2 EStG ist hinsichtlich der persönlichen Zurechnung systematisch zwingend.

Abweichendes ergibt sich jedoch hinsichtlich der zeitlichen Zuordnung der Einkünfte. Eine Gleichsetzung des Zeitpunkts der Erfüllung des Einkünftetatbestandes und der persönlichen Zurechnung der Einkünfte wäre systematisch nur zwingend, wenn die zeitliche Rangfolge zwischen Einkommen- und Umsatzsteuer ausschließlich im Fall der Zurechnung zum Zeitpunkt der Tatbestandserfüllung gewahrt wäre. Da die mitunternehmerschaftlichen Einkünfte jedoch schon dann entstehen, wenn sie noch der Dispositionshoheit der Personengesellschaft unterliegen, und die Mitunternehmer erst nach der Entnahme über die entsprechenden Einkünfte verfügen können, ist dies nicht der Fall. Zwischen Entstehung der Einkünfte und erstmaliger Verwendungsmöglichkeit der Mitunternehmer besteht ein Zeitraum, in welchem die zeitliche Zuordnung möglich ist, ohne dass die zeitliche Rangfolge zwischen Einkommen- und Umsatzsteuer verkehrt würde. Erst im Zeitpunkt der Entnahme müssten die mitunternehmerschaftlichen Einkünfte zwingend persönlich zugerechnet werden. Die Einkünfte können und werden den Mitunternehmern allerdings schon vor der Entnahme zugerechnet.[578]

Eine Gleichsetzung von Einkünfteerzielung und Erfüllung des § 15 Abs. 1 Satz 1 Nr. 2 EStG ist somit nur im Hinblick auf die den Tat-

578 Vgl. BFH, Urt. v. 24.02.1988 – I R 95/84, BStBl. II 1988, 663; BFH, Beschl. v. 03.05.1993 – GrS 3/92, BStBl. 1993, 616. Siehe auch Brandis/Heuermann/*Bode*, EStG, 176. EL. 2025, § 15 Rn. 493.

bestand verwirklichende Person zwingend. Eine Gleichsetzung des Zeitpunkts der Tatbestandserfüllung und der Einkünfteerzielung ist hingegen nicht zwingend.

3. Aus der Gleichsetzungsthese für § 15 Abs. 1 Satz 1 Nr. 2 EStG ableitbare Erkenntnisse

Auch für mitunternehmerschaftliche Einkünfte gilt folglich, dass die Einkünfteerzielung mit der Erfüllung eines Einkünftetatbestandes in persönlicher Hinsicht gleichzusetzen ist. Der Einkünftetatbestand des § 15 Abs. 1 Satz 1 Nr. 2 EStG kann also dafür herangezogen werden, zu identifizieren, wem mitunternehmerschaftliche Einkünfte zuzurechnen sind. Fraglich bleibt allerdings, welche konkreten Folgen daraus abgeleitet werden können.

Für nicht-gemeinschaftliche Erwerbseinkünfte führte die Gleichsetzung dazu, dass als Gemeinsamkeit sämtlicher der entsprechenden Einkünftetatbestände die Beherrschung der Leistungserstellung am Markt identifiziert werden konnte.[579] Die Beherrschung der Leistungserstellung wurde deshalb als maßgeblich für die subjektive Zurechnung solcher Einkünfte herausgestellt. Die Charakteristika der Beherrschung der Leistungserstellung verliehen der Identifizierung des Besteuerungssubjekts greifbare Konturen.

Erkenntnisreich für die Bestimmung der von § 15 Abs. 1 Satz 1 Nr. 2 EStG adressierten Besteuerungssubjekte wäre es, wenn ebenfalls auf die Charakteristika des Beherrschens zurückgegriffen werden könnte. Dann würden die in Bezug auf nicht-gemeinschaftliche Erwerbseinkünfte etablierten Zurechnungskriterien, also die Modalitäten der Beherrschung der Leistungserstellung am Markt, zu welchen insbesondere keine Position gemäß § 39 Abs. 2 Nr. 1 Satz 1 AO gehört, auch der Zurechnung mitunternehmerschaftlicher Einkünfte Konturen verleihen. Würde eine ausschließliche Position i. S. d. § 39 Abs. 2 Nr. 1 Satz 1 AO auch für die Mitunternehmerstellung im Grundsatz nicht maßgeblich sein, könnten prinzipiell mehrere Personen die Mitunternehmerstellung aus einem Gesellschaftsanteil innehaben. Ob die Wertungen des Beherrschens der Leistungserstellung auch für mitunternehmerschaftliche Ein-

579 Siehe hierzu und zu den weiteren Folgen im Detail oben S. 117 f.

künfte greifen, wird deshalb Schwerpunkt der nachstehenden Ausführungen sein. Geprüft wird, inwiefern sich § 15 Abs. 1 Satz 1 Nr. 2 EStG in die etablierte Dogmatik der persönlichen Zurechnung von Einkünften einfügt.

Zunächst ist hervorzuheben, dass auch § 15 Abs. 1 Satz 1 Nr. 2 EStG eine Leistungserstellung am Markt voraussetzt. Ohne eine solche Leistungserstellung könnte es keine Einkünfte geben, die zuzurechnen wären. Wie herausgestellt, beherrscht im Fall der gemeinschaftlichen Erwerbstätigkeit aber die Personengesellschaft und nicht die Mitunternehmer die Leistungserstellung am Markt. Dies erkennt auch § 15 Abs. 1 Satz 1 Nr. 2 EStG. Da der Personenverbund einkommensteuerrechtlich unbeachtlich ist, definiert § 15 Abs. 1 Satz 1 Nr. 2 EStG, wann die gemeinschaftliche Erwerbstätigkeit für ein Mitglied des Verbunds steuerlich erheblich ist. Ein Mitglied geht dann einer steuerlich erheblichen Betätigung in einem Personenverbund nach, wenn es die Voraussetzungen des § 15 Abs. 1 Satz 1 Nr. 2 EStG erfüllt. Das Mitglied muss also die Gesellschafterstellung i. S. d. § 15 Abs. 1 Satz 1 Nr. 2 EStG innehaben und Mitunternehmerinitiative sowie -risiko in hinreichendem Maße tragen.

§ 15 Abs. 1 Satz 1 Nr. 2 EStG weicht also nicht von der übergreifenden Voraussetzung der Einkünfteerzielung ab, dass eine Leistungserstellung am Markt erforderlich ist. Es wird jedoch nicht unmittelbar auf die Beherrschung der Leistungserstellung am Markt abgestellt. Vielmehr definiert § 15 Abs. 1 Satz 1 Nr. 2 EStG, welche Person sich steuerlich erheblich in einem Personenverbund betätigt, der die Leistungserstellung am Markt beherrscht. § 15 Abs. 1 Satz 1 Nr. 2 EStG fügt sich somit gewissermaßen in die herausgestellte Dogmatik der Einkünfteerzielung ein und konkretisiert diese in Bezug auf die gemeinschaftliche Leistungserstellung.

Daraus, dass nicht die Mitunternehmer die Leistungserstellung am Markt beherrschen und § 15 Abs. 1 Satz 1 Nr. 2 EStG die grundlegende Dogmatik der Einkünfteerzielung hinsichtlich der gemeinschaftlichen Leistungserstellung konkretisiert, können nun unterschiedliche Schlussfolgerungen abgeleitet werden. Einerseits könnte angenommen werden, dass hinsichtlich der Auslegung der Kriterien des § 15 Abs. 1 Satz 1 Nr. 2 EStG nicht auf die Charakteristika des Beherrschens der

Leistungserstellung abgestellt werden kann.[580] Dafür spräche, dass die Personengesellschaft und nicht die Mitunternehmer die Leistungserstellung am Markt beherrschen. Argumentiert werden könnte, dass die Charakteristika des Beherrschens der Leistungserstellung nur heranziehbar seien, um den Beherrschenden der Leistungserstellung zu identifizieren – in diesem Fall also die Personengesellschaft. Aus einer solchen Auffassung ergäbe sich, dass die von § 15 Abs. 1 Satz 1 Nr. 2 EStG statuierten Kriterien ohne Beachtung der Charakteristika des Beherrschens auszulegen wären. Die aufgezeigte Dogmatik der Einkünfteerzielung bei nicht-gemeinschaftlicher Erwerbstätigkeit wäre nicht übertragbar.

Andererseits könnte – ähnlich zu *Pinkernell*[581] – vertreten werden, dass die Mitunternehmer neben der Personengesellschaft die Leistungserstellung beherrschten. Hervorgebracht werden könnte, dass die Beiträge der Mitunternehmer und des Personenverbundes den Mitunternehmern jeweils gänzlich zuzurechnen seien, sodass letztlich jeder Mitunternehmer neben der Personengesellschaft die Leistungserstellung am Markt gänzlich beherrscht. Eine solche Ansicht hätte zur Folge, dass sowohl für die Identifizierung der Personengesellschaft als auch für die Bestimmung der Mitunternehmer die Kriterien des Beherrschens der Leistungserstellung anzuwenden wären. Für die Auslegung der Kriterien des § 15 Abs. 1 Satz 1 Nr. 2 EStG könnte auf die Charakteristika des Beherrschens der Leistungserstellung zurückgegriffen werden.

Als eine dritte Möglichkeit könnte angenommen werden, dass für die Auslegung des § 15 Abs. 1 Satz 1 Nr. 2 EStG auf die Charakteristika des Beherrschens der Leistungserstellung, abgestellt werden kann, obwohl die Personengesellschaft die Leistungserstellung am Markt als Alleinherrscherin beherrscht und nicht jeweils die Mitunternehmer. Die Mitunternehmer könnten als Personen angesehen werden, welche den Personenverbund steuerlich erheblich beherrschen. Für die steuerlich erhebliche Beherrschung des Personenverbunds könnten gleichartige Maßstäbe wie für die Alleinbeherrschung der Leistungserstellung

580 Dann würde eine Weiterleitung an die Mitunternehmer „zum Zwecke der Besteuerung“ erfolgen, wie dies im Ergebnis die Einheitsbetrachtungen annehmen; siehe oben S. 128 ff.

581 Siehe oben Fn. 547.

am Markt gelten. Die herausgestellten Modalitäten des Beherrschens der Leistungserstellung würden in diesem Fall auch für die steuerlich erhebliche Beherrschung des Personenverbundes gelten. Es bestünden dann einheitliche dogmatische Grundwertungen, nach welchen sich die Zurechnung nicht-gemeinschaftlich und gemeinschaftlich erwirtschafteter Einkünfte richten würde.

Die Konzeption, neben der Personengesellschaft seien auch die Mitunternehmer Alleinherrscher, erscheint realitätsfern und konstruiert. Eine Zurechnung der einzelnen Beiträge ermangelt zunächst einer gesetzlichen Grundlage. Darüber hinaus schließt die Beherrschung der Leistungserstellung durch die Personengesellschaft als „Alleinherrscherin" logisch aus, dass weitere Subjekte ebendiese Leistungserstellung ebenfalls als Alleinherrscher beherrschen. Eine solche Konzeption ist deshalb abzulehnen.

Es verbleiben also zwei Möglichkeiten. Einerseits könnte die Stellung als Mitunternehmer autonom und gänzlich losgelöst vom Gedanken der Beherrschung der Leistungserstellung verstanden werden. Andererseits könnten Mitunternehmer als Beherrschende des Personenverbundes begriffen werden, wobei sich die Beherrschung des Personenverbundes nach zu der Beherrschung der Leistungserstellung gleichartigen Kriterien richten könnte. Für die letztgenannte Ansicht sprechen zwei gewichtige Gründe, welche sogleich noch näher ausgeführt werden. Namentlich sind diese erstens ein hoher Grad an Überschneidung der Modalitäten des § 15 Abs. 1 Satz 1 Nr. 2 EStG mit den Modalitäten der Beherrschung der Leistungserstellung am Markt und zweitens Implikationen des aus Art. 3 Abs. 1 GG folgenden Prinzips der Gleichmäßigkeit der Besteuerung. Der hohe Überschneidungsgrad der Modalitäten des Beherrschens der Leistungserstellung und dieser Modalitäten der von § 15 Abs. 1 Satz 1 Nr. 2 EStG angelegten Kriterien kann anhand eines Vergleichs ergründet werden. Oben wurde bereits beschrieben, dass sich Risiko und Initiative i. S. d. § 15 Abs. 1 Satz 1 Nr. 2 EStG jeweils aus gewissen Rechts- und Pflichtenpositionen ergeben. Maßgeblich für das Mitunternehmerrisiko ist insbesondere eine Gewinn- und Verlustbeteiligung sowie eine Beteiligung an den stillen Reserven. Die Mitunternehmerinitiative ergibt sich maßgeblich aus Gesellschafterrechten, wie beispielsweise Stimmrechten, kraft welcher Einfluss auf die unternehmerischen Entscheidungen des

Personenverbundes genommen werden kann. Nach § 15 Abs. 1 Satz 1 Nr. 2 EStG sind also gewisse rechtliche Befugnisse und Rechtspositionen im Hinblick auf den Personenverbund maßgeblich.

Auch für die Dispositionskomponente im Rahmen der Beherrschung der Leistungserstellung bei nicht-gemeinschaftlich erwirtschafteten Einkünften kommt es auf rechtliche Befugnisse[582] im Hinblick auf das eingesetzte Wirtschaftsgut an. Insbesondere das Innehaben von Befugnissen kraft welcher die Leistungserstellung am Markt gesteuert werden kann, erwies sich als für die Dispositionskomponente maßgebliche Modalität.

Die Befugnisse, welche maßgeblich sind für einerseits Mitunternehmerrisiko und -initiative und andererseits die Dispositionskomponente, zeichnen sich jeweils dadurch aus, dass Einfluss auf einen gewissen Bezugspunkt bzw. ein Bezugsobjekt ausgeübt werden kann. Für die Dispositionskomponente ist erforderlich, dass ein Wirtschaftsgut in gewisser Weise beherrscht wird. § 15 Abs. 1 Satz 1 Nr. 2 EStG erfordert durch Abstellen auf Initiative und Risiko eine gewisse Mitbeherrschung des Personenverbundes durch Rechte, welche dem Gesellschaftsanteil entspringen. Initiative und Risiko auf der einen Seite und Beherrschen auf der anderen Seite sind gleichartig. Beherrschen der Leistungserstellung am Markt bedeutet nämlich nichts anderes, als Initiative hinsichtlich der Leistungserstellung auszuüben, diese also zu initiieren und das Risiko der Leistungserstellung zu tragen. Solche Gleichartigkeit von Risiko und Initiative sowie Beherrschen der Leistungserstellung wird deutlich, wenn die Modalitäten des Beherrschens der Leistungserstellung am Markt näher analysiert werden.

Für die Dispositionskomponente im Rahmen der Beherrschung der Leistungserstellung sind Befugnisse erforderlich, kraft derer die Disposition initiiert und gestoppt bzw. gesteuert werden kann.[583] Maßgeblich kann folglich diejenige Person beherrschen, welche die entsprechenden Initiativrechte hinsichtlich des eingesetzten Wirtschaftsguts innehat. Aus solchen Initiativrechten folgt zwingend auch ein Risiko. Es besteht gewissermaßen ein Gleichlauf von Risiko und Initiative.

---

582 Ob auch angemaßte Befugnisse ausreichen, wurde und wird ausdrücklich offengelassen; siehe dazu und zu weiteren Einzelheiten hinsichtlich der Dispositionskomponente oben S. 121 ff.

583 Vgl. *Ruppe*, DStJG 1978/79, 7, 18 f. und siehe ausführlich oben S. 121 ff.

Zum einen sind die möglichen Folgen und das Ausmaß der eigenen initiativgesteuerten Handlung dem eigenen Risiko zuzuordnen. Zum anderen kann auch nur der Einsatz solcher Wirtschaftsgüter gesteuert werden, die dem Risiko des Steuernden unterfallen. Dies gilt auch für den Bereich der Delegation und die Überlassung von Wirtschaftsgütern. Den Delegierenden trifft regelmäßig das Risiko über diese Sphären, über welche er die Befugnisse delegiert, soweit auf Kosten des Delegierenden gehandelt werden soll. In der Delegation liegt zudem die Steuerung der Leistungserstellung. Wird ein Wirtschaftsgut hingegen einer anderen Person überlassen, damit diese auf eigene Rechnung damit wirtschaften kann, trägt regelmäßig auch der Wirtschaftende das Risiko der Verwendung des überlassenen Wirtschaftsguts. Beispielsweise bei der Untervermietung hat der Untervermietende die Initiative, beherrscht also die Untervermietung, ihn trifft aber auch das Risiko der Untervermietung. Risiko und Initiative sind folglich exakt diese Modalitäten, welche das Beherrschen ausmachen bzw. es begründen.

In einem ersten Schritt kann somit festgehalten werden, dass Risiko und Initiative nichts anderes sind als die Komponenten, aus welchen sich auch die Beherrschung in Bezug auf die Leistungserstellung am Markt zusammensetzt. § 15 Abs. 1 Satz 1 Nr. 2 EStG, welcher die Erforderlichkeit von Risiko und Initiative statuiert, stellt folglich exakt auf die Modalitäten des Beherrschens ab. Dieser Umstand spricht dafür, dass den Erwerbseinkünften als tatbestandliche Voraussetzung stets – also sowohl im Fall der nicht-gemeinschaftlichen als auch im Fall der gemeinschaftlich erwirtschafteten Einkünfte – eine gleichartige Beherrschenskomponente zugrunde liegt.

Allerdings könnte gegen die Vergleichbarkeit der Beherrschenskomponenten sprechen, dass sich auch zwei Unterschiede zwischen Risiko und Initiative des § 15 Abs. 1 Satz 1 Nr. 2 EStG und dem Beherrschen der Leistungserstellung ergeben. Einerseits ist dies der Bezugspunkt des Beherrschens. Anstelle der Beherrschung der Leistungserstellung am Markt spricht § 15 Abs. 1 Satz 1 Nr. 2 EStG das Beherrschen des Personenverbundes an. Zudem wird auch nicht auf eine „Alleinherrschaft", sondern auf ein Mitbeherrschen abgestellt.

Beide Unterschiede lassen die Vergleichbarkeit der Beherrschenskomponente bei nicht-gemeinschaftlich sowie gemeinschaftlich erwirtschafteten Einkünften jedoch nicht entfallen. Einerseits hat der Bezugspunkt des Beherrschens auf das Beherrschen selbst keinen Einfluss. Die Vergleichbarkeit des Beherrschens als solchem wird davon nicht tangiert. Andererseits beeinträchtigt auch die Divergenz zwischen Allein- und Mitbeherrschung nicht die Grundlage der Vergleichbarkeit. Maßgeblich für das Beherrschen und das Mitbeherrschen ist nämlich jeweils, dass ein gewisser Umfang an Befugnissen in Bezug auf das Objekt der Beherrschung innegehabt werden muss. Dabei besteht immer nur ein begrenzter Kreis an Befugnissen, welche innegehabt werden können. Der jeweilige Kreis ergibt sich bei der Mitbeherrschung aus dem Gesellschaftsanteil und bei der Alleinbeherrschung aus dem eingesetzten Wirtschaftsgut. Werden genügend Befugnisse des entsprechenden Befugniskreises innegehabt, liegt eine Beherrschung bzw. Mitbeherrschung vor. Die Grundlage der Vergleichbarkeit, also die Befugnisse kraft welchen Einfluss genommen werden kann, bleibt jeweils gleich. Sowohl nicht-gemeinschaftlich als auch gemeinschaftlich erwirtschafteten Einkünften liegt somit eine gleichartige Beherrschenskomponente zu Grunde.

Aus dieser Gemeinsamkeit, tatbestandlich eine gleichartige Komponente des Beherrschens zu verlangen, ist eine innere systematische Verbundenheit der Erwerbseinkunftstatbestände ableitbar. Diese innere systematische Verbundenheit spricht dafür, dass § 15 Abs. 1 Satz 1 Nr. 2 EStG dieselben Leitgedanken der Zurechnung zugrunde liegen, wie den Einkünftetatbeständen, welche keine gemeinschaftliche Leistungserstellung zum Gegenstand haben. Bestärkt wird dieser Befund freilich durch die sachliche Nähe der Vorschriften, jeweils als Einkünftetatbestände. Dass sämtliche der Erwerbseinkunftstatbestände die Modalitäten des Beherrschens gleich verstehen, liegt deshalb sehr nahe.[584]

Darüber hinaus spricht die Gleichmäßigkeit der Besteuerung dafür, dass die bezüglich der Leistungserstellung am Markt herausgestellten Modalitäten des Beherrschens auch im Rahmen der Bestimmung der Mitunternehmer Geltung beanspruchen. Wenn sich die persönliche Zurechnung bei der überwiegenden Anzahl der Einkünftetatbestände

584 In diesem Sinne wird im Schrifttum auch ausgeführt, dass die Zurechnungskriterien für Einzelunternehmer und Mitunternehmer grundsätzlich übereinstimmen müssen, siehe Kirchhof/Seer/*Krumm*, EStG, 24. Aufl. 2025, § 15 Rn. 151.

nach den Charakteristika der Beherrschung richtet, dann gebietet die Gleichmäßigkeit der Besteuerung die Maßgeblichkeit ebendieser Charakteristika auch hinsichtlich des § 15 Abs. 1 Satz 1 Nr. 2 EStG, soweit keine sachlichen Gründe entgegenstehen. Solche sachlichen Gründe sind nicht ersichtlich. Zwar liegt ein Wechsel des Bezugspunktes vor, allerdings ist dieser nicht entscheidend. Entscheidend ist, dass etwas beherrscht wird, unabhängig davon, was Objekt des Beherrschens ist. Insbesondere verfolgt § 15 Abs. 1 Satz 1 Nr. 2 EStG laut der Rechtsprechung den Zweck, Mitunternehmer gleich einem Einzelunternehmer zu behandeln.[585] Diesem Zweck kann nur gerecht werden, wenn für die persönliche Zurechnung von Einkünften zu sowohl dem Einzelunternehmer als auch dem Mitunternehmer dieselben grundlegenden Wertungen maßgeblich sind.

Für die Auffassung, die persönliche Zurechnung von Mitunternehmern richte sich nicht nach den Leitgedanken des Beherrschens, weil nur die Personengesellschaft die Leistungserstellung beherrsche und nicht die Mitunternehmer, könnte hingegen einzig der bereits angesprochene Wechsel des Bezugspunkts angeführt werden. Daraus, dass hinsichtlich der Einkünftezurechnung statt auf die Beherrschung der Leistungserstellung auf eine Stellung im Personenverbund abgestellt werden kann, könnte die Irrelevanz der Beherrschensmodalitäten für die Zurechnung mitunternehmerschaftlicher Einkünfte abgeleitet werden. Weitere Anhaltspunkte als die bloße Existenz eines weiteren Anknüpfungspunktes für die Zurechnung sind für ein solches Verständnis jedoch nicht ersichtlich.

Die Gründe, welche für die Konzeption sprechen, auch Einkünfte von Mitunternehmern seien unter Heranziehung der grundlegenden Wertungen des Beherrschens zuzurechnen, weil die Mitunternehmer den Personenverbund mitbeherrschen, überzeugen. Aus der weitgehenden materiellen Überschneidung der Mitunternehmerkriterien mit dem

585 BFH, Beschl. v. 19.10.1970 – GrS 1/70, BStBl. II 1971, 177; BFH, Urt. v. 25.01.1980 – IV R 159/78, BStBl. II 1980, 275; BFH, Urt. v. 28.04.1983 – IV R 131/79, BStBl. II 1983, 668; BFH, Urt. v. 10.08.1994 – I R 133/93, BStBl. II 1995, 171; BFH, Urt. v. 28.10.1999 – VIII R 41/98, BStBl. II 2000, 339; BFH, Urt. v. 24.08.2000 – IV R 51/98, BStBl. II 2005, 173. Vgl. zu dieser sogenannten Gleichstellungsthese auch Kirchhof/Kube/Mellinghoff/*Desens/Blischke*, EStG, 352. EL. 2025, § 15 Rn. C 6 und Brandis/Heuermann/*Bode*, EStG, 176. EL. 2025, § 15 Rn. 223.

Beherrschen, wie es hinsichtlich der Leistungserstellung erforderlich ist, sowie der Gleichmäßigkeit der Besteuerung ergibt sich, dass die grundlegenden Wertungen der Einkünftezurechnung auch im Rahmen des § 15 Abs. 1 Satz 1 Nr. 2 EStG verwirklicht werden. „Beherrschen" richtet sich also sowohl im Kontext des § 15 Abs. 1 Satz 1 Nr. 2 EStG als auch im Kontext der Erwerbseinkunftstatbestände, die keine gemeinschaftliche Betätigung zum Gegenstand haben, nach denselben Modalitäten.

Konkret folgt aus den obigen Erkenntnissen die Erstreckung der in Bezug auf nicht-gemeinschaftlich erstellte Erwerbseinkünfte herausgestellten Leitgedanken des Beherrschens auch auf die Beherrschenskomponente des § 15 Abs. 1 Satz 1 Nr. 2 EStG. In welchem Umfang und welcher Art Befugnisse und Rechtspositionen für das Beherrschen jeweils erforderlich sind, steht somit unter denselben Leitgedanken. Hinsichtlich der nicht-gemeinschaftlichen Erwerbstätigkeit wurde diesbezüglich herausgestellt, dass für das Beherrschen grundsätzlich nicht erforderlich ist, sämtliche einem Wirtschaftsgut entspringenden Befugnisse innezuhaben. Auch auf eine zivilrechtliche Position kommt es für das Beherrschen nicht an. Entscheidend ist bloß, wer die entsprechende Leistungserstellung beherrscht – weitergehende Befugnisse sind nicht notwendig. Insbesondere eine Stellung i. S. d. § 39 AO ist für das Beherrschen grundsätzlich nicht notwendig. Übertragen auf die Beherrschenskomponente des § 15 Abs. 1 Satz 1 Nr. 2 EStG, also die Voraussetzungen der Mitunternehmerinitiative und des Mitunternehmerrisikos, ergibt sich somit Folgendes. Um hinreichend Initiative und Risiko innezuhaben, den Personenverbund steuerlich erheblich mitzubeherrschen,[586] ist keine zivilrechtliche Position als Gesellschafter erforderlich. Nach den einheitlichen Leitgedanken ist im Grundsatz ebenfalls nicht erforderlich, dass sämtliche dem Gesellschaftsanteil entspringenden Herrschaftsrechte in einer Person gebündelt werden. Auf die Bündelung sämtlicher Herrschaftsrechte eines Gesellschaftsanteils in einer Person käme es – abweichend von diesem Grundsatz – nur in dem Fall an, dass steuerlich erhebliches Mitbeherrschen eines Personenverbundes eine solche Bündelung voraussetzen würde. Dieser Umstand wird unten unter II. ausführlich geprüft.

---

586 Siehe zur Erforderlichkeit des steuerlich erheblichen Mitbeherrschens des Personenverbundes bereits *Wind*, DStR 2024, 1464, 1470.

Die Grundwertungen der Einkünftezurechnung eröffnen somit prinzipiell den Weg zur Verdoppelbarkeit der Mitunternehmerstellung. Denn da grundsätzlich keine Position gemäß § 39 Abs. 1, 2 Nr. 1 Satz 1 AO für die Erzielung mitunternehmerschaftlicher Einkünfte notwendig ist, ergeben sich keine Gründe dafür anzunehmen, dass ein etwaiges von § 39 Abs. 1, 2 Nr. 1 Satz 1 AO statuiertes Exklusivitätsverhältnis dazu führt, dass ein Gesellschaftsanteil auch nur einer Person eine Mitunternehmerstellung verleihen kann. Stattdessen schließt die Dogmatik der Einkünftezurechnung nicht aus, dass mehrere Personen für die Mitunternehmerstellung aus einem Gesellschaftsanteil in Betracht kommen.

4. Beschränkung auf Erzielen dem Grunde nach

Die vorstehenden Ausführungen hinsichtlich der dogmatischen Einordnung der persönlichen Zurechnung von Erwerbseinkünften, die im Personenverbund erwirtschaftet werden, gelten ausschließlich für die Zurechnung dem Grunde nach. Für die Zurechnung der Einkünfte der Höhe nach ist der Grad der Herrschaftsausübung durch die Mitunternehmer nicht maßgeblich. Den Mitunternehmern werden die Einkünfte der Höhe nach entsprechend ihrer zivilrechtlichen Gewinnanteile zugerechnet. Einerseits sieht § 15 Abs. 1 Satz 1 Nr. 2 EStG die Zurechnung der Höhe nach ausdrücklich auf Basis der Gewinnanteile vor. Darüber hinaus ist eine Zurechnung der Höhe nach, welche sich an dem Grad der Herrschaftsausübung misst, auch systematisch nicht erforderlich. Wertungswidersprüche hinsichtlich der Abgrenzung von Einkommen und Konsum werden bereits dadurch vermieden, dass für die Zurechnung dem Grunde nach auf den Grad der Herrschaftsmacht abgestellt wird.

B. Ergebnis und Folgerungen für eine mögliche Verdoppelbarkeit der Mitunternehmerstellung

Anknüpfend an die Erkenntnisse der Auslegungen nach Wortlaut, Historie und Telos konnte somit nun ein erstes konkreteres Bild davon geschaffen werden, welche wirtschaftliche Betätigung § 15 Abs. 1 Satz 1

Nr. 2 EStG zu erfassen bezweckt.[587] Zusammengefasst ergibt sich, dass die Grundwertungen, welche hinsichtlich des Beherrschens der Leistungserstellung am Markt bei nicht-gemeinschaftlicher Erstellung von Einkünften herausgestellt werden konnten, auch der Zurechnung mitunternehmerschaftlicher Einkünfte zugrunde liegen. Die beispielhafte Untersuchung des § 15 Abs. 1 Satz 1 Nr. 2 EStG ergab, dass die persönliche Einkünfteerzielung mit dem Tatbestand des § 15 Abs. 1 Satz 1 Nr. 2 EStG gleichzusetzen ist. Der Person, welche den Tatbestand erfüllt, sind die mitunternehmerschaftlichen Einkünfte zuzurechnen. Den Einkünftetatbestand erfüllt bei mitunternehmerschaftlichen Einkünften allerdings – im Gegensatz zu nicht-gemeinschaftlich erstellten Erwerbseinkünften – nicht derjenige, der die Leistungserstellung am Markt beherrscht. Nach § 15 Abs. 1 Satz 1 Nr. 2 EStG kommt es vielmehr darauf an, wer den Personenverbund steuerlich erheblich mitbeherrscht. Eine Person beherrscht einen Personenverbund dann in steuerlich erheblicher Weise, wenn sie hinreichend Initiative ausüben kann und hinreichend Risiko trägt. Initiative und Risiko ergeben sich ihrerseits aus Befugnissen und Rechtspositionen, welche der Gesellschaftsanteil verleiht.

Wann eine Person über genügend Befugnisse und Rechtspositionen verfügt, damit hinreichend Initiative und Risiko für eine Mitunternehmerstellung vorliegen, wird von den Leitgedanken des Beherrschens konturiert.[588] Die Leitgedanken des Beherrschens, wie sie bezüglich der nicht-gemeinschaftlich erstellten Erwerbseinkünfte herausgearbeitet wurden, erstrecken sich nämlich auch auf mitunternehmerschaftliche Einkünfte und bilden ebenfalls deren dogmatischen Grundstock. Nach diesen Leitgedanken kommt es für steuerlich erhebliches Mitbeherrschen des Personenverbundes weder auf eine zivilrechtliche Stellung als Gesellschafter an noch – im Grundsatz – auf die Bündelung sämtlicher aus dem Gesellschaftsanteil folgender Rechte Grundsätzlich sollte für die Erzielung mitunternehmerschaftlicher Einkünfte somit keine Position gemäß § 39 Abs. 1, 2 Nr. 1 Satz 1 AO maßgeblich sein. In Anbetracht dessen ist der Weg für die Mitunter-

---

587 Siehe oben S. 83 ff.

588 Weitere Konturierungen ergeben sich aus den vorherig angewandten Auslegungsmethoden und werden in der Gesamtschau auf S. 178 ff. mit in die Konturierung einbezogen.

nehmerverdoppelbarkeit – nach den Grundsätzen der Einkünftezurechnung – prinzipiell eröffnet, da nicht nur ein einziges Subjekt für die Mitunternehmerstellung in Betracht kommt.[589] Die Dogmatik der Einkünftezurechnung konnte allerdings noch keine Erkenntnisse darüber liefern, welcher Umfang an Befugnissen exakt dafür erforderlich ist, hinreichend Initiative und Risiko zu bündeln, um einen Personenverbund steuerlich erheblich mitzubeherrschen. Erst solche Erkenntnisse würden die wirtschaftliche Betätigung, die § 15 Abs. 1 Satz 1 Nr. 2 EStG zu besteuern bezweckt, hinreichend spezifizieren, um eine eindeutige Aussage hinsichtlich der Möglichkeit der Mitunternehmerverdoppelbarkeit treffen zu können. Hervorzuheben ist zudem, dass es sich bei den aus der Dogmatik der Einkünftezurechnung gewonnenen Erkenntnissen um grundsätzliche Wertungen handelt. Solche grundsätzlichen Wertungen können durch speziellere Vorschriften modifiziert oder verdrängt werden. Auch aus diesem Grund wird im folgenden Kapitel 4 eingehend untersucht, ob die aufgestellten Grundsätze der Zurechnung mitunternehmerschaftlicher Einkünfte Modifikationen durch § 39 AO unterliegen.

Um eine Antwort auf die Frage der Mitunternehmerverdoppelbarkeit zu ermitteln, müssen somit noch folgende weitere Aspekte untersucht werden. Sämtliche Gründe, aus welchen § 39 Abs. 1, 2 Nr. 1 Satz 1 AO abweichend von den grundlegenden Wertungen der Einkünftezurechnung entscheidende Bedeutung für die Bestimmung der Mitunternehmerstellung oder des Gesellschafterkriteriums zukommen könnte, sind zu beleuchten. Daran schließt sich die Prüfung an, ob das steuerlich erhebliche Mitbeherrschen eines Personenverbundes erfordert, dass eine Person sämtliche Herrschaftsrechte aus einem Gesellschaftsanteil in sich bündelt. In diesem Fall könnte nur jeweils eine Person die Mitunternehmerstellung aus einem Gesellschaftsanteil innehaben. Im Anschluss wird ermittelt, ob ein Gesellschaftsanteil auch mehreren Subjekten hinreichende Befugnisse verleihen kann, sodass diese i. S. d. § 15 Abs. 1 Satz 1 Nr. 2 EStG steuerlich erheblich mitbeherrschen.

---

589 Siehe für eine dogmatische Herleitung der Verdoppelbarkeit der Mitunternehmerstellung auch bei *Schomaker*, Die Verdoppelung der Mitunternehmerstellung in Nießbrauchsfällen, 2023, S. 188 ff.

Kapitel 4
Implikationen des § 39 AO für die Zurechnung mitunternehmerschaftlicher Einkünfte und Wertungsinkongruenzen zwischen Steuergesetzen

A. Relevanz des § 39 AO für die Mitunternehmerstellung

Ausnahmen von dem im Rahmen der Analyse der Dogmatik der Zurechnung von Einkünften aufgestellten Grundsatz, dass § 39 AO für die Zurechnung von mitunternehmerschaftlichen Einkünften keine Bedeutung zukommt, und eine dementsprechende Relevanz des § 39 AO würden sich in folgenden Fällen ergeben. Wären für die Mitbeherrschung des Personenverbundes bei der Erstellung mitunternehmerschaftlicher Einkünfte am Markt umfassende Herrschaftsrechte i. S. d. § 39 Abs. 2 Nr. 1 Satz 1 AO erforderlich, würde § 39 Abs. 2 Nr. 1 Satz 1 AO Indizwirkung zukommen (*siehe unten unter II.*). Darüber hinaus würde § 39 AO Relevanz zukommen, wenn entweder eine Zurechnung des Gesellschaftsvermögens zu dem Gesellschafter gemäß § 39 Abs. 2 Nr. 2 AO zum Zwecke der Besteuerung erforderlich wäre (*siehe unten unter III.*) oder § 39 Abs. 1, 2 Nr. 1 Satz 1 AO als im Rahmen des § 15 Abs. 1 Satz 1 Nr. 2 EStG für anwendbar erklärt würde (*siehe unten unter IV.*).

I. Hinführung

Im Rahmen der Beurteilung der Bedeutung des § 39 AO für die Zurechnung mitunternehmerschaftlicher Einkünfte sind zwei Ebenen zu unterscheiden und zu untersuchen. Zunächst ist zu betrachten, ob sich die Zurechnung der Einkünfte gänzlich nach § 39 Abs. 1, 2 Nr. 1 Satz 1 AO richten könnte. Darauf wird im Rahmen sämtlicher möglicher Ausnahmen eingegangen. Zusätzlich ist auf vorgelagerter Ebene zu prüfen, ob § 39 Abs. 1, 2 Nr. 1 Satz 1 AO zwar nicht vollständig für die Einkünftezurechnung entscheidend ist, schon aber für einzelne Kriterien des § 15 Abs. 1 Satz 1 Nr. 2 EStG. Nach § 15 Abs. 1 Satz 1

Nr. 2 EStG sind für die Zurechnung der Einkünfte Mitunternehmerinitiative und -risiko sowie eine Gesellschafterstellung maßgeblich. In seiner neuen Rechtsprechungslinie[590] zieht der BFH § 39 Abs. 1, 2 Nr. 1 Satz 1 AO zumindest in Fällen der (unentgeltlichen) Übertragung von Personengesellschaftsanteilen für die Bestimmung der Gesellschafterstellung heran. Die Anwendung des § 39 Abs. 1, 2 Nr. 1 Satz 1 AO auf die Bestimmung der Gesellschafterstellung bedeutet, dass sich die Einkünftezurechnung nicht vollständig nach § 39 Abs. 1, 2 Nr. 1 Satz 1 AO richtet. Kumulativ zu der Voraussetzung der sich an § 39 Abs. 1, 2 Nr. 1 Satz 1 AO ausrichtenden Gesellschafterstellung wird der Kreis potentiell einkünfteerzielender Personen weiter durch die Kriterien Initiative und Risiko verengt. Würde die neue Methodik des BFH zur Bestimmung der Mitunternehmerstellung zumindest im Rahmen von (unentgeltlichen) Übertragungen generell für die Bestimmung der Mitunternehmerstellung herangezogen werden, würde § 39 Abs. 1, 2 Nr. 1 Satz 1 AO maßgebliche Bedeutung für die Einkünftezurechnung beigemessen. Grundsätzlich könnte dann keine Person, die nicht gemäß § 39 Abs. 1, 2 Nr. 1 Satz 1 AO als steuerrechtlicher Gesellschafter identifiziert wurde, mitunternehmerschaftliche Einkünfte erzielen. Nur die von § 39 Abs. 1, 2 Nr. 1 Satz 1 AO getroffene „Vorauswahl" an Personen käme für die Mitunternehmerstellung überhaupt in Betracht.

II. Keine Erforderlichkeit umfassender Herrschaftsmacht

Die Wertungen des § 39 Abs. 1, 2 Nr. 1 Satz 1 AO hätten für die Zurechnung mitunternehmerschaftlicher Einkünfte Indizwirkung, wenn für die Mitbeherrschung des Personenverbundes selbst eine umfassende Herrschaftsmacht erforderlich wäre.[591] Mitbeherrschen des Personenverbundes bedeutet gemäß § 15 Abs. 1 Satz 1 Nr. 2 EStG, den Personenverbund, welcher die Leistungserstellung allein beherrscht, mitzusteuern. Die Mit-Steuerung ergibt sich aus Initiative und Risiko, welche sich wiederum aus Gesellschafterrechten und -pflichten er-

---

590 Siehe dazu einerseits oben S. 24 ff. und siehe weiter zur relevanten Rechtsprechung BFH, Urt. v. 03.12.2015 – IV R 43/13, BFH/NV 2016, 742; BFH, Urt. v. 22.06.2017 – IV R 42/13, BFH/NV 2018, 265; BFH, Urt. v. 01.03.2018 – IV R 15/15, BStBl. II 2018, 539; BFH, Urt. v. 19.07.2018 – IV R 10/17, BFH/NV 2018, 1268; BFH, Urt. v. 06.11.2019 – II R 34/16, BStBl. II 2020, 465.

591 Siehe dazu auch oben S. 91 ff.

geben. Muss also dieselbe Person sämtliche Gesellschafterrechte und -pflichten innehaben, aus welchen sich Initiativrechte und Mitunternehmerrisiko ergeben, damit eine steuerlich erhebliche Mitbeherrschung angenommen werden kann?

Abhilfe könnte folgende Erwägung schaffen. Als Mitunternehmer, also Mitbeherrschende des Personenverbundes, kommen im Ausgangspunkt unterschiedliche Arten von Gesellschaftern in Betracht. In Abhängigkeit von der Art des Gesellschafters sind dem Gesellschafter nach dem jeweiligen Regelstatut in unterschiedlichem Umfang Gesellschafterrechte und -pflichten zugewiesen. Die Gesellschafterart, welcher nach dem einschlägigen Regelstatut die am wenigsten umfangreichen Gesellschafterrechte und -pflichten zugewiesen sind, ist der Kommanditist gemäß § 161 Abs. 1 Alt. 1 HGB. Gleichwohl stehen einem Kommanditisten nach dem Regelstatut des HGB gemäß § 15 Abs. 1 Satz 1 Nr. 2 EStG in einem solchen Umfang Befugnisse zu, dass dieser hinreichend Initiative und Risiko innehat, wie sie für das Mitbeherrschen erforderlich sind.[592] Wenn Befugnisse bzw. Risiko und Initiative, wie sie ein Kommanditist innehat, für steuerlich erhebliches Mitbeherrschen ausreichen, dann können für andere Gesellschafter – im Hinblick auf für die Mitbeherrschung erforderliche Initiative und Risiko[593] – keine umfassenderen Befugnisse gefordert werden. Eine steuerlich erhebliche Mitbeherrschung durch diese anderen Gesellschafter ist bereits dann anzunehmen, wenn die anderen Gesellschafter zumindest Rechte und Pflichten haben, wie sie auch ein Kommanditist nach dem Regelstatut des HGB hat.[594] Es existieren keine Gründe dafür, in Abhängigkeit von der Art des Gesellschafters unterschiedlich stark ausgeprägte, sich jeweils am Regelstatut orientierende Rechtspositionen für steuerlich erhebliches Mitbeherrschen zu verlangen. Mangels Differenzierungsgründen widerspräche es der

---

592 Vgl. beispielhaft BFH, Urt. v. 08.12.1979 – IV R 163/76, BStBl. II 1979, 405; BFH, Urt. v. 29.04.1981 – IV R 131/78, BStBl. II 1981, 663; BFH, Beschl. v. 25.06.1984 – GrS 4/82, BStBl. II 1984, 751. Siehe ferner auch Brandis/Heuermann/*Bode*, EStG, 176. EL. 2025, § 15 Rn. 351; Kirchhof/Seer/*Krumm*, EStG, 24. Aufl. 2025, § 15 Rn. 212; Herrmann/Heuer/Raupach/*Haep*, EStG/KStG, 333. EL. 2025, § 15 EStG Rn. 303. Siehe dazu auch die historische Auslegung oben S. 59 ff.

593 Siehe dazu ob aus der von § 15 Abs. 1 Satz 1 Nr. 2 EStG geforderten Gesellschafterstellung Abweichendes folgt unten S. 172 f.

594 Vgl. in Bezug auf Initiative und Risiko die Fundstellen in Fn. 592 und 595.

Gleichmäßigkeit der Besteuerung, eine Mitbeherrschung i. S. d. § 15 Abs. 1 Satz 1 Nr. 2 EStG beispielsweise durch einen GbR-Gesellschafter nur dann anzuerkennen, wenn dieser eine solche Stellung hat, wie sie im Regelstatut des BGB vorgesehen ist. Im Einklang damit zog die Rechtsprechung jahrzehntelang den Kommanditisten nach dem Regelstatut des HGB als Vergleichsmaßstab heran, um zu beurteilen, ob eine Person hinreichend Initiative und Risiko für die Mitunternehmerstellung innehat.[595] Gesellschaftertypen, die nach dem jeweiligen Regelstatut umfangreichere Rechts- und Pflichtenpositionen haben als ein Kommanditist, vereinen in sich somit bereits hinreichend Initiative und Risiko, um steuerlich erheblich mitzubeherrschen, wenn sie noch Gesellschafterrechte und -pflichten im Umfang eines Kommanditisten haben. Auf eine umfassende Herrschaftsposition i. S. d. Innehabung sämtlicher Gesellschafterrechte und -pflichten kann es deshalb für § 15 Abs. 1 Satz 1 Nr. 2 EStG schon aus diesem Grund nicht ankommen.

Darüber hinaus kann es auf umfassende Herrschaftsrechte nicht ankommen, weil in zahlreichen Konstellationen kein Subjekt die Rechte aus einem Gesellschaftsanteil umfassend innehat. Würden für die steuerlich erhebliche Mitbeherrschung des Personenverbundes umfassende Herrschaftsrechte gefordert, ergäbe sich in solchen Konstellationen, dass kein Mitunternehmer existieren würde. Überträgt der zivilrechtliche Gesellschafter beispielsweise nur ein einzelnes Gesellschafterrecht auf eine andere Person, hat der zivilrechtliche Gesellschafter die umfassenden Herrschaftsrechte nicht mehr inne. Es hätte kein einziges Subjekt die umfassenden Herrschaftsrechte aus dem Gesellschaftsanteil inne. Mangels Mitunternehmer wäre der Tatbestand des § 15 Abs. 1 Satz 1 Nr. 2 EStG nicht erfüllt. Geschäftsvorfälle würden sodann nur zu „Mitteln" der Personengesellschaft führen. Mitunternehmerschaftliche Einkünfte könnten dann vermieden werden, wenn die Mitbeherrschung des Personenverbundes auf mehrere

---

595 BFH, Urt. v. 08.12.1979 – IV R 163/76, BStBl. II 1979, 405; BFH, Urt. v. 29.04.1981 – IV R 131/78, BStBl. II 1981, 663; BFH, Beschl. v. 25.06.1984 – GrS 4/82, BStBl. II 1984, 751; BFH, Urt. v. 01.09.2011 – II R 67/09, BStBl. II 2013, 210; BFH, Urt. v. 16.05.2013 – II R 5/12, BStBl. II 2013, 635. Siehe zu dem Willen des historischen Gesetzgebers, für die Mitunternehmerstellung Rechte und Pflichten wie sie einem Kommanditisten nach dem Regelstatut des HGB zukommen ausreichen zu lassen, bei der historischen Auslegung unten S. 66 f.

Personen aufgeteilt wird. Ein solches Ergebnis verstieße gegen die Gleichmäßigkeit der Besteuerung. Es ist kein Grund dafür ersichtlich, Personen, welche die Mitbeherrschung des Personenverbundes, der, wäre er eine natürliche Person, Einkünfte aus Gewerbebetrieb erzielen würde, unter sich aufteilen, steuerlich abweichend zu einem Einzelunternehmer zu behandeln.

Umfassende Herrschaftsrechte i. S. d. § 39 Abs. 2 Nr. 1 Satz 1 AO sind somit nicht für die Mitunternehmerstellung erforderlich.[596] Ausreichend ist stattdessen, Befugnisse und Rechtspositionen in einem Umfang innezuhaben, wie sie auch einem Kommanditisten nach dem Regelstatut des HGB zustehen. § 39 Abs. 1, 2 Nr. 1 Satz 1 AO entfaltet keine Indizwirkung für die Bestimmung der Mitunternehmerstellung und folglich ebenfalls nicht für die persönliche Zurechnung mitunternehmerschaftlicher Einkünfte.

III. Keine getrennte Zurechnung für Besteuerung erforderlich – doppelte Zurechnung bei Verstoß

1. Keine getrennte Zurechnung gem. § 39 Abs. 2 Nr. 2 AO

§ 39 AO könnte für die Bestimmung der Mitunternehmerstellung allerdings dann Bedeutung zukommen, wenn eine getrennte Zurechnung des Gesellschaftsvermögens an die Mitunternehmer gemäß § 39 Abs. 2 Nr. 2 AO für die Besteuerung des Einkommens der Mitunternehmer erforderlich wäre. Nach § 39 Abs. 2 Nr. 2 AO ist die Gesamthand wirtschaftlich auszudeuten[597] und das Gesellschaftsvermögen in Wertparzellen zu zerlegen[598] sowie den einzelnen Gesamthändern

596 Vgl. dazu, dass keine Position im Sinne des § 39 AO für das Erzielen mitunternehmerschaftlicher Einkünfte erforderlich ist *Ruppe*, DStJG 1978/79, 7, 22. Siehe ferner Tipke/Lang/*Hey*, Steuerrecht, 25. Aufl. 2024, Rn. 8.153 f., welche ausführt, dass bei einigen Vermögenseinkünften § 39 AO für die Einkünftezurechnung relevant sein kann, diese Aussage jedoch nicht auf gewerbliche Einkünfte erstreckt und § 39 AO nicht – also anders als bei den bestimmten Vermögenseinkünften – im Rahmen der Einkünfte aus Gewerbebetrieb als maßgeblich herausstellt. Siehe dazu, dass § 39 AO im Grundsatz für die persönliche Zurechnung von Einkünften keine Bedeutung zukommt, oben S. 157 f.

597 BFH, Urt. v. 24.06.1981 – III R 49/78, BStBl. II 1982, 2; Becker/Riewald/Koch, Reichsabgabenordnung, Bd. 1, 9. Aufl. 1963, § 11 StAnpG Anm. 4 Abs. 1.

598 Hübschmann/Hepp/Spitaler/*Fischer*, 287. EL. 2025, § 39 AO Rn. 294.

entsprechend ihrer Anteile zuzurechnen. Voraussetzung für eine solche Zerlegung des Gesellschaftsvermögens ist die steuerrechtliche Notwendigkeit einer solchen Zerlegung.[599] § 39 Abs. 2 Nr. 2 AO findet also nur in dem Fall Anwendung, dass ein Steuergesetz den individuellen Anteil eines jeden Gesamthänders am Gesellschaftsvermögen zu erfassen und zu besteuern bezweckt.[600] Würde eine solche Zerlegung für § 15 Abs. 1 Satz 1 Nr. 2 EStG erforderlich sein, könnte daraus eine Anwendbarkeit des § 39 AO im Rahmen der Bestimmung der Mitunternehmerstellung folgen.

Von der Erforderlichkeit der Zerlegung des Gesellschaftsvermögens könnte ausgegangen werden, weil die gewerbliche Personengesellschaft kein Einkommensteuersubjekt ist. Daraus könnte die Notwendigkeit der steuerlichen Erfassung der Wertparzellen auf Ebene der Steuersubjekte, also der Mitunternehmer, hervorgehen. Die entsprechenden Wertparzellen der Mitunternehmer könnten den Maßstab für die Aufteilung mitunternehmerschaftlicher Einkünfte darstellen. Gegen eine solche Notwendigkeit der Zerlegung des Gesellschaftsvermögens für Zwecke der Aufteilung mitunternehmerschaftlicher Einkünfte spricht jedoch, dass § 15 Abs. 1 Satz 1 Nr. 2 EStG selbst einen Aufteilungsmaßstab bereithält. Dies sei in Kürze skizziert.

Die gewerbliche Personengesellschaft ist zwar kein Einkommensteuersubjekt, nach ständiger Rechtsprechung schon aber Subjekt der Gewinnermittlung.[601] Die gemeinschaftlich generierten Einkünfte werden folglich auf Ebene der Personengesellschaft einheitlich ermittelt. Die einheitlich festgestellten Gewinne werden sodann anteilig den Mitunternehmern als gewerbliche Einkünfte zugerechnet. Für diese Zurechnung bestimmt § 15 Abs. 1 Satz 1 Nr. 2 EStG eindeutig als Zurechnungsmaßstab eine Zurechnung entsprechend der Gewinnanteile. Als *lex specialis* verdrängt § 15 Abs. 1 Satz 1 Nr. 2 EStG andere Zurechnungsmaßstäbe wie beispielsweise eine Zurechnung der Ein-

---

599 Siehe beispielhaft auch BFH, Urt. v. 26.04.2012 – IV R 44/09, BStBl. II 2013, 142; Koenig/*Koenig*, AO, 5. Aufl. 2024, § 39 Rn. 73 ff.

600 Hübschmann/Hepp/Spitaler/*Fischer*, 287. EL. 2025, § 39 AO Rn. 294.

601 BFH, Urt. v. 10.11.1980 – GrS 1/79, BStBl. II 1981, 164; BFH, Beschl. v. 03.05.1993 – GrS 3/92, BStBl. II 1993, 616; BFH, Urt. v. 26.05.1994 – IV R 34/92, BStBl. II 1994, 891; BFH, Urt. v. 03.07.1995 – GrS 1/93, BStBl. II 1995, 617.

künfte unter Anwendung des § 39 AO.[602] Eine getrennte Zurechnung des Gesellschaftsvermögens an die Gesellschafter unter Anwendung des § 39 Abs. 2 Nr. 2 AO ist deshalb nicht erforderlich.[603]

Dass keine getrennte Zurechnung der Wirtschaftsgüter i. S. d. § 39 Abs. 2 Nr. 2 AO für die Besteuerung der Einkünfte der Mitunternehmer erforderlich ist, wird auch durch einen Vergleich zu vermögensverwaltenden Personengesellschaften bestätigt. Gesellschafter von vermögensverwaltenden Personengesellschaften erzielen keine gewerblichen Einkünfte gemäß § 15 Abs. 1 Satz 1 Nr. 2 EStG, sondern jeweils originär solche Einkünfte, welche der Personenverband erwirtschaftet.[604] Vermietet der Personenverband beispielsweise eine Immobilie, erzielen die Gesellschafter Einkünfte aus Vermietung und Verpachtung gemäß § 21 Abs. 1 Satz 1 Nr. 1 EStG. Da keine Einkünfte gemäß § 15 Abs. 1 Satz 1 Nr. 2 EStG vorliegen, scheidet auch eine Zurechnung der Einkünfte nach dem Zurechnungsmaßstab des § 15 Abs. 1 Satz 1 Nr. 2 EStG aus. Die stattdessen einschlägigen Einkünftetatbestände enthalten – anders als § 15 Abs. 1 Satz 1 Nr. 2 EStG – keine Zurechnungsmaßstäbe, nach welchen die im Personenverbund erwirtschafteten Einkünfte an die Gesellschafter der vermögensverwaltenden Gesellschaft zuzurechnen sind. Eine Zurechnung der Einkünfte ist deshalb mangels spezieller Zurechnungsnormen unter Anwendung des Zurechnungsmaßstabs des § 39 Abs. 2 Nr. 2 AO vorzunehmen. Bei vermögensverwaltenden Personengesellschaften ist die anteilige Zurechnung der Wirtschaftsgüter gemäß § 39 Abs. 2 Nr. 2 AO folglich,

---

602 Siehe dazu bereits oben Fn. 596.

603 So ausdrücklich BFH, Urt. v. 03.02.2010 – IV R 26/07, BStBl. II 2010, 751. Siehe ebenfalls nachstehende Urteile, nach welchen § 39 Abs. 2 Nr. 2 AO im Fall eines gewerblich tätigen Personenverbunds durch § 15 Abs. 1 Satz 1 Nr. 2 EStG verdrängt wird: grundlegend BFH, Urt. v. 10.07.1980 – IV R 136/77, BStBl. II 1981, 84 und BFH, Beschl. v. 25.02.1991 – GrS 7/89, BStBl. II 1991, 691; sich anschließend BFH, Urt. v. 28.11.2002 – III R 1/01, BStBl. II 2003, 250; BFH, Urt. v. 06.10.2004 – IX R 68/01, BStBl. II 2005, 324; BFH, Urt. v. 02.04.2008 – IX R 18/06, BStBl. II 2008, 679; BFH, Urt. v. 03.02.2010 – IV R 26/07, BStBl. II 2010, 751; BFH, Urt. v. 26.04.2012 – IV R 44/09, BStBl. II 2013, 142; BFH, Urt. v. 28.02.2013 – IV R 50/09, BStBl. II 2013, 494; BFH, Beschl. v. 21.07.2016 – IV R 26/14, BStBl. II 2017, 202. Siehe auch *Fischer*, DStR 2025, 1392, 1398; Herrmann/Heuer/Raupach/*Rätke*, EStG/KStG, 333. EL. 2025, § 15 Rn. 97.

604 Vgl. dazu beispielhaft *Krüger*, Die vermögensverwaltende Personengesellschaft im Ertragssteuerrecht, 1995, S. 42 ff.

anders als bei gewerblich tätigen Personengesellschaften, für die Besteuerung erforderlich.[605] Verdeutlicht wird, dass eine Anwendung des § 39 Abs. 2 Nr. 2 AO im Rahmen der Zurechnung mitunternehmerschaftlicher Einkünfte nicht erforderlich ist.

2. Doppelte Zurechnung von Wirtschaftsgütern bei getrennter Zurechnung gemäß § 39 Abs. 1, 2 Nr. 1 Satz 1 AO

Gegen eine Anwendung des § 39 Abs. 1, 2 Nr. 1 Satz 1 AO im Rahmen der Bestimmung der Gesellschafterstellung i. S. d. § 15 Abs. 1 Satz 1 Nr. 2 EStG spricht zudem, dass sich anderweitig Widersprüche im Rahmen der inneren Systematik der steuerrechtlichen Zuordnung von Wirtschaftsgütern ergeben würden.[606] Solche Widersprüche gegen die innere Systematik können am Beispiel der jüngeren Rechtsprechungslinie des BFH veranschaulicht werden.[607] In dieser Rechtsprechungslinie rechnet der BFH den Anteil an einer Personengesellschaft gemäß § 39 Abs. 1, 2 Nr. 1 Satz 1 AO zu, um zu bestimmen, wer steuerrechtlicher Gesellschafter i. S. d. § 15 Abs. 1 Satz 1 Nr. 2 EStG ist.[608] Der Anteil an einer Personengesellschaft ist aber nach gefestigter Rechtsprechung steuerrechtlich kein zurechenbares Wirtschaftsgut.[609] Nach

605 BFH, Urt. v. 27.07.2004 – IX R 20/03, BStBl. II 2005, 33; BFH, Urt. v. 06.10.2004 – IX R 68/01, BStBl. II 2005, 324; BFH, Urt. v. 02.04.2008 – IX R 18/06, BStBl. II 2008, 679; BFH, Urt. v. 03.02.2010 – IV R 26/07, BStBl. II 2010, 751; BFH, Urt. v. 26.04.2012 – IV R 44/09, BStBl. II 2013, 142; BFH, Beschl. v. 21.07.2016 – IV R 26/14, BStBl. II 2017, 202. Siehe dazu auch *Wacker*, DStR 2005, 2014, 2014 ff.; *Milatz/Sax*, DStR 2017, 141, 142; Klein/*Ratschow*, AO, 18. Aufl. 2024, § 39 Rn. 79; Hübschmann/Hepp/Spitaler/*Fischer*, AO/FGO, 287. EL. 2025, § 39 AO Rn. 301.

606 Siehe zu der nachstehend beschriebenen unzulässigen Mehrfachzurechnung umfänglich bereits *Wind*, DStR 2024, 1464, 1467 ff.

607 Siehe zur jüngeren Rechtsprechungslinie oben S. 24 ff.

608 Siehe zu der Zurechnung des Gesellschaftsanteils gemäß § 39 AO ausdrücklich in BFH, Urt. v. 22.06.2017 – IV R 42/13, BFH/NV 2018, 265; BFH, Urt. v. 01.03.2018 – IV R 15/15, BStBl. II 2018, 539, in welchem terminologisch statt vom Gesellschaftsanteil vom Mitunternehmeranteil gesprochen wird; BFH, Urt. v. 06.11.2019 – II R 34/16, BStBl. II 2020, 465.

609 BFH, Urt. v. 26.01.1978 – IV R 97/76, BStBl. II 1978, 368; BFH, Urt. v. 06.11.1985 – I R 242/81, BStBl. II 1986, 333; BFH, Urt. v. 26.06.1990 – VIII R 81/85, BStBl. II 1994, 645; BFH, Beschl. v. 25.02.1991 – GrS 7/89, BStBl. II 1991, 691; BFH, Urt. v. 28.11.2002 – III R 1/01, BStBl. II 2003, 250; BFH, Urt. v. 06.05.2010 – IV R 52/08, BStBl. II 2011, 261; BFH, Urt. v. 26.04.2012 –

dieser gefestigten Rechtsprechung ist eine Zurechnung des Anteils an einer Personengesellschaft gemäß § 39 Abs. 1, 2 Nr. 1 Satz 1 AO mangels Eigenschaft als Wirtschaftsgut folglich nicht möglich. Dies erkennt der BFH in seiner neuen Rechtsprechungslinie auch an, wenn er ausführt: *„Zwar ist der Anteil an einer Personengesellschaft steuerrechtlich kein Wirtschaftsgut.“*[610] Der BFH nimmt sodann dennoch die Zurechnung ebendieses Anteils an einer Personengesellschaft nach den Vorschriften über die Zurechnung von Wirtschaftsgütern vor, welche der BFH zudem unmittelbar und nicht etwa im Analogieschluss anwendet.[611] Denn – so führt der BFH aus – der Anteil *„verkörpert [...] die Zusammenfassung aller Anteile an den Wirtschaftsgütern, die zum Gesellschaftsvermögen einer Personengesellschaft gehören und die dem betreffenden Gesellschafter nach § 39 Abs. 2 Nr. 2 AO zuzurechnen sind“*.[612] Während auf die Begründung sogleich noch näher einzugehen sein wird, ist zunächst festzuhalten, dass der BFH den Anteil an einer Personengesellschaft trotz der Feststellung, dieser Anteil sei kein Wirtschaftsgut, als Wirtschaftsgut behandelt. Der BFH weicht somit von seiner gefestigten Rechtsprechung ab, nach welcher ein Anteil an einer Personengesellschaft steuerrechtlich kein zurechenbares Wirtschaftsgut ist, also auch nicht als zurechenbares Wirtschaftsgut zu behandeln ist.

Diese Abweichung drängt die Untersuchung auf, aus welchen Gründen der Anteil an einer Personengesellschaft in gefestigter Rechtspre-

---

IV R 44/09, BStBl. II 2013, 142; BFH, Beschl. v. 21.07.2016 – IV R 26/14, BStBl. II 2017, 202; BFH, Urt. v. 22.06.2017 – IV R 42/13, BFH/NV 2018, 265; BFH, Urt. v. 01.03.2018 – IV R 15/15, BStBl. II 2018, 539. Siehe auch *Vogt*, Die Maßgeblichkeit des Handelsbilanzrechts für die Steuerbilanz, 1991, S. 146; *Sommer*, Bilanzierung von Anteilen in Handels- und Steuerbilanz, 1996, S. 191 ff.; Tipke/Lang/*Hennrichs*, Steuerrecht. 25. Aufl. 2024, Rn. 10.31, 10.181; Klein/*Ratschow*, AO, 18. Aufl. 2024, § 39 Rn. 9; Schmidt/*Loschelder*, EStG, 44. Aufl. 2025, § 4 Rn. 161. A.A: *Schön*, Gewinnübertragungen bei Personengesellschaften nach § 6b EStG, 1986, S. 68 ff.; *Hallerbach*, Die Personengesellschaft im Einkommensteuerrecht, 1999, S. 204; Kirchhof/Seer/*Seer*, EStG, 24. Aufl. 2025, § 16 Rn. 118.

610 BFH, Urt. v. 22.06.2017 – IV R 42/13, BFH/NV 2018, 265. In diesem Sinne auch schon BFH, Urt. v. 26.06.1990 – VIII R 81/85, BStBl. II 1994, 645; BFH, Urt. v. 25.02.1991 – GrS 7/89, BStBl. II 1991, 691.

611 Siehe Fn. 608.

612 BFH, Urt. v. 22.06.2017 – IV R 42/13, BFH/NV 2018, 265. Vgl. auch BFH, Urt. v. 01.03.2018 – IV R 15/15, BStBl. II 2018, 539.

chung nicht als Wirtschaftsgut im steuerrechtlichen Sinne aufgefasst wird. Aufschluss geben die Grundlagen der steuerrechtlichen Zuordnung von Wirtschaftsgütern. Die Zurechnung eines Wirtschaftsguts zu einer Person schließt die gleichzeitige Zurechnung desselben Wirtschaftsguts an eine andere Person aus.[613] Dass Mehrfachzurechnungen desselben Wirtschaftsguts rechtlich nicht zulässig sind, ergibt sich aus dem Prinzip der Alternativität, welches § 39 AO streng verfolgt.[614] Alternativ ist das Wirtschaftsgut gemäß § 39 Abs. 1, 2 Nr. 1 Satz 1 AO in einem Regel-Ausnahme-Verhältnis einem anderen Subjekt als dem Eigentümer erst dann zuzurechnen, wenn dieses andere Subjekt den zivilrechtlichen Eigentümer dauerhaft von seiner Position ausschließen kann.[615] Auch ein Wirtschaftsgut, das mehreren Beteiligten zuzurechnen ist, darf den Beteiligten nur im Umfang ihrer Beteiligung und nicht die Gesamtsumme der Anteile übersteigend zugerechnet werden.[616]

Würde der Anteil an einer Personengesellschaft als Wirtschaftsgut angesehen, ergäbe sich folgende Zurechnungsfriktion. Gemäß § 39 Abs. 1, 2 Nr. 1 Satz 1 AO gehören zum Gesellschaftsvermögen grundsätzlich solche Wirtschaftsgüter, die der Gesamthand entweder rechtlich oder wirtschaftlich zuzuordnen sind.[617] Diese dem Gesellschaftsvermögen zugeordneten Wirtschaftsgüter würden ebenfalls anteilig durch die als Wirtschaftsgüter verstandenen Gesellschaftsanteile

---

613 Vgl. *Seeliger*, Der Begriff des wirtschaftlichen Eigentums im Steuerrecht, 1962, S. 46 f.; *Seeliger*, DStR 1963, 645, 647: „*Denn die Zurechnung eines Wirtschaftsguts zum Vermögen eines Staatsbürgers hat zwangsläufig die Nichtzurechnung zum Vermögen eines anderen zur Folge.*“; *Hütz*, FR 1979, 607, 607; *Florstedt*, FR 2016, 641, 645 f.; Koenig/*Koenig*, AO, 5. Aufl. 2024, § 39 Rn. 9; Klein/*Ratschow*, AO, 18. Aufl. 2024, § 39 Rn. 10; Tipke/Kruse/*Drüen*, AO/FGO, 186. EL. 2025, § 39 AO Rn. 15; Hübschmann/Hepp/Spitaler/*Fischer*, AO/FGO, 287. EL. 2025, § 39 AO Rn. 82. Siehe konkret zu der Ausschließlichkeit einer Zurechnung nach § 39 Abs. 2 Nr. 1 Satz 2 AO, BFH, Urt. v. 16.10.1991 – I R 115/87, BStBl. II 1992, 199.

614 Vgl. *Florstedt*, FR 2016, 641, 645.

615 Siehe zum Regel-Ausnahme-Verhältnis: Tipke/Kruse/*Drüen*, AO/FGO, 186. EL. 2025, § 39 AO Rn. 3. Vgl. auch *Florstedt*, FR 2016, 641, 646.

616 Koenig/*Koenig*, AO, 5. Aufl. 2024, § 39 Rn. 9; Tipke/Kruse/*Drüen*, AO/FGO, 186. EL. 2025, § 39 AO Rn. 15; Hübschmann/Hepp/Spitaler/*Fischer*, AO/FGO, 287. EL. 2025, § 39 Rn. 82.

617 Herrmann/Heuer/Raupach/*Tiede*, EStG/KStG, 333. EL. 2025, § 15 EStG Rn. 456; Brandis/Heuermann/*Bode*, EStG, 176. EL. 2025, § 15 Rn. 450.

verkörpert. Die Gesellschaftsanteile als steuerrechtliche Wirtschaftsgüter wären gemäß § 39 Abs. 1, 2 Nr. 1 AO den zivilrechtlichen oder wirtschaftlichen Gesellschaftern zuzurechnen. Da die Gesellschaftsanteile als Wirtschaftsgüter aber lediglich die dem Gesellschaftsvermögen zugeordneten Wirtschaftsgüter anteilig verkörpern,[618] ergäbe sich eine doppelte Zurechnung dieser Wirtschaftsgüter.[619] Die Wirtschaftsgüter wären einerseits der Gesellschaft und andererseits anteilig den Gesellschaftern zugerechnet. Die Nichtanerkennung des Anteils an einer Personengesellschaft als Wirtschaftsgut entspricht somit nur dem Leitgedanken des § 39 AO, dass Mehrfachzurechnungen von Wirtschaftsgütern nicht zulässig sind.

Dass die Steuergesetze grundsätzlich davon ausgehen, dass der Personengesellschaftsanteil kein zurechenbares Wirtschaftsgut ist, verdeutlicht darüber hinaus § 39 Abs. 2 Nr. 2 AO.[620] § 39 Abs. 2 Nr. 2 AO erkennt, dass die Wirtschaftsgüter steuerrechtlich im Grundsatz dem Gesellschaftsvermögen zugeordnet sind. Nur soweit eine getrennte Zurechnung für die Besteuerung erforderlich ist, wird gemäß § 39 Abs. 2 Nr. 2 AO von der Regelzurechnung abgewichen.[621] Solche Steuertatbestände, für die eine getrennte Zurechnung erforderlich ist, verstehen unter dem Vermögen der Gesellschafter auch den ideellen Bruchteil an den Wirtschaftsgütern der Gesellschaft, welcher dem individuellen Gesellschafter zusteht.[622] Damit solche Steuertatbestände nicht ins Leere laufen bzw. sich keine doppelte Zurechnung der Wirtschaftsgüter zu dem Gesellschafts- und dem Gesellschaftervermögen ergibt, statuiert § 39 Abs. 2 Nr. 2 AO – ausdrücklich für solche Aus-

---

618 Die Gesellschafterrechte und -pflichten würden nicht durch die als Wirtschaftsgüter verstandenen Gesellschaftsanteile verkörpert und deren Zuordnung folgen, sondern würden weiterhin ausschließlich nach dem Zivilrecht zugeordnet sein.

619 Zustimmend dazu, dass sich eine unzulässige Mehrfachzurechnung ergeben würde *Fischer*, DStR 2025, 1392, 1398.

620 So begründet der BFH die Nichtcharakterisierung des Anteils an einer Personengesellschaft als Wirtschaftsgut mit einem Verweis auf § 39 Abs. 2 Nr. 2 AO, siehe beispielhaft BFH, Urt. v. 26.06.1990 – VIII R 81/85, BStBl. II 1994, 645; BFH, Urt. v. 06.05.2010 – IV R 52/08, BStBl. II 2011, 261.

621 Tipke/Kruse/*Drüen*, AO/FGO, 186. EL. 2025, § 39 AO Rn. 87.

622 Vgl. Hübschmann/Hepp/Spitaler/*Fischer*, AO/FGO, 287. EL. 2025, § 39 AO Rn. 294.

nahmefälle[623] – die anteilige Zurechnung der Wirtschaftsgüter.[624] § 39 Abs. 2 Nr. 2 AO adressiert also exakt die Problematik, dass die Wirtschaftsgüter grundsätzlich dem Gesellschaftsvermögen und nicht auch in Gestalt des Gesellschaftsanteils den Gesellschaftern zugeordnet sind, die Steuertatbestände aber teilweise eine Zurechnung der Wirtschaftsgüter an die Gesellschafter voraussetzen. Nur in solchen Fällen, wenn dies für Zwecke der Besteuerung erforderlich ist, ist nach § 39 Abs. 2 Nr. 2 AO eine anteilige Zurechnung der Wirtschaftsgüter an die Gesellschafter vorzunehmen. Wären die Wirtschaftsgüter den Gesellschaftern schon in Gestalt des Gesellschaftsanteils zugerechnet, wäre § 39 Abs. 2 Nr. 2 AO redundant.

Damit aus einer Anwendung des § 39 Abs. 2 Nr. 2 AO keine Mehrfachzurechnung resultiert, ist – wenn § 39 Abs. 2 Nr. 2 AO angewendet wird – das Gesellschaftsvermögen zu negieren.[625] Dies stellt der BFH auch ausdrücklich fest: „*Kommt § 39 Abs. 2 Nr. 2 AO zur* Anwendung, *ist – für Zwecke der steuerrechtlichen Beurteilung – die Existenz des Gesamthandsvermögens zu negieren und (gedanklich) in Bruchteilsberechtigungen […] zu konvertieren.*“[626] Die Wirtschaftsgüter sind folglich nur im Fall des § 39 Abs. 2 Nr. 2 AO anteilig zuzurechnen, wenn nicht auf das Gesellschaftsvermögen abgestellt wird und deshalb eine Negierung des Gesellschaftsvermögen möglich ist. Ist § 39 Abs. 2 Nr. 2 AO nicht einschlägig, kann auch das Gesellschaftsvermögen nicht negiert werden, weil der Steuertatbestand auf dieses abstellt. Eine anteilige Zurechnung ergäbe eine Mehrfachzurechnung und damit einen Widerspruch in der inneren Systematik der steuerrechtlichen Zurechnung von Wirtschaftsgütern.

Exakt einen solchen systematischen Widerspruch führt der BFH in seiner jüngeren Rechtsprechungslinie herbei. Eine anteilige Zurechnung des Gesellschaftsvermögens an die Gesellschafter gemäß § 39

623 Siehe zu dem Regel-Ausnahme-Prinzip, welchem § 39 AO folgt Fn. 615.

624 Beispielsweise ist eine anteilige Zurechnung gemäß § 39 Abs. 2 Nr. 2 AO bei vermögensverwaltenden Personenmehrheiten erforderlich. Siehe dazu Fn. 605.

625 BFH, Urt. v. 26.04.2012 – IV R 44/09, BStBl. II 2013, 142; BFH, Beschl. v. 21.07.2016 – IV R 26/14, BStBl. II 2017, 202; *Wacker*, DStR 2005, 2014, 2015; Herrmann/Heuer/Raupach/*Tiede*, EStG/KStG, 333. EL. 2025, § 15 EStG Rn. 456.

626 BFH, Beschl. v. 21.07.2016 – IV R 26/14, BStBl. II 2017, 202. Vgl. in diesem Sinne auch BFH, Urt. v. 26.04.2012 – IV R 44/09, BStBl. II 2013, 142.

Abs. 2 Nr. 2 AO ist im Rahmen des § 15 Abs. 1 Satz 1 Nr. 2 EStG nicht erforderlich.[627] § 15 Abs. 1 Satz 1 Nr. 2 EStG stellt bzgl. der Gewinnermittlung auf die Gesamthand ab.[628] Die Wirtschaftsgüter sind also nach dem Grundsatz des § 39 Abs. 1, 2 Nr. 1 Satz 1 AO dem Gesellschaftsvermögen zugeordnet. Rechnet der BFH dieselben Wirtschaftsgüter nun in Gestalt des Gesellschaftsanteils – ebenfalls im Rahmen des § 15 Abs. 1 Satz 1 Nr. 2 EStG und auf Grundlage von § 39 Abs. 1, 2 Nr. 1 Satz 1 AO zu – weil und obwohl § 39 Abs. 2 Nr. 2 AO nicht einschlägig ist, sind die Wertungen des § 39 Abs. 2 Nr. 2 AO unterlaufen und die Wirtschaftsgüter doppelt zugerechnet.

Auch nimmt der BFH keine Negierung des Gesellschaftsvermögens im Rahmen des § 15 Abs. 1 Satz 1 Nr. 2 EStG vor, um eine doppelte Zurechnung zu vermeiden. Eine solche Negierung wäre auch nicht möglich. § 15 Abs. 1 Satz 1 Nr. 2 EStG stellt gerade auf das Gesellschaftsvermögen ab. Der Grund, auf welchen sich der BFH für eine Zurechnung des Gesellschaftsanteils als Wirtschaftsgut stützt – die anteilige Verkörperung der Wirtschaftsgüter – ist somit gerade der Grund, weshalb eine Zurechnung des Gesellschaftsanteils zu unterbleiben hat.

Es sind auch keine sonstigen Gründe dafür ersichtlich, weshalb § 39 Abs. 2 Nr. 2 AO als *lex specialis* übergangen werden und für die anteilige Zurechnung der Wirtschaftsgüter des Gesellschaftsvermögens an die Gesellschafter auf § 39 Abs. 1, 2 Nr. 1 Satz 1 AO abgestellt werden dürfte. Der BFH unterläuft in seiner jüngeren Rechtsprechung folglich die Wertungen des § 39 Abs. 2 Nr. 2 AO und verursacht systeminkongruente doppelte Zurechnungen. Im Ergebnis bleibt festzuhalten, dass § 39 AO für die persönliche Zurechnung von mitunternehmerschaftlichen Einkünften weder kraft ausdrücklicher Verweisung noch aufgrund des Gesellschafterkriteriums Bedeutung erlangt.

---

627 Siehe oben S. 163 ff.

628 BFH, Urt. v. 10.11.1980 – GrS 1/79, BStBl. II 1981, 164; BFH, Beschl. v. 03.05.1993 – GrS 3/92, BStBl. II 1993, 616; BFH, Urt. v. 26.05.1994 – IV R 34/92, BStBl. II 1994, 891; BFH, Urt. v. 03.07.1995 – GrS 1/93, BStBl. II 1995, 617.

IV. § 39 AO wird nicht für anwendbar erklärt

§ 39 AO wäre für die Zurechnung mitunternehmerschaftlicher Einkünfte abweichend vom Grundsatz aber dann heranzuziehen, wenn § 39 AO explizit als für im Rahmen des § 15 Abs. 1 Satz 1 Nr. 2 EStG anwendbar erklärt wird. Dass die Einkünftetatbestände, wenn diese dem § 39 AO eine Relevanz für die Einkünftezurechnung beimessen, auf § 39 AO verweisen, wird unter anderem aus § 20 Abs. 5 Satz 2 EStG und § 23 Abs. 1 Satz 4 EStG deutlich.[629] Weder § 15 Abs. 1 Satz 1 Nr. 2 EStG noch eine andere Norm statuieren jedoch die Anwendbarkeit des § 39 AO für die Zurechnung mitunternehmerschaftlicher Einkünfte. § 39 AO ist somit auch nicht aufgrund eines ausdrücklichen Verweises im Rahmen des § 15 Abs. 1 Satz 1 Nr. 2 EStG, der folglich *lex specialis* bleibt, anwendbar.[630]

§ 39 AO könnte aber auf Ebene der Bestimmung der von § 15 Abs. 1 Satz 1 Nr. 2 EStG geforderten Gesellschafterstellung Bedeutung erlangen. In der geforderten Gesellschafterstellung könnte ein indirekter Verweis auf § 39 Abs. 1, 2 Nr. 1 Satz 1 AO erblickt werden, in dem Sinne, dass die Gesellschafterstellung nach § 39 Abs. 1, 2 Nr. 1 Satz 1 AO zu bestimmen ist.[631] Diese Frage wurde bereits oben in Kapitel 1 A.II. sowie Kapitel 1 C. aufgeworfen. Die sich daran anschließende Zweckanalyse des § 15 Abs. 1 Satz 1 Nr. 2 EStG hat jedoch bisher keine Anhaltspunkte dafür hervorgebracht, dass mit dem Gesellschafterbegriff eine zivilrechtliche oder wirtschaftliche Stellung als Gesellschafter i. S. d. § 39 Abs. 1, 2 Nr. 1 Satz 1 AO gefordert werden sollte. Aus der reinen Bezugnahme auf eine „Gesellschafterstellung" folgt nicht, dass die Gesellschafterstellung zivilrechtlich oder wirtschaftlich nach § 39 Abs. 1, 2 Nr. 1 Satz 1 AO zu bestimmen ist.[632] Auch gingen aus der bisherigen Auslegung des § 15 Abs. 1 Satz 1 Nr. 2 EStG keine Anhaltspunkte dafür hervor, dass § 39 Abs. 1, 2 Nr. 1 Satz 1 AO generelle Aussagekraft im Rahmen des § 15 Abs. 1 Satz 1 Nr. 2 EStG zukommt.

---

629 Vgl. Hübschmann/Hepp/Spitaler/*Fischer*, AO/FGO, 287. EL. 2025, § 39 AO Rn. 29 ff.

630 Vgl. zum *lex specialis*-Verhältnis die Verweise in Fn. 596.

631 Die Gesellschafterstellung in diesem Sinne nach § 39 AO bestimmend geht die Rechtsprechung seit 2015 vor, siehe S. 24 ff.

632 Siehe dazu oben S. 54 f.

Die Auslegung hat – basierend auf den Charakteristika der Beherrschung – vielmehr Gegensätzliches gezeigt. Wie oben herausgestellt, kommt es für die Zurechnung der mitunternehmerschaftlichen Einkünfte nicht auf eine umfassende Herrschaftsmacht an.[633] Es bestehen keine Anhaltspunkte dafür, die Zurechnung mitunternehmerschaftlicher Einkünfte abweichend von den Leitgedanken und mittelbar von einer umfassenden Herrschaftsmacht abhängig zu machen, indem eine Position als wirtschaftlicher Gesellschafter gemäß § 39 Abs. 2 Nr. 1 Satz 1 AO gefordert wird. Ebenfalls kann es nicht auf eine formale Position als zivilrechtlicher Gesellschafter gemäß § 39 Abs. 1 AO ankommen. Beherrschen der Leistungserstellung und das unter denselben Leitgedanken stehende Mitbeherrschen des Personenverbundes ergibt sich einzig aus Befugnissen und nicht aus formalen Rechtspositionen.[634] Anhaltspunkte, um für die Annahme steuerlich erheblichen Mitbeherrschens von der Maßgeblichkeit von Befugnissen abzukehren und auf eine formale Position als zivilrechtlicher Gesellschafter abzustellen, bestehen – wie die Zweckanalyse gezeigt hat – nicht. Festzuhalten bleibt, dass sich eine Anwendbarkeit des § 39 Abs. 1, 2 Nr. 1 Satz 1 AO nicht aus einer ausdrücklichen Verweisung ergibt und auch das Gesellschafterkriterium des § 15 Abs. 1 Satz 1 Nr. 2 EStG keine entsprechenden Anhaltspunkte hervorbringt.

V. Zwischenergebnis

Eine Ausnahme vom Grundsatz, dass § 39 AO keine Bedeutung für die persönliche Zurechnung mitunternehmerschaftlicher Einkünfte zukommt, ist nicht gegeben. Die aus der Dogmatik der Einkünftezurechnung abgeleiteten Grundsätze für die Zurechnung mitunternehmerschaftlicher Einkünfte werden also nicht von § 39 Abs. 1, 2 Nr. 1 Satz 1 AO modifiziert. Die Beherrschung der Erstellung mitunternehmerschaftlicher Einkünfte erfordert keine umfängliche Position i. S. d. § 39 Abs. 2 Nr. 1 Satz 1 AO. § 39 Abs. 2 Nr. 1 Satz 1 AO kommt deshalb keine Indizwirkung zu. Auch ist eine anteilige Zurechnung der Wirtschaftsgüter der Gesamthand gemäß § 39 Abs. 2 Nr. 2 AO nicht zum Zwecke der Besteuerung erforderlich. § 15 Abs. 1 Satz 1

633 Siehe dazu oben S. 160 ff.
634 Siehe dazu oben S. 156 ff.

Nr. 2 EStG sieht einen Aufteilungsmaßstab für die gesamthänderisch erzielten Einkünfte auf die einzelnen Mitunternehmer vor. Auf den Aufteilungsmaßstab des § 39 Abs. 2 Nr. 2 AO darf so nicht zurückgegriffen werden. Zuletzt wird § 39 AO weder ausdrücklich noch konkludent für im Rahmen des § 15 Abs. 1 Satz 1 Nr. 2 EStG für anwendbar erklärt. Die Zurechnung von Einkünften an einen Mitunternehmer richtet sich somit ausschließlich nach § 15 Abs. 1 Satz 1 Nr. 2 EStG. § 39 AO kommt keine Relevanz zu.

Die Untersuchung des Zusammenspiels der Einkünftezurechnungsdogmatik mit § 39 AO gab zudem weiteren Aufschluss darüber, in welchem Umfang eine Person Befugnisse innehaben muss, um Mitunternehmer sein zu können. Zur Wahrung der Gleichmäßigkeit der Besteuerung ist für steuerlich erhebliches Mitbeherrschen ein solcher Umfang von Befugnissen ausreichend, wie sie ein Kommanditist nach dem Regelstatut des HGB innehat.

Die Konturen des steuerlich erheblichen Mitbeherrschens eines Personenverbundes bleiben folglich – geringfügig erweitert – so bestehen, wie sie schon oben in Kapitel 3 A.II. im Einklang mit den Leitgedanken des Beherrschens – herausgestellt wurden. Steuerlich erhebliches Mitbeherrschen ergibt sich aus Rechtspositionen und Befugnissen, welche sich aus dem entsprechenden Gesellschaftsanteil ergeben. Für steuerlich erhebliches Mitbeherrschen sind mindestens Befugnisse und Rechtspositionen erforderlich, wie sie auch ein Kommanditist nach dem Regelstatut des HGB innehat. Nicht erforderlich ist eine Position als zivilrechtlicher Gesellschafter oder die Bündelung sämtlicher Herrschaftsrechte des Gesellschaftsanteils in einer Person.

Im Hinblick auf die Möglichkeit der Verdoppelbarkeit der Mitunternehmerstellung ergibt sich, dass weiterhin prinzipiell von einer Verdoppelbarkeit ausgegangen werden kann. Da für steuerlich erhebliches Mitbeherrschen eines Personenverbundes nicht sämtliche der Herrschaftsrechte, die ein Gesellschaftsanteil verleiht, in einer Person gebündelt werden müssen, besteht grundsätzlich die Möglichkeit, dass ein Gesellschaftsanteil mehreren Personen eine Mitunternehmerstellung verleihen kann. Eine Verdoppelbarkeit ist nun konkret noch davon abhängig, ob ein Gesellschaftsanteil mehreren Personen eine Stellung verleihen kann, die ausreichend für eine steuerlich erhebliche Mitbeherrschung des Personenverbundes ist.

B. Wertungsinkongruenzen zwischen Steuergesetzen

Ein erster Anhaltspunkt dafür, dass ein Gesellschaftsanteil mehr als einer Person eine Stellung als steuerlich erheblich mitbeherrschende Person verleihen kann, könnte sich ebenfalls aus einem systematischen Aspekt ergeben. Würde nämlich verneint, dass ein Gesellschaftsanteil mehreren Personen eine Stellung i. S. d. steuerlich erheblichen Mitbeherrschens verleihen kann, könnten sich daraus Wertungsfriktionen zwischen den Steuergesetzen ergeben. Konkret könnte eine solche Verneinung der Verdoppelbarkeit der Mitunternehmerstellung Widersprüche hinsichtlich der wertmäßigen Verortung des Nießbrauchs durch die einzelnen Steuergesetze zur Folge haben. Aus solchen Widersprüchen könnten sich zudem weitreichende Folgeprobleme ergeben. Zur Vermeidung solcher Widersprüche und zur Aufrechterhaltung der Systematik der Steuergesetze könnte also notwendig herzuleiten sein, dass ein Gesellschaftsanteil mehreren Personen eine Stellung als steuerlich erheblich mitbeherrschende Person verleihen kann. Die Mitunternehmerstellung wäre dann verdoppelbar.

Schenkungsteuerlich wird die Bestellung des Nießbrauchs bei einer Schenkung unter Nießbrauchsvorbehalt nicht als Gegenleistung des Erwerbers angesehen.[635] Der Nießbrauch mindert dennoch die Steuerbemessungsgrundlage. Bei der Ermittlung des Werts der Schenkung ist der nach §§ 13 ff. BewG ermittelte Kapitalwert des Nießbrauchs vom Wert der freigebigen Zuwendung umfänglich bereicherungsmindernd abzuziehen, soweit nicht § 10 Abs. 6 Satz 3–5 ErbStG zu berücksichtigen ist.[636] Das ErbStG und das BewG werten den Vorbehaltsnießbrauch folglich als Wert, der beim Schenkenden, dem Vorbehaltsnießbraucher, zurückbleibt. Wertmäßig ist beim Schenkenden also der Kapitalwert des Nießbrauchs verortet und beim Beschenkten der Wert des Personengesellschaftsanteils abzüglich des Kapitalwerts des Nießbrauchs. Hervorzuheben ist, dass der Kapitalwert des Nießbrauchs der

---

635 BFH, Urt. v. 28.07.1981 – VIII R 124/76, BStBl. II 1982, 378; BFH, Urt. v. 10.04.1991 – XI R 7-8/84, BStBl. II 1991, 791; BFH, Urt. v. 24.04.1991 – XI R 5/83, BStBl. II 1991, 793. Siehe auch BMF, Schreiben v. 30.09.2013 – IV C 1 – S 2253/07/10004, BStBl. I 2013, 1184, Rn. 40.

636 Vgl. *Götz/Hülsmann*, Der Nießbrauch im Zivil- und Steuerrecht, 12. Aufl. 2019, S. 326.

Jahreswert der Früchte des Nießbrauchs ist, die hochgerechnet auf die voraussichtliche Dauer des Bestehens des Nießbrauchs gezogen werden.[637] Die Früchte des Nießbrauchs sind nach dem ErbStG und dem BewG folglich dem Nießbraucher zugeordnet.

Von dieser wertmäßigen Allokation nach ErbStG und BewG unterscheidet sich allerdings die ertragsteuerrechtliche Allokation im Fall, dass eine Verdoppelbarkeit der Mitunternehmerstellung abgelehnt würde und auch keine Mitunternehmerstellung des Nießbrauchers anderen Ursprungs anzunehmen wäre. Ertragsteuerrechtlich würde dann nämlich der zivilrechtliche Gesellschafter als einziger Mitunternehmer sämtliche gewerblichen Einkünfte erzielen, die auf den Gesellschaftsanteil entfallen.[638] Der Gesellschafter hätte die Früchte des Nießbrauchs als eigene Einkünfte zu versteuern. Solche versteuerten Früchte müsste er anschließend gemäß der Nießbrauchsabrede an den Nießbraucher weiterreichen.[639] Das EStG würde die Früchte des Nießbrauchs folglich wertmäßig dem Gesellschafter – nicht wie das ErbStG dem Nießbraucher – zuordnen.

Bei Ablehnung der Verdoppelbarkeit der Mitunternehmerstellung würde der Wert des Nießbrauchs somit in Abhängigkeit vom anzuwendenden Steuergesetz divergierend alloziert.[640] Eine solche divergierende wertmäßige Zuordnung wäre einerseits in sich unstimmig und würde zu einer Abfolge divergierender Wertungen der entsprechenden Steuergesetze führen. Beispielhaft sei diesbezüglich angeführt, dass das EStG einerseits, wenn es die Früchte der Mitgliedschaft beim Gesellschafter verortet, davon ausgehen würde, dass eine Weiterleitung der Früchte an den Nießbraucher eine Einkommensverwendung des Gesellschafters darstellt. ErbStG und BewG andererseits ordnen ebendiese Früchte allerdings wertmäßig bereits dem Nießbraucher zugeordnet. Andererseits ergeben sich aus einer solchen diver-

---

637 Vgl. die Ausführungen der GLE der Länder, v. 10.10.2010, BStBl. I 2010, 810, Ziff. III ff.

638 Vgl. BFH, Urt. v. 13.05.1976 – IV R 83/75, BStBl. II 1976, 592; BFH, Urt. v. 09.04.1991 – IX R 78/88, BStBl. II 1991, 809; *Korn*, kösdi 2018, 20597, 20601; *Stein*, DStR 2021, 1679, 1681; *Akram*, ErbStB 2021, 310, 312; Herrmann/Heuer/Raupach/*Haep*, EStG/KStG, 333. EL. 2025, § 15 EStG Rn. 445.

639 Vgl. *Stein*, DStR 2021, 1679, 1681. Siehe dazu näher oben S. 44 ff.

640 Dies gilt vorbehaltlich der Annahme einer Mitunternehmerstellung des Nießbrauchers anderen Ursprungs.

gierenden wertmäßigen Zuordnung konkrete Folgeprobleme. Streitig ist beispielsweise, wie ein Weiterreichen der Früchte des Nießbrauchs vom Gesellschafter an den Nießbraucher steuerrechtlich zu qualifizieren wäre.[641] Ursache dieser Streitigkeit ist gerade die unterschiedliche wertmäßige Allokation des Nießbrauchs durch EStG auf der einen Seite und durch das ErbStG i. V. m. dem BewG auf der anderen Seite.

Die systematische Auslegung zielt darauf ab, Wertungsfriktionen frühzeitig, bei Auslegung der Norm, zuvorzukommen und dadurch auch das Aufkommen weiterer Folgeprobleme zu vermeiden.[642] Dies spricht für eine Auslegung des § 15 Abs. 1 Satz 1 Nr. 2 EStG in einem Sinne, welcher die Verdoppelbarkeit der Mitunternehmerstellung erlaubt. Wertungsfriktionen der Systematik der Steuergesetze würden so vermieden. Problematisch ist allerdings, dass eine innere Systematik der Steuergesetze nur in sehr begrenztem Umfang besteht.[643] So verfolgen die unterschiedlichen steuerrechtlichen Teilrechtsordnungen zumeist unterschiedliche Ziele.[644] Solche unterschiedlichen Ziele führen dazu, dass Sachverhalte durch die unterschiedlichen Steuergesetze häufig auch unterschiedlich eingeordnet werden.[645] So verfolgen auch das Einkommensteuer-, Erbschaftsteuer- und Bewertungsgesetz unterschiedliche Ziele.[646] Dass solche Gesetze das Nießbrauchsrecht wertmäßig abweichend voneinander allozieren dürfen, ist somit nicht ausgeschlossen. Dies gilt insbesondere vor dem Hintergrund, dass die aufgezeigten Wertungswidersprüche im Fall des Nießbrauchs, der nicht hinreichend Mitunternehmerinitiative oder -risiko verleiht, gemeinhin akzeptiert werden. Im Einklang mit dem übergeordneten Ziel

---

641 Siehe dazu, dass die steuerrechtliche Qualifizierung streitig ist, *Korn*, kösdi 2018, 20597, 20601; *Akram*, ErbStB 2021, 310, 312. Siehe zu der steuerrechtlichen Qualifizierung des Weiterreichens der Früchte des Nießbrauchs auch S. 44 ff.

642 Vgl. *Larenz*, Methodenlehre der Rechtswissenschaft, 6. Aufl. 1991, S. 437.

643 *Tipke*, Die Steuerrechtsordnung, Bd. 1, 2. Aufl. 2000, S. 94 ff.

644 *Tipke*, Die Steuerrechtsordnung, Bd. 1, 2. Aufl. 2000, S. 96.

645 Siehe zu Beispielen *Tipke*, Die Steuerrechtsordnung, Bd. 1, 2. Aufl. 2000, S. 97 ff.

646 Siehe zu den unterschiedlichen Zwecken jeweils bei Tipke/Lang/*Hey*, Steuerrecht, 25. Aufl. 2024, Rn. 8.42 ff. (Einkommensteuer); Tipke/Lang/*Seer*, Steuerrecht, 25. Aufl. 2024, Rn. 15.1 ff. (Erbschaftsteuer); Tipke/Lang/*Englisch*, Steuerrecht, 25. Aufl. 2024, Rn. 17.10 ff. (Umsatzsteuer).

der systematischen Auslegung, Wertungsfriktionen zu vermeiden,[647] stellen die gefundenen Ergebnisse allerdings zumindest einen weiteren Anhaltspunkt dafür dar, dass mehrere Personen den Personenverbund kraft eines Gesellschaftsanteils steuerlich erheblich beherrschen können sollten. Dies spricht weiter für eine Verdoppelbarkeit der Mitunternehmerstellung. Ob weitere Aspekte dieses Ergebnis bestätigen können, wird Gegenstand der weiteren Prüfung sein.

C. Gesamtschau der angewandten Auslegungsmethoden

Die Mitunternehmerdoktrin wurde bis zu dieser Stelle eingänglich anhand der herkömmlichen Auslegungsmethoden untersucht. Dabei konnten die Anforderungen an eine Mitunternehmerstellung bereits hinsichtlich prägender Aspekte konkretisiert werden. § 15 Abs. 1 Satz 1 Nr. 2 EStG bezweckt, die wirtschaftliche Betätigung des steuerlich erheblichen Mitbeherrschens eines Personenverbundes zu erfassen. Zunächst gilt, dass sich steuerlich erhebliches Mitbeherrschen aus Befugnissen und Rechten ergibt, die aus dem Gesellschaftsanteil folgen. Ein Subjekt muss genügend Befugnisse und Rechte innehaben, so dass es über hinreichend Initiative und Risiko verfügt. In negativer Hinsicht ist dafür zumindest nicht erforderlich, dass dieses Subjekt sämtliche Herrschaftsrechte, die aus einem Gesellschaftsanteil folgen, in sich bündelt. Ebenfalls kommt es nicht auf eine zivilrechtliche Stellung als Gesellschafter an. In positiver Hinsicht liegt steuerlich erhebliches Mitbeherrschen zumindest dann vor, wenn ein Subjekt Rechte und Pflichten vergleichbar zu denen eines Kommanditisten nach dem Regelstatut hat. In dogmatischer Hinsicht folgen diese Erkenntnisse maßgeblich aus der Dogmatik der Einkünfteerzielung. § 39 AO kommt keine Funktion im Rahmen der Zurechnung mitunternehmerschaftlicher Einkünfte zu.

Ob ein Gesellschaftsanteil aber auch mehreren Personen eine Stellung verleihen kann, kraft derer steuerlich erheblich mitbeherrscht werden kann, konnte bisher nicht eindeutig beantwortet werden. Die folgen-

647 Siehe Fn. 642.

den zwei Anhaltspunkte sprechen aber für die Möglichkeit der Verdoppelbarkeit der Mitunternehmerstellung.

Aus der Historie des § 15 Abs. 1 Satz 1 Nr. 2 EStG konnte abgeleitet werden, dass auch mehrere Mitunternehmerstellungen aus einem Gesellschaftsanteil anzuerkennen sein müssten, soweit sich die Beteiligten jeweils durch eine wirtschaftliche Stellung wie ein Unternehmer auszeichnen. Der diesbezügliche gesetzgeberische Wille trat jedoch nicht mit einer solchen Klarheit hervor, dass ihm mehr als eine Indizwirkung beigemessen werden kann. Der zweite Anhaltspunkt, welcher für die Verdoppelbarkeit der Mitunternehmerstellung spricht, ergab sich aus einem systematischen Aspekt. Wertungsfriktionen zwischen den Steuergesetzen können nur dann vermieden werden, wenn sowohl Nießbraucher als auch Gesellschafter als Mitunternehmer anerkannt werden. Mehr als eine Indizwirkung kommt jedoch auch diesem Anhaltspunkt nicht zu, weil nicht von einer hinreichenden inneren Systematik der Steuergesetze ausgegangen werden kann, aus welcher folgen würde, dass Wertungsfriktionen zwischen den Steuergesetzen zu vermeiden sind. Die bisher angewandten Auslegungsmethoden brachten folglich noch keine eindeutige Erkenntnis hinsichtlich der Frage hervor, ob die Mitunternehmerstellung verdoppelbar ist.

D. Stellungnahme zu der neuen Methodik des BFH hinsichtlich der Bestimmung einer Mitunternehmerstellung

Eindeutig kann vor dem Hintergrund der Auslegungsergebnisse allerdings beurteilt werden, dass eine mögliche Anwendung der neuen Methodik des BFH zur Bestimmung einer Mitunternehmerstellung auch auf Nießbrauchskonstellationen abzulehnen wäre. Die Auslegung ergab, dass § 39 Abs. 1, 2 Nr. 1 Satz 1 AO weder hinsichtlich der Bestimmung des Mitunternehmers als solchem, noch für die Bestimmung der Gesellschafterstellung i. S. d. § 15 Abs. 1 Satz 1 Nr. 2 EStG Bedeutung zukommt. Zwar ist noch nicht abschließend geklärt, wann ein steuerlich erhebliches Mitbeherrschen des Personenverbundes anzunehmen ist, eine Position i. S. d. § 39 Abs. 1, 2 Nr. 1 Satz 1 AO ist für ein solches steuerlich erhebliches Mitbeherrschen des Personenverbundes allerdings nicht erforderlich. Im Gegenteil, die Dogmatik der Erzielung mitunternehmerschaftlicher Einkünfte ergab, dass § 39 Abs. 1, 2 Nr. 1 Satz 1 AO nicht für die Bestimmung der Mitunternehmerstellung herangezogen werden darf. Für die Zurechnung von Einkünften an einen Mitunternehmer ist folglich weder eine Stellung als zivilrechtlicher Gesellschafter maßgeblich noch das Innehaben sämtlicher Herrschaftsrechte aus dem Gesellschaftsanteil. Eine Anwendung der neuen Methodik des BFH hinsichtlich der Bestimmung der Mitunternehmerstellung auch auf Nießbrauchskonstellationen ist vor diesem Hintergrund abzulehnen.[648]

---

648 Vgl. auch *Schomaker*, Die Verdoppelung der Mitunternehmerstellung in Nießbrauchsfällen, 2023, S. 144 ff.

Kapitel 5
Verfassungskonforme Auslegung gebietet Verdoppelbarkeit der Mitunternehmerstellung

Aus dem Befund, dass § 39 Abs. 1, 2 Nr. 1 Satz 1 AO für die Bestimmung der Mitunternehmer nicht maßgeblich ist, ergibt sich noch nicht, dass von einer Verdoppelbarkeit der Mitunternehmerstellung ausgegangen werden kann. Maßgeblich bleiben die Konturen, welche wirtschaftliche Betätigung § 15 Abs. 1 Satz 1 Nr. 2 EStG erfassen möchte.[649] Innerhalb dieser Konturen verbleibt ein gewisses Spektrum, die Mitunternehmerdoktrin zu verstehen. Das Spektrum ergibt sich insbesondere daraus, dass noch nicht abschließend geklärt werden konnte, wann von einem steuerlich erheblichen Mitbeherrschen des Personenverbundes ausgegangen werden kann. Nur in negativer Hinsicht konnte bisher festgestellt werden, dass steuerlich erhebliches Mitbeherrschen nicht von einer zivilrechtlichen Position oder dem Innehaben der umfänglichen Herrschaftsrechte abhängt. Konkret verbleiben innerhalb der durch die Auslegung vorgegebenen Konturen folgende Möglichkeiten, die Mitunternehmerdoktrin zu verstehen.

Einerseits könnte davon ausgegangen werden, dass mehrere Personen, welche ihre Rechte aus einem Gesellschaftsanteil ableiten, den Personenverbund steuerlich erheblich mitbeherrschen können. Auch Gesellschafter i. S. d. § 15 Abs. 1 Satz 1 Nr. 2 EStG könnten dann mehrere Personen sein. Die Mitunternehmerstellung wäre nach einem solchen Verständnis verdoppelbar. Steuerlich erhebliches Mitbeherrschen des Personenverbundes hinge dann einzig davon ab, hinreichend Risiko und Initiative mindestens wie ein Kommanditist innezuhaben. Andererseits könnte die Mitunternehmerstellung als nicht verdoppelbar verstanden werden. Ein solches Verständnis könnte auf unterschiedliche Erwägungen gestützt werden. Beispielsweise könnte der Wortlaut des § 15 Abs. 1 Satz 1 Nr. 2 EStG so interpretiert werden, dass generell nur eine Person Mitunternehmer aus einem Gesellschaftsanteil sein kann.

---

649 Siehe dazu S. 156 ff.

Eine solche, die Verdoppelbarkeit der Mitunternehmerstellung ablehnende Auffassung könnte aber mit der Verfassung nicht in Einklang stehen. Verstieße eine solche Konzeption, gegen die Verfassung, müsste § 15 Abs. 1 Satz 1 Nr. 2 EStG verfassungskonform ausgelegt werden. Der Verfassungsverstoß wäre durch die Begrenzung der Auslegungsmöglichkeiten auf die verfassungskonforme Auslegungsvariante zu vermeiden.[650] Hinsichtlich der Verdoppelbarkeit der Mitunternehmerstellung ergäbe sich dann ein eindeutiges Ergebnis.

Da mehrere Anhaltspunkte für die Annahme der Verdoppelbarkeit der Mitunternehmerstellung sprechen,[651] konzentriert sich die verfassungskonforme Auslegung zunächst auf eine Auslegung, nach welcher eine Mitunternehmerstellung nicht verdoppelbar wäre.

Generell ist der Gleichheitssatz von besonderer Bedeutung für die verfassungskonforme Auslegung im Steuerrecht, da der Gesetzgeber bei der fiskalpolitischen Steuergesetzgebung maßgeblich an die Wertungen des Art. 3 Abs. 1 GG gebunden ist.[652] Das Steuerrecht ist zwar nicht nur vom Gleichheitssatz geprägt, sondern auch vom Sozialstaatsprinzip und den Freiheitsrechten, der Gleichheitssatz prägt das Steuerrecht allerdings besonders gravierend.[653] Die nachfolgende verfassungskonforme Auslegung wird aus diesem Grund auf die Prüfung des Art. 3 Abs. 1 GG beschränkt gehalten. Weder das Sozialstaatsprinzip noch die Freiheitsrechte prägen die Voraussetzungen der Mitunter-

---

650 BVerfG, Beschl. v. 07.05.1953 – 1 BvL 104/52, BVerfGE 2, 266; BVerfG, Beschl. v. 08.03.1972 – 2 BvR 28/71, BVerfGE 32, 373; BVerfG, Urt. v. 19.09.2007 – 2 BvF 3/02, BVerfGE 119, 247; BVerfG, Beschl. v. 11.07.2013 – 2 BvR 2302/11, 2 BvR 1279/12, BVerfGE 134, 33; *Kingreen/Poscher*, Grundrechte Staatsrecht II, 38. Aufl. 2022, Rn. 11; Dürig/Herzog/Scholz/*Walter*, GG, 107. EL. 2025, Art. 93 Rn. 112.

651 Siehe zu solchen Indizien oben S. 156 ff.

652 Vgl. zur Bedeutung des Gleichheitssatzes im Steuerrecht *Leisner*, Der Gleichheitsstaat, 1980, S. 158; *Herzog*, Steuer- und Finanzpolitik im geeinten Deutschland und in Europa, VI. Deutscher Steuerzahlerkongreß, 1991, S. 11: „*die Magna Charta des Steuerrechts*"; *Vogel/Waldhoff*, Grundlagen des Finanzverfassungsrechts, 1999, Rn. 500: „*Hauptprüfungsmaßstab zur Beurteilung der Verfassungsmäßigkeit von Steuergesetzen*"; *Huster*, JZ 1994, 541, 546; *Tipke*, Die Steuerrechtsordnung, Bd. 1, 2. Aufl. 2000, S. 290 ff. Sogenanntes Gebot der Rechtsetzungsgleichheit; vgl. dazu Tipke/Lang/*Hey*, Steuerrecht, 25. Aufl. 2024, Rn. 3.110.

653 Vgl. *Tipke*, Die Steuerrechtsordnung, Bd. 1, 2. Aufl. 2000, S. 290 ff.

nehmerstellung in dem vorliegenden Kontext in einem erkennbaren Ausmaß.

A. Vereinbarkeit einer Ablehnung der Mitunternehmerverdoppelbarkeit mit Art. 3 Abs. 1 GG

Eine Verletzung des Gleichheitssatzes liegt im Grundsatz vor, wenn zwei Gruppen von Normadressaten unterschiedlich behandelt werden, obwohl zwischen beiden Gruppen keine solchen Unterschiede bestehen, dass diese eine unterschiedliche Behandlung rechtfertigen könnten.[654] Würde demgemäß eine die Verdoppelbarkeit ablehnende Auslegung der Mitunternehmerdoktrin, zu Konstellationen von nicht zu rechtfertigenden Ungleichbehandlungen führen, wäre Art. 3 Abs. 1 GG verletzt. Um dies zu prüfen, werden im Folgenden zunächst zwei Vergleichsgruppen gebildet (*siehe unten unter I.*). Anschließend wird der vom Gesetzgeber beabsichtigte Normzweck des § 15 Abs. 1 Satz 1 Nr. 2 EStG als Vergleichsmaßstab herausgearbeitet (*siehe unten unter II.*), um sodann zu analysieren, ob die Vergleichsgruppen hinreichend gleich bzw. ungleich sind (*siehe unten unter III.*). Auf Grundlage der bestehenden Gleich- oder Ungleichheit wird darauffolgend untersucht, ob eine Gleich- oder Ungleichbehandlung der Vergleichsgruppen geboten ist (*siehe unten unter IV.*).

I. Vergleichsgruppen: zivilrechtliche Gesellschafter und Nießbraucher

Da die vorliegende Auslegung darauf abzielt, eine möglichst eindeutige Antwort auf die Frage der Mitunternehmerverdoppelbarkeit

654 BVerfG, Beschl. v. 12.12.1967 – 2 BvL 14/62, 2 BvL 3/64, 2 BvL 11/65 et. al., BVerfGE 22, 387; BVerfG, Beschl. v. 16.10.1979 – 1 BvL 51/79, BVerfGE 52, 277; BVerfG, Beschl. v. 07.10.1980 – 1BvL 50/79, 1 BvL 89/7, 1 BvR 240/79, BVerfGE 55, 72; BVerfG, Beschl. v. 31.01.1996 – 2 BvL 39/93, 2 BvL 40/93, BVerfGE 93, 286; BVerfG, Urt. v. 06.03.2002 – 2 BvL 17/99, BVerfGE 105, 73; BVerfG, Urt. v. 20.04.2004 – 1 BvR 1748/99, 1 BvR 905/00, BVerfGE 110, 274.

geben zu können, werden die Vergleichsgruppen[655] so gewählt, dass der größtmögliche Erkenntnisgewinn zu erwarten ist. Eine Gleichheitsprüfung gemäß Art. 3 Abs. 1 GG verspricht die eindeutigsten Ergebnisse, wenn die Vergleichsgruppen möglichst weitgehende Überschneidungen aufweisen. Ausgangspunkt der Überlegungen muss also sein, eine Konstellation zu finden, in welcher eine Ungleichbehandlung bestünde, die Vergleichsgruppen aber weitestgehend gleichartig sind.

Bei Ablehnung der Mitunternehmerverdoppelbarkeit können Nießbraucher und Gesellschafter des nießbrauchsbelasteten Gesellschaftsanteils nicht zugleich Mitunternehmer sein. Nießbraucher und Gesellschafter würden folglich unterschiedlich behandelt. Die Positionen von Nießbraucher und Gesellschafter können einander jedoch individualvertraglich – wie unten unter 1.d) ausführlich erörtert wird – weitgehend angenähert werden. Werden solche individualvertraglich angenäherten Positionen von Gesellschafter und Nießbraucher als Vergleichsgruppen gewählt, ist die Wahrscheinlichkeit hoch, dass die Gleichheitsprüfung ein eindeutiges Ergebnis hervorbringt. Grundsätzlich gilt, dass eine verfassungskonforme Auslegung gemäß Art. 3 Abs. 1 GG auch die Anerkennung von vertraglichen Gestaltungen gebietet.[656]

Im Folgenden werden deshalb zunächst die Rechtspositionen eines Nießbrauchers und eines Gesellschafters ebendieses nießbrauchsbelasteten Personengesellschaftsanteils aufgezeigt, wie sie *ex lege* bestehen. Ausgehend davon werden die Rechtspositionen weitestgehend angenähert. Hervorzuheben ist, dass nicht eine bestimmte Form der Personengesellschaft ausgewählt wird und der entsprechende Gesellschafter und Nießbraucher jeweils als Vergleichsgruppen herangezogen werden. Vielmehr wird abstrahiert vorgegangen und Gesellschafter einer Personengesellschaft und entsprechende Nießbraucher verglichen. Eine solche Abstraktion ist möglich, da die durch den

---

655 Siehe zu dem Erfordernis aufzuzeigen, welche konkreten Vergleichsgruppen untersucht werden, beispielsweise: BVerfG, Beschl. v. 09.11.2017 – 1 BvR 1489/16, NVw-ZRR 2018, 249.

656 Siehe in Bezug auf gesellschaftsrechtliche und sonstige vertragliche Gestaltungen zwischen nahen Angehörigen, BVerfG, Urt. v. 24.01.1962 – 1 BvR 232/60, BVerfGE 13, 318; BVerfG, Beschl. v. 12.03.1985 – 1 BvR 571/81, BVerfGE 69, 188.

Nießbrauch bewirkte Aufteilung der Rechts- und Pflichtenpositionen bei den unterschiedlichen Personengesellschaftsformen vergleichbar ist.

Darüber hinaus kann schon an dieser Stelle, bei angenommener Ablehnung der Verdoppelbarkeit der Mitunternehmerstellung, eine Ungleichbehandlung[657] zwischen Nießbraucher und Gesellschafter festgestellt werden. Eine Auslegung, § 15 Abs. 1 Satz 1 Nr. 2 EStG erlaube keine Mitunternehmerverdoppelbarkeit, würde zwingend dazu führen, dass nur entweder der Nießbraucher oder der Gesellschafter als Mitunternehmer anerkannt würde. Auch individualvertragliche Modifikationen würden dies nicht zu ändern vermögen. In der Anerkennung nur entweder des Nießbrauchers oder des Gesellschafters läge eine Ungleichbehandlung der beiden Vergleichsgruppen durch denselben Rechtsträger.

1. Eigenschaften der Vergleichsgruppen

Bevor die Vergleichsgruppen herausgearbeitet werden, soll noch einmal auf die überragende Bedeutung der wirtschaftlichen Betrachtungsweise im Steuerrecht rekurriert werden.[658] Soll ein Steuergesetz wirtschaftliche Begebenheiten erfassen – wie dies auch für § 15 Abs. 1 Satz 1 Nr. 2 EStG gilt – orientiert sich die steuerrechtliche Einordnung an wirtschaftlichen Kriterien.[659] Aus der Relevanz der wirtschaftlichen Kriterien folgt jedoch nicht, dass den zivilrechtlichen Rechts- und Pflichtenpositionen der Vergleichsgruppen keine Bedeutung zukommt.[660] Idealiter ergeben sich die wirtschaftlichen Begebenheiten nämlich erst aus zivilrechtlichen Rechts- und Pflichtenpositionen.[661] Immer dann, wenn der entsprechende Wirtschaftsteilnehmer sich nicht nur Befugnisse anmaßt, folgen die zu erfassenden wirtschaftlichen Begebenheiten aus dem Agieren des Teilnehmers im Rahmen seiner zivilrechtlichen Rechts- und Pflichtenpositionen.[662] Eine An-

657 Siehe zum Kriterium der Ungleichbehandlung beispielhaft BVerfG, Beschl. v. 12.12.1967 – 2 BvL 14/62, 2 BvL 3/64, 2 BvL 11/65 et. al., BVerfGE 22, 387 und ausführlicher bei Jarass/Pieroth/*Jarass*, GG, 18. Aufl. 2024, Art. 3 Rn. 10 ff.

658 Siehe dazu ausführlich oben S. 79 ff.

659 Siehe dazu ausführlich oben S. 79 ff.

660 Vgl. *Beisse*, StuW 1981, 1, 12.

661 Vgl. *Beisse*, StuW 1981, 1, 12.

662 Vgl. *Beisse*, StuW 1981, 1, 12.

maßung von Befugnissen ist für Zwecke dieser Untersuchung nicht relevant und wird ausgeklammert.[663] Für den Vergleich sind folglich die Rechts- und Pflichtenpositionen maßgeblich, aus denen die wirtschaftlichen Begebenheiten folgen.[664]

Bevor die relevanten Rechts- und Pflichtenpositionen der Vergleichsgruppen herausgearbeitet werden, wird die zugrunde liegende Zivilrechtsdogmatik erörtert, soweit diese für die konkreten Befugnisse der Parteien von Bedeutung ist.

a) Grundlagen des Nießbrauchs am Personengesellschaftsanteil

Dass ein Nießbrauch an einem Personengesellschaftsanteil, d.h. der Mitgliedschaft des Gesellschafters, bestellt werden kann, ist spätestens seit dem BGH-Urteil v. 20.04.1972 – II ZR 143/69 anerkannt.[665] Die Grundlage für die Möglichkeit der Bestellung eines Nießbrauchs an einem Personengesellschaftsanteil ebnete die personenrechtlich ausgerichtete Gesamthandslehre.[666] Da die Folgen des MoPeG[667] hinsichtlich der dogmatischen Einordnung von Personengesellschaft noch nicht geklärt sind,[668] beziehen sich die nachfolgenden Ausführungen noch auf den dogmatischen Stand vor dem MoPeG und verwerten die dazu ergangene Literatur. Personengesellschaften sind

663 So auch schon oben S. 121 f.

664 Siehe dazu detailliert die Ausführungen zum Vergleichsmaßstab unten S. 218 ff.

665 BGH, Urt. v. 20.04.1972 – II ZR 143/69, BGHZ 58, 316. Siehe zur Anerkennung der Möglichkeit der Bestellung eines Nießbrauchs an einem Personengesellschaftsanteil auch BFH, Urt. v. 01.03.1994 – VIII R 35/92, BStBl. II 1995, 241; *Kreifels*, FG Hengeler, 1972, 158, 158 ff.; *Teichmann*, ZGR 1972, 1, 3 ff.; *Finger*, DB 1977, 1033, 1034; *Petzold*, DStR 1992, 1171, 1171; RGRK-BGB/*Rothe*, Bd. 3.2, 12. Aufl. 1996, § 1068 Rn. 8; *K. Schmidt*, ZGR 1999, 601, 601; *Kruse*, RNotZ 2002, 69, 74; *Goebel*, Der Nießbrauch an Personengesellschaftsanteilen, 2004, S. 43 ff.; MünchKomm-HGB/*K. Schmidt*, 4. Aufl. 2019, Vor § 230 Rn. 14; Staudinger/*Heinze*, 2021, Anhang zu §§ 1068, 1069 Rn. 57; MünchKomm-BGB/*Pohlmann*, 9. Aufl. 2023, § 1068 Rn. 25; Grüneberg/*Herrler*, 82. Aufl. 2023, § 1068 Rn. 5.

666 Vgl. die nachstehenden Ausführungen und insbesondere die Verweise in Fn. 685.

667 Gesetz zur Modernisierung des Personengesellschaftsrechts (Personengesellschaftsmodernisierungsgesetz – MoPeG) v. 10.08.2021, BGBl. I 2021, 3436.

668 Vgl. dazu MünchKomm-BGB/*Schäfer*, 9. Aufl. 2024, § 705 Rn. 201 f.

nach herrschender Auffassung Gesamthandsgemeinschaften.[669] Wie die Rechtsträgerschaft und die Rechtszuordnung in Gesamthandsgemeinschaften ausgestaltet sind, ist Gegenstand eines umfangreichen Theorienstreits.[670] Der Theorienstreit soll an dieser Stelle nicht entschieden werden. Vielmehr soll ein Überblick über die vertretenen Theorien gegeben werden, damit der Hintergrund des Verständnisses des Personengesellschaftsanteils bzw. der Mitgliedschaft als belastungsfähiges Recht nachvollzogen werden kann. Es stehen sich die traditionelle, vermögensrechtliche Gesamthandslehre und die personenrechtliche Gesamthandslehre gegenüber.[671]

Die traditionelle, vermögensrechtliche Gesamthandslehre versteht die Gesamthand als ein Vermögenszuordnungsprinzip.[672] Den Gesamthändern sei das Gesellschaftsvermögen als Sondervermögen, das sogenannte Gesellschaftsvermögen, zuzuordnen. Rechtsträger sei nicht die Gesamthandsgemeinschaft, sondern jeweils die einzelnen Gesellschafter als natürliche Personen.[673] Das Prinzip der gesamten Hand läge in der „gesamthänderischen Bindung" des Sondervermögens, die sich daran zeige, dass der einzelne Gesamthänder nicht über seinen Teil des Sondervermögens verfügen kann, vgl. §§ 719 Abs. 1, 1419 Abs. 1, 2033 Abs. 2 BGB.[674] Aus der Vermögenszuordnung zu den Gesellschaftern folge deren Teilhaberschaft an der Rechtsgemeinschaft

669 Vgl. E/B/J/S-HGB/*Weipert*, 4. Aufl. 2020, § 161 Rn. 1 f.

670 Diesen Theorienstreit detailliert erörternd, beispielsweise *Weber-Grellet*, AcP 1982, 316, 316 ff. und MünchKomm-BGB/*Schäfer*, 8. Aufl. 2020, § 705 Rn. 304 ff.

671 Vgl. MünchKomm-BGB/*Schäfer*, 8. Aufl. 2020, § 705 Rn. 304 ff.

672 So früher auch die Rechtsprechung: RG, Urt. v. 02.11.1903 – V 170/03, RGZ 56, 96; RG, Urt. v. 11.12.1903 – VII 317/03, RGZ 56, 206; BGH, Urt. v. 28.04.1954 – II ZR/ 8/53, BGHZ 13, 179. Nicht abschließend: Düringer-Hachenburg/*Geiler*, HGB, Bd. 2.1, 3. Aufl. 1932, Allg. Einl. Teil B, Rn. 20 ff.; *Würdinger*, Gesellschaften, 1. Teil, 1937, S. 105; *Buchner*, AcP 1969, 483, 488 ff.; *Weber-Grellet*, AcP 1982, 316, 328; *Huber*, Vermögensanteil, Kapitalanteil und Gesellschaftsanteil an Personalgesellschaften des Handelsrechts, 1970, S. 61 ff; *Schulze-Osterloh*, Das Prinzip der gesamthänderischen Bindung, 1972, S. 72 ff.; *Wiedemann*, Gesellschaftsrecht, Bd. 1, 1980, S. 245; *Zöllner*, FS Gernhuber, 1993, 563, 576; *Hueck*, FS Zöllner, Bd. 1, 1998, S. 275, 294; *Cordes*, JZ 1998, 545, 551 f.; *Beuthien*, ZGR 2019, 664, 682 f.

673 *Wiedemann*, Gesellschaftsrecht, Bd. 1, 1980, S. 251.

674 *Wiedemann*, Gesellschaftsrecht, Bd. 1, 1980, S. 252; *Weber-Grellet*, AcP 1982, 316, 324 ff.

des Sondervermögens.[675] Die Teilhaberschaft an der Rechtsgemeinschaft des Sondervermögens meint ausschließlich das vermögensrechtliche Anteilsrecht des Gesellschafters an dem Sondervermögen.[676] Das Gesamthandsprinzip erschöpfe sich in diesen dinglichen Wirkungen der Vermögenszuordnung und Vermögensbindung und habe keine personenrechtlichen Konsequenzen. Zu der Gesamthand, welche die vermögensrechtliche Teilhaberschaft vermittelt, würde das schuldrechtliche Gesellschaftsverhältnis hinzutreten, welches weitere subjektiv-rechtliche Positionen vermittelt.[677] Verbindlichkeiten, welche die Gesellschafter im Rahmen der Gesamthand eingehen, würden lediglich Verbindlichkeiten der Gesellschafter.[678]

Dieser Ansicht folgend unterschiede sich die Gesamthandsgemeinschaft von einer schlichten Rechtsgemeinschaft lediglich durch den Gegenstand der Beteiligung.[679] Das Innehaben eines Gesellschaftsanteils würde nicht zu einer Mitgliedschaft in dem Sinne führen, dass eine einheitliche Position des Gesellschafters besteht, in der sich die vermögens- und personenrechtlichen Rechte und Pflichten vereinigen.[680] Der zu der vermögensrechtlichen Berechtigung hinzutretende Gesellschaftsvertrag verleihe lediglich einzelne subjektive Rechte, wäre jedoch kein mit der vermögensrechtlichen Berechtigung einheitliches Rechtsverhältnis und somit auch kein damit einheitlich bestehendes subjektives Recht.[681] Als mit dem Nießbrauch belastbares Recht i.S.d. § 1068 Abs. 1 BGB kämen nur jeweils separat die einzelnen nutzbaren Rechte des Gesellschafters in Betracht.[682] Dies wäre

---

675 *Saenger*, Gemeinschaft und Rechtsteilung, 1913, S. 104 ff; *Schulze-Osterloh*, Das Prinzip der gesamthänderischen Bindung, 1972, S. 14.

676 Dieses vermögensrechtliche Anteilsrecht wird von Vertretern dieser Theorie als subjektives Recht qualifiziert: *Ehrenberg*, FG Regelsberger, 1901, S. 1, 42; *Saenger*, Gemeinschaft und Rechtsteilung, 1913, S. 53; *Schulze-Osterloh*, Das Prinzip der gesamthänderischen Bindung, 1972, S. 29.

677 Düringer-Hachenburg/*Geiler*, HGB, Bd. 2.1, 3. Aufl. 1932, Allg. Einl. Teil B, Rn. 90c; *Wiedemann,* Gesellschaftsrecht, Bd. 1, 1980, S. 253 f.

678 Düringer-Hachenburg/*Flechtheim*, HGB, Bd. 2.2, 3. Aufl. 1932, § 128 Rn. 1.

679 *Schulze-Osterloh*, Das Prinzip der gesamthänderischen Bindung, 1972, S. 131 f.; *Habersack*, Die Mitgliedschaft, 1996, S. 32.

680 *Habersack*, Die Mitgliedschaft, 1996, S. 32 f.

681 *Habersack*, Die Mitgliedschaft, 1996, S. 32 f.

682 *Habersack*, Die Mitgliedschaft, 1996, S. 32 f.

beispielsweise der Anspruch des Gesellschafters auf Auszahlung des Gewinnes.[683]

Der traditionellen Gesamthandslehre steht die von der überwiegenden Literatur vertretene,[684] ebenfalls von der Rechtsprechung mittlerweile zugrunde gelegte[685] und auf *Otto v. Gierke* zurückgehende[686] personenrechtliche Gesamthandslehre gegenüber. Diese Lehre stellt nicht die Vermögenszuordnung, sondern den Verband der Gesamthänder in den Vordergrund. Das Prinzip der gesamten Hand läge darin, dass die sich gesamthänderisch verbindenden Gesellschafter in ihrer Verbundenheit einen Personenverband bilden, der selbst Rechtssubjekt sei.[687] Die Gesamthandsgesellschaft sei als Rechtssubjekt zwar nicht wie eine juristische Person von den Mitgliedern verselbständigt, stelle aber dennoch ein von den Gesellschaftern als natürliche Personen verschiedenes Zuordnungssubjekt dar.[688] Das Gesellschaftsvermögen sei nicht den einzelnen Gesamthändern zuzuordnen, sondern dem Personenverband.[689] Nur der Personenverband sei an dem Gesellschafts-

---

683 Soergel/*Stürner*, BGB, 12. Aufl. 1990, § 1068 Rn. 7a; MünchKomm-BGB/*Pohlmann*, 9. Aufl. 2023, § 1068 Rn. 30. Gewährt würden in diesem Fall nur die Nutzungen des Gewinnanspruchs und nicht der Gewinnanspruch selbst. Der Nießbraucher müsste den ausgezahlten Gewinn bei Beendigung des Nießbrauchs zurückzahlen und dürfte nur die gezogenen Zinsen behalten, siehe MünchKomm-BGB/*Pohlmann*, 9. Aufl. 2023, § 1068 Rn. 30.

684 Nicht abschließend: *Flume*, ZHR 1972, 177, 189 ff.; *Schünemann*, Grundprobleme der Gesamthandsgesellschaft, 1975, S. 112; *Flume*, Allgemeiner Teil des Bürgerlichen Rechts, Bd. 1.1, 1977, S. 56 ff., 68 ff.; *Ulmer*, Die Gesellschaft bürgerlichen Rechts, 1. Aufl. 1980, § 705 Rn. 8; *Habersack*, JuS 1990, 179, 182; *Wiedemann*, FS Kellermann, 1991, S. 529, 531 ff.; *Timm*, NJW 1995, 3209, 3210 ff.; *K. Schmidt*, Gesellschaftsrecht, 4 Aufl. 2002, S. 206; Soergel/*Hadding*, BGB, 12. Aufl. 2007, Vor § 705 Rn. 20 f.; *Grunewald*, Gesellschaftsrecht, 11. Aufl. 2020, S. 52; Erman/*Westermann*, BGB, 16. Aufl. 2020, Vor § 705 Rn. 1.; MünchKomm-BGB/*Schäfer*, 8. Aufl. 2020, § 705 Rn. 307 ff.

685 BGH, Urt. v. 30.04.1979 – II ZR 137/78, BGHZ 74, 240; BGH, Urt. v. 15.12.1980 – II ZR 52/80, BGHZ 79, 374; BGH, Urt. v. 15.07.1997 – XI ZR 154/96, BGHZ 136, 254; BGH, Urt. v. 29.01.2001 – II ZR 331/00, BGHZ 146, 341; BGH, Beschl. v. 16.07.2001 – II ZB 23/00, BGHZ 148, 291. Vgl. zu der Auffassung der Rechtsprechung und diesen Urteilen auch MünchKomm-BGB/*Schäfer*, 8. Aufl. 2020, § 705 Rn. 308 f.

686 *Gierke*, Deutsches Privatrecht, Bd. 1, 1895 (Nachdruck 1936), S. 660 ff.

687 *Flume*, Allgemeiner Teil des Bürgerlichen Rechts, Bd. 1.1, 1977, S. 56.

688 *Flume*, Allgemeiner Teil des Bürgerlichen Rechts, Bd. 1.1, 1977, S. 56.

689 *Flume*, Allgemeiner Teil des Bürgerlichen Rechts, Bd. 1.1, 1977, S. 68 f.; *Wiedemann*, FS Kellermann, 1991, S. 529, 532 f.

vermögen berechtigt.[690] Die einzelnen Gesamthänder hätten keinerlei unmittelbare Berechtigung an dem Gesellschaftsvermögen, sondern seien lediglich Mitglieder des Personenverbands.[691]

Einhergehend mit der personenrechtlich ausgerichteten Gesamthandslehre entwickelte sich das Verständnis der Mitgliedschaft als einheitliches Rechtsverhältnis.[692] Ausschließlich mittelbar über die Mitgliedschaft ist der einzelne Gesellschafter mit den Rechtsbeziehungen der Gesamthand verflochten.[693] Die Mitgliedschaft umfasst sämtliche Rechtsbeziehungen des Gesellschafters aufgrund des Gesellschaftsverhältnisses sowohl gegenüber der Gesellschaft als auch gegenüber den Mitgesellschaftern.[694] Als Bündelung sämtlicher personen- und vermögensrechtlicher Rechte und Pflichten des Mitglieds ist die Mitgliedschaft selbst subjektives Recht.[695] Dieses subjektive Recht ist übertragbar und stellt mithin einen Rechtsgegenstand dar.[696] Aus dem Verständnis der Mitgliedschaft des Gesellschafters als subjektives Recht ergibt sich sodann auch die separate Belastbarkeit dieses sub-

---

690 *Flume*, Allgemeiner Teil des Bürgerlichen Rechts, Bd. 1.1, 1977, S. 68 f.; *Wiedemann*, FS Kellermann, 1991, S. 529, 532 f.

691 *Flume*, Allgemeiner Teil des Bürgerlichen Rechts, Bd. 1.1, 1977, S. 68 f.; *Wiedemann*, FS Kellermann, 1991, S. 529, 532 f.

692 Vgl. dazu die Herleitung bei *Flume*, Allgemeiner Teil des Bürgerlichen Rechts, Bd. 1.1, 1977, S. 68 ff.

693 *Flume*, Allgemeiner Teil des Bürgerlichen Rechts, Bd. 1.1, 1977, S. 72 f.

694 *Flume*, Allgemeiner Teil des Bürgerlichen Rechts, Bd. 1.1, 1977, S. 125; *Habersack*, Die Mitgliedschaft, 1996, S. 39; MünchKomm-BGB/*Schäfer*, 8. Aufl. 2020, § 705 Rn. 185; Die Rechtsprechung schloss sich dieser Auffassung an: BGH, Urt. v. 10.07.1975 – II ZR 154/72, BGHZ 65, 79; BGH, Urt. v. 10.02.1977 – II ZR 120/75, BGHZ 68, 225; BGH, Urt. v. 30.04.1984 – II ZR 293/83, BGHZ 91, 132. Erstmals wird der Gesellschaftsanteil von BGH, Urt. v. 29.06.1981 – II ZR 142/80, BGHZ 81, 82 als Mitgliedschaft bezeichnet. Diese als erste dahingehende Entscheidung benennend: *Habersack*, Die Mitgliedschaft, 1996, S. 39.

695 *Sohm*, Der Gegenstand, 1905, S. 21 f., 87 ff.; *Enneccerus/Kipp/Wolff*, Lehrbuch des bürgerlichen Rechts, Bd. 1.1, 1911, S. 257; *Wiedemann*, Die Übertragung und Vererbung von Mitgliedschaftsrechten bei Handelsgesellschaften, 1965, S. 39 ff.; *Lutter*, AcP 1980, 84, 101 f.; *K. Schmidt*, Gesellschaftsrecht, 4. Aufl. 2002, S. 549. Gegen die Qualifizierung als subjektives Recht: *Müller-Erzbach*, AcP 1955, 299, 321; *Hadding*, FS Steindorff, 1990, 31, 38 ff.; *Klink*, Die Mitgliedschaft als „sonstiges Recht" im Sinne des § 823 I BGB, 1993, S. 130; Soergel/*Hadding*, BGB, 12. Aufl. 2007, § 705 Rn. 67a.

696 Siehe beispielhaft *Wiedemann*, Die Übertragung und Vererbung von Mitgliedschaftsrechten bei Handelsgesellschaften, 1965, S. 44 ff.

jektiven Rechts, beispielsweise mit einem Nießbrauch.[697] Die Belastbarkeit der Mitgliedschaft als Ganzes bringt gravierende Folgen und Problematiken hinsichtlich der Aufteilung der Befugnisse zwischen Nießbraucher und Gesellschafter mit sich. Da nicht beispielsweise ein einziges Vermögensrecht mit einem Nießbrauchsrecht belastet wird, ist für sämtliche dem Gesellschaftsanteil entspringenden Rechts- und Pflichtenpositionen zu prüfen, ob der Nießbrauch eine Allokation zu dem Nießbraucher bewirkt oder ob die Rechte bei dem Gesellschafter verbleiben.

b) Eigenschaften der Vergleichsgruppen bei Nießbrauchsabrede *ex lege*

aa) Zuordnung der Vermögensrechte

Wird ein Nießbrauch an einem Personengesellschaftsanteil bestellt, sind die der Mitgliedschaft entspringenden Vermögensrechte entweder dem Gesellschafter oder dem Nießbraucher zugeordnet. Gemäß §§ 1068 Abs. 2, 1030 Abs. 1, 100, 99 BGB gebühren dem Nießbraucher die Nutzungen der Mitgliedschaft. Nutzungen gemäß § 100 BGB sind die Früchte der Mitgliedschaft und die Vorteile, die der Gebrauch der Mitgliedschaft gewährt. Früchte eines Rechts sind gemäß § 99 Abs. 2 BGB die Erträge, welche das Recht seiner Bestimmung gemäß gewährt. Gebrauchsvorteile eines Rechts sind solche Vorteile, die der Gebrauch des Rechts gewährt, die nicht als Früchte gemäß § 99 BGB zu qualifizieren sind.[698] In vermögensrechtlicher Hinsicht entsprin-

---

697 Vgl. MünchKomm-BGB/*Schäfer*, 9. Aufl. 2024, § 705 Rn. 101 und siehe dazu, dass die Belastbarkeit der Mitgliedschaft bzw. des Personengesellschaftsanteils mit einem Nießbrauch mittlerweile ganz herrschend anerkannt ist, die Verweise in Fn. 665. Inwiefern ein dinglicher Nießbrauch dogmatisch einzuordnen ist, kann für Zwecke dieser Untersuchung bereits dahingestellt bleiben, weil ein schuldrechtlicher und ein dinglicher Nießbrauch für Steuerzwecke gleich zu behandeln sind, siehe ferner dazu BMF, Schreiben v. 30.09.2013 – IV C 1 – S 2253/07/10004, BStBl. I 2013, 1184. Hingewiesen sei auf den Abspaltungsgedanken, vgl. dazu *Otto v. Gierke*, Deutsches Privatrecht, Bd. 2, 1905 (Nachdruck 2010), S. 359, 366; *J. v. Gierke*, Das Sachenrecht des bürgerlichen Rechts, 4. Aufl. 1959, S. 68; *Larenz*, Allgemeiner Teil des Deutschen Bürgerlichen Rechts, 2. Aufl. 1972, 188 f. und auf die Duldungstheorie, vgl. dazu *Forkel*, Gebundene Rechtsübertragungen, Bd. 1, 1977, S. 34 f.; *Hauck*, Nießbrauch an Rechten, 2015, S. 117.

698 Statt vieler MünchKomm-BGB/*Stresemann*, 10. Aufl. 2025, § 100 Rn. 2.

gen der Mitgliedschaft diverse Rechte, die als Nutzungen qualifiziert werden könnten. Diese wären sodann dem Nießbraucher zuzuordnen. Dem Gesellschafter hingegen sind solche Vermögensrechte zuzuordnen, deren Ausübung sich auf die Substanz der Mitgliedschaft auswirkt. Den §§ 1068 Abs. 2, 1030 Abs. 1 ff. BGB lässt sich entnehmen, dass dem Nießbrauchsbesteller die Substanz des belasteten Rechts verbleiben soll.[699]

(1) Entnahmefähiger Gewinn

Als Nutzung der Mitgliedschaft gilt zunächst der auf Grundlage der Handelsbilanz festgestellte entnahmefähige Gewinn.[700] Der Feststellung des entnahmefähigen Gewinns geht die Aufstellung des Jahresabschlusses voraus. Der Jahresabschluss setzt sich im Grundsatz gemäß § 242 Abs. 3 HGB aus der Bilanz und der Gewinn- und Verlustrechnung zusammen. Die Gewinn- und Verlustrechnung weist den Jahresüberschuss bzw. den Jahresfehlbetrag als Differenzgröße aller Aufwendungen und Erträge in Reinform aus. Die Aufstellung des Jahresabschlusses erfolgt durch die geschäftsführenden Gesellschafter und dient als Beschlussvorlage.[701] Nach der Aufstellung ist der Jahresabschluss durch einen Gesellschafterbeschluss festzustellen. Die Feststellung drückt die Billigung des Jahresabschlusses durch die Gesellschafter aus und macht den Abschluss für die Gesellschaf-

699 Staudinger/*Heinze*, BGB, 2021, § 1030 Rn. 49 ff., Anh. §§ 1068, 1069 Rn. 78.

700 Für einen Anspruch des Nießbrauchers nur auf den entnahmefähigen Gewinn und nicht weitergehend auch auf den Bilanzgewinn sprechen sich aus: BGH, Urt. v. 20.04.1971 – II ZR 143/69, BGHZ 58, 316; BGH, Urt. v. 12.12.1974 – II ZR 166/72, DNotZ 1975, 735; BFH, Urt. v. 01.03.1994 – VIII R 35/92, BStBl. II 1995, 241; BFH, Urt. v. 03.12.2015 – IV R 43/13, BFH/NV 2016, 742; *v. Godin*, Nutzungsrecht an Unternehmen und Unternehmensbeteiligungen, 1949, S. 94 ff.; *Wiedemann*, Die Übertragung und Vererbung von Mitgliedschaftsrechten bei Handelsgesellschaften, 1965, S. 403 f.; *Bunke*, DNotZ 1968, 5, 10; *Ulmer*, FS Fleck, 1988, 383, 391; *Kruse*, RNotZ 2002, 69, 78; *Esch/Baumann/Schulze zur Wiesche*, Handbuch der Vermögensnachfolge, 7. Aufl. 2009, Rn. 1766.; *Wälzholz*, DStR 2010, 1786, 1788; NK-BGB/*Lemke*, 4. Aufl. 2016, § 1068, Rn. 16; *Foerster*, Die Zuordnung der Mitgliedschaft, 2018, S. 287; MünchKomm-HGB/*K. Schmidt*, 4. Aufl. 2019, Vor § 230 Rn. 26; Staudinger/*Heinze*, 2021, Anh. §§ 1068, 1069 Rn. 79 f.

701 BGH, Urt. v. 29.03.1996 – II ZR 263/94, BGHZ 132, 263; BGH, Urt. v. 15.01.2007 – ZR 245/05, BGHZ 170, 283.

ter verbindlich.[702] Im Rahmen dieses Beschlusses wird auch die Ergebnisverwendung beschlossen. Dabei ist der Bilanzgewinn[703] nicht zwingend auch als entnahmefähiger Gewinn festzustellen. Die Höhe des entnahmefähigen Gewinns und des Bilanzgewinns können somit voneinander abweichen.

Ob der Nießbraucher über den entnahmefähigen Gewinn hinaus einen Anspruch auf den nicht entnahmefähigen Gewinn – also den verbleibenden Teil des Bilanzgewinns hat – ist streitig.[704] Autoren, die sich für einen Anspruch des Nießbrauchers auch auf den nicht entnahmefähigen Teil des Bilanzgewinns aussprechen, führen an, dass die vorhandene Substanz nicht nur den entnahmefähigen, sondern den gesamten Gewinn generiert habe.[705] Zudem sei das Kriterium der gesellschaftsrechtlichen Entnahmefähigkeit nicht geeignet, um zu bestimmen, welche Teile des Bilanzgewinns als Nutzungen gemäß § 100 BGB zu qualifizieren sind.[706] Dem Nießbraucher sei deshalb ein Wertausgleichsanspruch analog § 1049 Abs. 1 BGB in Höhe der stehengelassenen Gewinne zuzusprechen.[707]

Dieser Meinung tritt die ganz überwiegende Auffassung, welche ausschließlich einen Anspruch auf den entnahmefähigen Gewinn annimmt,[708] mit folgenden Argumenten entgegen. Zum einen dürfe der Nießbraucher nicht mehr verlangen können als der Gesellschafter, der

702 BGH, Urt. v. 29.03.1996 – II ZR 263/94, BGHZ 132, 263; BGH, Urt. v. 15.01.2007 – ZR 245/05, BGHZ 170, 283.

703 Der Bilanzgewinn entspricht nicht dem Jahresergebnis in Reinform, sondern ergibt sich erst durch gewisse Überleitungsrechnungen, im deren Rahmen weitere Positionen berücksichtigt werden.

704 Dafür sprechen sich aus: *Huber*, Vermögensanteil, Kapitalanteil und Gesellschaftsanteil an Personalgesellschaften des Handelsrechts, 1970, S. 416; *Sudhoff*, NJW 1971, 481, 483; *Finger*, DB 1977, 1033, 1036 ff.; *Schön*, ZHR 1994, 229, 241 ff.; *Harders*, Nießbrauch am Kommanditanteil – Rechtsfolgen, zwingendes Recht und seine Ausgestaltung, 2002, S. 72 ff.

705 *Johow*, Vorentwürfe der Redaktoren zum BGB, Sachenrecht, Bd. 2, 1880 (Nachdruck 1982), S. 1346 ff.; *Huber*, Vermögensanteil, Kapitalanteil und Gesellschaftsanteil an Personalgesellschaften des Handelsrechts, 1970, S. 415 f.; *Schön*, ZHR 1994, 229, 246.

706 *Johow*, Vorentwürfe der Redaktoren zum BGB, Sachenrecht, Bd. 2, 1880 (Nachdruck 1982), S. 1346 ff.; *Petzoldt*, GmbHR 1987, 381, 384; *Schön*, ZHR 1994, 229, 241.

707 *Schön*, ZHR 1994, 229, 242 ff.

708 Siehe zu den Vertretern dieser Ansicht oben Fn. 700.

selbst nur den ausschüttungsfähigen Gewinn verlangen kann.[709] Zum anderen sei der stehengelassene Gewinn eine Mehrung des Unternehmenswerts, die dem Nießbraucher gerade nicht zustehen solle.[710] Der Auffassung, dass dem Nießbraucher nur ein Anspruch auf den entnahmefähigen Gewinn zusteht, ist zuzustimmen. Der Ertrag der Mitgliedschaft bestimmt sich nach dem Willen der Gesellschafter.[711] Dieser Wille schlägt sich in der Feststellung des Jahresabschlusses nieder.[712] Soll dem Nießbraucher ein Anspruch auf den Bilanzgewinn zugestanden werden, ist dies mittels individualvertraglicher Abrede möglich.

(2) Außerordentliche Erträge

In den Bilanzgewinn fließen auch außerordentliche Erträge der Gesellschaft ein. Ein außerordentlicher Ertrag entsteht unter anderem im Fall von Rückstellungsauflösungen oder bei der Realisierung von stillen Reserven durch die Veräußerung von Anlagevermögen.[713] Solche Erträge sind als Teil des Bilanzgewinns im Grundsatz bereits anteilig im entnahme- und nicht-entnahmefähigen Gewinn enthalten.[714] Ob für die außerordentlichen Erträge allerdings eine davon abweichende Zuordnung geboten ist, wird unterschiedlich beantwortet.[715] Im Rahmen der Zuordnung der außergewöhnlichen Erträge und der Nutzungen, welche diese Erträge generieren, sind zwei Verhältnisse zu unterscheiden. Im Außenverhältnis stellt sich die Frage, an wen die außerordentlichen Erträge auszuschütten sind und wer über sie mithin während des Bestehens des Nießbrauchs disponieren kann. Das Außenverhältnis erstreckt sich auf die Beziehungen zwischen der Gesellschaft und dem Gesellschafter auf der einen Seite und der Gesellschaft und dem Nießbraucher auf der anderen Seite. Im Innenverhältnis stellt sich hingegen die Frage, wem der Wert der außerordentlichen Erträge und der

709 BGH, Urt. v. 20.04.1971 – II ZR 143/69, BGHZ 58, 316; *Petzoldt*, GmbHR 1987, 381, 384; Staudinger/*Heinze*, 2021, Anh. §§ 1068, 1069 Rn. 80 m. w. N.

710 BGH, Urt. v. 20.04.1971 – II ZR 143/69, BGHZ 58, 316; *Hepp-Schwab*, Die Mitgliedschaft des Personengesellschafters und der Nießbrauch an seinem Gesellschaftsanteil, 1998, S. 176 f.; *Kruse*, RNotZ 2002, 69, 78.

711 Vgl. *Petzoldt*, GmbHR 1987, 381, 384.

712 Vgl. *Petzoldt*, GmbHR 1987, 381, 384.

713 Vgl. *Schön*, ZHR 1994, 229, 245; Staudinger/*Heinze*, 2021, Anh. §§ 1068, 1069 Rn. 81; MünchKomm-BGB/*Pohlmann*, 9. Aufl. 2023, § 1068 Rn. 55 ff.

714 Vgl. *Frank*, MittBayNot 2010, 96, 100 f.

715 Siehe zu den vertretenen Meinungen Fn. 718.

damit generierten Nutzungen tatsächlich zustehen soll. Das Innenverhältnis erstreckt sich auf die Beziehung zwischen dem Gesellschafter und dem Nießbraucher.

Während noch die Frage, an wen die Ausschüttungen im Außenverhältnis erfolgen sollen, divergierend beurteilt wird, vereinheitlicht sich das Meinungsbild in Bezug auf die wertmäßige Aufteilung im Innenverhältnis.[716] Die schlussendlich weitgehend gleichlaufende Aufteilung des Wertes der außerordentlichen Erträge resultiert daraus, dass die unterschiedlichen Auffassungen in diesem Punkt einheitlich die Wertung des § 1039 Abs. 1 BGB vollziehen.[717] § 1039 Abs. 1 BGB bestimmt, dass der Nießbraucher für gezogene Übermaßfrüchte bei Beendigung des Nießbrauchs Wertersatz leisten muss oder die Übermaßfrüchte zu reinvestieren hat. Daraus folgt, dass die außerordentlichen Erträge – zumindest ihrem Wert nach – dem Gesellschafter zustehen.[718] Dem Nießbraucher gebühren jedoch weiterhin die Erträge, welche mit den außerordentlichen Erträgen generiert werden.[719] Die Ausschüttung außerordentlicher Erträge mindert die Substanz und

---

716 Siehe zu den vertretenen Meinungen Fn. 718.

717 Siehe zu den vertretenen Meinungen Fn. 718.

718 Für die Ausschüttung direkt an den Gesellschafter sprechen sich aus: BFH, Urt. v. 28.01.1992 – VIII R 207/85, BStBl. II 1992, 605; BFH, Urt. v. 01.03.1994 – VIII R 35/92, BStBl. II 1995, 241; *Frank*, MittBayNot 2010, 96, 100; Staudinger/*Heinze*, 2021, Anh. §§ 1068, 1069 Rn. 81; MünchKomm-BGB/*Pohlmann*, 9. Aufl. 2023, § 1068 Rn. 60. Für die Ausschüttung an den Nießbraucher mit anschließender Pflicht zum Wertersatz siehe *Schön*, ZHR 1994, 229, 245; *Queck*, Der Nießbrauch am Anteil einer offenen Handelsgesellschaft, 2000, S. 107 f.; *Meyer*, Der Nießbrauch an GmbH-Geschäftsanteilen und an Aktien, 2002, S. 86; *Harders*, Nießbrauch am Kommanditanteil – Rechtsfolgen, zwingendes Recht und seine Ausgestaltung, 2002, S. 86 ff. Die Zuordnung von aufgelösten und ausgeschütteten Rücklagen wird mitunter anders als die Zuordnung der sonstigen außerordentlichen Erträge beurteilt, siehe dazu MünchKomm-BGB/*Pohlmann*, 9. Aufl. 2023, § 1068 Rn. 61. Teilweise wird auch angenommen, dass die vor Begründung des Nießbrauchs oder nicht zu Lasten des laufenden Gewinns gebildeten Gewinnanteile dem Gesellschafter und die während der Laufzeit des Nießbrauchs gebildeten Gewinne dem Nießbraucher zuzuordnen seien, siehe *Janssen/Nickel*, Unternehmensnießbrauch, 1998, S. 44 ff.

719 *Schön*, ZHR 1994, 229, 245; *Frank*, MittBayNot 2010, 96, 100; Staudinger/*Heinze*, 2021, Anh. §§ 1068, 1069 Rn. 81.

stellt deshalb keinen bestimmungsgemäßen Ertrag der Mitgliedschaft dar.[720]

Wem die außerordentlichen Erträge im Außenverhältnis zunächst auszuschütten sind, wird hingegen uneinheitlich beurteilt.[721] Von dem vorherrschenden Meinungsstrang werden schon im Außenverhältnis die angeführten Wertungen des § 1039 Abs. 1 BGB umgesetzt.[722] Da die außerordentlichen Erträge als Teile der Substanz der Mitgliedschaft dem Gesellschafter zustehen, seien sie auch diesem unmittelbar auszuschütten.[723] Übermaßfrüchte i. S. d. § 1039 Abs. 1 BGB lägen nicht vor, weil es nicht der bestimmungsgemäßen Nutzung der Mitgliedschaft entspreche, aus der Veräußerung von Anlagevermögen Erträge zu erzielen.[724]

Vertreter der anderen Ansicht subsumieren die außerordentlichen Erträge noch unter die Übermaßfrüchte i. S. d. § 1039 Abs. 1 Satz 1 BGB und wenden sodann konsequent § 1039 BGB an.[725] Dem Nießbraucher seien die außerordentlichen Erträge zwar auszuschütten, er habe dem Gesellschafter allerdings bei Beendigung des Nießbrauchs einen entsprechenden Wertausgleich zu leisten.[726]

Eine Entscheidung zwischen den Ansichten ist im Hinblick auf die Beurteilung von finanzieller Ist-Leistungsfähigkeit nicht erforderlich. Hinsichtlich der Aufteilung des finanziellen Wertes setzen beide Ansichten gleiche Maßstäbe an. Wertmäßig stehen außerordentliche Erträge dem Gesellschafter zu. Die Nutzungen, welche mit diesen außerordentlichen Erträgen generiert werden, beispielsweise Zinsen, stehen jedoch dem Nießbraucher zu.

(3) Haftung für Verluste

Nach ganz überwiegender Auffassung hat der Nießbraucher Verluste, welche auf den nießbrauchsbelasteten Personengesellschaftsanteil

720 *Schön*, ZHR 1994, 229, 245; Baumbach/Hopt/*Roth*, HGB, 40. Aufl. 2021, § 105 Rn. 45; Staudinger/*Heinze*, 2021, Anh. §§ 1068, 1069 Rn. 81.
721 Siehe zu den vertretenen Meinungen Fn. 718.
722 Siehe Fn. 718 erster Teil.
723 Siehe Fn. 718 erster Teil.
724 MünchKomm-BGB/*Pohlmann*, 9. Aufl. 2023, § 1068 Rn. 62.
725 Siehe Fn. 718 zweiter Teil.
726 Siehe Fn. 718 zweiter Teil.

entfallen, nicht zu tragen.[727] Verluste können den Nießbraucher somit nur mittelbar in Form von weniger umfangreichen Ausschüttungen treffen.[728] Ein anderes Ergebnis wird nach Maßgabe des Grundsatzes des Gleichlaufs von Herrschaft und Haftung von Vertretern angenommen, welche dem Nießbraucher kraft Gesetz Mitwirkungsrechte wie das Stimmrecht zusprechen.[729] Dies ist vorliegend, wie noch zu zeigen sein wird,[730] nicht der Fall. In Abwesenheit individualvertraglicher Abreden trifft den Nießbraucher folglich keine Haftung für Verluste.

bb) Zuordnung der Mitverwaltungsrechte

Neben den Vermögensrechten entspringen der Mitgliedschaft Mitverwaltungsrechte. Die Mitverwaltungsrechte erstrecken sich auf das Recht zur Geschäftsführung, das Recht zur Teilnahme an Gesellschafterversammlungen, das Stimmrecht in Gesellschafterversammlungen, das Recht zur Anfechtung von Beschlüssen, das Recht auf Zahlung der Vergütung für die Geschäftsführung sowie auf die Informations- und Kontrollrechte. Hinsichtlich des anzulegenden Vergleichsmaßstabs[731] sind insbesondere solche Rechte von Bedeutung, mit welchen Einfluss auf das Verhalten der Gesellschaft genommen werden kann. Die Steuerung des Verhaltens der Gesellschaft ist die Art und Weise, auf welche eine Person über die Geschicke der Gesellschaft disponieren und mithin die Leistungserstellung am Markt mitbeherrschen kann. Eine solche Steuerung kann im Besonderen durch das Recht zur Geschäftsführung und das Stimmrecht in Gesellschafterversammlungen erfolgen.

(1) Mitverwaltungsrechte mit Steuerungsfunktion

Durch die oben aufgezählten Mitverwaltungsrechte, mit Ausnahme der Informations- und Kontrollrechte und des Rechts auf Zahlung der

727 *Lindemeier*, DNotZ 1999, 876, 906; *Harders*, Nießbrauch am Kommanditanteil – Rechtsfolgen, zwingendes Recht und seine Ausgestaltung, 2002, S. 116 ff.; Staudinger/*Heinze*, 2021, Anh. §§ 1068, 1069 Rn. 86; MünchKomm-BGB/*Pohlmann*, 9. Aufl. 2023, § 1068 Rn. 69.

728 Vgl. MünchKomm-BGB/*Pohlmann*, 9. Aufl. 2023, § 1068 Rn. 69.

729 *Flume*, Allgemeiner Teil des bürgerlichen Rechts, Bd. 1.1., 1977, S. 364; *Ulmer*, FS Fleck, 1988, 383, 396; *Schön*, ZHR 1994, 229, 247 f.

730 Siehe zu der Allokation der Mitwirkungsrechte sogleich unter (1).

731 Siehe im Detail zu dem anzulegenden Vergleichsmaßstab unten S. 218 ff.

Vergütung für Geschäftsführungsmaßnahmen, kann der Rechtsinhaber das Verhalten der Gesellschaft steuern. Die Steuerungswirkung ist freilich limitiert auf den Umfang der die Rechte verleihenden Mitgliedschaft. Nachfolgend wird untersucht, wem diese Mitverwaltungsrechte mit Steuerungsfunktion im Rahmen des nießbrauchsbelasteten Personengesellschaftsanteils gesetzlich zugeordnet sind.

Nach einer vom Reichsgericht und in der Literatur vertretenen Meinung stehen die Mitverwaltungsrechte mit Steuerungsfunktion einzig dem Nießbraucher zu.[732] Die Mitverwaltungsrechte seien Nutzungen des nießbrauchsbelasteten Rechts – der Mitgliedschaft.[733] Als Nutzungen stünden sämtliche Mitverwaltungsrechte mit Steuerungsfunktion dem Nießbraucher zu.[734] Darüber hinaus sprächen Effizienz- und Gerechtigkeitsüberlegungen für eine Allokation der Mitverwaltungsrechte beim Nießbraucher.[735] Des Weiteren seien auch in anderen Jurisdiktionen wie beispielsweise in Frankreich, der Schweiz und Italien die Mitverwaltungsrechte dem Nießbraucher zugewiesen.[736] Die Vertreter dieser und der nachfolgenden Auffassungen bringen ihre Argumente zuvörderst in Bezug auf das Stimmrecht als eines der wichtigsten Mitverwaltungsrechte vor. Zumeist erstrecken diese Vertreter ihre Auffassung und Argumentation sodann ebenfalls auf die weiteren Mitverwaltungsrechte mit Steuerungsfunktion.[737] Dies ist dem vergleichbaren Charakter dieser Rechte geschuldet.

Eine weitere in Rechtsprechung und Literatur vertretene Ansicht spricht sich dafür aus, die Mitverwaltungsrechte mit Steuerungsfunk-

---

732 RG, Urt. v. 25.10.1927 – VII 297/27, RGZ 118, 266; *Wedemann*, NZG 2013, 1281, 1281 ff., die dieses Ergebnis hinsichtlich des Stimmrechts aber nur aufgrund der wohl vorherrschenden – aus Formularbüchern ersichtlichen – Praxis annimmt, aus welcher die effizienteste und praxistauglichste Lösung hervorgehe; *Trinks*, Stimmrechtszuordnung beim Nießbrauch an Gesellschaftsanteilen, 2021, S. 477 f.; Jauernig/*Berger*, Bürgerliches Gesetzbuch, 19. Aufl. 2023, § 1068 Rn. 4; *Wellenhofer*, Sachenrecht, 39. Aufl. 2024, § 30 Rn. 11.

733 RG, Urt. v. 25.10.1927 – VII 297/27, RGZ 118, 266; *Wellenhofer*, Sachenrecht, 39. Aufl. 2024, § 30 Rn. 11.

734 RG, Urt. v. 25.10.1927 – VII 297/27, RGZ 118, 266; *Wellenhofer*, Sachenrecht, 39. Aufl. 2024, § 30 Rn. 11.

735 *Wedemann*, NZG 2013, 1281, 1286; *Wedemann*, ZGR 2016, 798, 823 ff.

736 *Wedemann*, NZG 2013, 1281, 1286; *Wedemann*, ZGR 2016, 798, 823 ff.

737 Vgl. dazu beispielhaft MünchKomm-BGB/*Pohlmann*, 9. Aufl. 2023, § 1068 Rn. 84.

tion sachgerecht zwischen dem Gesellschafter und dem Nießbraucher aufzuteilen.[738] Bei außergewöhnlichen Maßnahmen und Grundlagenentscheidungen stehe das Stimmrecht dem Gesellschafter zu.[739] Hinsichtlich Angelegenheiten der laufenden Verwaltung stehe das Stimmrecht dem Nießbraucher zu.[740] Für diese Auffassung wird angeführt, dass sich die Allokation entsprechend der betroffenen Angelegenheit bzw. der betroffenen Rechtssphäre aus den §§ 1036 Abs. 2, 1066 Abs. 1 BGB entnehmen lasse.[741]

Darüber hinaus wird vereinzelt vertreten, dass das Stimmrecht sowie die weiteren Mitverwaltungsrechte mit Steuerungsfunktion gemeinschaftlich dem Gesellschafter und dem Nießbraucher zustünden.[742] Durch diese Lösung ließe sich hinsichtlich des Stimmrechts vermeiden, dass sich Nießbraucher und Gesellschafter jeweils wechselsei-

---

738 In Bezug auf sämtliche Mitverwaltungsrechte mit Steuerungsfunktion: BFH, Urt. v. 01.03.1994 – VIII R 35/92, BStBl. II 1995, 241, 245; OLG Stuttgart, Beschl. v. 28.01.2013 – 8 W 25/13, RNotZ 2013, 452; FG Münster, Urt. v. 04.07.2013 – 3 K 1309/12 Erb; *Flume*, Allgemeiner Teil des bürgerlichen Rechts, Bd. 1.1, 1977, S. 363, 366 f.; *Habersack,* Die Mitgliedschaft, 1996, S. 110 ff.; *Janssen/Nickel,* Unternehmensnießbrauch, 1998, S. 50 f.; *Hochheim/Wagenmann*, ZEV 2010, 109, 110; *Wedemann*, ZGR 2016, 798, 819, die zwar konzeptionell eine Aufspaltung der Mitverwaltungsrechte zwischen Nießbraucher und Gesellschafter befürwortet, sich aber hinsichtlich der Stimmrechte für die Zuweisung an den Nießbraucher ausspricht; Baumbach/Hopt/*Roth*, HGB, 40. Aufl. 2021, § 105 Rn. 46; Koller/Kindler/Roth/Drüen/*Kindler*, HGB, 10. Aufl. 2023, § 105 Rn. 23; MünchKomm-BGB/Schäfer, 9. Aufl. 2024, § 705 Rn. 104 ff.; BeckOK-BGB/*Reischl*, Stand: 01.08.2025, § 1069 Rn. 17. Nur in Bezug auf das Stimmrecht: *Fleck*, FS Fischer, 1979, 107, 125 f.; *Ulmer*, FS Fleck, 1988, 383, 394 f.; *Hepp-Schwab,* Die Mitgliedschaft des Personengesellschafters und der Nießbrauch an seinem Gesellschaftsanteil, 1998, S. 180 f.; *Queck,* Der Nießbrauch am Anteil einer offenen Handelsgesellschaft, 2000, S. 200 ff.

739 Siehe Fn. 738.

740 Siehe Fn. 738.

741 *Ulmer*, FS Fleck, 1988, 383, 394; *Foerster,* Die Zuordnung der Mitgliedschaft, 2018, S. 283 ff.; MünchKomm-BGB/*Schäfer*, 9. Aufl. 2024, § 705 Rn. 104.

742 *V. Gierke,* Deutsches Privatrecht, Bd. 2, 1905, S. 694 f. Fn. 75; *Heck*, Grundriß des Sachenrechts, 1930, S. 476; *Schön*, ZHR 1994, 229, 261 f. m. w. V.; *Spiegelberger*, FS Brambring, 2010, 343, 348 f. In diesem Sinne in Bezug auf eine nießbrauchsbelastete Aktie: *Crome,* System des Deutschen Bürgerlichen Rechts, Bd. 3, 1905, S. 347 Fn. 28; *Biermann,* Sachenrecht, 3. Aufl. 1914, § 1081 Anm. 2b; *Peters,* Die Ausübung des Stimmrechts bei nutznießungsbelasteten Aktien, 1952, S. 26 ff.

tig übervorteilen.[743] Eine Aufteilung des Stimmrechts scheitere daran, dass strukturell keine Abgrenzung zwischen Nutzung und Substanz möglich sei.[744] Letztlich würden sämtliche Beschlussgegenstände die Substanz der Gesellschaft[745] oder die Mitgliedschaftsbeziehungen[746] berühren und müssten deshalb dem Gesellschafter zugewiesen werden.

Nach der wohl überwiegenden Meinung verbleiben sämtliche Mitverwaltungsrechte mit Steuerungsfunktion hingegen bei dem Nießbrauchsbesteller, also dem Gesellschafter.[747] Nur der Gesellschafter sei beispielsweise stimmberechtigt und geschäftsführungsbefugt.[748] So wird für die ausschließliche Zuweisung der Mitverwaltungsrechte mit Steuerungsfunktion zu dem Gesellschafter angeführt, dass diese

---

743 *Schön*, ZHR 1994, 229, 262.

744 Weider, Der Nießbrauch an Aktien, 1925, S. 53 f.; *Wiedemann*, Die Übertragung und Vererbung von Mitgliedschaftsrechten bei Handelsgesellschaften, 1965, S. 412; *Schön*, ZHR 1994, 229, 261.

745 Vgl. *Peters*, Die Ausübung des Stimmrechts bei nutznießungsbelasteten Aktien, 1952, S. 10 f.; *Scharff*, Der Nießbrauch an Aktien im Zivil- und Steuerrecht, 1982, S. 96 f. (beide in Bezug auf den Nießbrauch an einer Aktie); *Schön*, ZHR 1994, 229, 261.

746 *Heck*, Grundriß des Sachenrechts, 1930, S. 476; *Schön*, ZHR 1994, 229, 261.

747 Hinsichtlich sämtlicher Mitverwaltungsrechte: *Huber*, Vermögensanteil, Kapitalanteil und Gesellschaftsanteil an Personalgesellschaften des Handelsrechts, 1970, S. 416; *Teichmann*, ZGR 1972, 1, 10 f.; *Teichmann*, ZGR 1973, 24, 31; *Münch*, ZEV 1998, 8 f.; *Lindemeier*, DNotZ 1999, 876, 894 ff.; *Kruse*, RNotZ 2002, 69, 75, 77; *K. Schmidt*, Gesellschaftsrecht, 4. Aufl. 2002, S. 1825; *Sandhaus*, Der Nießbrauch an Gesellschaftsanteilen bei Verschmelzung, Spaltung und Formwechsel, 2007, S. 61 ff.; *Hauck*, Nießbrauch an Rechten, 2015, S. 382 ff.; MünchKomm-HGB/*K. Schmidt*, 4. Aufl. 2019, Vor § 230 Rn. 21; Staudinger/*Heinze*, 2021, Anh. §§ 1068, 1069 Rn. 72, der zudem Bindungen hinsichtlich der Stimmrechtsausübung annimmt, welche auf das Innenverhältnis beschränkt blieben; MünchKomm-BGB/*Pohlmann*, 9. Aufl. 2023, § 1068 Rn. 83; Grüneberg/*Herrler*, 82. Aufl. 2023, § 1068 Rn. 4 f. Nur in Bezug auf das Stimmrecht: OLG Koblenz, Urt. v. 16.01.1992 – 6 U 963/91, NJW 1992, 2163; OLG Köln, Beschl. v. 07.10.2019 – 18 Wx 18/19, RNotZ 2020, 236; *Klönne*, Nießbrauch am Anteil einer offenen Handelsgesellschaft, 1971, S. 117; *Finger*, DB 1977, 1033, 1038, nach welchem der Nießbraucher aber „formell beteiligt" werden solle; *K. Schmidt*, ZGR 1999, 601, 609 f., der sich allerdings für ein im Innenverhältnis pflichtgebundenes Stimmrecht des Gesellschafters ausspricht; *Harders*, Nießbrauch am Kommanditanteil – Rechtsfolgen, zwingendes Recht und seine Ausgestaltung, 2002, S. 27 ff.; *Wachter*, DStR 2016, 2065, 2067.

748 Siehe Fn. 747.

weder Ertrag noch Gebrauchsvorteil der Mitgliedschaft seien.[749] Statt eines Vorteils des Gebrauchs seien diese vielmehr die Voraussetzung für den Gebrauch des Anteils.[750] Mangels vergleichbarer Interessenlage sei auch § 1066 BGB nicht anwendbar.[751] Außerdem werden Praktikabilitätserwägungen genannt. So sei die eindeutige Zuweisung der Rechte, im Gegensatz zu beispielsweise einer Aufspaltung oder Vergemeinschaftung der Rechte, der einzige Weg, welcher in der Praxis angemessen gehandhabt werden könne.[752]

Der BGH urteilte im Urteil vom 09.11.1998 – II ZR 213-97[753] über die Aufteilung der Stimmrechte zwischen Nießbraucher und Gesellschafter. Jedenfalls bei Grundlagenbeschlüssen stehe das Stimmrecht *ex lege* dem Gesellschafter zu. Bezüglich der Aufteilung des Stimmrechts bei anderen Beschlussgegenständen oder bezüglich der Aufteilung weiterer Mitwirkungsrechte mit Steuerungsfunktion äußerte sich der BGH in dem Urteil jedoch nicht.

Der wohl überwiegenden Auffassung, welche sämtliche Mitverwaltungsrechte mit Steuerungsfunktion dem Gesellschafter zuordnet, ist zuzustimmen. § 1066 Abs. 1 BGB ist eine Ausnahmevorschrift, welche nicht analog auf Personengesellschaften angewendet werden kann.[754] Die Beschlussgegenstände und Strukturen von Personengesellschaften sind in ihrer Komplexität nicht mit denen einer Bruch-

---

749 Hinsichtlich sämtlicher Mitverwaltungsrechte: *Huber,* Vermögensanteil, Kapitalanteil und Gesellschaftsanteil an Personalgesellschaften des Handelsrechts, 1970, S. 416; sich anschließend *Hauck,* Nießbrauch an Rechten, 2015, S. 382 f.; MünchKomm-BGB/*Pohlmann*, 9. Aufl. 2023, § 1068 Rn. 74. Nur hinsichtlich des Stimmrechts: *Wedemann*, NZG 2013, 1281, 1282; *Wedemann*, ZGR 2016, 798, 823.

750 Siehe Fn. 749.

751 *Wedemann*, ZGR 2016, 798, 824; Staudinger/*Heinze,* 2021, Anh. §§ 1068, 1069 Rn. 72; MünchKomm-BGB/*Pohlmann*, 9. Aufl. 2023, § 1068 Rn. 74.

752 Hinsichtlich sämtlicher Mitverwaltungsrechte: *Meyer,* Der Nießbrauch an GmbH-Geschäftsanteilen und an Aktien, 2002, S. 217 ff.; *Hauck,* Nießbrauch an Rechten, 2015, S. 383; vgl. ferner Staudinger/*Heinze,* 2021, Anh. §§ 1068, 1069 Rn. 72. Nur hinsichtlich des Stimmrechts: *K. Schmidt*, ZGR 1999, 601, 608 f.; *Lindemeier*, DNotZ 1999, 876, 890 ff.

753 BGH, Urt. v. 09.11.1998 – II ZR 213-97, NJW 1999, 571, besprochen bei *Trinks*, Stimmrechtszuordnung beim Nießbrauch an Gesellschaftsanteilen, 2021, S. 54 ff.

754 Siehe Fn. 747.

teilsgemeinschaft vergleichbar.[755] Darüber hinaus können die Mitverwaltungsrechte nicht als Vorteil des Gebrauchs der Mitgliedschaft, sondern bloß als Voraussetzung für den Gebrauch der Mitgliedschaft qualifiziert werden.[756]

Die Mitverwaltungsrechte mit Steuerungsfunktion sind beim Nießbrauch am Personengesellschaftsanteil ohne individualvertragliche Abreden folglich nach zuzustimmender Auffassung dem Gesellschafter zuzuordnen. Zumindest für den Bereich der Grundlagengeschäfte ist auch der BGH dieser Auffassung.[757] Grundlagengeschäfte sind solche Geschäfte, die sich auf den Unternehmensgegenstand auswirken und diesen verändern.[758]

(2) Informations- und Kontrollrechte

Ebenfalls uneinheitlich wird beurteilt, wem die Informations- und Kontrollrechte zustehen. Mit diesen kann zwar das Verhalten der Gesellschaft nicht gesteuert werden, sie sind aber unter dem Gesichtspunkt der Beschaffung von Informationen hinsichtlich anstehender Beschlüsse und der Kontrolle der Mitgesellschafter von Bedeutung. Nach einer in der Literatur vertretenen Ansicht stünden dem Nießbraucher hinsichtlich der laufenden Angelegenheiten die jeweiligen Informations- und Kontrollrechte gegenüber der Gesellschaft zu.[759] Dem Gesellschafter verblieben in der GbR nur die Rechte gemäß § 717 Abs. 1 Satz 3 BGB[760] bzw. verblieben in der oHG und KG die Rechte gemäß § 105 Abs. 3 HGB i. V. m. § 717 Abs. 1 Satz 3 BGB bzw. § 166 Abs. 1, 2 HGB[761] als unverzichtbarer Mindestbestand.

---

755 Siehe Fn. 747.

756 Siehe Fn. 747.

757 BGH, Urt. v. 09.11.1998 – II ZR 213-97, NJW 1999, 571.

758 *Hermanns*, MittRhNotK 1999, 235, 236.

759 Vgl. *Blaurock*, Unterbeteiligung und Treuhand an Geschäftsanteilen, 1981, S. 147 f.; *Ulmer*, FS Fleck, 1988, 383, 395; MünchKomm-HGB/*K. Schmidt*, 4. Aufl. 2019, Vor § 230 Rn. 21; MünchKomm-BGB/*Schäfer*, 9. Aufl. 2024, § 705 Rn. 105.

760 Siehe noch zu § 716 Abs. 2 BGB a. F., der im Zuge des MoPeG in § 717 Abs. 1 Satz 3 BGB aufgegangen sein sollte (vgl. dazu BT-Drucks. 19/727635, S. 159) bei MünchKomm-BGB/*Schäfer*, 8. Aufl. 2020, § 705 Rn. 101.

761 Vgl. *Ulmer*, FS Fleck, 1988, 383, 395 f. noch zu § 118 Abs. 2 HGB a. F., der im Zuge des MoPeG in § 717 Abs. 1 Satz 3 BGB aufgegangen sein sollte, welcher über § 105 Abs. 3 HGB anwendbar sein sollte (vgl. dazu BeckOK-HGB/*Beyer*,

Parallel zu der Annahme, das Stimmrecht sei keine Nutzung der Mitgliedschaft, nimmt eine andere Ansicht an, dass auch sämtliche Informations- und Kontrollrechte bei dem Nießbrauchsbesteller verbleiben.[762] Dem Nießbraucher stehe jedoch – beschränkt auf den Ertrag der Beteiligung – ein eigenes Informations- und Kontrollrecht gegenüber der Gesellschaft zu.[763] Diesem Ergebnis ist zuzustimmen. Grundsätzlich verbleiben die Mitverwaltungsrechte mangels Eigenschaft als Nutzung bei dem Gesellschafter.[764] § 717 Abs. 1 Satz 3 BGB und § 105 Abs. 3 HGB i. V. m. § 717 Abs. 1 Satz 3 BGB bzw. § 166 Abs. 1, 2 HGB sind jedoch analog auf den Nießbraucher anzuwenden und vermitteln diesem ein eigenes Informations- und Kontrollrecht beschränkt auf den Ertrag der Beteiligung.[765]

c) Zusammenfassung – Rechtspositionen *ex lege*

Zusammengefasst ergeben sich kraft Gesetzes somit folgende Rechtspositionen des Gesellschafters und des Nießbrauchers. Dem Gesellschafter stehen zwar nicht die entnahmefähigen Erträge, schon aber die außerordentlichen Erträge und der nicht-entnahmefähige Teil des Bilanzgewinns zu. Dem Gesellschafter stehen auch sämtliche Mitverwaltungsrechte mit Steuerungsfunktion sowie Informations- und Kon-

---

Stand 01.07.2025, § 166 Rn. 8), sowie noch zu § 166 Abs. 3 HGB a. F., der neu aufgegangen sein sollte in § 166 Abs. 1, 2 HGB.

762 Staudinger/*Heinze,* 2021, Anh. §§ 1068, 1069 Rn. 74; MünchKomm-BGB/*Pohlmann*, 9. Aufl. 2023, § 1068 Rn. 84 m. w. N.; Westermann/Wertenbruch/*Wertenbruch*, Handbuch Personengesellschaften, 92. EL. 2025, I. Teil § 28 Rn. 653.

763 Siehe mit jeweils abweichenden Begründungen: Staudinger/*Heinze,* 2021, Anh. §§ 1068, 1069 Rn. 74; MünchKomm-BGB/*Pohlmann*, 9. Aufl. 2023, § 1068 Rn. 84 m. w. N.; Westermann/Wertenbruch/*Wertenbruch*, Handbuch Personengesellschaften, 92. EL. 2025, I. Teil § 28 Rn. 653. Wiederum eine Vergemeinschaftung der Informations- und Kontrollrechte annehmend, *Schön*, ZHR 1994, 229, 263 f.

764 Vgl. Fn. 749.

765 Siehe zu dem Analogieschluss noch im Hinblick auf § 716 Abs. 2 BGB a. F., der im Zuge des MoPeG in § 717 Abs. 1 Satz 3 BGB aufgegangen sein sollte (vgl. dazu BT-Drucks. 19/727635, S. 159), zu § 118 Abs. 2 HGB a. F., der in § 717 Abs. 1 Satz 3 BGB aufgegangen sein sollte, welcher über § 105 Abs. 3 HGB anwendbar sein sollte (vgl. dazu BeckOK-HGB/*Beyer*, Stand 01.07.2025, § 166 Rn. 8), sowie zu § 166 Abs. 3 HGB a. F., der neu aufgegangen sein sollte in § 166 Abs. 1, 2 HGB bei Staudinger/*Heinze,* 2021, Anh. §§ 1068, 1069 Rn. 74.

trollrechte zu. Im Gegenzug trifft den Gesellschafter die Haftung für Verluste.

Dem Nießbraucher hingegen gebührt der entnahmefähige Gewinn. Dem Nießbraucher sind keine Mitverwaltungsrechte mit Steuerungsfunktion zugeordnet. Informations- und Kontrollrechte stehen ihm allerdings, beschränkt auf seine Angelegenheiten, ebenso wie dem Nießbrauchsbesteller zu. Den Nießbraucher trifft eine Haftung für Verluste allenfalls mittelbar durch geminderte Ausschüttungen.

d) Individualvertragliche Modifizierung der Nießbrauchsabrede

Die Rechtspositionen, welche Nießbraucher und Gesellschafter innehaben, können individualvertraglich modifiziert werden. Im Hinblick auf ein möglichst eindeutiges Ergebnis der Gleichheitsprüfung soll von einer möglichst weitgehenden Angleichung der Rechtspositionen beider Subjekte ausgegangen werden. Die individualvertragliche Ausgestaltung der Nießbrauchsabrede ist jedoch nur innerhalb der gesetzlichen Rahmenbedingungen möglich.

aa) Grenzen der Modifizierung aufgrund zwingenden Rechts

Als mögliche gesetzliche Rahmenbedingungen, welche der individualvertraglichen Gestaltung der Nießbrauchsvereinbarung Grenzen setzen, sind im Besonderen gesellschaftsrechtliche Grundsätze zu untersuchen. Solche gesellschaftsrechtlichen Grundsätze sind das Abspaltungsverbot und der Grundsatz der Selbstorganschaft. Auch aus der Kernbereichslehre oder allgemein zivilrechtlichen Grundsätzen könnten sich Rechtspositionen ergeben, welche zwingend beim Nießbrauchsbesteller verbleiben.

(1) Abspaltungsverbot

Einer Vergemeinschaftung der Mitverwaltungsrechte stand das Abspaltungsverbot, welches seine normative Verankerung für die Personengesellschaften vor dem MoPeG in § 717 Satz 1 BGB a. F. fand,[766] nicht entgegen. Das Abspaltungsverbot war Folge der Einheitlichkeit

766 Vgl. zu der normativen Verankerung Ebenroth/Boujong/Joost/Strohn/*Born*, Handelsgesetzbuch, 4. Aufl. 2020, § 109 Rn. 8.

der Mitgliedschaft und untersagte die Abspaltung einzelner mitgliedschaftlicher Rechte.[767] Obergerichtlich entschieden wurde jedoch, dass das Abspaltungsverbot die Ausübung von Mitverwaltungsrechten durch eine andere Person nicht generell untersagte.[768] Bei der Bestellung eines Nießbrauchs würden Mitgliedschaftsrechte nicht abgespalten, sondern grundsätzlich insgesamt von einem Dritten ausgeübt.[769] Da das Abspaltungsverbot einer Vergemeinschaftung der Mitverwaltungsrechte bereits vor dem MoPeG nicht entgegenstand, kann dahinstehen, ob das Abspaltungsverbot nach dem MoPeG noch in dieser Form besteht.[770]

(2) Selbstorganschaft und Gleichlauf von Herrschaft und Haftung

Der Grundsatz der Selbstorganschaft steht einer Übertragung von Mitverwaltungsrechten auf den Nießbraucher ebenfalls nicht entgegen. Die Gesellschafter von Personengesellschaften trifft mit Ausnahme der Kommanditisten eine unbeschränkte persönliche Haftung für die Schulden der Gesellschaft gemäß § 126 HGB. Aufgrund dieser unbeschränkten persönlichen Haftung wird davon ausgegangen, dass die persönlich haftenden Gesellschafter auch die Geschicke der Gesellschaft steuern müssen (Grundsatz der Selbstorganschaft).[771] Dieser Gleichlauf von Herrschaft und Haftung diszipliniert die Gesellschafter zum einen zu sorgfältigem Handeln[772] und beugt zum anderen einer Selbstentmachtung der Haftenden vor.[773] Der Grundsatz der Selbst-

767 Vgl. BGH, Urt. v. 10.11.1951 – II ZR 111/50, BGHZ 3, 354; BGH, Urt. v. 14.05.1956 – II ZR 229/54, BGHZ 20, 363; *K. Schmidt*, Gesellschaftsrecht, 4. Aufl. 2002, S. 560; Ebenroth/Boujong/Joost/Strohn/*Born*, Handelsgesetzbuch, 4. Aufl. 2020, § 109 Rn. 8.

768 BGH, Beschl. v. 03.07.1989 – II ZB 1/89, BGHZ 108, 187.

769 BGH, Beschl. v. 03.07.1989 – II ZB 1/89, BGHZ 108, 187. Siehe dazu auch *K. Schmidt*, Gesellschaftsrecht, 4. Aufl. 2002, S. 561 f.; *Fischer*, DStR 2025, 1392, 1394.

770 Siehe zu den vertretenen Meinungen übersichtlich bei BeckOK-BGB/*Schöne*, Stand 01.08.2025, § 711a Rn. 4 ff.

771 Vgl. BGH, Urt. v. 11.07.1960 – II ZR 260/59, BGHZ 33, 105; *Hüffer*, ZHR 1987, 396, 408; MünchKomm-HGB/*Enzinger*, 5. Aufl. 2022, § 109 Rn. 19; Oetker/*Lieder*, Handelsgesetzbuch, 8. Aufl. 2024, § 108 Rn. 24; Henssler/Strohn/*Oswald*, Gesellschaftsrecht, 6. Aufl. 2024, § 108 HGB Rn. 33.

772 Siehe Fn. 771.

773 Siehe Fn. 771.

organschaft untersagt die Übertragung von Geschäftsführungsbefugnissen an den Nießbraucher jedoch nicht, weil der Nießbraucher am Gesellschaftsanteil dinglich beteiligt ist.[774]

(3) Unverzichtbare Rechte

Teile der Literatur entnehmen Grenzen für die Übertragung von Mitverwaltungsrechten jedoch aus der Kernbereichslehre. Nach dieser sei ein bestimmter Teil der Mitgliedschaftsrechte als sogenannte unverzichtbare Rechte der Disposition des Gesellschafters entzogen.[775] Beispielsweise das Stimmrecht im Rahmen von Beschlüssen, welche Grundlagengeschäfte betreffen, sei nicht auf den Nießbraucher übertragbar.[776]

Ob aus der Kernbereichslehre tatsächlich Grenzen für die Gestaltung der Nießbrauchsabrede folgen, bedarf allerdings einer näheren Prüfung. Zunächst wird deshalb dargestellt, welchen Inhalt die Kernbereichslehre hat. Anschließend wird untersucht, ob bzw. in welchem Umfang der Kernbereichslehre noch Bedeutung zukommt. Diese könnte in jüngerer Rechtsprechung aufgegeben worden sein.[777] Vor dem Hintergrund der jüngeren Rechtsprechung wird sodann geprüft, ob dem Gesellschafter die Disposition über einen Kernbereich seiner Rechtsposition nicht möglich ist und ob dies auch im Verhältnis zu einem Nießbraucher gilt.

Die Kernbereichslehre wurde zum Zwecke des Schutzes der Minderheitsgesellschafter vor der Mehrheitsherrschaft entwickelt.[778] Der

---

774 *Frank*, MittBayNot 2010, 96, 99; Staudinger/*Heinze*, 2021, Anh. §§ 1068, 1069 Rn. 77; MünchKomm-BGB/*Pohlmann*, 9. Aufl. 2023, § 1068 Rn. 98.

775 Vgl. *Hermanns*, ZGR 1996, 103, 111 ff.; *Hermanns*, MittRhNotK 1999, 235, 236; *Frank*, MittBayNot 2010, 96, 99; Staudinger/*Heinze*, 2021, Anh. §§ 1068, 1069 Rn. 73; MünchHdb-GesR/*Schäfer*, Bd. 1, 6. Aufl. 2024, § 17 Rn. 19. Wohl auch *Kruse*, RNotZ 2002, 69, 75 f.

776 Siehe Fn. 775.

777 Ob der BGH sich in jüngerer Rechtsprechung gänzlich von der Kernbereichslehre distanzierte oder ob dieser weiterhin Bedeutung beizumessen ist, wird in der Literatur divergierend beantwortet (siehe zu der jüngeren Rechtsprechung und den Besprechungen in der Literatur unten Fn. 794).

778 Seinen Ursprung findet die Kernbereichslehre im BGH, Urt. v. 14.05.1956 – ZR 229/54, BGHZ 20, 363. Siehe weiter, BGH, Urt. v. 05.11.1984 – II ZR 111/84, NJW 1985, 974; BGH, Urt. v. 19.11.1984 – II ZR 102/84, NJW 1985, 972; BGH, Urt. v. 10.10.1994 – II ZR 18/94, NJW 1995, 194; BGH, Urt.

Minderheitsgesellschafter sollte vor einem Entzug seiner kernbereichsrelevanten mitgliedschaftlichen Rechte durch die Mehrheit geschützt werden.[779] Die Kernbereichslehre statuiert aus diesem Grund Grenzen für den Verzicht von Mitgliedschaftsrechten. Der BGH entwickelte zwei Fallgruppen im Kontext der Kernbereichslehre, denen jeweils unterschiedliche Leitgedanken zugrunde liegen.[780] In Abhängigkeit davon, ob es sich um „unentziehbare" oder „schlechthin unverzichtbare" Rechte des Kernbereichs handele, bestünden divergierende Grenzen.[781] Unentziehbare Rechte seien *„nur mit (gegebenenfalls antizipierter) Zustimmung des einzelnen Gesellschafters oder aus wichtigem Grund entziehbar"*.[782] Schlechthin unverzichtbare Rechte seien selbst mit Zustimmung des betroffenen Gesellschafters nicht entziehbar.[783]

Die erste Fallgruppe der unentziehbaren Rechte soll eindeutig den Schutz des Minderheitsgesellschafters bezwecken.[784] Durch Mehrheitsentscheid sollen dem Minderheitsgesellschafter, ohne dessen Zustimmung, keine Rechte entzogen werden können.[785] Die zweite Fallgruppe hingegen bezweckt nicht die Legitimation eines Beschlusses der Mehrheit.[786] Der Gesellschafter soll vielmehr vor sich selbst und

---

v. 15.01.2007 – II ZR 245/05, BGHZ 170, 283; Siehe zur Entwicklung der Kernbereichslehre bei, *Löffler*, NJW 1989, 2656, 2656 ff.; *Röttger*, Die Kernbereichslehre im Recht der Personenhandelsgesellschaften, 1989, S. 7 ff.; *Lockowandt*, Stimmrechtsbeschränkungen im Recht der Personengesellschaften, Kernbereichslehre und Stimmrechtsausschluß, 1996, S. 132 f.; *Mühlhäuser*, Stimmrechtsbindung in der Personengesellschaft und Nachlaßplanung, 1999, S. 67 ff.; *Schäfer*, ZGR 2013, 237, 250 ff.

779 Vgl. *Schäfer*, ZGR 2013, 237, 250 ff.

780 Siehe dazu das in Fn. 781 zitierte Urteil.

781 BGH, Urt. v. 15.01.2007 – II ZR 245/05, BGHZ 170, 283. Siehe zu dieser Unterscheidung auch *K. Schmidt*, Gesellschaftsrecht, 4. Aufl. 2002, S. 470.

782 BGH, Urt. v. 15.01.2007 – II ZR 245/05, BGHZ 170, 283.

783 BGH, Urt. v. 15.01.2007 – II ZR 245/05, BGHZ 170, 283. Vgl. auch *Schäfer*, ZGR 2013, 237, 250 ff.

784 Vgl. BGH, Urt. v. 15.01.2007 – II ZR 245/05, BGHZ 170, 283.

785 Vgl. BGH, Urt. v. 15.01.2007 – II ZR 245/05, BGHZ 170, 283.

786 K. Schmidt, ZGR 2008, 1, 19. Siehe im weiteren Sinne auch *Röttger*, Die Kernbereichslehre im Recht der Personenhandelsgesellschaften, 1989, S. 12 der m. w. N. feststellt: *„Unabhängig von dem Mehrheits-Minderheitskonflikt wurde des weiteren ein unter dem Gesichtspunkt des § 138 Abs. 1 BGB zu respektierender Mindestbestand an Gesellschafterrechten statuiert, der ebenfalls mit dem Begriff des ‚unverzichtbaren Kernbereichs' umschrieben wurde."*

nicht vor einem Mehrheitsentscheid geschützt werden.[787] Ein Schutz vor der Mehrheitsherrschaft wäre bereits durch eine Zustimmungspflicht des Gesellschafters gewährleistet worden.[788] Es handelt sich bei den unverzichtbaren Rechten vielmehr um Grenzen, welche das zwingende Gesellschaftsrecht für die Ausgestaltung der Gesellschafterstellung zieht.[789] Aus § 138 Abs. 1 BGB folgt, dass ein Gesellschafter niemals von der Willkür der anderen Gesellschafter oder einer anderen Person abhängig werden darf.[790] In Angelegenheiten, welche unmittelbar in die Rechtsstellung des Gesellschafters eingreifen, muss dieser somit zwingend ein Mitspracherecht haben.[791] Selbstverständlich nimmt auch der Minderheitenschutz eine Rolle ein, wenn es darum geht, einen Gesellschafter nicht von der Willkür eines anderen Gesellschafters abhängig zu machen. Dem Minderheitenschutz kommt allerdings nur ein untergeordneter Stellenwert zu.[792] Primär geht es darum, den Wesenskern der Gesellschafterstellung nicht aushöhlen zu können.[793] Den beiden Fallgruppen der unentziehbaren und der schlechthin unverzichtbaren Mitgliedschaftsrechte liegen somit unterschiedliche teleologische Leitgedanken zugrunde.

Dies verdeutlicht, dass die Grenze der unverzichtbaren Mitgliedschaftsrechte nicht stets als Ausprägung des Minderheitenschutzes gesehen wurde. Dass die Fallgruppe der unverzichtbaren Rechte nicht primär den Minderheitenschutz gewährleisten, sondern den Wesenskern der Gesellschafterstellung sichern soll, geht auch daraus hervor, dass die unverzichtbaren Rechte häufig nicht im Kontext der Kernbereichslehre aufgeführt werden. Eine Erörterung der unverzichtbaren Rechte findet regelmäßig auch im Rahmen der Beschreibung der Rechtsposition des Gesellschafters statt. Siehe beispielhaft dazu: MünchKomm-HGB/*Enzinger*, 5. Aufl. 2022, § 119 Rn. 68.

787 Vgl. Fn. 786.

788 Vgl. Fn. 786.

789 Vgl. *K. Schmidt*, ZGR 2008, 1, 19.

790 Vgl. BGH, Urt. v. 14.05.1956 – II ZR 229/54, BGHZ 20, 363 und BGH, Urt. v. 12.07.1965 – II ZR 118/63, BGHZ 44, 158, in welchem die Übertragung sämtlicher Mitverwaltungsrechte auf einen nicht-weisungsgebundenen Treuhänder u. a. deshalb als sittenwidrig beurteilt wurde, weil der Treuhänder selbst Änderungen des Gesellschaftsvertrags hätte zustimmen können, welche eine Erhöhung der gesellschaftsvertraglichen Pflichten des Treugebers zur Folge hätten. Vgl. ferner *Röttger*, Die Kernbereichslehre im Recht der Personenhandelsgesellschaften, 1989, S. 12; *Hermanns*, Unverzichtbare Mitverwaltungsrechte des Personengesellschafters, 1993, S. 21 f. jeweils m. w. V.

791 Siehe Fn. 790.

792 Vgl. Fn. 786.

793 Vgl. Fn. 786.

Anhand der divergierenden teleologischen Leitgedanken beider Fallgruppen lässt sich bestimmen, inwieweit die Kernbereichslehre in jüngerer Rechtsprechung aufgegeben wurde. Zwar distanzierte sich der BGH von der Kernbereichslehre; diese Distanzierung erfolgte jedoch maßgeblich im Hinblick auf den Schutz des Minderheitsgesellschafters.[794] Hinsichtlich des Mindestbestands an Gesellschafterrechten, welcher höchstens sekundär dem Minderheitenschutz und primär dem Erhalt des Wesenskerns der Gesellschafterstellung dient, erfolgte keine Distanzierung.[795]

In den jüngeren Entscheidungen entwickelte der BGH ein neues Konzept für den Schutz des Minderheitsgesellschafters.[796] Statt mit der dogmatisch nicht fundierten Kernbereichslehre sei der Minderheitenschutz durch eine Kontrolle der Beschlüsse am Maßstab des § 242 BGB zu gewährleisten.[797] Beschlüsse, welche in treuwidriger Ausübung der Mehrheitsmacht gefasst würden, seien nichtig.[798] Diese Neukonzipierung des Minderheitenschutzes kann nur für die Fallgruppe der unentziehbaren Rechte gelten. Nur diesen liegt der Gedanke des Minderheitenschutzes zugrunde. Inwiefern die Rechte des Gesellschafters unentziehbar, also nur mit Zustimmung des Gesellschafters disponibel sind, ist für die vertragliche Ausgestaltung des Nießbrauchs jedoch nicht von weiterer Relevanz. Die vertragliche Abrede, die Mitwirkungsrechte von dem Nießbraucher ausüben zu lassen, ent-

---

794 Siehe insbesondere das jüngste Judikat, BGH, Urt. v. 21.10.2014 – II ZR 84/13, BGHZ 203, 77 und ferner BGH, Urt. v. 15.01.2007 – II ZR 245/05, BGHZ 170, 283; BGH, Urt. v. 24.11.2008 – II ZR 116/08, BGHZ 179, 13; BGH, Urt. v. 15.11.2011 – II ZR 266/09, BGHZ 191, 293; BGH, Urt. v. 17.09.2013 – II ZR 68/11, NZG 2014, 302. Uneinheitlich beurteilt wird inwieweit der Kernbereichslehre seither noch Bedeutung beizumessen ist. Vertreten wird einerseits, der BGH habe sich endgültig abgewandt, *Wertenbruch*, DB 2014, 2875, 2876 f.; *Altmeppen*, NJW 2015, 2065, 2065 ff.; *Priester*, NZG 2015, 529, 530; *Ulmer*, ZIP 2015, 657, 658 f.; *Risse/Höfling*, NZG 2017, 1131, 1133; *Wicke*, MittBayNot 2017, 125, 125 und andererseits, der BGH habe sich nicht gänzlich abgewandt: *Schäfer*, ZIP 2015, 1313, 1314 f.; *Weber*, ZfPW 2015, 123, 126 f.; *Kleindiek*, GmbHR 2017, 674, 678.

795 Vgl. Fn. 794.

796 Siehe Fn. 797.

797 Vgl. zu der Beschlusskontrolle am Maßstab des § 242 BGB, BGH, Urt. v. 21.10.2014 – II ZR 84/13, BGHZ 203, 77. Für weitergehende Ausführungen siehe, *Altmeppen*, NJW 2015, 2065, 2065 ff.; *Priester*, NZG 2015, 529, 529 ff.

798 BGH, Urt. v. 21.10.2014 – II ZR 84/13, BGHZ 203, 77.

hält jedenfalls die etwaig nötige Zustimmung. In Bezug auf die Fallgruppe der unverzichtbaren Gesellschafterrechte nimmt die sich von der Kernbereichslehre distanzierende jüngere Rechtsprechung keine Modifikation vor. Den unverzichtbaren Gesellschafterrechten liegt gerade nicht der Gedanke des Minderheitenschutzes zugrunde. Dass dem Gesellschafter nach Maßgabe des § 138 Abs. 1 BGB ein Bereich von Rechten – die unverzichtbaren Rechte – verbleiben muss, gilt somit unverändert fort.

Ein solcher Bereich von Rechten muss dem Gesellschafter auch gegenüber dem Nießbraucher verbleiben. Die Teleologie, welche den unverzichtbaren Rechten zugrunde liegt, erstreckt sich auch auf das Verhältnis zwischen Gesellschafter und Nießbraucher. Würde die Unverzichtbarkeit auf einen Teil der Gesellschafterrechte ausschließlich aufgrund des Minderheitenschutzes angenommen, wäre eine Übertragbarkeit auf das Verhältnis zwischen Gesellschafter und Nießbraucher zweifelhaft. Die Zweifel gründen darin, dass das Verhältnis zwischen Nießbraucher und Gesellschafter nicht dadurch charakterisiert ist, dass eine Minderheit der Mehrheitsherrschaft ausgeliefert ist. Das Verhältnis ist eher mit einer Übertragung des Gesellschaftsanteils vergleichbar. Einhergehend mit der Übertragung eines Personengesellschaftsanteils können sämtliche Mitverwaltungsrechte übertragen werden. Da die Annahme unverzichtbarer Rechte allerdings auf Sittenwidrigkeitsüberlegungen basiert, kann der Gesellschafter die unverzichtbaren Rechte auch nicht auf einen Nießbraucher übertragen. Der Gesellschafter bleibt bei der Nießbrauchsbestellung Inhaber des Vollrechts. In seine Rechtsposition darf nach § 138 Abs. 1 BGB nicht unmittelbar eingegriffen werden, ohne dass der Gesellschafter zustimmt. Auch §§ 1068 Abs. 2, 1030 Abs. 1, 1036 Abs. 2, 1055 Abs. 1 BGB weisen dem Nießbraucher nur die Nutzungen zu; die Substanz verbleibt bei dem Besteller. Die Zuordnung der Substanz zu dem Gesellschafter bestärkt das Ergebnis, dass die unverzichtbaren Rechte nicht zwischen Gesellschafter und Nießbraucher aufgeteilt werden dürfen.

Um aus diesem Ergebnis konkrete Folgerungen für die Grenzen der Gestaltung der Nießbrauchsabrede ableiten zu können, ist in einem letzten Schritt zu konkretisieren, auf welche Rechte der Gesellschafter nicht verzichten kann. Welche Rechte zum Kernbereich der Mitgliedschaft gehören und welche dieser Kernbereichsrechte entweder unentziehbar oder schlechthin unverzichtbar sind, ist gesetzlich nicht vorgegeben.[799] Jedenfalls gehören zum Kernbereich der Mitgliedschaft Teilnahmerechte, Stimmrechte, Informationsrechte, Kapitalbeteiligungsrechte, Gewinnbeteiligungsrechte, Abfindungsrechte, Rechte auf Beteiligung an einem Liquidationserlös und gesellschaftsvertragliche Vorzugsrechte.[800] Unverzichtbar sind einerseits diese Mitverwaltungsrechte, welche sich auf Grundlagengeschäfte beziehen.[801] So ist beispielsweise das Stimmrecht in Bezug auf Beschlussgegenstände, welche eine Veränderung des Unternehmensgegenstandes zur Folge haben, ein unverzichtbares Recht.[802] Andererseits sind aber auch solche Rechte des Gesellschafters unverzichtbar, welche diesem ein Mindestmaß an Überwachung und Kontrolle über die Handlungen seiner Mitgesellschafter verschaffen.[803]

(4) Zwischenergebnis

Die Ausgestaltung der Nießbrauchsvereinbarung hat sich innerhalb der Grenzen zu bewegen, in welchen der Gesellschafter über seine Rechte disponieren kann. Der Anteil an Rechten, die der Disposition des Gesellschafters entzogen ist, ist allerdings gering. Als Rechte, die nicht vergemeinschaftet werden können, verbleiben Rechte im Hinblick auf Grundlagengeschäfte und solche zur Überwachung und Kontrolle der Mitgesellschafter.

bb) Vergemeinschaftung der Mitverwaltungsrechte

Nach Absteckung der gesetzlichen Rahmenbedingungen wird nachstehend die weitestmögliche Angleichung der Mitverwaltungsrechte sowie der Vermögensrechte untersucht. Grundlegende Voraussetzung für eine Übertragung bzw. Vergemeinschaftung der Mitverwaltungs-

---

799 *K. Schmidt*, ZGR 2008, 1, 18.

800 Siehe dazu und jeweils mit weiteren Nachweisen *K. Schmidt*, ZGR 2008, 1, 18 f.

801 *Hermanns*, MittRhNotK 1999, 235, 236; MünchHdb-GesR/*Schäfer*, Bd. 1, 6. Aufl. 2024, § 17 Rn. 16 ff. Siehe zur weiteren Konkretisierung, *Kruse*, RNotZ 2002, 69, 75 f.

802 *Hermanns*, MittRhNotK 1999, 235, 236; *Kruse*, RNotZ 2002, 69, 75 f.

803 Siehe zu diesen Rechten jeweils unten S. 206 ff.

rechte ist jeweils eine entsprechende Zustimmung sämtlicher Gesellschafter oder eine Gestattung im Gesellschaftsvertrag.[804]

(1) Stimmrecht

Erstens wird davon ausgegangen, dass die Nießbrauchsabrede, vergleichbar zu dem Modell von *Schön*,[805] so ausgestaltet wird, dass das Stimmrecht grundsätzlich gemeinschaftlich dem Gesellschafter und dem Nießbraucher zusteht. Da die Stimmabgabe nur einheitlich vollzogen werden kann, haben sich Gesellschafter und Nießbraucher auf ein entsprechendes Abstimmungsverhalten zu einigen; andernfalls gilt die Stimme als nicht abgegeben.[806] Da dem Gesellschafter die Disposition über sein Stimmrecht im Hinblick auf solche Beschlussgegenstände, die Grundlagengeschäfte betreffen, entzogen ist, wird insoweit keine Vergemeinschaftung vereinbart. Zu diesen Beschlussgegenständen zählen Kapitalmaßnahmen, Änderungen des Gesellschaftsvertrags und Beschlüsse über die Auflösung und Umwandlung der Gesellschaft.[807] In Bezug auf diese Beschlussgegenstände verbleibt das Stimmrecht bei dem Gesellschafter.

Zu beachten ist allerdings, dass § 1071 BGB ein weitreichendes Zustimmungsrecht für den Nießbraucher statuiert. Das dem Nießbrauch zugrunde liegende Recht – die Mitgliedschaft – kann gemäß § 1071 Abs. 1 BGB nur mit Zustimmung des Nießbrauchers aufgehoben oder geändert werden, sofern die Änderung den Nießbrauch beeinträchtigt gemäß § 1071 Abs. 2 BGB. Konkret zustimmungsbedürftig sind beeinträchtigende Änderungen des Gesellschaftsvertrags, die ordentliche Kündigung der Mitgliedschaft und ein Auflösungsbeschluss.[808] Eine

---

804 *K. Schmidt*, ZGR 1999, 601, 611; *Kruse*, RNotZ 2002, 69, 75; Staudinger/*Heinze,* 2021, Anh. §§ 1068, 1069 Rn. 73. Siehe auch *Reichert/Schlitt*, FS Flick, 1997, 217, 228 ff. zum Nießbrauch an einem GmbH-Geschäftsanteil.

805 *Schön*, ZHR 1994, 229, 248 ff.

806 MünchHdb-GesR/*Haag*, Bd. 1, 6. Aufl. 2024, § 96 Rn. 28.

807 Staudinger/*Heinze*, 2021, Anh. §§ 1068, 1069 Rn. 73; MünchHdb-GesR/*Haag*, Bd. 1, 6. Aufl. 2024, § 96 Rn. 29.

808 Siehe zu sämtlichen der aufgeführten Grundlagengeschäfte, *Flume*, Allgemeiner Teil des Bürgerlichen Rechts, Bd. 1.1, 1977, S. 364; Staudinger/*Heinze*, 2021, Anh. §§ 1068, 1069 Rn. 76; MünchKomm-BGB/*Pohlmann*, 9. Aufl. 2023, § 1071 Rn. 4.

Kündigung aus wichtigem Grund ist hingegen nicht zustimmungsbedürftig.[809]

Das Zustimmungsrecht des Nießbrauchers gemäß § 1071 BGB führt dazu, dass der Gesellschafter einen Großteil seiner unverzichtbaren Stimmrechte nur mit Zustimmung des Nießbrauchers ausüben darf.[810] In diesen Angelegenheiten steht somit dem Nießbraucher das entscheidende Vetorecht zu. Es verbleibt nur ein geringer Anteil an Beschlussgegenständen, in Bezug auf welche dem Gesellschafter das alleinige Stimmrecht zusteht.

(2) Geschäftsführungs- und Vertretungsbefugnis

Des Weiteren wird von der Vereinbarung ausgegangen, dass Nießbraucher und Gesellschafter nur gemeinschaftlich geschäftsführungsbefugt sind. Die Vergemeinschaftung der Geschäftsführungsbefugnisse zwischen Nießbraucher und Gesellschafter ist mit dem Grundsatz der Selbstorganschaft vereinbar[811] und wird allgemein für zulässig erachtet.[812] Hinsichtlich der Vertretungsbefugnis ist der Gesellschaf-

---

809 Staudinger/*Heinze*, 2021, Anh. §§ 1068, 1069 Rn. 76; Henssler/Strohn/*Servatius*, Gesellschaftsrecht, 5. Aufl. 2021, § 705 BGB Rn. 59; MünchKomm-BGB/*Pohlmann*, 9. Aufl. 2023, § 1071 Rn. 7.

810 Ein Verstoß gegen § 1071 BGB, also eine entsprechende Stimmabgabe ohne Zustimmung des Nießbrauchers führt allerdings nach zuzustimmender Auffassung nur zu Ansprüchen des Nießbrauchers gegen den Gesellschafter im Innenverhältnis. Der Beschluss bleibt, sobald er gefasst ist, wirksam. OLG Hamm, Beschl. v. 13.11.1970 – 15 W 280/70, DNotZ 1971, 247; OLG Düsseldorf, Beschl. v. 14.09.1998 – 3 Wx 209-98, NJW-RR 1999, 619; *Bunke*, DNotZ 1968, 5, 14; *Sudhoff*, GmbHR 1971, 53, 54; *Hepp-Schwab*, Die Mitgliedschaft des Personengesellschafters und der Nießbrauch an seinem Gesellschaftsanteil, 1998, S. 184 (nur für die Wirksamkeit der Stimmabgabe); MünchKomm-BGB/*Pohlmann*, 9. Aufl. 2023, § 1071 Rn. 13. A. A. LG Aachen, Beschl. v. 28.04.2002 – 44 T 06/2003, RNotZ 2003, 398; *Harders*, Nießbrauch am Kommanditanteil – Rechtsfolgen, zwingendes Recht und seine Ausgestaltung, 2002, S. 62; *Sandhaus*, Der Nießbrauch an Gesellschaftsanteilen bei Verschmelzung, Spaltung und Formwechsel, 2007, S. 66; Staudinger/*Heinze*, 2021, Anh. §§ 1068, 1069 Rn. 76.

811 Siehe zu der Vereinbarkeit mit dem Grundsatz der Selbstorganschaft oben S. 205 f.

812 Vgl. beispielhaft *Kruse*, RNotZ 2002, 69, 77; Staudinger/*Heinze*, 2021, Anh. §§ 1068, 1069 Rn. 75; MünchKomm-BGB/*Pohlmann*, 9. Aufl. 2023, § 1068 Rn. 97.

ter, soweit es sich nicht um einen Kommanditisten handelt, organschaftlich vertretungsbefugt, vgl. § 720 BGB, § 124 HGB. Um dem Nießbraucher eine vergleichbare Rechtsposition im Hinblick auf die Vertretungsmacht zu verschaffen, wird davon ausgegangen, dass diesem von der Gesellschaft vertragliche Vertretungsmacht eingeräumt wird.[813] Sowohl der Gesellschafter als auch der Nießbraucher wären dann zur Vertretung der Gesellschaft befugt.

(3) Sonstige Mitverwaltungsrechte

Die verbleibenden Rechte des Personengesellschafters sind weitgehend solche Rechte, auf welche der Gesellschafter nicht verzichten kann. Zu diesen weiteren unverzichtbaren Rechten gehören das außerordentliche Kontrollrecht,[814] das Recht zur Anfechtung von rechtswidrigen Beschlüssen,[815] das Recht zur Teilnahme an der Gesellschafterversammlung mitsamt Antrags- und Fragerecht,[816] das Austrittsrecht aus wichtigem Grund[817] und das Recht zur *actio pro socio*[818].[819]

Diese Rechte müssen zwar zwingend beim Gesellschafter verbleiben, allerdings kann individualvertraglich vereinbart werden, dass diese

813 Siehe dazu, *Finger*, DB 1977, 1033, 1039; *Kruse*, RNotZ 2002, 69, 77; MünchKomm-BGB/*Pohlmann*, 9. Aufl. 2023, § 1068 Rn. 97.

814 Staub/*Schäfer*, 5. Aufl. 2009, § 105 HGB Rn. 127.

815 BGH, Urt. v. 14.07.1954 – II ZR 342/53, BGHZ 14, 264; BGH, Urt. v. 21.03.1988 – II ZR 308/87, BGHZ 104, 66.

816 *Teichmann*, Gestaltungsfreiheit in Gesellschaftsverträgen, 1970, S. 210; *Immenga*, ZGR 1974, 385, 414; *Comes*, DB 1974, 2189, 2195; *Röttger*, Die Kernbereichslehre im Recht der Personenhandelsgesellschaften, 1989, S. 191; *K. Schmidt*, Gesellschaftsrecht, 4. Aufl. 2002, S. 471.

817 BFH, Urt. v. 16.12.1991 – II ZR 58/91, BGHZ 116, 359; *K. Schmidt*, Gesellschaftsrecht, 4. Aufl. 2002, S. 471.

818 *Immenga*, ZGR 1974, 385, 412; *Flume*, Allgemeiner Teil des Bürgerlichen Rechts, Bd. 1.1, 1977, S. 144; *Fischer*, ZGR 1979, 251, 261; *Lutter*, AcP 1980, 84, 151; *Roitzsch*, Der Minderheitenschutz im Verbandsrecht, 1981, S. 169; *Röttger*, Die Kernbereichslehre im Recht der Personenhandelsgesellschaften, 1989, S. 201 ff.; Staub/*Schäfer*, HGB, 5. Aufl. 2009, § 105 HGB Rn. 259. Siehe unter Berücksichtigung des im Zuge des MoPeG neu eingefügten § 715b BGB bei Henssler/Strohn/*Servatius*, Gesellschaftsrecht, 6. Aufl. 2024, § 705 BGB Rn. 7.

819 Siehe zu sämtlichen der aufgeführten unverzichtbaren Rechte, MünchKomm-HGB/*Enzinger*, 5. Aufl. 2022, § 119, Rn. 68. Siehe ferner *Frank*, MittBayNot 2010, 96, 99.

Rechte ebenso dem Nießbraucher zustehen.[820] Einer Verdoppelung dieser Rechte müssen die Mitgesellschafter zustimmen.[821] Durch eine Verdoppelung der obig aufgeführten unverzichtbaren Rechte werden die Rechtspositionen des Nießbrauchers und des Gesellschafters auch hinsichtlich dieser Rechte weitgehend angenähert. Von der Verdoppelung ausgenommen ist das Austrittsrecht aus wichtigem Grund. Dem Nießbraucher kann nicht das Recht eingeräumt werden, über das Bestehen oder Vergehen der Gesellschafterstellung zu entscheiden.

Im Hinblick auf die Informations- und Kontrollrechte stehen bereits *ex lege* sowohl dem Gesellschafter als auch dem Nießbraucher jeweils die Informations- und Kontrollrechte zu. Die analoge Anwendung des § 717 Abs. 1 Satz 3 BGB und des § 105 Abs. 3 HGB i. V. m. § 717 Abs. 1 Satz 3 BGB bzw. des § 166 Abs. 1, 2 HGB auf den Nießbraucher verschafft dem Nießbraucher Informations- und Kontrollrechte hinsichtlich sämtlicher Informationen, die er zur Wahrnehmung seiner Angelegenheiten benötigt. Aufgrund der vertraglich modifizierten Rechtsposition des Nießbrauchers, die weitgehend derjenigen eines Gesellschafters angenähert ist, sind nahezu sämtliche verfügbaren Informationen umfasst. Ausschließlich hinsichtlich solcher Informationen, welche sich auf Beschlüsse über Grundlagengeschäfte beziehen, steht dem Nießbraucher *ex lege* kein Informationsrecht zu. Individualvertraglich wird dem Nießbraucher aus diesem Grund auch ein umfassendes Informations- und Kontrollrecht eingeräumt.

Zudem ist in Bezug auf sämtliche sonstige Rechte des Gesellschafters zu beachten, dass dem Nießbraucher wiederum das Zustimmungsrecht gemäß § 1071 BGB zusteht, soweit die Ausübung des Rechts die Mitgliedschaft aufhebt oder zum Nachteil des Nießbrauchers verändert.

cc) Modifikation der Vermögensrechte

Im Hinblick auf die Vergleichbarkeitsprüfung von Nießbraucher und Gesellschafter unter Art. 3 Abs. 1 GG sind vertragliche Angleichungen der Zuordnung der unterschiedlichen Vermögensrechte kaum notwendig.[822] Nach dem anzulegenden Vergleichsmaßstab kommt es nicht

820 Siehe zu der Möglichkeit der Verdoppelung der Informations-, Widerspruchs- und Anfechtungsrechte, *Schön*, ZHR 1994, 229, 263.

821 Vgl. *Schön*, ZHR 1994, 229, 264.

822 Siehe zu dem Vergleichsmaßstab ausführlich unten S. 218 ff.

darauf an, welcher Person die auf den Gesellschaftsanteil entfallenden Gewinne zivilrechtlich zustehen. Vielmehr richtet sich der Vergleichsmaßstab vor dem Hintergrund der Grundsätze der persönlichen Einkünftezurechnung danach, wer den Personenverbund steuerlich erheblich mitbeherrschen kann. Neben den Mitverwaltungsrechten kommt es dafür auf die Risikotragung an. Eine Modifikation der Gewinnverteilung zwischen Nießbraucher und Gesellschafter ist deshalb für den vorzunehmenden Vergleich nicht notwendig. Bezüglich der Verlustverteilung wird allerdings von der individualvertraglichen Vereinbarung ausgegangen, dass Gesellschafter und Nießbraucher die Verluste, welche möglicherweise anfallen, in gleichem Umfang tragen.[823] Hervorzuheben ist darüber hinaus, dass die angenommenen vertraglichen Modifikationen der Mitverwaltungsrechte zu einer persönlichen Haftung des Nießbrauchers führen. Aufgrund des Grundsatzes des Gleichlaufs von Herrschaft und Haftung trifft den Nießbraucher, wenn diesem Mitverwaltungsrechte übertragen werden, nach überwiegender Meinung die persönliche Haftung.[824] Steht dem Nießbraucher entweder das Stimmrecht oder die Geschäftsführungsbefugnis zu, kann dieser in einem solchen Umfang an den Entscheidungen der Gesellschaft teilhaben, dass er gleichermaßen ein Haftungsrisiko zu tragen hat.[825] Der Nießbraucher haftet dann persönlich und gleichrangig mit dem Gesellschafter.[826] Da dem Nießbraucher vorliegend gemeinschaftlich mit dem Gesellschafter sowohl Stimmrechte als auch die Geschäftsführungsbefugnis zustehen, haftet der Nießbraucher nach dem Grundsatz des Gleichlaufs von Herrschaft und Haftung persönlich. Darüber hinaus unterliegt der Nießbraucher aufgrund der Vergemeinschaftung der Mitverwaltungsrechte den Bindungen der gesellschaftsrechtlichen Treuepflicht.[827]

---

823 Vgl. zur Möglichkeit einer solchen individualvertraglichen Aufteilung der Verluste bei *Götz/Hülsmann*, Der Nießbrauch im Zivil- und Steuerrecht, 12. Aufl. 2019, Rn. 383.

824 *Flume*, Allgemeiner Teil des Bürgerlichen Rechts, Bd. 1.1, 1977, S. 364 ff.; *Lindemeier*, DNotZ 1999, 876, 894; *Kruse*, RNotZ 2002, 69, 81; Staudinger/*Heinze,* 2021, Anh. §§ 1068, 1069 Rn. 91; MünchKomm-BGB/*Pohlmann*, 9. Aufl. 2023, § 1068 Rn. 97.

825 Staudinger/*Heinze,* 2021, Anh. §§ 1068, 1069 Rn. 91.

826 Ulmer, FS Fleck, 1988, 383, 396; Staudinger/*Heinze,* 2021, Anh. §§ 1068, 1069 Rn. 91; MünchKomm-BGB/*Schäfer*, 9. Aufl. 2024, § 705 Rn. 111.

827 MünchKomm-BGB-*Pohlmann*, 9. Aufl. 2023, § 1068 Rn. 98.

2. Eigenschaften der Vergleichsgruppen nach angenommener Modifizierung der Nießbrauchsabrede

Zusammengefasst ergibt sich hinsichtlich der Vermögensrechte, dass die auf den Personengesellschaftsanteil entfallenden Verluste in gleichem Umfang von Gesellschafter und Nießbraucher zu tragen sind. Die Rechtspositionen von Gesellschafter und Nießbraucher im Hinblick auf die Gewinnverteilung blieben unverändert. Dem Gesellschafter stehen also die außerordentlichen Erträge und der nicht-entnahmefähige Teil des Bilanzgewinns zu. Dem Nießbraucher hingegen gebührt in vermögensrechtlicher Hinsicht der entnahmefähige Gewinn.

Die umfassenden Modifizierungen der Mitverwaltungsrechte führen dazu, dass solche Rechte weitgehend sowohl dem Nießbraucher als auch dem Gesellschafter zustehen. Entweder sind die Mitverwaltungsrechte nur gemeinschaftlich ausübbar oder die Rechte wurden verdoppelt, sodass beiden Vergleichsgruppen die Rechte jeweils zustehen. Als Mitverwaltungsrechte, die nur gemeinschaftlich von Nießbraucher und Gesellschafter wahrnehmbar sind, stehen das Recht zur Geschäftsführung sowie das Stimmrecht in Bezug auf die meisten Beschlussgegenstände. Ausschließlich im Hinblick auf Grundlagengeschäfte erwies sich das Stimmrecht als nicht vergemeinschaftungsfähig. Hinsichtlich Kapitalmaßnahmen, Änderungen des Gesellschaftsvertrags und Beschlüssen über die Auflösung oder Umwandlung der Gesellschaft steht das Stimmrecht folglich allein dem Gesellschafter zu. Stimmrechtsausübungen des Gesellschafters bezüglich Grundlagengeschäften stehen aber wiederum dann unter dem Vorbehalt der Zustimmung des Nießbrauchers, wenn der Gegenstand der Abstimmung den Nießbrauch beeinträchtigen würde. Die einzige Ausnahme liegt in der Kündigung aus wichtigem Grund. Diesbezüglich besteht kein Zustimmungsvorbehalt zugunsten des Nießbrauchers.

Nicht vergemeinschaftet, aber verdoppelt werden – mit Ausnahme des Kündigungsrechts aus wichtigem Grund – die unverzichtbaren Rechte des Gesellschafters. Sowohl dem Nießbraucher als auch dem Gesellschafter stehen somit das außerordentliche Kontrollrecht, das Recht zur Anfechtung rechtswidriger Beschlüsse, die *actio pro socio* und das Recht zur Teilnahme an Gesellschafterversammlungen einschließlich des Frage- und Antragsrechts zu. Auch die Informations- und Kontrollrechte stehen gleichsam beiden Vergleichsgruppen in umfassender Art und Weise zu. Zuletzt sind beide Vergleichsgruppen auch vertretungsberechtigt. Dass sowohl dem Nießbraucher als auch dem Gesellschafter weitreichende Herrschaftsrechte zustehen, führt darüber hinaus dazu, dass beide gleichrangig persönlich haften.

3. Gemeinsamer Oberbegriff

Wesentlich Gleiches kann nur dann vorliegen, wenn die zu vergleichenden Gruppen prinzipiell vergleichbar sind. Teilweise wird in der Literatur deshalb gefordert, dass Vergleichsgruppen unter einem gemeinsamen Oberbegriff fassbar sein müssten.[828] Gemeinsam ist den Vergleichsgruppen, dass die Rechtssubjekte jeweils über Rechte verfügen, mit denen sie Einfluss auf den Personenverbund nehmen können, und zudem, dass beide einer persönlichen Haftung ausgesetzt sind. Gesellschafter und Nießbraucher sind also unter den gemeinsamen Oberbegriff „Personen, die Einfluss auf einen Personenverbund nehmen können und persönlich haften“ subsumierbar.

II. Vergleichsmaßstab

Die obige Zusammenfassung der Rechtspositionen, welche Nießbraucher und Gesellschafter nach der individualvertraglichen Modifizierung innehaben, zeigt viele Gemeinsamkeiten, allerdings auch ein paar Unterschiede. Das Vorhandensein von Unterschieden zwischen den Vergleichsgruppen schließt eine Vergleichbarkeit der Gruppen i. S. d. Art. 3 Abs. 1 GG aber nicht aus. Eine vollkommene Gleichheit nicht identischer Sachverhalte kann es nicht geben.[829] Gleichheit i. S. d.

828 *Epping*, Grundrechte, 9. Aufl. 2021, Rn. 783 ff.; *Kingreen/Poscher*, Grundrechte Staatsrecht II, 38. Aufl. 2022, Rn. 518 ff.; *Manssen*, Staatsrecht II, 19. Aufl. 2022, Rn. 897. Anderer zuzustimmender Ansicht: Kempny/Reimer/*Kempny/Reimer*, Gleichheitssatzdogmatik heute, 2017, S. 169; v. Mangoldt/Klein/Starck/*Wollenschläger*, Grundgesetz Kommentar, 7. Aufl. 2018, Art. 3 Rn. 80; BeckOK-GG/*Kischel*, Stand: 15.06.2025, Art. 3 Rn. 15.2.

829 Vgl. *Radbruch*, Rechtsphilosophie, 6. Aufl. 1963, S. 125 f.; *Tipke*, Die Steuerrechtsordnung, Bd. 1, 1993, S. 339 f.; Tipke/Lang/*Hey*, Steuerrecht, 25. Aufl. 2024, Rn. 3.117; und ferner BVerfG, Beschl. v. 21.02.1957 – 1 BvR 241/56, BVerfGE 6, 273; BVerfG, Beschl. v. 29.11.1989 – 1 BvR 1402/87, BVerfGE 81,

Art. 3 Abs. 1 GG ist aus diesem Grund *„immer nur Abstraktion von gegebener Ungleichheit unter einem bestimmten Gesichtspunkt“*.[830] Ein solcher bestimmter Gesichtspunkt, d. h. der Vergleichsmaßstab, ist somit maßgeblich für die Folgerungen, die aus dem Gleichheitsgebot gezogen werden können.[831] Vergleichsgruppen, die im Hinblick auf den anzulegenden Bezugspunkt gleich sind, sind vergleichbar auch dann, wenn sie sich in Eigenschaften, welche außerhalb des Bezugspunktes liegen, unterscheiden.[832]

Einen allgemeingültigen Vergleichsmaßstab des Art. 3 Abs. 1 GG gibt es nicht.[833] Stattdessen ist ein sachgerechter Vergleichsmaßstab jeweils bereichsspezifisch zu bestimmen.[834] Die Vergleichskriterien sind an dem vom Gesetz verfolgten Regelungszweck und der Sachgesetzlichkeit, die dem Gesetz innewohnt, auszurichten.[835] Zu ermitteln ist also, weshalb ein bestimmter Lebenssachverhalt von einer bestimmten Norm erfasst werden soll und gerade nicht von einer anderen Norm, welche ihrerseits bestimmte Lebenssachverhalte erfasst.[836] Ausgehend von diesem Bezugspunkt ist zu prüfen, ob hinreichend viele Eigenschaften der zu vergleichenden Vergleichsgruppen gleich sind. Je deutlicher der Gesetzgeber den Steuerzweck ausgeformt hat, desto bestimmender ist er hinsichtlich der Steuergleichheit.[837]

108; *Kirchhof*, StuW 1984, 297, 303; BeckOK-GG/*Kischel*, Stand: 15.06.2025, Art. 3 Rn. 15.

830 *Radbruch*, Rechtsphilosophie, 6. Aufl. 1963, S. 126.

831 Vgl. *Kirchhof*, StuW 1984, 297, 298.

832 Vgl. Dürig/Herzog/Scholz/*P. Kirchhof*, GG, 107. EL. 2025, Art. 3 Rn. 73.

833 Siehe bereits oben Fn. 830. Siehe auch *Tipke*, Die Steuerrechtsordnung, Bd. 1, 1993, S. 346.

834 Siehe BVerfG, Beschl. v. 08.10.1963 – 2 BvR 108/62, BVerfGE 17, 122; BVerfG, Beschl. v. 08.04.1987 – 2 BvR 909, BVerfGE 75, 108; BVerfG, Beschl. v. 26.01.1993 – 1 BvL 38/92, 1 BvL 40/92, 1 BvL 43/92, BVerfGE 88, 87; BVerfG, Beschl. v. 23.03.1994 – 1 BvL 8/85, BVerfGE 90, 226; BVerfG, Beschl. v. 07.11.1995 – 2 BvR 413/88, 2 BvR 1300/93, BVerfGE 93, 319; BVerfG, Urt. v. 06.03.2002 – 2 BvL 17/99, BVerfGE 105, 73; BVerfG, Beschl. v. 04.12.2002 – 2 BvR 400/98, 2 BvR 1735/00, BVerfGE 107, 27; *Tipke*, Die Steuerrechtsordnung, Bd. 1, 1993, S. 346 f.

835 Siehe Fn. 834. und vgl. ferner *Kruse*, StuW 1990, 322, 328 ff.

836 Vgl. beispielhaft BVerfG, Beschl. v. 10.12.1985 – 2 BvL 18/83, BVerfGE 71, 255; BVerfG, Urt. v. 10.02.1987 – 1 BvL 18/81, 1 BvL 20/82, BVerfGE 74, 182.

837 *Kirchhof*, StuW 1984, 297, 300.

Bereichsspezifisch für das Steuerrecht gilt, dass die jeweilige Steuer, in Bezug auf welche die Ungleichbehandlung geprüft wird, den Vergleichsmaßstab konturiert.[838] In zahlreichen Entscheidungen führt das BVerfG aus, dass sich der Vergleichsmaßstab im Steuerrecht an der wirtschaftlichen Leistungsfähigkeit ausrichtet,[839] was insbesondere für das Einkommensteuerrecht gilt.[840] Die Leistungsfähigkeit ist folglich der vom Gesetzgeber gewählte anzulegende Vergleichsmaßstab, unter welchem zu beurteilen ist, welche Sachverhalte im Einkommensteuerrecht gleich oder ungleich sind.[841]

Inwiefern § 15 Abs. 1 Satz 1 Nr. 2 EStG wirtschaftliche Leistungsfähigkeit versteht, wurde im Laufe dieser Arbeit spezifiziert.[842] Solche Spezifizierungen formen den anzulegenden Vergleichsmaßstab weiter aus. Wirtschaftlich leistungsfähig i. S. d. § 15 Abs. 1 Satz 1 Nr. 2 EStG sind Subjekte, die einen Personenverbund in steuerlich erheblicher Weise mitbeherrschen. Solches steuerlich erhebliches Mitbeherrschen konnte bereits konturiert werden als die Möglichkeit, in gewissem Umfang Einfluss auf die Personengesellschaft ausüben zu können. Erforderlich ist ein hinreichender Umfang an Initiative und Risiko. Initiative und Risiko ergeben sich aus Rechten und Befugnissen, welche der Gesellschaftsanteil verleiht. Für einen hinreichenden Umfang an Initiative und Risiko, so dass von einem steuerlich erheblichen Mitbeherrschen des Personenverbundes ausgegangen werden kann, müssen Befugnisse und Rechte in einem solchen Umfang innegehabt werden, wie sie ein Kommanditist nach dem Regelstatut des HGB hat.[843] Nicht erforderlich ist, dass sämtliche Herrschaftsrechte des Personengesell-

---

838 BVerfG, Urt. v. 27.06.1991 – 2 BvR 1493/89, BVerfGE 84, 239; *Tipke*, Die Steuerrechtsordnung, Bd. 1, 2000, S. 305; *Lampert*, NVwZ 2013, 195, 197.

839 Vgl. BVerfG, Beschl. v. 11.10.1977 – 1 BvR 343/73, BVerfGE 47, 1; BVerfG, Urt. v. 03.11.1982 – 1 BvR 620/78, BVerfGE 61, 319; BVerfG, Beschl. v. 22.02.1984 – 1 BvL 10/80, BVerfGE 66, 214; BVerfG, Beschl. v. 29.05.1990 – 1 BvL 20/84, BVerfGE 82, 60; BVerfG, Urt. v. 27.06.1991 – 2 BvR 1493/89, BVerfGE 84, 239.

840 Vgl. BVerfG, Beschl. v. 11.10.1977 – 1 BvR 343/73, BVerfGE 47, 1; BVerfG, Urt. v. 03.11.1982 – 1 BvR 620/78, BVerfGE 61, 319; BVerfG, Beschl. v. 22.02.1984 – 1 BvL 10/80, BVerfGE 66, 214; BVerfG, Beschl. v. 29.05.1990 – 1 BvL 20/84, BVerfGE 82, 60.

841 Vgl. die Verweise in Fn. 839 und vgl. auch *Lampert*, NVwZ 2013, 195, 198.

842 Siehe dazu insbesondere oben S. 178 ff.

843 Siehe dazu S. 178 ff.

schaftsanteils in einer Person gebündelt werden oder dass eine Position als zivilrechtlicher Gesellschafter besteht.

Daraus ergibt sich für den anzulegenden Vergleichsmaßstab, unter welchem die Gleich- oder Ungleichheit zu untersuchen ist, dass maßgeblich die rechtlichen Befugnisse und Pflichten der Vergleichsgruppen, aus welchen sich Risiko und Initiative ergeben, zu vergleichen sind. Verfügen beide Vergleichsgruppen über solche rechtlichen Befugnisse und Pflichten in vergleichbarem Umfang und vergleichbarer Intensität, sind sie unter Art. 3 Abs. 1 GG als gleich zu qualifizieren.

III. Vergleich der relevanten Eigenschaften

Als unter dem Vergleichsmaßstab relevante Eigenschaften werden zunächst diese Rechte der Vergleichsgruppen gegenübergestellt, mittels welcher Einfluss auf den Personenverbund genommen werden kann. Geprüft wird, ob den Vergleichsgruppen, also dem abweichend von dem gesetzlichen Leitbild konstruierten Nießbraucher und Gesellschafter, solche Rechte in gemäß Art. 3 Abs. 1 GG vergleichbarem Umfang zustehen. Im Anschluss wird verglichen, in welchem Umfang die Vergleichsgruppen unternehmerisches Risiko tragen.

In identischem Umfang steht den Vergleichsgruppen das Recht zur Geschäftsführung und das Recht zur Vertretung der Gesellschaft zu. Ebenfalls die unverzichtbaren Rechte stehen, aufgrund deren Verdoppelung, beiden Gruppen – mit Ausnahme des Austrittsrechts aus wichtigem Grund – in gleicher Weise zu. Nießbraucher und Gesellschafter haben also jeweils das Recht zur Anfechtung rechtswidriger Beschlüsse, das außerordentliche Kontrollrecht, die *actio pro socio* sowie das Recht zur Teilnahme an Gesellschafterversammlungen einschließlich des Frage- und Antragsrechts. Das Austrittsrecht aus wichtigem Grund verbleibt einzig bei dem Gesellschafter. Identische Positionen haben beide Vergleichsgruppen auch hinsichtlich der Informations- und Kontrollrechte. Diffiziler gestaltet sich die Zuweisung des Stimmrechts. Mit Ausnahme von Grundlagengeschäften kann das Stimmrecht nur gemeinschaftlich ausgeübt werden. Die Vergleichsgruppen haben somit auch hinsichtlich des Stimmrechts im Grundsatz eine identische Position. Hinsichtlich der Grundlagengeschäfte, also Kapitalmaßnahmen, Änderungen des Gesellschaftervertrags und Beschlüssen über die Auflösung oder Umwandlung der Gesellschaft gilt, dass das Stimmrecht einzig vom Gesellschafter ausgeübt werden kann. Hervorzuheben ist jedoch, dass Grundlagengeschäfte, welche das Nießbrauchsrecht beeinträchtigen würden, unter dem Vorbehalt der Zustimmung des Nießbrauchers stehen. Dem Nießbraucher kommt also die entscheidende Stimme hinsichtlich der Durchführbarkeit solcher Grundlagengeschäfte zu, die den Nießbrauch beeinträchtigen. Bezüglich solcher den Nießbrauch beeinträchtigenden Geschäfte hat der Nießbraucher somit gewichtigeren Einfluss auf die Personengesellschaft als der Gesellschafter. Eine Ausnahme von diesem Zustimmungsvorbehalt liegt wiederum in der Kündigung aus wichtigem Grund. Der Gesellschafter hingegen hat seinerseits gewichtigeren Einfluss auf den Personenverbund im Fall der Grundlagengeschäfte, welche den Nießbrauch nicht beeinträchtigen, und der Kündigung aus wichtigem Grund. Hinsichtlich solcher Geschäfte hat der Nießbraucher keine Einflussmöglichkeit.

Festgehalten werden kann somit zunächst, dass die Vergleichsgruppen im Hinblick auf Rechte, mit denen Einfluss auf den Personenverbund genommen werden kann, weitgehend identische Positionen haben. Die Vergleichsgruppen unterscheiden sich nur hinsichtlich des Stimmrechts in Bezug auf Grundlagengeschäfte und des Austrittsrechts aus wichtigem Grund. Ein Überhang der Einflussmöglichkeit ergibt sich zunächst auf Seiten des Nießbrauchers im Fall der Grundlagengeschäfte, welche unter Zustimmungsvorbehalt stehen, weil sie das Nießbrauchsrecht beeinträchtigen würden. Auf Seiten des Gesellschafters hingegen ergibt sich ein Überhang der Einflussmöglichkeiten auf den Personenverbund im Fall der Grundlagengeschäfte, welche das Nießbrauchsrecht nicht beeinträchtigen und im Fall des Austrittsrechts aus wichtigem Grund.

Um feststellen zu können, ob solche Unterschiede dazu führen, dass die Vergleichsgruppen nicht vergleichbar sind, muss das Ausmaß ergründet werden, inwiefern aus solchen Unterschieden tatsächlich eine Divergenz folgt, Einfluss auf die Gesellschaft nehmen zu können. Zunächst ist hervorzuheben, dass die Unterschiede in den Einflussmöglichkeiten sich auf den Bereich der Grundlagengeschäfte beschränken. Grundlagengeschäfte sind im Verhältnis zu Geschäften des üblichen Geschäftsbetriebs von untergeordneter Anzahl. Hinsichtlich der Geschäfte des üblichen Betriebs stehen sich Gesellschafter und Nießbraucher in ihren Einflussmöglichkeiten gleich. Die Unterschiede in den Einflussmöglichkeiten erstrecken sich folglich auf einen stark begrenzten Bereich und sind in diesem Licht bereits als weniger gravierend einzustufen.

Bei näherer Betrachtung des begrenzten Bereichs der Grundlagengeschäfte wird diese Erkenntnis noch verstärkt. In solchen Fällen, in denen Grundlagengeschäfte unter dem Vorbehalt der Zustimmung des Nießbrauchers gemäß § 1071 BGB stehen, ist das Vetorecht des Nießbrauchers zwar von großer Bedeutung, allerdings kann nur der Gesellschafter im Rahmen der Gesellschafterversammlung solche Geschäfte initiieren. Für die Möglichkeit der Einflussnahme auf die Gesellschaft folgt daraus, dass Nießbraucher und Gesellschafter trotz ihrer unterschiedlichen Befugnisse Einflussmöglichkeiten in vergleichbarem Umfang haben. Ohne Initiierung des Geschäfts könnte ebendieses Geschäft auch nicht gestoppt werden.

Als Bereich, in welchem tatsächlich Unterschiede in der Einflussmöglichkeit von Gesellschafter und Nießbraucher auf die Gesellschaft bestehen könnten, verbleiben folglich solche Grundlagengeschäfte, welche nicht unter den Zustimmungsvorbehalt des § 1071 BGB fallen. Dieser Bereich könnte jedoch von so geringem Ausmaß sein, dass eine Vergleichbarkeit von Nießbraucher und Gesellschafter auf einer solchen Grundlage nicht abgelehnt werden könnte. Gemäß § 1071 BGB stehen die Aufhebung des Nießbrauchsrechts und Geschäfte, welche das dem Nießbrauch zu Grunde liegende Recht ändern und das Nießbrauchsrecht beeinträchtigen, unter Zustimmungsvorbehalt. Da § 1071 BGB den Schutz des Nießbrauchers bezweckt, ist eine extensive Auslegung der Zustimmungspflicht geboten.[844] Eine Beeinträchtigung ist deshalb auch dann anzunehmen, wenn das konkrete Geschäft zumindest die abstrakte Gefahr von Nachteilen mit sich bringt.[845] Grundlagengeschäfte, welche nicht zumindest die abstrakte Gefahr von Nachteilen in sich bergen, sind allerdings kaum denkbar. Grundlagengeschäfte betreffen meist die konzeptionelle Ausrichtung der

844 BeckOGK-BGB/*Servatius*, Stand: 01.06.2025, § 1071 Rn. 10; BeckOK-BGB/*Reischl*, Stand: 01.08.2025, § 1071 Rn. 1, 4.

845 BeckOGK-BGB/*Servatius*, Stand: 01.06.2025, § 1071 Rn. 10 und vgl. BeckOK-BGB/*Reischl*, Stand: 01.08.2025, § 1071 Rn. 4.

Gesellschaft. Änderungen der konzeptionellen Ausrichtung bringen eine Vielzahl an Unwägbarkeiten mit sich, sodass die abstrakte Gefahr von Nachteilen kaum zu verneinen sein wird. Die Kommentarliteratur führt insoweit – als nicht zustimmungsbedürftige Grundlagengeschäfte – einzig Maßnahmen nach dem UmwG auf, wenn sich der Nießbrauch an der neuen Mitgliedschaft fortsetzt und keine sonstige Beeinträchtigung des Nießbrauchs vorliegt.[846] Eine solche Beeinträchtigung liegt jedoch bereits vor, wenn die Gesellschaft bloß die Rechtsform wechselt.[847] Andere Maßnahmen nach dem UmwG, wie beispielsweise Verschmelzungen oder Spaltungen, bergen weitaus höhere abstrakte Gefahren der Beeinträchtigung des Nießbrauchsrechts. Festzuhalten ist somit, dass zwar theoretisch ein Bereich besteht, in welchem der Gesellschafter höhere Einflussmöglichkeiten auf die Gesellschaft hat als der Nießbraucher, praktisch sind jedoch kaum Geschäfte denkbar, welche in diesen Bereich fallen. Es besteht deshalb auch für den Bereich der Grundlagengeschäfte, welche den Nießbrauch nicht beeinträchtigen, faktisch kein Überhang der Einflussmöglichkeiten, welche der Gesellschafter auf die Gesellschaft hat.

Ein Überhang an Einflussmöglichkeiten des Gesellschafters ergibt sich auch nicht daraus, dass allein der Gesellschafter das Recht zum Austritt aus der Gesellschaft aus wichtigem Grund hat. Ein Austritt aus einer Gesellschaft betrifft nicht die Steuerung der Gesellschaft. Die Möglichkeit zum Austritt ist deshalb unter dem anzulegenden Vergleichsmaßstab nicht relevant.

In Bezug auf die Vergleichbarkeit der Risiken, welchen die Vergleichsgruppen jeweils ausgesetzt sind, ist das Bild eindeutig. Da Gesellschafter und Nießbraucher einerseits gleichrangig persönlich haften und andererseits in gleichem Umfang Verluste tragen, haben die Vergleichsgruppen diesbezüglich eine identische Stellung.

Es ergibt sich somit, dass die Vergleichsgruppen hinsichtlich der unter dem Vergleichsmaßstab relevanten Umstände, der Einflussmöglichkeiten und der Risikotragung vergleichbar sind. Festgehalten werden kann also, dass die Vergleichsgruppen unter Art. 3 Abs. 1 GG ver-

---

846 MünchKomm-BGB/*Pohlmann*, 9. Aufl. 2023, § 1071 Rn. 4.

847 *Sandhaus*, Der Nießbrauch an Gesellschaftsanteilen bei Verschmelzung, Spaltung und Formwechsel, 2007, S. 310 ff. Vgl. auch MünchKomm-BGB/*Pohlmann*, 9. Aufl. 2023, § 1071 Rn. 4.

gleichbar sind und rechtlich unterschiedlich behandelt würden, wenn nach der gewählten Auslegung nur entweder der Nießbraucher oder der Gesellschafter als Mitunternehmer anzuerkennen wäre.

IV. Mögliche Rechtfertigung der Ungleichbehandlung

Damit ein Verstoß gegen Art. 3 Abs. 1 GG anzunehmen wäre, dürfte die Ungleichbehandlung nicht gerechtfertigt sein.[848] Die Anforderungen, welche die Rechtsprechung an die Rechtfertigung einer Ungleichbehandlung im Gebiet des Steuerrechts stellt, unterlagen und unterliegen einem erheblichen Wandel.[849] Die Prüfungsdichte bewegt sich zwischen dem Willkürverbot und umfassenden Verhältnismäßigkeitsprüfungen.[850] Zunehmend vertrat das BVerfG, dass eine zweistufige Prüfungsdichte in Abhängigkeit vom Prüfgegenstand anzulegen sei.[851] Werde der Gleichheitssatz hinsichtlich der Auswahl der Steuergegenstände geprüft, sei nur eine Willkürprüfung vorzunehmen.[852] Beträfe die Prüfung jedoch den Binnenbereich einer einzelnen Steuer, seien als Prüfungsmaßstab die Gebote der Verhältnismäßigkeit und der Folgerichtigkeit zu beachten.[853] In zwei jüngeren Urteilen des BVerfG, welche u. a. eine Prüfung des Art. 3 Abs. 1 GG im Binnenbereich der Einkommensteuer zum Gegenstand hatten, erweiterte das BVerfG die

848 Siehe beispielhaft BVerfG, Urt. v. 28.04.1999 – 1 BvL 11/94, BVerfGE 100, 138; BVerfG, Urt. v. 10.04.2018 – 1 BvR 1236/11, BVerfGE 148, 217; vgl. auch Jarass/Pieroth/*Jarass*, GG, 18. Aufl. 2024, Art. 3 Rn. 18.

849 Vgl. *Vogel/Waldhoff*, Grundlagen des Finanzverfassungsrechts, 1999, S. 326 ff.; Tipke/Lang/*Hey*, Steuerrecht, 25. Aufl. 2024, Rn. 3.124.

850 Siehe umfänglich zu der historischen Entwicklung der Prüfungsdichte bei *Vogel/Waldhoff*, Grundlagen des Finanzverfassungsrechts, 1999, S. 326 ff.

851 Siehe die in Fn. 852 f. zitierten Urteile und vgl. Tipke/Lang/*Hey*, Steuerrecht, 25. Aufl. 2024, Rn. 3.125.

852 BVerfG, Urt. v. 15.01.2008 – 1 BvL 2/04, BVerfGE 120, 1; BVerfG, Urt. v. 05.11.2014 – 1 BvF 3/11, BVerfGE 137, 350; BVerfG, Urt. v. 29.03.2017 – 2 BvL 6/11, BVerfGE 145, 106.

853 Siehe zur Folgerichtigkeit als Prüfungsmaßstab BVerfG, Urt. v. 11.1998 – 2 BvL 10/95, BVerfGE 99, 280; BVerfG, Urt. v. 04.12.2002 – 2 BvR 400/98, BVerfGE 107, 27; BVerfG, Urt. v. 09.12.2008 – 2 BvL 1/107, BVerfGE 122, 210; BVerfG, Urt. v. 29.03.2017 – 2 BvL 6/11, BVerfGE 145, 106. Siehe zum Verhältnismäßigkeitsgebot als Prüfungsmaßstab insbesondere BVerG, Urt. v. 24.06.1958 – 2 BvF 1/57, BVerfGE 8, 51 sowie nachfolgend beispielsweise BVerfG, Urt. v. 17.12.2014 – 1 BvL 21/12, BVerfGE 138, 136 und BVerfG, Beschl. v. 23.06.2015 – 1 BvL 13/11, BVerfGE 139, 285.

Prüfungsdichte sodann um eine weitere Ebene.[854] Nur im Grundsatz sei im Binnenbereich einer einzelnen Steuer als Prüfungsmaßstab das Gebot der Verhältnismäßigkeit zu beachten.[855] Ausnahmsweise sei auch im Binnenbereich einer einzelnen Steuer dann keine Verhältnismäßigkeitsprüfung vorzunehmen, wenn es sich um komplexe, dogmatische Streitfragen der Ausgestaltung des Steuertatbestandes handele.[856] Zu prüfen sei dann nur auf evidente Ungleichbehandlungen am Rechtfertigungsmaßstab irgendeines sachlichen Grundes.[857] Für komplexe dogmatische Streitfragen sei somit – wie auf der Stufe der Auswahl der Steuergegenstände – nur eine Willkürprüfung vorzunehmen.[858]

Aus der Erweiterung des Prüfungsmaßstabs um cinc dritte Ebene ergeben sich zwei beachtliche Probleme. Einerseits ist eine Zuordnung des unter Gleichheitsgesichtspunkten zu prüfenden Sachverhalts zu der zweiten oder der dritten Ebene kaum rechtssicher vorzunehmen.[859] Wann eine komplexe dogmatische Streitfrage vorliegt, ist zu wenig konturiert.[860] Welchen Prüfungsmaßstab das BVerfG im Binnenbereich einer einzelnen Steuer anlegen wird, ist somit nicht vorherzusehen.[861] Darüber hinaus kann ein für die Ablehnung von Willkür notwendiger sachlicher Grund nahezu in jedem Fall gefunden werden.[862] Ist ein Sachverhalt bloß am Maßstab der Willkür gleichheitsrechtlich zu prüfen, entfaltet Art. 3 Abs. 1 GG kaum Wirksamkeit; denn „*Willkür, so läßt sich jedenfalls für das Steuerrecht sagen, ist dann gege-*

---

854 BVerfG, Urt. v. 12.05.2009 – 2 BvL 1/100, BVerfGE 123, 111; BVerfG, Urt. v. 19.11.2019 – 2 BvL 22/14, BVerfGE 152, 274.
855 Vgl. BVerfG, Urt. v. 12.05.2009 – 2 BvL 1/100, BVerfGE 123, 111; BVerfG, Urt. v. 19.11.2019 – 2 BvL 22/14, BVerfGE 152, 274 und siehe auch Tipke/Lang/*Hey*, Steuerrecht, 25. Aufl. 2024, Rn. 3.125.
856 Vgl. BVerfG, Urt. v. 12.05.2009 – 2 BvL 1/100, BVerfGE 123, 111; BVerfG, Urt. v. 19.11.2019 – 2 BvL 22/14, BVerfGE 152, 274 und siehe auch Tipke/Lang/*Hey*, Steuerrecht, 25. Aufl. 2024, Rn. 3.125.
857 BVerfG, Urt. v. 12.05.2009 – 2 BvL 1/100, BVerfGE 123, 111.
858 Vgl. BVerfG, Urt. v. 12.05.2009 – 2 BvL 1/100, BVerfGE 123, 111.
859 Vgl. *Hey*, FR 2020, 578, 581; Tipke/Lang/*Hey*, Steuerrecht, 25. Aufl. 2024, Rn. 3.125.
860 Vgl. Tipke/Lang/*Hey*, Steuerrecht, 25. Aufl. 2024, Rn. 3.125.
861 Vgl. Tipke/Lang/*Hey*, Steuerrecht, 25. Aufl. 2024, Rn. 3.125.
862 Vgl. *Hey*, FR 2020, 578, 579, 582.

ben, wenn das Bundesverfassungsgericht im Einzelfall befinde, daß sie vorliege".[863]

Die Frage, ob auch eine die Mitunternehmerverdoppelbarkeit verneinende Auslegung mit der Verfassung im Einklang steht, tangiert ausschließlich den Binnenbereich der Einkommensteuer. Zwar spricht die Schwierigkeit der Beantwortung dieser Frage dafür, dass es sich um eine komplexe dogmatische Streitfrage handelt, eine rechtssichere Zuordnung ist allerdings nicht möglich. Die Gleichheitsprüfung wird deshalb zunächst am Willkürmaßstab und sodann unter Verhältnismäßigkeitsgesichtspunkten vorgenommen.

Das Willkürverbot als die am wenigsten intensive Ausformung des Art. 3 Abs. 1 GG, ist zumindest dann verletzt, „*wenn sich ein vernünftiger, sich aus der Natur der Sache ergebender oder sonstwie einleuchtender Grund für die gesetzliche Differenzierung oder Gleichbehandlung nicht finden läßt, kurzum, wenn die Bestimmung als willkürlich bezeichnet werden muß*".[864]

Statt langwieriger Ausführungen über mögliche sachliche Gründe ist an dieser Stelle ein umfassender Verweis auf die erfolgte Zweckanalyse des § 15 Abs. 1 Satz 1 Nr. 2 EStG geboten.[865] Diese Analyse hat keine Anhaltspunkte dafür hervorgebracht, dass nicht zwei Personen die Mitunternehmerstellung aus einem Gesellschaftsanteil innehaben können sollten. Im Gegenteil, die Auslegung ergab indiziell, dass die Mitunternehmerschaft verdoppelbar ist. Dass sich im Rahmen der umfänglichen Auslegung des § 15 Abs. 1 Satz 1 Nr. 2 EStG keine Anhaltspunkte gegen die Mitunternehmerverdoppelbarkeit ergaben, spricht in hohem Maße gegen das Vorliegen eines sachlichen Grundes, der die unterschiedliche Behandlung von Gesellschafter und Nießbraucher hinsichtlich der Mitunternehmerstellung rechtfertigen könnte. Auch über die vorgenommene Auslegung hinaus sind keine sachlichen Gründe dafür ersichtlich, die – unter steuerrechtlicher Perspektive

---

863 *Tipke*, Die Steuerrechtsordnung, Bd. 1, 2. Aufl. 2000, S. 306.

864 BVerfG, Urt. v. 23.10.1951 – 2 BvG 1/51, BVerfGE 1, 14. Vgl. in diesem Sinne auch: BVerfG, Beschl. v. 17.10.1990 – 1 BvR 283/85, BVerfGE 83, 1; BVerfG, Beschl. v. 05.10.1993 – 1 BvL 34/81, BVerfGE 89, 132; BVerG, Urt. v. 06.03.2002 – 2 BvL 17/99, BVerfGE 105, 73.

865 Siehe dazu S. 83 ff.

nahezu identischen – Vergleichsgruppen steuerrechtlich divergierend einzuordnen.

Hervorzuheben ist in diesem Kontext zum einen, dass keine Lenkungsziele ersichtlich sind, nach welchen Nießbraucher und Gesellschafter steuerlich unterschiedlich zu behandeln sind. Solche Lenkungsziele müssten – damit sie berücksichtigt werden können – erkennbar von gesetzgeberischen Entscheidungen getragen werden.[866] Solche Entscheidungen sind nicht ersichtlich. Zum anderen ist hervorzuheben, dass rein fiskalische Gründe der Einnahmeerhöhung nicht als sachliche Gründe herangezogen werden können.[867] Sich durch die Verdoppelbarkeit der Mitunternehmerschaft eröffnende Möglichkeiten, die Steuerlast zu reduzieren, beispielsweise durch das Ausnutzen von Progressionsvorteilen, stellen folglich keine sachlichen Gründe i. S. d. Art. 3 Abs. 1 GG dar.

Nach vorliegend vertretener Ansicht ist die Ungleichbehandlung der gebildeten Vergleichsgruppen bei Anwendung des Willkürverbots als Rechtfertigungsmaßstab somit nicht gerechtfertigt. Unter Anwendung dieses Maßstabs verstößt eine Auslegung, welche die Mitunternehmerverdoppelbarkeit ablehnt, gegen Art. 3 Abs. 1 GG.

Hervorgehoben werden muss allerdings, dass ein sachlicher Grund gefunden werden kann, wenn er gefunden werden soll.[868] Triftig stellt *Hey* diesbezüglich heraus, dass es für einen sachlichen Grund keines tragfähigen Grundes bedarf.[869] Reicht folglich ein jeder Grund, also jedweder Unterschied zwischen den Vergleichsgruppen, selbst wenn dieser hinsichtlich der finanziellen Ist-Leistungsfähigkeit der Vergleichsgruppen unbeachtlich ist,[870] wäre ein solcher auch hinsichtlich der vorliegend verglichenen Gruppen zu finden. Die Vergleichsgruppen sind eben nur vergleichbar, nicht aber identisch. Eine solche An-

866 Siehe beispielhaft BVerfG, Urt. v. 06.03.2002 – 2 BvL 17/99, BVerfGE 105, 73; BVerfG, Urt. v. 09.12.2008 – 2 BvL 1/107, BVerfGE 122, 210. Siehe auch BeckOK-GG/*Kischel*, Stand: 15.06.2025, Art. 3 Rn. 161.

867 BVerfG, Urt. v. 09.12.2008 – 2 BvL 1/07, BVerfGE 122, 210; BVerfG, Beschl. v. 06.07.2010 – 2 BvL 13/09, BVerfGE 126, 268; BVerfG, Beschl. v. 15.12.2015 – 2 BvL 1/12, BVerfGE 141, 1. Siehe auch Jarass/Pieroth/*Jarass*, GG, 18. Aufl. 2024, Art. 3 Rn. 54.

868 Siehe dazu insbesondere das Zitat mit der Fn. 863.

869 *Hey*, FR 2020, 578, 579.

870 Vgl. *Hey*, FR 2020, 578, 582.

wendung des Art. 3 Abs. 1 GG wird vorliegend allerdings entschieden abgelehnt, weil damit eine Entwertung des Gleichheitssatzes im Steuerrecht einhergehen würde.

Das Fehlen eines sachlichen Grundes im Rahmen der Willkürprüfung nimmt das Endergebnis der Verhältnismäßigkeitsprüfung vorweg. Auch im Rahmen einer Prüfung entlang des Verhältnismäßigkeitsgrundsatzes bedarf es für eine Rechtfertigung der Ungleichbehandlung eines sachlichen Grundes. Dennoch vermag eine Verhältnismäßigkeitsprüfung, aufgrund des Einbezugs des Ausmaßes der Ungleichbehandlung und deren Folgen, Aufschluss darüber zu geben, wie intensiv die Anforderungen an die Rechtfertigung der Ungleichbehandlung sind, würde das Vorliegen eines sachlichen Grundes angenommen.

Gemessen am Verhältnismäßigkeitsprinzip wäre eine Ungleichbehandlung nur durch einen besonderen, sachlichen Grund zu rechtfertigen, der die Ungleichbehandlung hinreichend rechtfertigt, also in einem angemessenen Verhältnis zu dem Ziel und Ausmaß der Ungleichbehandlung steht.[871] Ob ein angemessenes Verhältnis besteht, ist stufenlos am Grundsatz der Verhältnismäßigkeit zu prüfen.[872] Eine Verletzung des Art. 3 Abs. 1 GG hängt insbesondere von dem Umfang ab, in welchem sich eine Ungleichbehandlung auf die Ausübung von verfassungsrechtlich geschützten Freiheiten auswirkt.[873] Im Steuerrecht ist im Rahmen der Verhältnismäßigkeit auch der Folgerichtigkeitsgrundsatz zu berücksichtigen.[874]

---

871 Sehr eindeutig: BVerfG, Urt. v. 17.12.2014 – 1 BvL 21/12, BVerfGE 138, 136; weniger eindeutig aber ebenfalls auf das angemessene Verhältnis zwischen sachlichem Grund und Ungleichbehandlung abstellend: BVerfG, Beschl. v. 30.05.1990 – 1 BvL 2/83, BVerfGE 82, 126; BVerfG, Urt. v. 29.03.2017 – 2 BvL 6/11, BVerfGE 145, 106.

872 BVerfG, Urt. v. 17.12.2014 – 1 BvL 21/12, BVerfGE 138, 136 m. w. V.

873 Siehe konkret zu Art. 3 Abs. 1 GG im Steuerrecht, BVerfG, Urt. v. 06.03.2002 – 2 BvL 17/99, BVerfGE 105, 73; BVerfG, Beschl. v. 04.12.2002 – 2 BvR 400/98, BVerfGE 107, 27. Vgl. abseits des Steuerrechts auch, BVerfG, Beschl. v. 16.11.1982 – 1 BvL 16/75, BVerfGE 63, 256; BVerfG, Beschl. v. 30.05.1990 – 1 BvL 2/83, BVerfGE 82, 126; BVerfG, Beschl. v. 02.12.1992 – 1 BvR 296/88, BVerfGE 88, 5; BVerfG, Beschl. v. 26.01.1993 – 1 BvL 38/92, 1 BvL 40/92, 1 BvL 43/92, BVerfGE 88, 87; BVerfG, Urt. v. 08.04.1997 – 1 BvR 48/94, BVerfGE 95, 267.

874 Vgl. BVerfG, Urt. v. 09.12.2008 – 2 BvL 1/107, BVerfGE 122, 210; BVerfG, Urt. v. 29.03.2017 – 2 BvL 6/11, BVerfGE 145, 106.

Werden das Ausmaß und die Folgen der Ungleichbehandlung näher betrachtet, ergeben sich zwei beachtliche Aspekte. An erster Stelle ist festzustellen, dass die Ungleichbehandlung der Vergleichsgruppen gegen das Leistungsfähigkeitsprinzip verstößt. Zwei Subjekte, die in gleichem Ausmaß wirtschaftlich leistungsfähig sind, werden steuerlich fundamental unterschiedlich belastet. Dass beide Vergleichsgruppen gleich wirtschaftlich leistungsfähig sind, wurde bereits im Rahmen des Vergleichs der relevanten Eigenschaften analysiert.[875] Die Qualifikation nur einer der Vergleichsgruppen als steuerrechtlicher Mitunternehmer führt nun dazu, dass von zwei wirtschaftlich gleich leistungsfähigen Subjekten nur eines steuerlich belastet wird. Die Ungleichbehandlung hat somit eine Ungleichheit im Belastungserfolg in größtmöglichem Ausmaß zur Folge. Ebenfalls liegt in dieser Ungleichbehandlung ein Verstoß gegen das Prinzip der Folgerichtigkeit. Gleichartige wirtschaftliche Ist-Leistungsfähigkeit wird nicht gleichartig steuerlich belastet.

Über die divergierende steuerliche Belastung der Vergleichsgruppen trotz gleichartiger Leistungsfähigkeit hinaus, ist Folgendes festzustellen. Die steuerlich belastete Vergleichsgruppe wird nicht nur hinsichtlich ihrer eigenen Leistungsfähigkeit belastet, sondern auch hinsichtlich der Leistungsfähigkeit der anderen – steuerlich nicht belasteten – Vergleichsgruppe. Nur die als Mitunternehmer qualifizierte Vergleichsgruppe hat den gesamten Wertzuwachs des Personengesellschaftsanteils zu versteuern. Obwohl beide Vergleichsgruppen gleichartig wirtschaftlich leistungsfähig sind und sich diese Leistungsfähigkeit jeweils aus demselben Personengesellschaftsanteil ergibt, wird nur die Mitunternehmer-Vergleichsgruppe für den gesamten Wertzuwachs steuerlich belastet. Deutlich wird die steuerliche Belastung der Mitunternehmer-Vergleichsgruppe über ihre eigene wirtschaftliche Leistungsfähigkeit hinaus auch plastisch durch die Tatsache, dass ihr nur die Hälfte des aus dem Personengesellschaftsanteil folgenden Wertzuwachses zusteht. Die andere Hälfte des Wertzuwachses steht der steuerlich nicht belasteten Vergleichsgruppe zu.

Die angelegte Auslegungsvariante führt auf Seiten der Ungleichbehandlung somit zu den gravierendsten Folgen, welche das Steuerrecht zu bieten hat. Eine Vergleichsgruppe wird steuerlich nicht belastet, die

---

875 Siehe oben S. 221 ff.

andere hingegen schon und über ihre eigene wirtschaftliche Leistungsfähigkeit hinaus. Da die gleiche steuerliche Belastung gleichartiger wirtschaftlicher Leistungsfähigkeit unmittelbar aus Art. 3 Abs. 1 GG abzuleiten ist, liegt in der Ungleichbehandlung ein Grundrechtsverstoß.

Unter Berücksichtigung von Ausmaß der Ungleichbehandlung und Schwere der daraus resultierenden Folgen wird deutlich, dass erst recht kein sachlicher Grund ersichtlich ist, welcher die Ungleichbehandlung zu rechtfertigen vermag und in einem angemessenen Verhältnis zu dem Ausmaß der Ungleichbehandlung steht. Es ergibt sich, dass die Ungleichbehandlung weder unter Anlegung des Maßstabs der Willkür und erst recht nicht unter Anwendung des Maßstabs der Verhältnismäßigkeit gerechtfertigt ist.

B. Ergebnis der verfassungskonformen Auslegung

Aus der verfassungskonformen Auslegung geht hervor, dass jegliche Varianten der Auslegung, nach denen nur entweder der Gesellschafter oder der Nießbraucher Mitunternehmer sein können, also eine Mitunternehmerverdoppelung nicht zulässig wäre, gegen Art. 3 Abs. 1 GG verstoßen würden. § 15 Abs. 1 Satz 1 Nr. 2 EStG ist deshalb verfassungskonform so auszulegen, dass mehrere Personen aus demselben Gesellschaftsanteil eine Mitunternehmerstellung erlangen können.

Kapitel 6
Gesamtergebnis und Thesen

A. Gesamtergebnis und Ausblick: Verständnis der Mitunternehmerdoktrin

Wie sich schon im Rahmen der Zweckanalyse andeutete, kann nun konkludiert werden, dass § 15 Abs. 1 Satz 1 Nr. 2 EStG in einem Sinne auszulegen ist, welcher die Möglichkeit bereithält, dass mehrere Personen zugleich Mitunternehmerstellungen aus einem Gesellschaftsanteil erlangen können. Die verfassungskonforme Auslegung führte zu einer Verengung des Spektrums der möglichen Auslegungsvarianten.[876] Nach dieser Verengung verbleibt eine Auslegungsvariante.

§ 15 Abs. 1 Satz 1 Nr. 2 EStG ist so zu verstehen, dass Mitunternehmer ist, wer den Personenverbund steuerlich erheblich mitbeherrscht. Gemäß § 15 Abs. 1 Satz 1 Nr. 2 EStG liegt steuerlich erhebliches Mitbeherrschen dann vor, wenn eine Person hinreichend Mitunternehmerrisiko und -initiative in sich bündelt. Für hinreichend Risiko und Initiative kommt es weder auf eine zivilrechtliche Position noch auf das Innehaben der umfänglichen Herrschaftsrechte, welche dem Gesellschaftsanteil entspringen, an. Ausreichend ist, Rechte und Pflichten innezuhaben, wie sie für einen Kommanditisten nach dem Regelstatut charakteristisch sind. Verleiht ein Gesellschaftsanteil mehreren Personen Rechte und Pflichten, wie sie denen eines Kommanditisten vergleichbar sind, sind sämtliche solche Personen zugleich als Mitunternehmer anzuerkennen. Die Mitunternehmerstellung ist folglich verdoppelbar.

Dem Gesellschafterkriterium des § 15 Abs. 1 Satz 1 Nr. 2 EStG kann somit kein eigener Bedeutungsgehalt zukommen. Da die Möglichkeit der Verdoppelung der Mitunternehmerstellung verfassungsrechtlich zwingend ist, kann Gesellschafter i. S. d. § 15 Abs. 1 Satz 1 Nr. 2 EStG nicht beispielsweise eindeutig in einem zivilrechtlichen Sinne verstanden werden oder unter Anwendung des § 39 Abs. 1, 2 Nr. 1 Satz 1 AO bestimmt werden. Maßgeblich für die Mitunternehmerstellung sind

876 Siehe zu den Auslegungsvarianten, welche noch vor der verfassungskonformen Auslegung denkbar waren oben S. 181 f.

ausschließlich hinreichend Risiko und Initiative, wie sie einen Unternehmer ausmachen. Das Gesellschafterkriterium des § 15 Abs. 1 Satz 1 Nr. 2 EStG kann deshalb höchstens als Verdeutlichung der Voraussetzung „wie ein Unternehmer", also Rechte und Pflichten wenigstens wie ein Kommanditist, angesehen werden. Ein eigener Bedeutungsgehalt des Gesellschafterkriteriums würde daraus freilich nicht folgen.

Die obig aufgezeigten, im Schrifttum angestellten Überlegungen,[877] eine Mitunternehmerstellung des Nießbrauchers aus einem anderen rechtlichen Ursprung zu konstruieren, sind somit abzulehnen. Richtigerweise verleiht der Gesellschaftsanteil auch bei der Schenkung eines Personengesellschaftsanteils unter Nießbrauchsvorbehalt dem Nießbraucher eine Mitunternehmerstellung, soweit der Nießbraucher hinreichend Initiative hat und hinreichend Risiko trägt.

Im Lichte dieses Verständnisses der Mitunternehmerdoktrin ist eine mögliche Anwendung der neuen Methodik des BFH zur Bestimmung der Mitunternehmerstellung auch auf Nießbrauchskonstellationen abzulehnen. Eine Bestimmung der Mitunternehmerstellung in Nießbrauchsfällen unter Heranziehung des § 39 Abs. 1, 2 Nr. 1 Satz 1 AO stünde nicht im Einklang mit den dogmatischen Grundsätzen der Zurechnung mitunternehmerschaftlicher Einkünfte. Zudem führt eine Anwendung des § 39 Abs. 1, 2 Nr. 1 Satz 1 AO im Rahmen des § 15 Abs. 1 Satz 1 Nr. 2 EStG zu einem Verstoß gegen das Verbot der Mehrfachzurechnung von Wirtschaftsgütern und zu Wertungsfriktionen zwischen Steuergesetzen. Ebenfalls würde eine Auslegung der Mitunternehmerdoktrin, nach welcher die Verdoppelbarkeit abgelehnt wird, gegen Art. 3 Abs. 1 GG verstoßen.

Wer Mitunternehmer ist, richtet sich maßgeblich nach hinreichend Mitunternehmerrisiko und -initiative. § 39 Abs. 1, 2 Nr. 1 Satz 1 AO ist für die Bestimmung der Mitunternehmerstellung nicht maßgeblich.

Einzig für die praktische Ermittlung eines Teils der Mitunternehmer könnte § 39 Abs. 1, 2 Nr. 1 Satz 1 AO indiziell und ohne Anspruch auf Exklusivität herangezogen werden. Dass der nach § 39 Abs. 1, 2 Nr. 1 Satz 1 AO bestimmte steuerrechtliche Gesellschafter hinreichend Mitunternehmerrisiko und -initiative aufweist, ist nämlich überaus wahrscheinlich. Die nach § 39 Abs. 1, 2 Nr. 1 Satz 1 AO ermittelte Person

877 Siehe zu diesen Konstruktionsversuchen oben S. 47 ff.

müsste sodann dahingehend überprüft werden, ob sie hinreichend Risiko und Initiative in sich bündelt. Freilich müssten daneben sämtliche anderen Subjekte, die hinreichend Risiko und Initiative in sich bündeln, ermittelt und als Mitunternehmer anerkannt werden.

B. Thesen

I. Maßgeblich für die Annahme oder Ablehnung der Verdoppelbarkeit der Mitunternehmerstellung ist die Art und Weise, wie das Kriterium der Gesellschafterstellung i. S. d. § 15 Abs. 1 Satz 1 Nr. 2 EStG verstanden wird. Kann nur eine Person Gesellschafter sein, kommt auch nur diese Person als Mitunternehmer in Betracht. Können hingegen mehrere Personen Gesellschafter sein, kommen sämtliche dieser Personen als Mitunternehmer in Betracht.

II. Beginnend mit der Einfügung der Mitunternehmerdoktrin in das REStG 1920 bis zu der im Jahr 2015 eingeleiteten Rechtsprechungsmodifizierung beurteilte die Rechtsprechung das Vorliegen einer Mitunternehmerstellung ausschließlich nach dem Vorhandensein von Mitunternehmerrisiko und -initiative. Der Gesellschafterstellung gemäß § 15 Abs. 1 Satz 1 Nr. 2 EStG wurde kein eigener Bedeutungsgehalt beigemessen. Die Mitunternehmerstellung war nach dieser Konzeption verdoppelbar, so dass sowohl Nießbraucher als auch Gesellschafter die Mitunternehmerstellung aus einem Gesellschaftsanteil innehaben konnten.

III. Ab dem Jahr 2015 modifizierte der BFH seine Rechtsprechung hinsichtlich der Voraussetzungen einer Mitunternehmerstellung. Mitunternehmer könne zumindest im Kontext der (unentgeltlichen) Übertragung eines Personengesellschaftsanteils nur noch sein, wer sowohl Mitunternehmerrisiko als auch -initiative innehabe und darüber hinaus Gesellschafter i. S. d. § 15 Abs. 1 Satz 1 Nr. 2 EStG sei. Welche Person Gesellschafter ist, bestimme sich gemäß § 39 Abs. 1, 2 Nr. 1 Satz 1 AO. Dafür sei zunächst festzustellen, wem der Gesellschaftsanteil gemäß § 39 Abs. 1 AO zuzurechnen ist. Anschließend sei zu prüfen, ob der so ermittelte Gesellschafter auch jeweils einen Grad an Mitunternehmerinitiative und -risiko in sich vereint. Sofern dies der Fall ist, ist der so bestimmte Gesellschafter auch Mitunternehmer. Sofern dies nicht der Fall ist, müsse weiter geprüft werden, ob eine andere Person Initiative und Risiko vollständig in sich bündele und somit Gesellschafter gemäß § 39 Abs. 2 Nr. 1 Satz 1 AO sei. Denn grundsätzlich könne an einem Gesellschaftsanteil auch nur eine Mitunternehmerstellung begründet werden.

IV. Würde die neue Konzeption der Rechtsprechung zur Bestimmung der Mitunternehmerstellung zumindest im Rahmen von (unentgeltlichen) Übertragungen von Personengesellschaftsanteilen auch auf Nießbrauchsfälle angewendet, würde daraus für die Schenkung eines Personengesellschaftsanteils unter Nießbrauchsvorbehalt folgen, dass jeweils der beschenkte zivilrechtliche Gesellschafter die einzige Mitunternehmerstellung aus dem Gesellschaftsanteil erlangen würde. Vorbehaltlich einer Mitunternehmerstellung des Nießbrauchers anderen rechtlichen Ursprungs würde der Gesellschafter sämtliche auf den Gesellschaftsanteil entfallenden Wertzuwächse erzielen und zu versteuern haben.

V. Im Schrifttum besteht ein breites Spektrum an Meinungen hinsichtlich des Bedeutungsgehalts, welcher der Gesellschafterstellung i. S. d. § 15 Abs. 1 Satz 1 Nr. 2 EStG beizumessen ist. Hervorzuheben ist, dass die neue Methodik der Rechtsprechung über die Bestimmung der Mitunternehmerstellung zumindest im Kontext der (unentgeltlichen) Übertragung von Personengesellschaftsanteilen, nach welcher die Gesellschafterstellung unter Anwendung des § 39 Abs. 1, 2 Nr. 1 Satz 1 AO zu ermitteln ist, im Schrifttum kaum auf Zustimmung stößt.

VI. Die Auslegung des § 15 Abs. 1 Satz 1 Nr. 2 EStG im Hinblick auf das Gesellschafterkriterium, um Aufschluss über die Frage der Verdoppelbarkeit der Mitunternehmerstellung zu erlangen, führte zu folgenden Erkenntnissen:

1. Die Auslegung des Wortlauts des § 15 Abs. 1 Satz 1 Nr. 2 EStG ist nicht hinreichend ergiebig, so dass eindeutige Erkenntnisse hinsichtlich der Verdoppelbarkeit der Mitunternehmerstellung nicht erlangt werden konnten.

2. Aus der Historie ist ableitbar, dass die Mitunternehmerstellung nach wirtschaftlichen Kriterien und autonom steuerrechtlich zu bestimmen ist. Der Gesetzgeber grenzte die maßgeb-

lichen wirtschaftlichen Kriterien jedoch nur schemenhaft ein. Eine Beteiligung ohne Verlustrisiko reiche nicht aus, eine Beteiligung als Kommanditist hingegen schon. Als Anhaltspunkt kann aus dem gesetzgeberischen Willen, die wirtschaftlichen Begebenheiten zielgenau zu erfassen, allerdings geschlossen werden, dass auch mehrere Mitunternehmerstellungen aus einem Gesellschaftsanteil anzuerkennen sein müssten, soweit sich die Beteiligten jeweils durch eine wirtschaftliche Stellung wie ein Unternehmer auszeichnen.

3. Aus § 15 Abs. 1 Satz 1 Nr. 2 Satz 2 EStG kann nicht geschlossen werden, ob der Gesetzgeber von der Möglichkeit einer Verdoppelbarkeit der Mitunternehmerstellung *ex lege* ausgeht. Ein systematischer Vergleich des mittelbar über eine Personenhandelsgesellschaft beteiligten Gesellschafters mit dem Nießbraucher an einem Personengesellschaftsanteil liefert zwar vernünftige Gründe dafür, dass auch der Nießbraucher als Mitunternehmer anzusehen sein sollte. Ein dahingehender Wille des Gesetzgebers ist jedoch nicht positiv feststellbar.

4. Auch aus dem Telos ergibt sich, dass die Mitunternehmerstellung autonom steuerrechtlich zu bestimmen ist. Die Zwecke des § 15 Abs. 1 Satz 1 Nr. 2 EStG sind zu identifizieren und durch eine entsprechende Auslegung bestmöglich umzusetzen. Als Primärzweck verfolgt § 15 Abs. 1 Satz 1 Nr. 2 EStG die Erfassung finanzieller Leistungsfähigkeit. Inwiefern sich eine solche Leistungsfähigkeit jedoch konkret zeigt, ergibt sich nicht aus dem Telos der Norm.

4. Der Ausdruck der Leistungsfähigkeit, die § 15 Abs. 1 Satz 1 Nr. 2 EStG zu erfassen bezweckt, konnte anhand systematischer Ableitungen näher konkretisiert werden. Im Ausgangspunkt war zu ergründen, welchem Subjekt mitunternehmerschaftliche Einkünfte zuzurechnen sind.

a) Grundlegend wurde – hinsichtlich der Einkünftezurechnung bei nicht gemeinschaftlich generierten Erwerbseinkünften – herausgearbeitet, dass Einkünfte demjenigen Subjekt zuzurechnen sind, welches sie erzielt. Das Erzielen ist gleichzusetzen mit der Erfüllung eines Einkünftetatbestandes. Den Einkünftetatbestand erfüllt, wer die Leistungserstellung am Markt beherrscht. Die Modalitäten des Beherrschens verleihen der Einkünftezurechnung greifbare Konturen. Die Leistungserstellung beherrscht, wer die Tätigkeitskomponente und, sofern der Tatbestand eine solche vorsieht, auch die Dispositionskomponente beherrscht. Beherrschen der Dispositionskomponente ergibt sich zumindest auf der Grundlage von rechtlichen Befugnissen. Rechtliche Befugnisse sind nur in einem solchen Umfang erforderlich, wie sie für die entsprechende Leistungserstellung notwendig sind. Grundsätzlich ist dafür weder eine zivilrechtliche Stellung beispielsweise als zivilrechtlicher Eigentümer noch eine umfassende Position im Sinne des § 39 Abs. 2 Nr. 1 Satz 1 AO erforderlich.

Im Ergebnis wird somit den Erkenntnissen von *Ruppe* gefolgt. Der Begründung von *Ruppe* wird jedoch nicht gefolgt. Stattdessen wurden die obigen Erkenntnisse von Grund auf neu hergeleitet.

b) Auch für mitunternehmerschaftliche Einkünfte gilt, dass die Erfüllung des Einkünftetatbestandes mit dem Erzielen der Einkünfte gleichzusetzen ist. Den Einkünftetatbestand erfüllt bei mitunternehmerschaftlichen Einkünften aber – anders als bei nicht-gemeinschaftlich erwirtschafteten Einkünften – nicht dieses Subjekt, welches die Leistungserstellung am Markt beherrscht. Zum einen folgt dies schon daraus, dass § 15 Abs. 1 Satz 1 Nr. 2 EStG nicht die Leistungserstellung am Markt als Tatbestandsvoraussetzung normiert, und darüber hinaus beherrscht auch nicht der Mitunternehmer die Leistungserstellung, sondern der Personenverbund. Den Tatbestand des § 15 Abs. 1 Satz 1 Nr. 2 EStG erfüllt stattdessen derjenige, der den Personenverbund steuerlich erheblich mitbeherrscht. § 15 Abs. 1 Satz 1 Nr. 2 EStG normiert, dass eine Person dann steuerlich erheblich mitbeherrscht, wenn sie hinreichend Mitunternehmerrisiko und -initiative innehat. Da die Charakteristika des Beherrschens der Leistungserstellung auch für die steuerlich erhebliche Mitbeherrschung des Personenverbundes gelten, kommt es für hinreichend Initiative und Risiko weder auf eine zivilrechtliche Position noch auf eine Stellung i. S. d. § 39

Abs. 2 Nr. 1 Satz 1 AO an. Ausreichend ist, Rechte und Pflichten zu haben, welche diesen eines Kommanditisten nach dem Regelstatut gleichen. Verleiht ein Gesellschaftsanteil mehreren Personen Rechte und Pflichten vergleichbar mit denen eines Kommanditisten, sind sämtliche solche Personen als Mitunternehmer anzuerkennen.

c) Aus der systematischen Auslegung ergibt sich darüber hinaus, dass § 39 Abs. 1, 2 Nr. 1 Satz 1 AO nicht für die Bestimmung von Mitunternehmern herangezogen werden darf. Eine Anwendung des § 39 Abs. 1, 2 Nr. 1 Satz 1 AO im Rahmen des § 15 Abs. 1 Satz 1 Nr. 2 EStG würde insbesondere zu Wertungsfriktionen zwischen den Steuergesetzen führen.

VII. § 15 Abs. 1 Satz 1 Nr. 2 EStG ist verfassungskonform so auszulegen, dass mehrere Personen aus demselben Gesellschaftsanteil eine Mitunternehmerstellung erlangen können. Jegliche Varianten der Auslegung, nach denen nur entweder der Gesellschafter oder der Nießbraucher Mitunternehmer sein können, also eine Mitunternehmerverdoppelung nicht zulässig ist, verstoßen gegen Art. 3 Abs. 1 GG.

VIII. Das übergeordnete Erkenntnisziel, die Frage nach der Verdoppelbarkeit der Mitunternehmerstellung, ist folglich so zu beantworten, dass die Mitunternehmerschaft verdoppelbar ist. Sofern zwei Personen aus einem Gesellschaftsanteil Risiko und Initiative wie ein Kommanditist erlangen, müssen beide zugleich als Mitunternehmer zu qualifizieren sein. Eine Ablehnung der Verdoppelbarkeit verstieße gegen die Verfassung.

IX. Dem Gesellschafterkriterium des § 15 Abs. 1 Satz 1 Nr. 2 EStG kommt kein eigener Bedeutungsgehalt zu. Da die Mitunternehmerverdoppelbarkeit verfassungsrechtlich zwingend ist, kann Gesellschafter i. S. d. § 15 Abs. 1 Satz 1 Nr. 2 EStG nicht beispielsweise eindeutig zivilrechtlich oder wirtschaftlich i. S. d. § 39 Abs. 2 Nr. 1 Satz 1 AO verstanden werden.

X. Eine mögliche Anwendung der neuen Methodik der Rechtsprechung seit 2015 auch auf Nießbrauchskonstellationen ist abzulehnen. § 39 Abs. 1, 2 Nr. 1 Satz 1 AO ist weder hinsichtlich der Bestimmung des Mitunternehmers als solchem noch für die Bestimmung der Gesellschafterstellung i. S. d. § 15 Abs. 1 Satz 1 Nr. 2 EStG heranzuziehen. Für die Zurechnung mitunternehmerschaftlicher Einkünfte ist nicht erforderlich, dass eine Position als zivilrechtlicher Gesellschafter besteht oder dass sämtliche Herrschaftsrechte innegehabt werden. Darüber hinaus würde eine Ablehnung der Verdoppelbarkeit der Mitunternehmerstellung gegen Art. 3 Abs. 1 GG verstoßen.

Literaturverzeichnis

Akram, Juja: Vorbehaltsnießbrauch an Personengesellschaften, ErbStB 2021, 310–314

Altendorf, Klaus, Der Vorbehaltsnießbrauch am Kommanditanteil: ein Update, GmbH-StB 2018, 256–263

Altmeppen, Holger: Kernbereichslehre, Bestimmtheitsgrundsatz und Vertragsfreiheit in der Personengesellschaft, NJW 2015, 2065–2071

Bach, Stefan: Die Perspektiven des Leistungsfähigkeitsprinzips im gegenwärtigen Steuerrecht, StuW 1991, 116–135

Baier, Manfred: Das Verhältnis von Gesellschaft und Mitunternehmerschaft in § 15 Abs. 1 Nr. 2 EStG, FR 1986, 309–31

Ball, Kurt Jacob: Steuerrecht und Privatrecht, Mannheim/Berlin/Leipzig 1924

Baumbach, Adolf (Begr.)/*Hopt, Klaus J./Kumpan, Christoph/Leyens, Patrick C.* et al. (Hrsg.): Handelsgesetzbuch, 40. Aufl., München 2021

Bauschatz, Peter: „Rückwirkende" Änderung der Ergebnisverteilung bei gewerblichen Personengesellschaften, FR 2005, 1230–1236

Bayer, Hermann-Wilfried: Der Stufenbau des Steuertatbestandes, FR 1985, 337–344

Becker, Enno/Riewald, Alfred/Koch, Carl: Reichsabgabenordnung mit Nebengesetzen, Band 1, Köln/Berlin/Bonn et al. 1963

Becker, Jürgen: Der „Grundsatz der Individualbesteuerung" im deutschen Einkommensteuerrecht, Münster 1970

BeckOK-EStG: *Kirchhof, Gregor/Kulosa, Egmont/Ratschow, Eckart (Hrsg.):* Beck'scher Online Kommentar EStG, 21. Edition, Stand: 01.04.2025, München 2025

BeckOGK-BGB: *Gsell, Beate/Krüger, Wolfgang/Lorenz, Stephan* et al. (Hrsg.): beck-online.Grosskommentar zum Zivilrecht, Stand: 01.06.2025, München 2025

BeckOK-BGB: *Hau, Wolfgang/Poseck, Roman* (Hrsg.): Beck'scher Online Kommentar BGB, 75. Edition, Stand: 01.08.2025, München 2025

BeckOK-GG: *Epping, Volker/Hillgruber, Christian* (Hrsg.): Beck'scher Online Kommentar GG, 62. Edition, Stand 15.06.2025 München 2025

Beinert, Jörg: Familienkapitalgesellschaften im Zivil- und Steuerrecht, StbJb 1978/79, 269–299

Beisse, Heinrich: Die paradigmatischen GoB, in: Gesellschaftsrecht Rechnungslegung Steuerrecht Festschrift für Welf Müller zum 65. Geburtstag, S. 731–753, München 2001

Ders.: Die wirtschaftliche Betrachtungsweise bei der Auslegung der Steuergesetze in der neueren deutschen Rechtsprechung, StuW 1981, 1–14

Best, Michael: Einkünftequalifikation und Gewinnermittlung bei Personengesellschaften. Ein Beitrag zur Personengesellschaft als partielles Steuerrechtssubjekt, DStR 1991, 1545–1548

Beuthien, Volker: Die Gesamthand – was ist das eigentlich? – Die kühle Antwort des BGB –, ZGR 2019, 664–701

Biergans, Enno/Stockinger, Roland: Zum Einkommensbegriff und zur persönlichen Zurechnung von Einkünften im Einkommensteuerrecht (II), FR 1982, 25–33

Biergans, Enno: Einkommensteuer, 6. Aufl., München/Wien 1992

Biermann, Johannes: Sachenrecht, 3. Aufl., Berlin 1914

Binding, Karl: Handbuch des Strafrechts, Band 1, Leipzig 1885

Birk, Dieter (Begr.)/*Desens, Marc/Tappe, Henning* (Hrsg.), Steuerrecht, 27. Aufl., Heidelberg 2024

Birk, Dieter: Das Leistungsfähigkeitsprinzip als Maßstab der Steuernormen, Köln 1983

Blaurock, Uwe: Unterbeteiligung und Treuhand an Gesellschaftsanteilen, Baden-Baden 1981

Blümich, Walter (Begr.)/*Brandis, Peter/Heuermann, Bernd* (Hrsg.): Ertragsteuerrecht, 176. Lieferung, Stand: 04.2025, München 2025

Bodden, Guido: Einkünftequalifikation bei Mitunternehmern, Aachen 2001

Boethke, Wilhelm: Steuerrecht und Privatrecht in der Rechtsprechung des Reichsfinanzhofs, StuW 1928, 1203–1216

Boettcher, Enno: Zur Mitunternehmerschaft als Institut des Einkommensteuerrechts, StuW 1965, 35–58

Borggräfe, Joachim: Die steuerrechtliche Zurechnung von Erträgen bei einer Nießbrauchsbestellung an Wertpapieren, DStR 1978, 627–634

Bossmann, Julia: Die Existenz der doppelten Mitunternehmerstellung – Bedeutung des Obiter Dictums im BFH-Urteil v. 19.7.2018 – IV R 10/17 für die steuerliche Nachfolgeoptimierung, DStR 2021, 2217–2222

Böttcher, Conrad: Zum Wirtschafts- und Steuerrecht der Familienunternehmen, StbJB 1953/54, 239–288

Brönner, Herbert: Die Besteuerung der Gesellschaften, 15. Aufl., Stuttgart 1984

Buchner, Herbert: Zur rechtlichen Struktur der Personengesellschaften, AcP 1969, 483–512

Bunjes, Johann/Geist, Reinhold (Begr.)/*Brandl, Harald/Heinder, Hans-Hermann/Korn, Christian* et al. (Hrsg.): Umsatzsteuergesetz Kommentar, 24. Aufl., München 2025

Bunke, Erwin: Der Nießbrauch an der Beteiligung an einer Personalgesellschaft, DNotZ 1968, 5–19

Canaris, Claus-Wilhelm: Systemdenken und Systembegriff in der Jurisprudenz, Band 1, Berlin 1969

Carlé, Dieter (Begr.)/*Korn, Klaus/Stahl, Rudolf* et al. (Hrsg.): Einkommensteuergesetz Kommentar, 1. Aufl. 2000, 161. Lieferung, Stand: 06.2025, Bonn 2025

Comes, Heinrich: Der Ausschluß vom Stimmrecht im Recht der Offenen Handelsgesellschaft (I), DB 1974, 2189–2195

Cordes, Albrecht: Die Gesellschaft bürgerlichen Rechts auf dem Weg zur juristischen Person?, JZ 1998, 545–552

Costede, Jürgen: Mitunternehmerschaft und Betriebsaufspaltung bei der GmbH & Still – Dogmatische und methodische Probleme des einkommensteuerlichen Dualismus –, StuW 1977, 208–222

Crezelius, Georg: Steuerrechtliche Rechtsanwendung und allgemeine Rechtsordnung, Herne/Berlin 1983

Crome, Carl: System des Deutschen Bürgerlichen Rechts, Band 3, Tübingen 1905

Danz, Daniela: Das Subjektsteuerprinzip in der Einkommensteuer, Göttingen 2017

Danzer, Jürgen: Die Steuerumgehung, Köln 1981

Demuth, Ralf: Vorbehaltsnießbrauch am ertragsteuerrechtlichen Betriebsvermögen, MittBayNot 2020, 408–414

Desens, Marc: Die Verwirklichung des Leistungsfähigkeitsprinzips als Maßstab der Steuernormen in der Rechtsprechung des BVerfG, StuW 2016, 240–255

Döllerer, Georg: Die Maßgeblichkeit des Zivilrechts für das Ertragsteuerrecht in der neueren Rechtsprechung des Bundesfinanzhofs, JbFSt 1986/87, 37–54

Ders.: Die Steuerbilanz der Personenhandelsgesellschaft als konsolidierte Bilanz einer wirtschaftlichen Einheit, DStZ/A 1974, 211–220

Ders.: Neuere Entwicklungen im Steuerrecht der Personengesellschaft, DStZ/A 1976, 435–441

Ders.: Rechtsbeziehungen zwischen der Personenhandelsgesellschaft und ihren Gesellschaftern in der Steuerbilanz, in: Festschrift für Werner Flume zum 70. Geburtstag, S. 43–54, Köln 1978

Ders.: Zur Realteilung bei Personenhandelsgesellschaften – Anmerkungen zu dem BFH-Urteil vom 19. Januar 1982 VIII R 21/77 –, DStZ 1982, 267–272

Dornbach, Eike-Goetz: Die Mitunternehmereigenschaft eines Gesellschafters aus gesellschaftsrechtlicher und steuerlicher Sicht, Bonn 1975

Ders.: Die Mitunternehmereigenschaft eines Gesellschafters aus gesellschaftsrechtlicher und steuerrechtlicher Sicht, StuW 1976, 116–131

Düringer, Adelbert/Hachenburg, Max (Begr.)/*Geiler, Karl* (Hrsg.): Das Handelsgesetzbuch vom 10. Mai 1897 (mit Ausschluß des Seerechts) auf der Grundlage des Bürgerlichen Gesetzbuchs
– Band 2.1, 3. Aufl., Mannheim/Berlin/Leipzig 1932
– Band 2.2, 3. Aufl., Mannheim/Berlin/Leipzig 1932

E/B/J/S-HGB: *Ebenroth, Carsten T./Boujong, Karlheinz/Joost, Detlev* (Begr.)/*Strohn, Lutz* (Hrsg.): Handelsgesetzbuch
– Band 1, §§ 1–342e HGB, 4. Aufl. München 2020

Ehlers, Ernst-August: Übertragung von Einkunftsquellen, Nießbrauch, Freiburg 1990

Ehrenberg, Victor: Das Recht des Schiffsgläubigers. Sein Inhalt und seine juristische Natur, in: Festgabe der Göttinger Juristen-Fakultät für Ferdinand Regelsberger zum siebzigsten Geburtstage, S. 1–56, Leipzig 1901

Eibelshäuser, Manfred: Wirtschaftliche Betrachtungsweise im Steuerrecht – Herkunft und Bedeutung, DStR 2002, 1426–1431

Enneccerus, Ludwig/Kipp, Theodor/Wolff, Martin: Lehrbuch des bürgerlichen Rechts, Band 1.1, Marburg 1911

Epping, Volker: Grundrechte, 9. Aufl., Berlin 2021

Erman, Walter (Begr.)/*Grunewald, Barbara/Maier-Reimer, Georg/Westermann, Harm Peter* (Hrsg.): Bürgerliches Gesetzbuch, 16. Aufl., Köln 2020

Esch, Günter (Begr.)/*Baumann, Wolfgang/Schulze zur Wiesche, Dieter* (Hrsg.): Handbuch der Vermögensnachfolge, 7. Aufl., Berlin 2009

Esser, Klaus: Mitarbeitende Kommanditisten und stille Gesellschafter im Steuerrecht, Köln 1978

Felix, Günther/Carlé, Dieter: Entscheidungsfreiheit der einzelnen Gesellschafter über die Betriebsaufgabeerklärung bei Betriebsverpachtung durch die Personengesellschaft, StuW 1972, 41–44

Fichtelmann, Helmar: Nießbrauch am Gewinnstammrecht?, FR 1977, 244–247

Finger, Peter: Der Nießbrauch am Gesellschaftsanteil einer Personengesellschaft, DB 1977, 1033–1040

Fischer, Clemens: Die Rechtfertigung einer Umsatzbesteuerung und ihre Vereinbarkeit mit den Grundrechten, Frankfurt am Main 2007

Fischer, Michael: Nießbrauch am Gesellschaftsanteil im (Einkommen-) Steuerrecht, DStR 2025, 1392–1403

Fischer, Peter: „Faktisches", „Verdecktes" und die subjektive Zurechnung von Einkünften, FR 1998, 813–821

Fischer, Robert: Neue Wege im Recht der Personengesellschaften? Eine Besprechung des Buches „Die Personengesellschaft" von Werner Flume, ZGR 1979, 251–272

Fleck, Hans-Joachim: Stimmrechtsabspaltung in der GmbH?, in: Festschrift für Robert Fischer, S. 107–129, Berlin/New York 1979

Florstedt, Tim: Anteilszurechnung und Alternativität – Zugleich zur Frage der Legalität einer mehrfachen Erstattung einmal gezahlter Kapitalertragsteuer bei „Cum-ex"-Geschäften, FR 2016, 641–651

Ders.: Stand und Entwicklung der steuerrechtlichen Mitunternehmerdoktrin, Berlin 2015

Flößer, Rudolf: Die Zurechnung der Einkünfte beim Niessbrauch am Anteil einer Personengesellschaft, Bad Honnef 1979
Flume, Werner: Allgemeiner Teil des Bürgerlichen Rechts, Band 1.1, Berlin/Heidelberg 1977
Ders.: Gesellschaft und Gesamthand, ZGR 1972, 177–207
Ders.: Steuerwesen und Rechtsordnung, in: Rechtsprobleme in Staat und Kirche Festschrift für Rudolf Smend, S. 61–79, Göttingen 1952
Foerster, Max: Die Zuordnung der Mitgliedschaft, Tübingen 2018
Forkel, Hans: Gebundene Rechtsübertragungen, Band 1, Köln 1977
Frank, Johann: Der Nießbrauch an Gesellschaftsanteilen, MittBayNot 2010, 96–104
Freundlieb, Rolf: Die Mitunternehmerschaft bei verdecktem (faktischem) Gesellschaftsverhältnis, StBp 1986, 1–5
Fuisting, Bernhard (Hrsg.): Die preussischen direkten Steuern
– Band 1: Einkommensteuergesetz, 1. Hälfte, 8. Aufl., Berlin 1915 (Mitherausgeber dieses Bandes: *Strutz, Georg*)
Geiler, Karl: Steuerrecht und Privatrecht, StuW 1927, 498–523
Geschwendtner, Hubertus: Die atypisch stille Gesellschaft als beschränkt rechtsfähiges Steuerrechtssubjekt im Einkommensteuerrecht, DStZ 1998, 335–344
Goebel, Joachim: Der Nießbrauch an Personengesellschaftsanteilen, Berlin 2004
Görgen, Andreas: Mitunternehmerstellung nach § 15 Abs. 1 Satz 1 Nr. 2 EStG, DStZ 2020, 607–619
Götz, Helmut/Jorde, Thomas: Nießbrauch an Personengesellschaftsanteilen – Praxisprobleme, FR 2003, 998–1006
Götz, Helmut: Ende der doppelten Mitunternehmerstellung bei Übertragung eines Mitunternehmeranteils unter Nießbrauchsvorbehalt?, FR 2019, 605–608
Ders.: Zivilrechtliche und steuerliche Sonderzuordnung des Gesellschafts-anteils bei Bestellung eines Quotennießbrauchs am Anteil einer Personengesellschaft?, ZEV 2014, 241–244
Grashoff, Dietrich/Mach, Holger, Grundzüge des Steuerrechts, 16. Aufl., München 2023
Groh, Manfred: Die Kriterien der Mitunternehmerschaft, BB 1982, 1229–1234
Ders.: Die wirtschaftliche Betätigung im rechtlichen Sinne, StuW 1989, 227–231
Grosse, Hendrik: Einheitlichkeit der Mitgliedschaft in einer Personengesellschaft, GmbH-StB 2021, 192–197
Grüneberg, Christian/Ellenberger, Jürgen/Götz, Isabell (Hrsg.): Bürgerliches Gesetzbuch, 82. Aufl., München 2023
Grunewald, Barbara: Gesellschaftsrecht, 11. Aufl., Tübingen 2020

Haas, Franz Josef: Aktuelle praxisnahe Hinweise zur Übertragung von Einkunftsquellen und Einkommensverteilung im familiären Bereich, DStZ/A 1979, 18–28

Habersack, Mathias: Zur Rechtsnatur der Gesellschaft bürgerlichen Rechts – BAG, NJW 1989, 3034, NJW 1990, 179–184

Ders.: Die Mitgliedschaft – subjektives und „sonstiges" Recht, Tübingen 1996

Hadding, Walther: Verfügungen über Mitgliedschaftsrechte, in: Festschrift für Ernst Steindorff zum 70. Geburtstag am 13. März 1990, S. 31–44, Berlin/New York 1990

Hallerbach, Dorothee: Die Personengesellschaft im Einkommensteuerrecht, München 1999

Harders, Dirk: Nießbrauch am Kommanditanteil – Rechtsfolgen, zwingendes Recht und seine Ausgestaltung, Bonn 2002

Hassemer, Winfried: Tatbestand und Typus, Köln/Berlin/Bonn et al. 1968

Hauck, Ronny: Nießbrauch an Rechten, Tübingen 2015

Heck, Philipp: Grundriß des Sachenrechts, Tübingen 1930

Helsper, Helmut: Chaotisierung der Steuerrechtsordnung als Folge eines verfehlten Zusammenspiels von politischer Führung und juristischer Expertenkompetenz, BB 1995, 17–25

Hennerkes, Brun-Hagen/Binz, Mark: Das Ende der Faktischen Mitunternehmerschaft – ein Monster des Steuerrechts hat sich überlebt, DB 1985, 1307–1311

Hensel, Albert: Zur Dogmatik es Begriffs „Steuerumgehung"., in: Bonner Festgabe für Ernst Zitelmann zum fünfzigjährigen Doktorjubiläum, München/Leipzig 1923

Henssler, Martin/Strohn, Lutz: Gesellschaftsrecht
– 5. Aufl., München 2021
– 6. Aufl., München 2024

Hepp-Schwab, Hermann: Die Mitgliedschaft des Personengesellschafters und der Nießbrauch an seinem Gesellschaftsanteil, Berlin 1998

Hermanns, Marc: Bestimmtheitsgrundsatz und Kernbereichslehre – Mehrheit und Minderheit in der Personengesellschaft – zugleich Anmerkung zu BGH ZIP 1994, 1942 –, ZGR 1996, 103–115

Ders.: Der Nießbrauch am Gesellschaftsanteil – zugleich Anmerkung zur Entscheidung des BGH vom 9. 11. 1998 –, MittRhNotK 1999, 235–238

Ders.: Unverzichtbare Mitverwaltungsrechte des Personengesellschafters, Köln/Berlin 1993

Hermes, Ludger, Das mitunternehmerische Nießbrauchrecht als Mitunternehmeranteil besonderer Art, FR 2019, 852–856

Ders.: Das mitunternehmerische Nießbrauchrecht im steuerrechtlichen Wandel? Zugleich Anmerkung zum BFH-Urteil vom 6.11.2019 – II R 34/16, BB 2020, 611, BB 2020, 1818–1824

Ders.: Das Nießbrauchsrecht an Mitgliedschaften im Gesellschafts-, Bilanz- und Steuerrecht, Baden-Baden 2018

Ders.: Das mitunternehmerische Nießbrauchsrecht und das Problem der Mitunternehmerverdoppelung, Ubg 2018, 566–573

Ders.: Die Innengesellschaft als Gestaltungsinstrument für ein – mitunternehmerisches Nießbrauchrecht, DStR 2019, 1777–1784

Herrmann/Heuer/Raupach, EStG/KStG: *Mrozek, Alfons/Kennerknecht, Albert* (Begr.)/*Hey, Johanna/Klein, Martin/Wendt, Michael* (Hrsg.): Einkommensteuer- und Körperschaftsteuergesetz Kommentar, 333. Lieferung, Stand: 06.2025, Köln 2025

Herzog, Roman: Steuer- und Finanzpolitik im geeinten Deutschland – die Sicht des Bundesverfassungsgerichts –, in: Steuer- und Finanzpolitik im geeinten Deutschland und in Europa. Referate und Protokolle vom VI. Deutscher Steuerzahlerkongreß 1991, Bonn 1991

Hey, Johanna: Das Individualsteuerprinzip in Einkommen-, Körperschaft- und Gewerbesteuer, in: Gedächtnisschrift für Christoph Trzaskalik, S. 219–237, Köln 2005

Ders.: Der Gleichheitssatz im Steuerrecht, FR 2020, 578–586

Heyll, Ulrich: Zur unternehmerspezifischen Rechtssubjektivität von Personengesellschaften im Einkommensteuerrecht, Berlin 1982

Hochheim, Stephanie/Wagenmann, Iris: Der Vorbehaltsnießbrauch am Kommanditanteil und die Mitunternehmerschaft, ZEV 2010, 109–114

Huber, Ulrich: Vermögensanteil, Kapitalanteil und Gesellschaftsanteil an Personalgesellschaften des Handelsrechts, Heidelberg 1970

Hübschmann, Walter/Hepp, Ernst/Spitaler, Armin (Begr.)/*Söhn, Hartmut/Heuermann, Bernd/Wolfgang, Hans-Michael* (Hrsg.): Abgabenordnung Finanzgerichtsordnung, 10. Aufl., 287. Lieferung, Stand: 07/2025, Köln 2025

Hueck, Alfred: Das Recht der offenen Handelsgesellschaft, 3. Aufl., Berlin 1964

Hueck, Götz: Drei Fragen zur Gesamthandsgesellschaft, in: Festschrift für Wolfgang Zöllner zum 70. Geburtstag, Band 1, S. 275–294, Köln/Berlin/Bonn et al. 1998

Hüffer, Uwe: 100 Bände BGHZ: Personengesellschaftsrecht, ZGR 1987, 396–421

Hummel, David: Entgelt als Bemessungsgrundlage im Umsatzsteuerrecht, UR 2015, 213–223

Huster, Stefan: Gleichheit und Verhältnismäßigkeit. Der allgemeine Gleichheitssatz als Eingriffsrecht, JZ 1994, 541–549

Hutter, Ulrich: Zur steuerlichen Behandlung von Nutzungsrechten an vermieteten Grundstücken, DStZ 1981, 47–53

Hütz, Jürgen: Das wirtschaftliche Eigentum im Urteil des Bundesfinanzhofs, FR 1979, 607–612

Immenga, Ulrich: Die Minderheitsrechte des Kommanditisten, ZGR 1974, 385–426
Jakob, Wolfgang/Hörmann, Norbert: Zur Einkünfteerzielungsabsicht bei gemeinsamer wirtschaftlicher Betätigung, FR 1990, 33–39
Jakob, Wolfgang: Steuern vom Einkommen, Band 1, Stuttgart/Berlin/Köln et al. 1980
Jansen, Rudolf/Jansen, Martin (Begr.)/*Götz, Helmut/Hülsmann, Christoph* (Hrsg.): Der Nießbrauch im Zivil- und Steuerrecht, 12. Aufl., Herne 2019
Janssen, Bernhard: Die sogenannte verdeckte Mitunternehmerschaft, BB 1994, 1758–1760
Janssen, Dirk/Nickel, Jörg R.: Unternehmensnießbrauch. Zivil-, gesellschafts- und steuerrechtliche Gestaltung bei Einzelunternehmen, Personen- und Kapitalgesellschaften, Berlin 1998
Jarass, Hans D./Pieroth, Bodo/Kment, Martin (Hrsg.): Grundgesetz für die Bundesrepublik Deutschland Kommentar, 18. Aufl., München 2024
Jauernig, Othmar/Stürner, Rolf (Hrsg.): Bürgerliches Gesetzbuch, 19. Aufl., München 2023
Johow, Reinhold (Hrsg.): Vorentwürfe der Redaktoren zum BGB, Sachenrecht, Band 2, Berlin/New York 1880 (Nachdruck 1982)
Kahle, Lars-Henrik: Die Beurteilung der Mitunternehmerstellung nach § 15 Abs. 1 Satz 1 Nr. 2 EStG, Ubg 2025, 450–456
Kempermann, Michael: Einheit der Gesellschaft – Vielheit der Gesellschafter – Die Personengesellschaft in einkommen-, gewerbe- und umsatzsteuerlicher Sicht, DStZ 1995, 225–231
Kempny, Simon/Reimer, Philipp: Gleichheitssatzdogmatik heute, Tübingen 2017
Kepper, Philipp: Übertragung von Einzelunternehmen und Anteilen an Personengesellschaften unter Nießbrauchsvorbehalt im Lichte der neueren BFH-Rechtsprechung, NZG 2019, 211–217
Keuk, Brigitte: Die Besteuerung des Gewinns der Personengesellschaft und der Sondervergütungen der Gesellschaft, StuW 1974, 1–49
Kilincsoy, Ege-Aksel: Analyse der Modernisierung des Personengesellschaftsrechts durch das MoPeG, FR 2021, 248–254
Kirchhof, Paul (Begr.)/*Seer, Roman* (Hrsg.): Einkommensteuergesetz Kommentar, 24. Aufl., Köln/Saarbrücken 2025
*Söhn, Hartmut (*Begr.*)/Kirchhof, Paul/Kube, Hanno/Mellinghoff, Rudolf* (Hrsg.): Einkommensteuergesetz, 352. Lieferung, Stand: 06.2025, Heidelberg 2025
Kirchhof, Paul: Besteuerung und Eigentum, VVDStRl 1980, 213–285
Ders.: Der verfassungsrechtliche Auftrag zur Besteuerung nach der finanziellen Leistungsfähigkeit, StuW 1985, 319–329
Ders.: Die Eigenständigkeit der Genossenschaft als Steuerrechtssubjekt, Tübingen 1980

Ders.: Die Kunst der Steuergesetzgebung, NJW 1987, 3217–3226
Ders.: Die Planung der Rechtsnachfolge bei Personengesellschaften am Maßstab des Ertragsteuerrechts, JbFSt 1979, 254–274
Ders.: Rechtsmaßstäbe finanzstaatlichen Handelns, JZ 1979, 153–159
Ders.: Steuergleichheit, StuW 1984, 297–314
Ders.: Steuerumgehung und Auslegungsmethoden, StuW 1983, 173–183
Kirsten, Walter/Matheja, Kurt: Treuhand und Treuhänder im Steuerrecht, 2. Aufl., Herne 1978
Klein, Franz/Orlopp, Gerd (Begr.)/*Gersch, Eva-Maria/Jäger, Markus/Rätke, Bernd* et al. (Hrsg.): Abgabenordnung Kommentar, 18. Aufl., München 2024
Klein, Martin: Internationale Einkünftezurechnung, DStJG 2010, 243–404
Kleindiek, Detlef: Mehrheitsentscheidungen in der Personengesellschaft: Formelle und materielle Legitimation, GmbHR 2017, 674–679
Klink, Heinz G.: Die Mitgliedschaft als „sonstiges Recht" im Sinne des § 823 I BGB, Mainz 1993
Klönne, Werner: Nießbrauch am Anteil einer offenen Handelsgesellschaft, Bonn 1971
Knappenberger, Fritz: Mitunternehmerschaft und Bilanzbündeltheorie, Erlangen-Nürnberg 1967
Kneip, Christoph: Der einkommensteuerrechtliche Mitunternehmer, Stuttgart 1994
Knobbe-Keuk, Brigitte*:* Gesellschaft und Mitunternehmerschaft, StuW 1986, 106–117
Ders., Brigitte: Zur Aufgabe der Geprägerechtsprechung, BB 1985, 473–477
Koenig, Ulrich: Abgabenordnung, 5. Aufl. München 2024
Koller, Ingo/Kindler, Peter/Roth, Wulf-Henning/Drüen, Klaus-Dieter (Hrsg.): Handelsgesetzbuch Kommentar, 10. Aufl., München 2023
Korn, Klaus: Nießbrauch: Steuerfallen und Gestaltungsmöglichkeiten, kösdi 2018, 20597–20611
Kreifels, Max: Nießbrauch am Anteil von Personengesellschaften, in: Freundesgabe für Hans Hengeler zum 70. Geburtstag am 1. Februar 1972, S. 158–166, Berlin, Heidelberg et al. 1972
Kröner, Michael: Verrechnungsbeschränkte Verluste im Einkommensteuerrecht, Wiesbaden 1986
Krüger, Frank: Die vermögensverwaltende Personengesellschaft im Ertragssteuerrecht, Frankfurt am Main 1995
Kruse, Heinrich Wilhelm: Über die Gleichmäßigkeit der Besteuerung, StuW 1990, 322–330
Kruse, Viola: Nießbrauch an der Beteiligung an einer Personengesellschaft, RNotZ 2002, 69–87
Kühn, Rolf/Kutter, Heinz: Abgabenordnung, Finanzgerichtsordnung, 10. Aufl., Stuttgart 1970

Lampenau, Gerhard: Neuere Entwicklung zur steuerlichen Behandlung der Mitunternehmerschaft aus der Sicht des Beraters, StbJb 1982/83, 201–228

Lampert, Steffen: Die Wahl der zutreffenden Vergleichsgruppe bei der Anwendung des allgemeinen Gleichheitssatzes auf grenzüberschreitende Steuersachverhalte, NVwZ 2013, 195–199

Lang, Joachim/Seer, Roman: Die persönliche Zurechnung von Einkünften bei Treuhandverhältnissen, FR 1992, 637–646

Lang, Joachim: Das Einkommensteuergesetz 1975 – Gewinn an Steuergerechtigkeit und Steuervereinfachung? Zugleich eine Abhandlung der sachlichen Änderungen im Einkommensteuerrecht und der neuen Kindergeldregelung, StuW 1974, 293–318

Ders.: Einkommensteuer – quo vadis?, FR 1993, 661–670

Ders.: Prinzipien und Systeme der Besteuerung von Einkommen, DStJG 2001, 48–133

Larenz, Karl: Allgemeiner Teil des Deutschen Bürgerlichen Rechts, 2. Aufl., München 1972

Ders.: Methodenlehre der Rechtswissenschaft, Berlin 1991

Leenen, Detflef: Typus und Rechtsfindung, Berlin 1971

Lehner, Moris: Wirtschaftliche Betrachtungsweise und Besteuerung nach der wirtschaftlichen Leistungsfähigkeit, in: Die Steuerrechtsordnung in der Diskussion Festschrift für Klaus Tipke zum 70. Geburtstag, S. 237–249, Köln 1995

Leingärtner, Wilhelm/Zaisch, Horst (Begr.): Besteuerung der Landwirte, 48. Lieferung, München 2025

Leisner, Walter: Der Gleichheitsstaat, Berlin 1980

Levedag, Christian: Kann es beim Vorbehaltsnießbrauch an einem Gesellschaftsanteil künftig nur noch einen Mitunternehmer geben?, jM 2020, 75–79

Lindemeier, Jörg: Die Belastung des Gesamthandsanteils im Grundbuch des zum Gesamthandsvermögen gehörenden Grundstücks1 Zugleich ein Beitrag zu Zulässigkeit und Ausgestaltung des Nießbrauchs am Anteil einer Personengesellschaft, DNotZ 1999, 876–913

Lindner, Ernst: Abschied von der faktischen Mitunternehmerschaft?, DStR 1986, 63–67

Lion, Max: Steuerrechtliche Wirtschaftsbegriffe. Zugleich ein Beitrag zur Lehre von der Gesetzesauslegung und -umgehung, VJSchrFStR 1927, 132–188

Lockowandt, Peter: Stimmrechtsbeschränkungen im Recht der Personengesellschaften, Kernbereichslehre und Stimmrechtsausschluß, Berlin 1996

Löffler, Joachim: Der Kernbereich der Mitgliedschaft als Schranke für Mehrheitsbeschlüsse bei Personengesellschaften, NJW 1989, 2656–2662

Lüdenbach, Norbert: Wirtschaftliche Betrachtungsweise – 100 Jahre und kein bisschen weiter?, StuB 2019, 15–21

Lutter, Marcus: Theorie der Mitgliedschaft – Prolegomena zu einem Allgemeinen Teil des Korporationsrechts –, AcP 1980, 84–159
Manssen, Gerrit: Staatsrecht II Grundrechte, 19. Aufl., München 2022
Maunz, Theodor/Dürig, Günter (Begr.)/*Herdegen, Matthias/Scholz, Rupert/Klein, Hans H.* et al. (Hrsg.): Grundgesetz Kommentar, Lieferung 107, Stand: 03.2025, München 2025
Merk, Walther: Reichsgericht und Steuerrecht, in: Die Reichsgerichtspraxis im deutschen Rechtsleben Festgabe der juristischen Fakultäten zum 50jährigen Bestehen des Reichsgerichts (I. Oktober 1929), S. 73–122, Berlin/Leipzig 1929
Meßmer, Kurt: Die Bilanzbündeltheorie Eine meisterhafte Schöpfung der Rechtsprechung?, StbJb 1972/73, 127–205
Ders.: Die Gesellschafter und der Mitunternehmer des § 15 AbSatz 1 Nr. 2 EStG., in: Handelsrecht und Steuerrecht Festschrift für Dr. Dr. h. c. Georg Döllerer, S. 429–446, Düsseldorf 1988
Ders.: Die höchstrichterliche Rechtsprechung zu Familienpersonengesellschaften im Einkommensteuerrecht – Bestandsaufnahme und kritische Betrachtung –, StbJb 1979, 163–258
Ders.: Rechtssubjekte im Rahmen der Besteuerung gemäß § 15 Abs. 1 Nr. 2 EStG Zugleich ein Beitrag zur Rechtsfähigkeit im Steuerrecht, FR 1990, 205–212
Meyer, André: Steuerliche Besonderheiten bei mehrstufigen Personengesellschaften, DStR 2025, 1380–1391
Meyer, Christian: Der Nießbrauch an GmbH-Geschäftsanteilen und an Aktien, Köln/Berlin/Bonn et al. 2002
Milatz, Jürgen E./Sax, Miriam: Transparenz der vermögensverwaltenden Personengesellschaft, DStR 2017, 141–145
Mönkemöller, Frank-André: Die Zurechnung der Überschusseinkünfte bei Personengesellschaften, Frankfurt 2005
Moxter, Adolf: Zur wirtschaftlichen Betrachtungsweise im Bilanzrecht, StuW1989, 232–241
Mühlhäuser, Felix H. J.: Stimmrechtsbindung in der Personengesellschaft und Nachlaßplanung, Baden-Baden 1999
Müller, Dirk: Struktur, Entwicklung und Begriff der Verbrauchsteuern, Berlin 1997
Müller-Erzbach, Rudolf: Das Erfassen des Rechts aus den Elementen des Zusammenlebens, veranschaulicht am Gesellschaftsrecht, AcP 1955, 299–343
Münch, Christof: Vorbehaltsnießbrauch an betrieblichem Vermögen – Eine Steuerfalle?, ZEV 1998, 8–13
MünchHdb-GesR: *Gummert, Hans*/Schäfer, *Carsten* (Hrsg.): Münchener Handbuch des Gesellschaftsrechts, Band 1, 6. Aufl., München 2024
MünchKomm-BGB: *Säcker, Franz J./Rixecker, Roland/Oetker, Hartmut* et al. (Hrsg.): Münchener Kommentar zum Bürgerlichen Gesetzbuch

– Band 1, §§ 1–240 BGB, 10. Aufl. München 2025
– Band 7, §§ 705–853 BGB, 8. Aufl. München 2020
– Band 7, §§ 705–853 BGB, 9. Aufl. München 2024
– Band 8, §§ 854–1296 BGB, 9. Aufl. München 2023
MünchKomm-HGB: *Drescher, Ingo/Fleischer, Holger/Schmidt, Karsten* (Hrsg.): Münchener Kommentar zum Handelsgesetzbuch
– Band 2, §§ 105–229 HGB, 5. Aufl. München 2022
– Band 3, §§ 161–237 HGB, 4. Aufl. München 2019
NK-BGB: *Grziwotz, Herbert/Keukenschrijver, Alfred/Ring, Gerhard:* NomosKommentar BGB, Band 3, 4. Aufl., Baden-Baden 2016
Oetker, Hartmut: Handelsgesetzbuch Kommentar, 8. Aufl., München 2024
Ossenbühl, Klaus Hermann: Die gerechte Steuerlast, Heidelberg 1972
Osterloh, Lerke: Steuerrecht und Privatrecht, JuS 1994, 993–999
Paus, Bernhard: Gewerblicher Grundstückshandel durch Beteiligung an Personengesellschaften Einschränkungen der Einheitstheorie, DStZ 1996, 172–177
Peters, Egbert: Die Ausübung des Stimmrechts bei nutznießungsbelasteten Aktien, Mainz 1952
Petzoldt, Rolf: Nießbrauch an Kommanditanteilen und GmbH-Geschäftsanteilen – Zivil- und Steuerrecht (I), GmbHR 1987, 381–389
Ders.: Nießbrauch an Personengesellschaftsanteilen, DStR 1992, 1171–1177
Philipowski, Rüdiger: Möglichkeiten und Grenzen der Einkunftsverlagerung durch Bestellung eines Nießbrauchs an vermieteten Sachen, verzinslichen Forderungen und Wertpapieren, StuW 1979, 113–128
Pieroth, Bodo/Schlink, Bernhard (Begr.)/*Kingreen, Thorsten/Poscher, Ralf* (Hrsg.): Grundrechte Staatsrecht II, 38. Aufl., Heidelberg 2022
Pinkernell, Reimar: Einkünftezurechnung bei Personengesellschaften, Berlin 2001
Plückebaum, Rudolf: Gewinn der Mitunternehmer (§ 15 Abs. 1 Ziff. 2 EStG) (Teil I), DB 1977, 180–182
Ders.: Persönliche Zurechnung von Einkünften aus Vermietung und Verpachtung bei dinglichen und obligatorischen Nutzungsrechten, FR 1981, 181–189
Polland, Wolfgang: Steuerrecht und Privatrecht, Düsseldorf 1960
Popitz, Johannes: Die Ideale im Recht und das Steuerrecht, AöR 1921, 129–155
Priester, Hans-Joachim: Eine Lanze für die Kernbereichslehre, NZG 2015, 529–531
Queck, Mathias: Der Nießbrauch am Anteil einer offenen Handelsgesellschaft, Frankfurt am Main 2000
Radbruch, Gustav: Rechtsphilosophie, 6. Aufl., Stuttgart 1963
Ratschow, Eckart: Prinzipien der Einkünfteermittlung – Subjektsteuerprinzip, DStJG 2011, 35–59

Raupach, Arndt: Der Durchgriff im Steuerrecht, München 1968
Ders.: Die Frage der Zurechnung im Steuerrecht als Problem der Tatbestandsverwirklichung, in: Handelsbilanzen und Steuerbilanzen Festschrift zum 70. Geburtstag von Prof. Dr. h. v. Heinrich Beisse, S. 403–431, Düsseldorf 1997
Ders.: Gewinnanteil und Sondervergütungen der Gesellschafter von Personengesellschaften, StuW 1991, 278–283
Ders.: Wege aus dem Chaos, in: Steuerrecht Verfassungsrecht Finanzpolitik Festschrift für Franz Klein, S. 309–238, Köln 1994
Reichert, Jochem/Schlitt, Michael: Nießbrauch an GmbH-Geschäftsanteilen – Gesetzliche Grundlagen und Vertragsgestaltung –, in: Unternehmen Steuern Festschrift für Hans Flick zum 70. Geburtstag, S. 217–243, Köln 1997
Reimer, Ekkehart: Der Ort des Unterlassens, München 2004
RGRK-BGB: *Mitglieder des Bundesgerichtshofs* (Hrsg.): Das Bürgerliche Gesetzbuch mit besonderer Berücksichtigung der Rechtsprechung des Reichsgerichts und des Bundesgerichtshofs. Kommentar, Band 3.2, 12. Aufl., Berlin 1996
Risse, Jörg/Höfling, Tobias: Leitplankentheorie statt Bestimmtheitsgrundsatz und Kernbereichslehre. Zur richterlichen Kontrolle von Gesellschafterbeschlüssen in Personengesellschaften, NZG 2017, 1131–1138
Robertz, Michael: Die persönliche Zurechnung von Vermögenseinkünften, Münster 2004
Roitzsch, Frank: Der Minderheitenschutz im Verbandsrecht, Königstein 1981
Röttger, Robert: Die Kernbereichslehre im Recht der Personenhandelsgesellschaften, Heidelberg 1989
Ruppe, Georg: Möglichkeiten und Grenzen der Übertragung von Einkunftsquellen als Problem der Zurechnung von Einkünften, in: Übertragung von Einkunftsquellen im Steuerrecht, DStJG 1978/79, S. 7–40
Saenger, August: Gemeinschaft und Rechtsteilung, Marburg 1913
Saenger, Ingo: Gesellschaftsrecht, 5. Aufl., München 2020
Sandhaus, Sebastian: Der Nießbrauch an Gesellschaftsanteilen bei Verschmelzung, Spaltung und Formwechsel, Berlin 2007
Schacht, Klaus: Der Mitunternehmer in der steuerrechtlichen Rechtsprechung, Düsseldorf 1962
Schäfer, Carsten: Vom Einstimmigkeitsprinzip zum treupflichtgetragenen Mehrheitsentscheid im Personengesellschaftsrecht, ZGR 2013, 237–272
Scharff, Christian R.: Der Nießbrauch an Aktien im Zivil- und Steuerrecht, Köln/Berlin/Bonn et al. 1982
Schmidt, Axel: Einkommensteuerliche Behandlung mittelbarer Leistungsbeziehungen bei Personengesellschaften, Düsseldorf 1990
Schmidt, Karsten: Gesellschaftsrecht, 4 Aufl., Köln/Berlin/Bonn 2002

Ders.: Mehrheitsbeschlüsse in Personengesellschaften. Stand und Fortbildung des Innenrechts der Personengesellschaften nach dem „Otto"-Urteil des Bundesgerichtshofs, ZGR 2008, 1–33

Ders.: Stimmrecht beim Anteilsnießbrauch. Besprechung des Urteils BGH NJW 1999, 571, ZGR 1999, 601–612

Schmidt, Ludwig (Begr.)/*Weber-Grellet, Heinrich* (Hrsg.): Einkommensteuergesetz, 44. Aufl., München 2025

Schmidt, Ludwig: – „Väter und Söhne" – Möglichkeiten und Grenzen der Einkommensverlagerung zwischen Eltern und Kindern, StbJb 1975, 149–234

Ders.: Der Nießbrauch an Personengesellschaftsanteilen in der Rechtsprechung des BFH, in: Festschrift für Hugo von Wallis zum 75. Geburtstag, S. 359–372, Bonn 1985

Ders.: Subjektive Zurechnung von Einkünften „Väter und Söhne" – fünf Jahre danach, StbJB 1980/81, 115–166

Schön, Wolfgang: Der Große Senat des Bundesfinanzhofs und die Personengesellschaft, StuW 1996, 275–288

Ders.: Der Nießbrauch am Gesellschaftsanteil, ZHR 1994, 229–270

Ders.: Die zivilrechtlichen Voraussetzungen steuerlicher Leistungsfähigkeit, StuW 2005, 247–255

Ders.: Gewinnübertragungen bei Personengesellschaften nach § 6b EStG, Köln 1986

Schomaker, Johann: Die Verdoppelung der Mitunternehmerstellung in Nießbrauchsfällen, Münster 2023

Schreiber, Gottfried: Wer ist Mitunternehmer?, Augsburg 1995

Schreiber, Ulrich: Vertragsneutrale Erfolgsbesteuerung der Unternehmen, StuW 1987, 1–10

Schulze zur Wiesche, Dieter*:* Mitunternehmerschaft auf nichtgesellschaftsrechtlicher Grundlage, DB 1982, 919–922

Ders.: Zur Diskussion um die Personengesellschaft, FR 1978, 307–316

Schulze-Osterloh, Joachim: Das Prinzip der gesamthänderischen Bindung, München 1972

Ders.: Die Qualifikation der Einkünfte einer vermögensverwaltenden Personengesellschaft, DStZ 1985, 315–322

Ders.: Zivilrecht und Steuerrecht, AcP 1990, 139–164

Schünemann, Wolfgang B.: Grundprobleme der Gesamthandsgesellschaft unter besonderer Berücksichtigung des Vollstreckungsrechts, Bielefeld 1975

Schwichtenberg, Knut W.: Anmerkung zu BFH, Beschl. v. 12.10.1989 – IV R 5/86, FR 1990, 75–82

Ders.: Die neue Richtung der Rechtsprechung zu § 15 Abs. 1 Nr. 2 EStG Erwiderung auf Döllerers „Zwischenbilanz" in DStZ 1976, Heft 23, DStZ/A 1977, 33–37

Seeliger, Gerhard: Der Begriff des wirtschaftlichen Eigentums im Steuerrecht, Stuttgart 1962
Ders.: Wirtschaftliches Eigentum und steuerliche Zurechnung, DStR 1963, 645–648
Sieker, Susanne: Steuerjuristische Betrachtungsweise, in: Leitgedanken des Rechts Festschrift für Paul Kirhchof zum 70. Geburtstag, Band 2, Heidelberg/München/Landsberg et al. 2013
Soergel, Hans-Theodor (Begr.)/*Siebert, Wolfgang* (Hrsg.): Bürgerliches Gesetzbuch mit Einführungsgesetz und Nebengesetzen
– Band 5.1, §§ 705–822 BGB, 12. Aufl., Stuttgart 2007
– Band 6, §§ 854–1296 BGB, 12. Aufl., Stuttgart 1990
– Band 16, §§ 1018–1296 BGB, 13. Aufl., Stuttgart 2001
Söffing, Günter/Jordan, Günter: Nießbrauch an einem Mitunternehmeranteil, BB 2004, 353–355
Söffing, Günter: Anmerkung zu BFH, Urt. v. 22.10.1987 – IV R 17/84, FR 1988, 77–79
Sohm, Rudolph: Der Gegenstand, Leipzig 1905
Söhn, Hartmut: Die Umsatzsteuer als indirekte, allgemeine Verbrauchsteuer, StuW 1996, 165–168
Ders.: Die Umsatzsteuer als Verkehrsteuer und/oder Verbrauchsteuer, StuW 1975, 1–18
Sölch, Otto/Ringleb, Karl (Hrsg.): Umsatzsteuergesetz, Lieferung 104, München 2025
Sommer, Josef: Bilanzierung von Anteilen in Handels- und Steuerbilanz, Bergisch Gladbach/Köln 1996
Sommer, Michael: Zur Ergebnisverteilung in gewerblich tätigen Personengesellschaften nach der Aufnahme weiterer Gesellschafter während eines Geschäftsjahres, BB 1987, 307–313
Spiegelberger, Sebastian: Der (mit-)unternehmerische Nießbrauch, in: Festschrift für Günter Brambring zum 70. Geburtstag, S. 343–355, München 2011
Stadie, Holger: Die persönliche Zurechnung von Einkünften, Berlin 1983
Staub, Hermann (Begr.)/*Canaris, Claus-Wilhelm/Habersack, Mathias/Schäfer, Carsten* (Hrsg.): Handelsgesetzbuch, Band 3, §§ 105–160, 5. Aufl., Berlin 2009
Stegemann, Dieter: Bilanzierungskonkurrenzen bei doppelstöckigen Personengesellschaften in Sonderfällen, DB 2012, 372–376
Stein, Thomas: Aktuelle ertragsteuerliche Fragestellungen zum Nießbrauchsvorbehalt an Gesellschaftsanteilen, ZEV 2019, 131–137
Ders.: Betriebsvermögen: Neue Stolpersteine bei Anteilsschenkungen unter Nießbrauchsvorbehalt, ErbBstg 2019, 38–42

Ders.: Der Nießbrauch am Mitunternehmeranteil – die steuerliche Qualifizierung des Rechtsverhältnisses zwischen Nießbraucher und Gesellschafter, DStR 2021, 1679–1684

Ders.: Der Nießbrauch am Mitunternehmeranteil – aktuelle Fragestellungen vor dem Hintergrund der möglichen Abkehr von der diagonalen Spaltung des Mitunternehmeranteils, BB 2021, 28–33

Steinberg, Wilhelm: Zur Frage der Einkunftsquelle und ihrer Zurechnung, DStZ 1988, 315–319

Stengel, Gerhard: Die persönliche Zurechnung von Wirtschaftsgütern im Einkommensteuerrecht, Rheinfelden/Berlin 1990

Streck, Michael: Gewerbebetrieb, Mitunternehmerschaft, Bilanzbündeltheorie Zur methodischen Präzisierung bei aktuellen Problemen, FR 1973, 297–307

Strutz, Georg: Kommentar zum Einkommensteuergesetz vom 10. August 1925, Band 2, Berlin 1929

Sudhoff, Heinrich: Der Nießbrauch am Anteil einer Personengesellschaft, NJW 1971, 481–486

Ders.: Der Nießbrauch am Geschäftsanteil einer GmbH, GmbHR 1971, 53–60

Teichmann, Arndt: Der Nießbrauch an Gesellschaftsanteilen – gesellschaftsrechtlicher Teil –, ZGR 1972, 1–23

Ders.: Der Nießbrauch an Gesellschaftsanteilen – Probleme der praktischen Gestaltung, ZGR 1973, 24–44

Ders.: Gestaltungsfreiheit in Gesellschaftsverträgen, München 1970

Timm, Wolfram: Die Rechtsfähigkeit der Gesellschaft bürgerlichen Rechts und ihre Haftungsverfassung, NJW 1995, 3209–3218

Tipke, Klaus (Begr.)/*Lang, Joachim* (Hrsg. bis 20. Auflage)/*Seer, Roman* (Hrsg.) et al.: Steuerrecht, 25. Aufl. Köln 2024

Tipke, Klaus/Kruse, Wilhelm (Begr.)/*Seer, Roman/Brandis, Peter/Drüen, Dieter* et al. (Hrsg.): Abgabenordnung Finanzgerichtsordnung Kommentar, 186. Lieferung, Stand: 07.2025, Köln 2005

Tipke, Klaus/Kruse, Wilhelm (Hrsg.): Reichsabgabenordnung mit Nebengesetzen (ohne Steuerstrafrecht), 7. Aufl., 22. Lieferung, Stand: 1975, Köln 1965/75

Tipke, Klaus: Die Steuergesetzgebung in der Bundesrepublik Deutschland aus der Sicht des Steuerrechtswissenschaftlers – Kritik und Verbesserungsvorschläge, StuW 1976, 293–310

Ders.: Die Steuerrechtsordnung, Band. 1, 2. Aufl., Köln 2000

Ders.: Die Umsatzsteuer im Steuersystem, UR 1972, 2–6

Ders.: Steuerrecht – Chaos, Konglomerat oder System?, StuW 1971, 2–17

Ders.: Steuerrecht und bürgerliches Recht, JuS 1970, 149–154

Ders.: Über Steuergerechtigkeit in Steuergesetzgebung, Steuerverwaltung und Steuergerichtsbarkeit, StuW 1980, 281–297

Ders.: Übertragung von Einkunftsquellen Zum Thema der Münchener Tagung der Deutschen Steuerjuristischen Gesellschaft, StuW 1977, 293–301
Ders.: Zur Methode der steuerrechtlichen Negation von Familien-Personengesellschaften Zugleich Besprechung des BFH-Urteils IV R 178/68, StuW 1972, 55–62
Trinks, Jennifer: Stimmrechtszuordnung beim Nießbrauch an Gesellschaftsanteilen, Berlin 2021
Trzaskalik, Christoph: Personal gebundene Einkommensteuerpflicht und Gesamtrechtsnachfolge, StuW 1979, 97–112
Ulmer, Peter: Die Gesellschaft bürgerlichen Rechts, 1. Aufl., München 1980
Ders.: Mehrheitsbeschlüsse in Personengesellschaften: definitiver Abschied vom Bestimmtheitsgrundsatz. Randbemerkungen zu BGH v. 21.10.2014 – II ZR 84/13, ZIP 2014, 2231 (Anteilsabtretung), ZIP 2015, 657–662
Ders.: Zur Bedeutung des gesellschaftsrechtlichen Abspaltungsverbots für den Nießbrauch am OHG (KG)-Anteil, in: Festschrift für Hans-Joachim Fleck zum 70. Geburtstag am 30. Januar 1988, S. 383–400, Berlin/New York 1988
Vogel, Horst: Zur einkommensteuerrechtlichen Behandlung des Nießbrauchs, BB 1977, 1088–1091
Vogel, Klaus/Waldhoff, Christian: Grundlagen des Finanzverfassungsrechts. Sonderausgabe des Bonner Kommentars zum Grundgesetz (Vorbemerkung zu Art. 104a bis 115 GG), Heidelberg 1999
Vogel, Klaus: Steuergerechtigkeit und soziale Gestaltung, DStZ/A 1975, 409–415
Vogel, Max: Die Auslegung privatrechtlich geprägter Begriffe im Ertragsteuerrecht, Baden-Baden 2015
Vogt, Stefan: Die Maßgeblichkeit des Handelsbilanzrechts für die Steuerbilanz, Düsseldorf 1991
von Gierke, Julius: Das Sachenrecht des bürgerlichen Rechts, 4. Aufl., Berlin 1959
Ders.: Handelsrecht und Schifffahrtsrecht, 8. Aufl., Berlin 1958
von Gierke, Otto: Deutsches Privatrecht, Band 1, Leipzig 1895 (Nachdruck 1936)
Ders.: Deutsches Privatrecht, Band 2, Leipzig 1905 (Nachdruck 2010)
von Godin, Reinhard: Nutzungsrecht an Unternehmen und Unternehmensbeteiligungen, Berlin 1949
von Mangoldt, Hermann (Begr.)/*Huber, Peter/Voßkuhle, Andreas* (Hrsg.): Grundgesetz Kommentar, 7. Aufl., München 2018
von Staudinger, Julius (Begr.): Kommentar zum Bürgerlichen Gesetzbuch mit Einführungsgesetz und Nebengesetzen
– Buch 3, §§ 1030–1112 BGB, Berlin 2021
von Wallis, Hugo: Zur Selbständigkeit der Begriffsbildung im Steuerrecht, in: Die Auslegung der Steuergesetze in Wissenschaft und Praxis. Eine Samm-

lung von Beiträgen sowie Auszüge aus der Rechtsprechung zum Andenken an Armin Spitaler, S. 207–222, Köln 1965

Wach, Adolf: Handbuch des Deutschen Civilprozessrechts, Band 1, Leipzig 1885

Wachter, Thomas: Stimmrechtsvollmachten bei der Übertragung von KG-Anteilen unter Vorbehaltsnießbrauch, DStR 2016, 2065–2074

Wacker, Roland: Vermögensverwaltende Gesamthand und Bruchteilsbetrachtung – eine Zwischenbilanz, DStR 2005, 2014–2019

Walz, Christian: Das Ziel der Auslegung und die Rangfolge der Auslegungskriterien, JZ 2010, 482–490

Walz, Rainer: Anmerkung zu BFH, Urt. v. 25.06.1984 – GrS 4/82, JZ 1985, 192–194

Ders.: Die steuerrechtliche Herausforderung des Zivilrechts, ZHR 1983, 281–312

Ders.: Steuergerechtigkeit und Rechtsanwendung, Heidelberg/Hamburg 1980

Wälzholz, Eckhard: Aktuelle Gestaltungsprobleme des Nießbrauchs am Anteil an einer Personengesellschaft, DStR 2010, 1786–1790

Wank, Rolf: Die juristische Begriffsbildung, München 1985

Wassermeyer, Franz: Der Nießbrauch im Einkommensteuerrecht, FR 1983, 157–164

Weber, Harald/Luther, Siegfried: Der Nießbrauch an Gesellschaftsanteilen – Steuerrechtliche Behandlung –, ZGR 1973, 45–72

Weber, Johannes: Miniatur: Mehrheitsklauseln in Gesellschaftsverträgen. Anmerkung zu BGH, Urt. vom 21.10.2014 – II ZR 84/13, ZfPW 2015, 123–128

Weber-Grellet, Heinrich, Gewerblicher Grundstückshandel bei Beteiligung an einer GbR – Gesamtbild der Verhältnisse maßgebend – keine Abschirmwirkung der Gesellschaft, DStR 1995, 1339–1342

Ders.: Die Gesamthand – ein Mysterienspiel?, AcP 1982, 316–334

Ders.: Fairneß, Aufklärung und Transparenz Wege zu einer leistungsgerechten Besteuerung, StuW 1999, 311–320

Wedemann, Frauke: Das Stimmrecht beim Anteilsnießbrauch im Spiegel von Rechtsvergleichung und Rechtssetzungslehre, NZG 2013, 1281–1289

Ders.: Ist der Nießbraucher eines Gesellschaftsanteils wie ein Gesellschafter zu behandeln?, ZGR 2016, 798–838

Weider, Manfred: Der Nießbrauch an Aktien, Leipzig 1925

Wennrich, Eberhard: Die typisierende Betrachtungsweise im Steuerrecht, Düsseldorf 1963

Wertenbruch, Johannes: Abschied von Bestimmtheitsgrundsatz und Kernbereichslehre im Beschlussanfechtungssystem der Personengesellschaft, DB 2014, 2875–2880

Ders.: Gewinnausschüttung und Entnahmepraxis in der Personengesellschaft, NZG 2005, 665–667

Westerfelhaus, Herwarth: KG und steuerliche Mitunternehmerschaft – ein ständiges Ringen auch weiterhin, DB 1990, 1531–1536

Westermann, Harry (Begr.)/*Westermann, Harm Peter*/*Wertenbruch, Johannes* (Hrsg.): Handbuch Personengesellschaften, 92. Lieferung, Köln 2025

Wicke, Hartmut: Mehrheitsentscheidungen in Personengesellschaften, MittBayNot 2017, 125–130

Wiedemann, Herbert: Die Übertragung und Vererbung von Mitgliedschaftsrechten bei Handelsgesellschaften, München 1965

Ders.: Gesellschaftsrecht, Band. 1, München 1980

Ders.: Zur Selbständigkeit der BGB-Gesellschaft, in: Festschrift für Alfred Kellermann zum 70. Geburtstag am 29. November 1990, S. 529–546, Berlin/New York 1991

Wind, Dario: Zurechnungsfriktionen infolge der Aufgabe der diagonalen Spaltung der Mitunternehmerstellung durch den BFH, DStR 2024, 1464–1470

Windscheid, Bernhard: Lehrbuch des Pandektenrechts, Band 1, 9. Aufl., Frankfurt 1906

Woerner, Lothar: Einschränkung des Mitunternehmerbegriffs durch den Bundesfinanzhof Ein Beitrag zu mehr Rechtssicherheit?, BB 1986, 705–711

Ders.: Mitunternehmerbegriff und Bilanzbündeltheorie bei der Gewerbesteuer Probleme und Tendenzen der Rechtsprechung, BB 1974, 592–598

Ders.: Spielraum der Rechtsanwendung im steuerlichen Eingriffsrecht, in: Gedächtnisschrift für Brigitte Knobbe-Keuk, S. 967–986, Köln 1997

Wolf, Manfred (Begr.)/*Wellenhofer, Marina* (Hrsg.): Sachenrecht, 39. Aufl., München 2024

Würdinger, Hans: Gesellschaften, Band 1, Hamburg 1937

Wüst, Joachim: Die persönliche Zurechnung der Einkünfte beim Nießbrauch, Bergisch Gladbach 1994

Zöllner, Wolfgang: Rechtssubjektivität von Personengesellschaften?, in: Festschrift für Joachim Gernhuber zum 70. Geburtstag, S. 563–578, Tübingen 1993